현대 중국경제

현대 중국경제

마루카와 도모(丸川知雄) 지음

이용빈 옮김

한울
아카데미

GENDAI CHUGOKU KEIZA
by Tomoo Marukawa

Copyright © 2021 Tomoo Marukawa
All rights reserved.
First published in Japan by YUHIKAKU PUBLISHING Co., Ltd., Tokyo
This Korean edition published by arrangement with YUHIKAKU PUBLISHING Co., Ltd., Tokyo in care of
Tuttle-Mori Agency, Inc., Tokyo, through Imprima Korea Agency, Seoul

이 책의 한국어판 저작권은 Imprima Korea Agency를 통해 YUHIKAKU PUBLISHING Co., Ltd., Tokyo 와의 독점계
약으로 한울엠플러스(주)에 있습니다. 저작권법에 의해 보호를 받는 저작물이므로 무단전재와 무단복제를 금합니다.

한국어판을 출간하며

이번에 졸저 『현대 중국경제』가 한국어로 번역, 출간되어 대단히 기쁘다. 한국과 일본에게 중국은 최대의 무역상대이자 여러 가지로 깊은 경제적 관계를 맺고 있는 나라이며, 역사와 문화적으로도 강하게 이어져 있다. 동시에 한국·일본은 중국과 다른 정치체제 아래에 있어 중국의 정치나 외교에 대해 완전히 이해하고 찬성하는 입장은 아니기도 하다. 이런 면에서 한국과 일본이 중국을 바라보는 시각에는 공통점이 있기 때문에 이 책의 문제의식과 시도를 한국의 독자도 이해하고 평가해 줄 것이라 생각한다.

2021년에 출간된 후 3년이 경과하며 이 책의 견해에 수정해야 할 부분이나 주석을 추가하고 싶은 부분도 생겼다. 무엇보다도 「시작하며」 첫 문단의 문장 "2030년 무렵에는 중국이 미국을 제치고 세계 최대의 경제대국이 될 것으로 전망된다."에 의구심이 든다. 「시작하며」에 쓴 것처럼 2020년 중국의 GDP는 미국의 70%였고, 이듬해인 2021년에는 76%로 높아져 미국과의 격차는 더욱 줄었다. 하지만 그 후 미국과 중국의 GDP 격차는 벌어져 2023년에는 중국의 GDP는 미국의 65%로 낮아져 버렸다. 2020년 12월에 《니혼게이자이신분(日本經濟新聞)》 산하의 싱크탱크 일본경제연구센터(日本經濟研究センター)는 "중국은 2028년에 미국을 추월할 것이다"라고 예측했지만, 2년 후인 2022년 12월에는 중국은 2035년까지 미국의 GDP를 초월하지는 못할 것으로 예측하고, 이후에도 영원히 미국을 추월하지 못할 것이라고까지 단언했다.

실제로 2020년 코로나바이러스감염증-19의 유행으로 중국의 경제성장률은 2.2%에 그쳤으며 2022년에도 감염을 억제하기 위해 상하이시(上海市) 등 도시 봉쇄의 여파로 경제성장률이 3.0%에 그치는 등, 최근 수년 동안 경제성장은 예상을 크게 밑돌고 있다. 다만 어떤 년도라도 중국의 실질 경제성장률은 미국을 상회하고 있으므로 중국과 미국 간의 격차가 축소된 것은 분명하다. 그럼에도 중국과 미국의 GDP 격차가 확대된 것처럼 보이는 것은 단적으로 말해서 미국의 높은 인플레이션으로 GDP 명목액이 팽창한 것에 더해 환율도 달러가 강세이기 때문이다.

그러나 인플레이션도 달러 강세도 일시적인 현상으로 언젠가 정상적인 수준으로 돌아올 것이 분명하다. 10년 이상 바라보는 중장기 경제 예측은 이러한 단기적 요인에 휘둘려서는 안된다. 단기적 환율에 좌우되지 않도록 하기 위해서는 이 책의 제1장에 언급한 구매력평가(PPP)를 적용한 GDP 환산이 효과적이다. 구매력평가로 측정한 중국의 GDP는 2017년에 미국을 넘어섰고 2023년에는 벌써 미국보다 27% 높았다. 현재는 이상할 정도로 달러가 강세이지만 언젠가 환율이 구매력평가에 근접하게 될 것이 분명하며, GDP의 명목액으로도 중국이 미국을 상회하게 될 것이다. 다만 그것이 언제일지는 환율에 달려 있다.

이 책에서 했던 예측 중 이미 명백하게 오류가 된 예측은 중국 인구에 관한 것이다. 이 책의 제1장에서 유엔의 인구예측(World Population Prospects, 2019)을 인용하며 중국의 인구가 2031년에 14억 6,442만 명으로 정점에 도달할 것이라고 적었는데, 실제로는 2021년의 14억 1,260만 명이 정점이었으며 이후에는 2년 연속해서 감소하였고 2023년에는 14억 967만 명이 되었다. 예상 외로 일찍 인구감소가 도래한 것은 2020년 이후의 출생률 하락이 원인이다. 2015년에 '한 자녀 정책'이 철폐되고 합계특수출생률(TFR)은 2017년에 1.58까지 상승했지만 이후 하락으로 전환되었으며 2022년에 1.05, 2023년에도 1.0정도까지 하락했다. 2021년에 중국 정부가 아이를 3명까지 낳아도 좋다는 방침을 제시했지만, 효과는 전혀 나오지 않고 있다. 현재 상태가 계속 유지된다면 필자의 예측으로는 2030년에는 13억 9,000만 명 이하로 떨어지며, 2040년에는 13억 1,000만 명 미만이 될 것이다.

다만 출생률이 낮아져도 2040년 무렵까지는 경제성장에 큰 영향이 없을 것이다. 태어난 아이가 노동력으로 경제성장에 공헌하는 것은 약 20년 이후의 일이기 때문이다. 하지만 이 책에서 인용한 2019년 유엔 인구예측은 인구의 현상 인식에도 오류가 있었다. 새로운 데이터로 노동연령의 인구 추이를 다시 예측한 결과 노동연령의 인구는 2020년부터 2030년까지 매년 0.9%씩 감소하며, 이후 10년 동안 매년 0.9%씩 감소할 것으로 전망된다. 이에 맞추어 이 책에서 2021~2030년의 연평균 경제성장률을 5.0%로 예측했지만, 4.2%로 수정하고자 한다.

이 책의 제6장에서는 2013년 가을의 중국공산당 중앙위원회에 의한 '개혁의 전면적 심화에 관한 결의'에 대해 언급했다. 이 결의에는 민간인도 국유기업에 출자시키는 '혼합소유제 경제'로의 개혁이나 국유기업을 투자회사로 개편하여 중점 산업에의 투자 역학을 맡기는 등, 국유기업 축소 방향성이 포함되어 있었다. 그러나 한편으로는 국유기업을 전략적 산업 발전을 위한 도구로서 활용하고자 하는 확대적 방침도 보이는 등, 중국공산당의 국유기업에 대한 방침은 중의적이었다. 이후 10년의 전개를 살펴보면 국유기업의 혼합소유제 기업으로의 개편은 처음 수년 동안은 진행되었지만, 이후 그다지 진전은 보이지 않는다. 국유기업을 중점 산업으로부터 퇴출시키는 움직임도 보이지 않으며, 대체로 현상유지 상태를 추이했다.

2024년 7월에 개최된 중국공산당 제20기 3중전회에서 2013년의 결의를 갱신하는 '더욱 전면적으로 개혁을 심화하며 중국식 현대화를 추진하는 것에 관한 결의'가 채택되었다. 이 결의는 '국유기업을 축소할 것인가, 산업정책 추진을 위해 국유기업을 확대할 것인가'라는 선택지 중 후자를 선택했음을 명확히 보여준다. 2013년의 결의는 국유기업의 혼합소유제로의 개혁, 국유기업의 국유자본투자공사(國有資本投資公司)로의 개조, 국유기업 수익의 30%를 공공재정에 상납한다는 세 가지 항목의 개혁을 제기했지만, 2024년의 결의에는 해당 세 가지 항목이 모두 사라져 버렸다.

그 대신 2024년 결의에는 산업정책에 관한 내용이 대폭 추가되었다. IT 및 인공지능, 양자기술 등 첨단기술 분야의 발전에 의한 '새로운 질의 생산력' 획득을 더해 '미래산업'을 육성하고자 한다. 또한 서구의 '디커플링' 압력에 대항하여 자주적인 가치사슬을 구축할 필요가 있다며 특히 IC, 공작기계, 의료기계, 소프트웨어 등을 강화할 것을 주장했다.

2013년의 결의는 오로지 경제체제에 관한 내용으로 시종일관했으며 국유기업을 확대시킬 것인가, 민간기업을 확대시킬 것인가, 국유기업은 투자회사로 개조하여 실제의 사업으로부터 손을 뗄 것인가, 또는 적극적으로 사업에 관여해 나아갈 것인가 등의 체제의 중요한 문제에 대해서 여러 입장을 배려하는 내용이었다. 한편 2024년의 결의에는 국유기업 개혁에 관한 내용은 대폭 후퇴했으며 그 대신에 국가가 이 산업도 저 산업도 하고 싶다고 주장하는 내용이 되었다.

중국이 산업정책을 중시하는 방향으로 크게 전환된 배경은 서구 및 일본과의 관계가 악화되고 중국이 기존처럼 경제의 글로벌화에 몸을 맡길 수 없게 된 사정이 반영된 것으로 보인다. 2010년에 중국의 슈퍼컴퓨터의 계산 속도가 세계 1위가 되었을 때에 그 컴퓨터가 사용했던 것은 미국 인텔사의 IC였다(이 책의 제5장 참조). 하지만 이제는 미국은 슈퍼컴퓨터 및 인공지능의 개발에 사용되는 IC를 중국에 수출을 엄격하게 규제하고 있다. 만약 중국이 이러한 개발을 계속하고자 한다면 필요한 IC를 직접 만들 수밖에 없게 되었다.

특히 2022년 우크라이나 전쟁 발발 후 서구는 중국이 러시아를 경제적으로 지원하고 있다는 점에 주목해 군사적 전용이 가능한 민생품의 중국에 대한 수출을 더욱 제한하고 있다. 중국은 이러한 서구의 기술봉쇄가 중국의 경제적 부상을 저지하기 위한 부당한 일이라고 주장하고 있지만, 애당초 중국 자신의 야심이 야기한 반응이라는 점에 주목할 필요가 있다. 이제는 미국이나 일본도 중국에 자극받아 IC 산업에 거액의 정부 보조금을 제공하는 상황에 이르고 있으며, 산업정책이 연쇄반응적으로 쌍방에서 확대되고 있다.

IC는 국제적으로 소수의 기업이 집중적으로 생산하여 전 세계에 수출하는 진정한 글로벌 상품이었다. 그러한 글로벌 상품을 각국이 자국에서의 소비를 위해 각각 만드는 것은 경제 효율성을 크게 훼손하게 된다. 국제환경의 악화가 각국에서의 산업정책을 정당화하고 이 때문에 경제 효율이 악화되는 악순환에 세계가 빠져들고 있는 중이다.

이 글의 앞부분에서 소개한 일본경제연구센터의 예측도 국제정세의 악화를 반영하고 있는 듯하다. 일본은 정치적으로 마음에 들지 않는 타국을 폄훼하는 경향이 강하며 해당 국가의 경제가 지금이라도 붕괴할 것처럼 쓰면 모두가 즐거워한다. 태평양전쟁 시기에도 일본인은 미국의 국력을 과소평가하고 무모한 전쟁에 도전했다. 만일 중국이 '적국'이라고 가정한다면, 우리는 더욱 중국의 경제력을 냉정하고 객관적으로 분석해야 하며 중국의 국력을 과소평가하며 경거망동해서는 안 된다. 물론 필자는 중국이 '적국'이 되는 날이 오지 않기를 기도하고 있지만, 국제정세가 어떻게 변하게 되더라도 중국경제에 대한 객관적인 인식을 갖는 것은 한국과 일본에게 중요하다.

2024년 7월 30일
마루카와 도모

칼럼 일람
- 칼럼 1 : 공업의 기초지식 … 31
- 칼럼 2 : 중국의 경제통계는 얼마나 신뢰할 수 있는가? … 54
- 칼럼 3 : 문화대혁명(1966~1976년) … 72
- 칼럼 4 : 실업률의 통계 … 122
- 칼럼 5 : 중국의 최고권력자 … 157
- 칼럼 6 : 주조와 단조 … 195
- 칼럼 7 : 연속주조, 열간압연, 냉간압연, 전자강판 … 210
- 칼럼 8 : 6.4 톈안먼 사건(6.4天安門事件) … 244
- 칼럼 9 : 수출의존도, 수입의존도 … 281

시작하며

2010년 중국의 국내총생산은 일본을 제치고 미국에 이어 세계 2위가 되었다. 그 시점에서 중국의 GDP는 미국의 40%였지만, 급속하게 미국과의 차이를 줄여 2020년 시점에서는 70%가 되었다. 중국의 경제성장률은 향후 한동안 미국을 상회하여 2030년 무렵에는 중국이 미국을 제치고 세계 최대의 경제대국이 될 것으로 전망된다.

미국은 좋든 싫든 자본주의 또는 시장경제의 전형적인 모델이었다. 즉 미국경제에는 보편성이 있으며 순수한 자본주의에 가까운 모습이 그것에 있다고 여겨진다. 미국이나 일본의 대학에서 사용하는 표준적인 경제학 교과서를 보면 우선 추상적인 개인이 등장하여 효용을 극대화하고자 행동한다고 시작한다. 자신의 효용을 극대화하는 개인, 그리고 이익을 최대화하는 기업이 쌓아올려져 경제 전체가 어떻게 잘 돌아가게 되는지 설명한다. 그 모델은 현실의 미국경제로부터 나온 것은 아니지만, 미국의 현실에 해당한다는 전제 아래에서 정책론 등을 전개한다.

한편 중국은 어떻게 보아도 전형적인 시장경제가 아니다. 과거 사회주의체제 아래에서 개인의 효용 추구나 기업의 이익 최대화 등은 당치도 않은 것으로 간주되었다. 중국은 지금도 '사회주의'의 원칙을 버리지는 않았지만 1992년 이후 시장경제를 향해 개혁을 추진하게 되었다. 그럼에도 중국의 경제체제는 미국이나 일본과 상당히 다르다. 사회주의체제가 남긴 방대한 수의 국유기업이 여전히 경제의 중요한 부분을 차지하고 있다. 그리고 그러한 국유기업은 정부뿐만 아니라 중국공산당의 지배 아래에 있어 국가의 정책뿐만 아니라 당의 방침을 반영하여 경영되고 있다.

이런 독특한 경제를 추상적인 개인으로부터 출발하는 경제학만으로 충분히 설명할 수 있다고 생각되지는 않는다. 사회주의체제를 채택했던 역사와 그 영향이 아직 남아 있는 현재의 특징에 입각한 분석이 어떻게든 필요하다. 중국처럼 특수한 체제를 채택한 경제가 세계 1위의 규모로 성장해가는 것은 경제학의 존재양식에 대해서도 일정한 반성을 촉진시킬 것이다. 즉 각국의 경제를 이해하는데 그 국가의 고유한 역사 및 특징에 시선을 돌릴 필요성을 더욱 인식시키게 될 것이다. 경제학은 각국 경제의 특징을 발견하는 도구로서 유용성을 보여주게 될 것임에 틀림없다. 이 책은 중국의 역사와 체제의 특징에 대한 지식을 제공하면서 경제학을 이용하여 중국경제를 규명해 나아간다.

중국경제는 급속히 성장하고 있으며 또한 끊임없이 구조가 변화하고 있다. '중국 관찰자'도 부단히 새로운 지식을 흡수하고 인식을 고쳐 나아가지 않으면 현실의 움직임에 뒤쳐질 것이다. 이것이 중국경제를 배우는 즐거움이기도 하지만, 중국경제를 가르치는 입장에서는 고뇌의 씨앗이기도 하다. 왜냐하면 자신이 전하고자 하는 지식의 '유통기한이 짧다'는 것을 의식하지 않을 수 없기 때문이다.

▎ 세계 최대의 공업력에 대한 규명

2013년에 이 책의 초판을 출판했을 때 필자는 "적어도 10년 동안은 유효하고, 또한 중요할 것으로 여겨지는 지식만을 책에 포함시키고자 한다"라고 선언했다. 2020년 중국경제의 모습을 예상하며 그 시점에서 중요할 것으로 여겨지는 문제를 다룰 것이라고 논했다. 2021년이 되어 살펴보니 실제 중국경제의 발전은 대체로 초판의 예상대로 되었다. 초판에서 2010년을 기점으로 2020년까지 중국경제가 연평균 7.7% 성장할 것이라고 예상했는데, 2019년까지의 실적은 중국 정부의 공식 통계에 의하면 연평균 7.3%였다(2020년에는 코로나19의 영향으로 경제성장률은 2.3%에 그쳤다).

또한 초판의 서문에서 2020년에 중국이 '세계의 공장'으로서의 지위를 갈수록 공고히 할 것이라고 논했다. 그 시점에서 중국 제조업의 부가가치액이 바야흐로 드디어 미국을 제치고 세계 1위가 되었는데, 2018년의 시점에서는 미국의 1.7배, 일본의 3.8배였다. 2020년에는 미국, 일본과의 격차가 더욱 벌어질 것이다.

이것이 단순한 숫자상의 신기루가 아니라는 것은 개별 공업제품의 생산량을 살펴보면 알 수 있다. 예를 들면, 과거에 자동차산업은 거의 선진국의 독점물로 2001년에는 미국, 유럽, 일본, 한국이 세계 자동차산업의 78%를 차지했다. 하지만 2009년에는 중국의 자동차 생산 대수가 일본을 제치고 세계 1위가 되고, 미국 및 일본과 큰 격차를 벌렸다. 2018년에는 2,781만 대를 생산해 미국(1,131만 대), 일본(973만 대)을 멀리 따돌렸다.

산업은 상호 간에 끌어 모으는 성질을 갖고 있다. 예를 들면, 자동차의 생산이 왕성한 국가 및 지역에는 부품, 플라스틱, 고무, 철강 등의 관련 산업의 생산도 활발해지는 경향이 있다. 하나의 산업이 다른 산업을 불러들이는 집적 메커니즘이 중국 내에서 계속해서 움직인 결과, 이제는 여러 산업에서 세계 최대의 생산 능력을 보유하게 되었다.

세계경제 속의 중국의 부상은 주로 이러한 공업의 성장이 가져온 것이다. 중국의 경제를 이해하는 데에는 중국의 공업을 이해하는 것이 중요하다. 그래서 이 책의 주안점을 중국의 공업력 규명에 맞췄다. 제1장에서 중국의 경제발전의 전체상을 개관한 후, 제2장에서는 중국의 공업화 정책의 변천을 살피며 중국이 다양한 우여곡절을 거치면서 오늘날 공업대국의 지위를 구축했다는 것을 설명한다. 제3장, 제4장, 제5장에서는 중국 공업력의 원천인 노동, 자본, 기술의 현황에 대해서 검토한다. 제6장, 제7장, 제8장에서는 중국 공업력을 짊어진 국유기업, 외자계 기업, 민간기업의 현황과 장래에 대해서 검토한다.

▌ 신판에서 강화된 점

중국경제의 전개는 초판에서 예상했던 대로 된 측면도 있었지만, 초판 집필 시점에서는 예상하지 못했던, 또는 예상을 수정해야 할 점도 있다는 것을 인정한다.

우선 중국경제의 성장이 타국에 미치는 영향의 크기 및 그것이 유발하는 반발을 예상하지 못했다. 중국에 대한 반발 중에서도 가장 큰 것은 2018년에 발발하여 2021년 현재까지 계속되고 있는 미중 무역전쟁이다. 중국경제의 부상이 타국에 미치는 영향에 대해서 필자는 2018년에 간행된 편저(末廣昭·田島俊雄·丸川知雄 編, 2018)에서 검토했다. 중국경제에 대해 규명하는 이 책에서는 타국의 상황을 정면으로 다루지 못했지만 종장에서 중국경제의 세계적 영향에서 대해서 다루었다.

예상을 수정해야 할 점도 있다. 초판에서는 2021년부터 2030년까지 중국경제는 연평균 7.1% 성장할 것이라 예상했다. 근거 중의 하나는 농촌 지역에 아직 상당한 노동력이 남아 있다고 전제했던 점이다. 하지만 필자가 2018년 중국 내륙 지역의 농촌을 이곳저곳 돌아다니며 살펴본 결과, 농촌이 남아 있는 노동력을 도시에 제공하는 것은 거의 기대할 수 없다고 인식하기에 이르렀다. 제공은커녕 농업도 일손이 줄어들고 있기 때문에 2021년부터 2030년까지 경제성장률의 전망은 낮게 수정하지 않으면 안 된다. 한편으로 농업의 역동적인 변화는 주목해야 할 점으로 제3장에서 크게 다루었다.

▌ 정보의 홍수 속에서

1972년에 중국과 일본은 국교를 회복했지만 한동안 중국은 대단히 정보가 적은 알기 어려운 국가였다. 하지만 2017년의 시점에서 중국에는 12만 명이 넘는 일본인이 거주하고 있고 일본에도 74만 명 이상의 중국인이 거주하는 등, 중국과 일본 간의 교류는 현격하게 진전되고 있다. 중국의 정보도 대단히 풍부해졌으며 정보 부족으로 인한 오해가 발생할 여지는 줄어들고 있다.

한편 일본에서는 벌써 이래저래 20년이 넘도록 중국의 취약성이나 문제점을 새삼스레 끄집어내 중국이 지금이라도 붕괴할 것처럼 주장하는 책이 수많이 출판되고 있으며, 일본인의 중국에 대한 편견이 도리어 강해지고 있는 듯한 인상도 받는다.

물론 중국이 다양한 문제점을 안고 있다는 것을 인식하는 것은 중요하며, 그 앞날을 낙관할 수 없는 요소도 많이 있다. 무엇보다도 중국은 공산당 일당지배라는 일본 사회와는 이질적인 정치체제 아래에 있다. 민주주의가 결여되어 있기 때문에 초래되는 권력의 횡포, 정보의 통제, 철저하지 못한 '법의 지배' 등의 문제는 중국 사회를 불안정하게 만들 수 있고 민간기업의 건전한 발전을 저해하기 때문에 경제발전에도 나쁜 영향을 미칠 것으로 여겨진다.

그러나 2010년 중국이 일본의 경제 규모를 추월한 것이 웅변하는 것처럼, 이러한 문제의 존재가 중국경제의 발전을 크게 저해하고 있다고 말하기는 어렵다. 중국에 위험성 및 취약성이 존재하는 것은 사실이지만, 언제까지 그것만을 강조하는 것은 발전하며 강대해지는 중국이라는 현실에서 눈을 피하는 것이다. 중국이 공산당 일당지배라는 서구 선진국에서 보기에 대단히 이질적인 정치체제 아래에 있다고 하더라도, 급속한 경제성장을 계속하고 있다는 현실을 직시하지 않으면 안 된다. 그리고 일본과 지리적으로 근접한 장소에 일본을 상회하는 경제대국이 출현했다는 것은 일본에게 도전이자 동시에 기회이기도 하다. 이것은 특히 2015년 이후 일본에 중국인 관광객 급증으로 일본인이 강하게 인식한 점이다.

필자는 중국의 성장이라는 기회를 잡고 그것을 자기 자신, 자신의 회사 및 조직, 그리고 자국의 발전으로 이어가기 위해 도전하는 사람이 늘어나기를 바란다. 이 책이 독자에게 중국에 대한 '관심의 문'을 열어주게 되기를 바라마지 않는다.

아울러 이 책의 권말에는 본문 중에 언급된 여러 역사적 사건을 정리한 '중국 근현대사 연표'를 추가하였는데 참조하기 바란다. 또한 이 책에는 수많은 도표가 등장하는데, 그러한 원본 자료는 이 책의 웹사이트[1]에서 다운로드를 할 수 있다. 웹사이트의 자료는 갱신도 하고 있다. 대학에서의 보고서 작성, 그리고 추가적인 연구에 도움이 될 수 있다면 더할 나위 없이 기쁠 것이다.

---

1 https://web.iss.u-tokyo.ac.jp/~marukawa/ccepage2.html

제1장 경제성장의 과거와 장래

쓰촨성(四川省) 아바장족강족자치주(阿壩藏族羌族自治州)의 고개

이 장에서는 기원전부터 2030년까지 중국의 경제발전의 큰 흐름을 개관한다. 우선 제1절에서는 기원전부터 19세기 중반까지 중국의 행보를 주로 경제와 인구의 변화를 중심으로 추적해 나아간다. 중국의 근대사는 아편전쟁에 의해 서구 열강과의 경제력 차이를 보이게 된 부분부터 시작되는데, 제2절에서는 아편전쟁에서 중화민국 시대에 이르기까지 중국경제의 발전을 공업을 중심으로 개관한다. 그리고 제3절에서는 중화인민공화국 시대의 경제성장에 대해서 취업자의 증가, 자본의 증가, 기술진보 등의 요인이 어느 정도 공헌을 했는지를 해부한다. 그 분석 결과를 사용하여 제4절에서는 2040년까지 경제성장의 행방을 예측한다.

1. 중국경제 8,000년의 발걸음

❙ 중원의 왕조

중국의 역사는 황허강(黃河, 황하)와 창장강(長江, 장강)이라는 두 큰 강 유역에서 전개되어왔다. 기원전 6,000년 무렵 황허강 유역에서 조와 수수의 재배가, 창장강 유역에서는 벼농사가 시작되었다고 여겨진다. 특히 황허강 유역의 발전이 진척되어 중화문명의 중심지가 되었다. 기원전 17세기에는 현재의 허난성 정저우시(河南省鄭州市)에 은(殷)이 탄생했다. 은 왕조가 직접 지배한 지역은 지금의 허난성 북부에서 허베이성(河北省) 남부에 걸친 지역에 한정되지만, 남쪽으로 장쑤성(江蘇省), 북쪽으로는 산시성(陝西省)에 이르는 지역의 구리 자원을 은 왕조가 이용한 흔적이 있다고 한다(宮宅潔, 2013).

〈그림 1-1〉 중국 인구의 추이(기원전 340~1911)

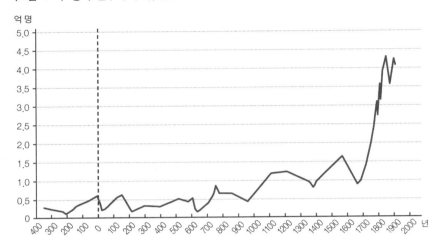

억 명

※ 자료: 路遇·滕澤之(2000), pp.1216~1236의 표를 토대로 하여 저자가 작성함.

오늘날의 중국으로 이어지는 넓은 영역에 걸친 국가를 최초로 세운 것은 진(秦)이다. 지금의 산시성 셴양시(咸陽市)를 거점으로 삼은 진은 황허강 유역의 중원[현재의 허난성, 허베이성, 산둥성(山東省), 산시성에 해당하는 지역]에서 패권을 놓고 경쟁했던 작은 국가들을 차례로 타도하고 기원전 221년 통일왕조를 세웠다. 진은 겨우 2대 만에 멸망했지만 한(漢)이 성립하여 그 영역을 계승했다. 한 왕조는 농민에게 과세하는 세제를 정비하고 소금과 철을 국가가 독점적으로 판매함으로써 재정수입을 확보했다. 한 왕조는 이렇게 획득한 재정수입으로 영역 확장을 위한 전쟁을 계속했다.

중국에서는 전국시대 이후 국민에게 세금을 징수하거나 병역 및 요역을 부과하기 위해 호적을 만들어 왔다. 그래서 사서에 나라의 인구를 기재한 일이 많다. 물론 사서에 기재된 것은 각 왕조가 지배하는 영역의 인구이므로 오늘날의 중국 인구와 직접 비교하는 것은 불가능하다. 각 왕조가 지배하지 않은 영역에 대해서 추측, 보완하여 오늘날 중국에 해당하는 영역의 인구를 추계한 것이 〈그림 1-1〉이다. 이에 의하면 전한(前漢) 시대(기원전 206~기원후 8)에 중국의 인구는 부쩍부쩍 늘어났으며, 서기 2년에는 6,300만 명이나 되었다. 이것은 당시 세계 전체 인구의 4분의 1정도에 상당한다(Maddison, 2007: 24). 전한과 후한(後漢) 사이에 존재했던 신(新)의 시대에 일단 인구가 격감하지만 후한 시대에 증가세가 다시 회복되고 157년에는 6,500만 명에 달했다. 하지만 후한 말기에는 '황건의 난' 등 내란이 발생하고 전염병, 가뭄, 병충해 등으로 인해 기근이 만연하였고 삼국시대가 시작되는 221년경 중국의 인구는 1,900만 명 정도까지 줄어들었다.

삼국시대에는 중원을 지배하는 위(魏), 창장강 이남을 지배하는 오(吳), 내륙을 지배하는 촉(蜀)이 병립했다. 이후 황허강 유역과 창장강 유역을 다른 왕조가 지배하는 시기가 길게 이어진다. 그 시기에 창장강 유역을 지배했던 오 및 동진(東晋, 317~420)에서 장쑤성과 저장성(浙江省) 등에 경작지가 조성되었다. 이러한 남북조시대에 북위(北魏, 386~534)이 도입한 획기적인 농촌제도가 균전제(均田制)이다. 이는 농민 한 사람 한 사람에게 일정 면적의 경작지를 지급하고 농민이 노쇠하면 국가에 반환하는 방식이다. 농촌 계층화 방지를 위해 경작지를 균등하게 지급한다는 발상은 1980년대에 중국의 농촌에서 채택되었던 청부제(請負制)와 유사한 측면이 있다. 균전제는 중국을 통일한 수(隋, 581~618)와 당(唐, 618~907) 중기까지 이어졌는데, 관료에게는 세습할 수 있는 경작지도 지급되었기에 관료 계층의 대토지 소유가 생겨났다(丸橋充拓, 2013; 佐川英治 2013).

▌창장강 유역의 발전

당의 멸망 후 혼란을 거쳐 960년에 성립한 북송(北宋, 960~1127) 시대에 중국의 인구는 처음으로 1억 명을 돌파했다. 이 시대에 특히 인구가 늘어난 것이 창장강 유역이었다. 당나라 시대인 742년에는 북쪽(중원)과 남쪽(창장강 유역 이남)의 인구 비율이 55:45였지만 북송 시대인 1080년에는 35:65로 남쪽이 더 많아진다. 창장강 하류 유역인 장쑤성 및 저장성은 그때까지 저지대 습지, 또는 호수, 늪, 바닷물이 고여 있는 해안 평지 등이 펼쳐져 농업에 적합하지 않은 지역이 많았다. 그래서 토지를 제방으로 둘러싸고 그 바깥에 도랑을 파서 배수를 하고 해수가 고여 있는 토지에 강의 물을 끌어온 수로를 사용하여 해수를 내보내 무논을 만들어 갔다. 국내의 상업도 발달하여 설탕, 술, 쪽(藍), 동유(桐油), 마(麻) 등의 특산품, 그리고 쌀의 교역도 활발해졌다. 상업의 발달을 밑받침한 것은 국가에 의한 동전의 주조 및 어음의 유통이었다(古松崇志, 2013; 斯波義信 1997a; 斯波義信 1997b).

12세기에 들어서자 중국 동북부에 금(金)이 발흥하여 중원으로 침입, 북송을 멸망시키고 지금의 베이징(北京)을 수도로 삼았다. 북송은 남쪽으로 도망쳐서 지금의 항저우(杭州)로 천도하고 남송(南宋, 1127~1179)이 되었다. 남송에서는 범선을 사용한 수상운송이 왕성해져 창장강을 거슬러 올라가 서쪽은 쓰촨(四川)까지, 바다로 나가 남쪽은 푸젠(福建) 및 광둥(廣東)까지 수운을 통해 연결되었으며 다양한 특산품이 거래되었다. 또한 광저우(廣州) 및 취안저우(泉州)에 정주하고 있던 무슬림 상인을 통해서 멀리 동남아시아, 인도, 중동으로부터 향료, 약재, 상아 등이 수입되었으며 그 대신에 금은, 동전, 견직물, 도자기가 수출되었다(古松崇志, 2013).

금나라와 남송의 국내에서는 지폐가 상거래에 사용되었다. 북송 시대에 어음이 지폐로서 사용되기 시작했지만, 금나라와 남송에서는 정부가 지폐를 발행하였다. 발행 당초에는 지폐를 동전 및 철전(鐵錢)과 교환할 수 있어 단순한 종잇조각이 아니라 가치가 있는 금속으로 보증되었는데 머지않아 구리 및 철과의 교환은 정지되었다. 그럼에도 지폐가 단순한 종잇조각이 아니라 가치를 계속 지녔던 것은 정부가 지폐로 납세하는 것을 인정했기 때문이다(高橋弘臣, 2013).

13세기에 들어서 몽골이 칭기즈칸(Chinggis Khan) 아래에서 발흥하였으며 1234년에는 금을 멸망시킨다. 몽골은 중원을 지배하고 1271년에 원(元)을 건국했다. 원은 1276년에 남송을 정복하고 중국의 전역을 지배하게 된다. 몽골의 침공 과정에서 중원은 일시적으로 무정부상태에 빠져 기근의 피해로 인구가 감소했지만, 원나라가 전역을 지배하게 되자 세제 등 국가 제도가 정비되어 인구도 회복되었다. 몽골인은 유라시아에 걸친 커다란 제국을 구축하고 육로 및 해로를 통한 교역이 왕성해졌다. 유라시아의 교역에서는 은을 화폐로 사용하는 한편, 원 왕조는 금 및 은과 교환할 수 있는 지폐를 발행하여 유통시켰다.

원 시대에 창장강 유역에서는 쌀과 밀의 이모작이 시작되었으며 인도로부터 목화가 전해져서 재배가 시작되는 등 농업의 발전도 나타났다. 하지만 14세기 중엽이 되자 홍건적의 반란이 일어나고, 황허강의 제방이 붕괴되어 허난성 및 산둥성 등의 중원 지역이 황폐해져 중국의 인구는 7,000만 명 아래로 내려갈 정도로 급감했다(古松崇志, 2013).

원 말기의 혼란을 주원장(朱元璋)이 평정하고 원을 중국에서 몰아내고 명(明, 1368~1644)을 건국했다. 명 정부는 전란으로 황폐해지고 인구도 감소한 중원에 전란의 영향이 적었던 창장강 유역 및 화남으로부터 이민을 촉진하며 농업의 회복을 도모했다. 그럼에도 명 전기에는 경제 혼란이 좀처럼 해소되지 않았다. 그 이유 중의 하나는 상거래를 매개하는 데에 필요한 화폐가 부족했던 것에 있다. 명 정부는 금이나 은을 화폐로 사용하는 것을 금지하고 동전을 사용하도록 장려했는데, 핵심인 동전이 구리 광산의 고갈로 부족했던 것이다. 그래서 명 정부는 지폐를 발행하여 화폐 부족을 해소하고자 했지만, 사람들은 지폐를 신용하지 않았다(岡本隆司, 2013; 高橋弘臣, 2013). 명 전기의 경제가 혼미했던 또 하나의 이유는 민간에 의한 대외무역을 금지했던 점에 있다. 명 시대에는 민간의 경제활동이 저조했기 때문에 그것을 보완하기위해 정부가 견직물업, 요업, 제조업 등을 관영으로 운영했다.

▌ 은의 유입으로 활기를 띠게 된 중국경제

16세기가 되자, 일본과의 사이에서 중국산 명주실(生絲)이나 면포(綿布)를 일본산 은과 거래하는 밀무역이 활발해진다(岡本隆司, 2013). 무역금지령을 어기는 밀무역이었기에 단속에 대항하기 위해서 무역업자는 무장을 하여 '왜구(倭寇)'라고 불리는 집단을 형성하게 된다. 왜구는 일본산 은을 중국에 가져왔으며, 또한 중국인 상인들은 필리핀의 마닐라를 경유하여 멕시코산 은을 가져왔다.

이렇게 유입된 은은 중국 국내의 상업에서도 화폐로서 사용되어졌으며 상업이 활발해졌다. 창장강 하류 유역의 장쑤성 남부, 저장성 북부에서는 견직물업과 면직물업이 발전했으며, 원료인 면화나 양잠 등의 상품작물에 대한 재배도 창장강 하류 유역 및 화북에서 활발해졌다. 상품작물의 재배에 특화된 지역에서는 식료품을 다른 곳으로부터 구입하지 않으면 안 되는데, 창장강 중류 유역의 둥팅후(洞庭湖), 포양후(鄱陽湖) 주변의 습지대가 무논으로 조성되어 창장강 하류 유역 및 도시로의 식량 공급을 지탱했다(濱島敦俊, 1999a). 이러한 경제발전도 있었기에 명 말기에는 중국의 인구가 1억 5,000만 명을 넘기까지 했다(濱島敦俊, 1999b).

그러나 명에서 청(淸)으로 왕조가 교체되는 시기에 자연재해와 전란으로 다수의 인명 손실이 발생해서 중국의 인구는 다시 1억 명 아래까지 감소한다. 청나라가 중국 전역을 지배하게 되면서 사회가 안정되자, 점차 인구의 증가 추세가 강화되었으며 1750년 무렵에 2억 명, 1790년 무렵에는 3억 명을 돌파하고 1830년 전후에는 4억 명을 돌파했던 것으로 추정된다(何炳棣, 1989; 〈그림 1-1〉 참조). 즉 청의 성립으로부터 200년 동안 중국의 인구는 4배로 증가한 것이다.

이러한 인구 증가의 첫 번째 원인은 무역을 통해서 은이 국내로 유입됨으로써 국내의 상품 거래가 왕성해졌던 것에서 찾을 수 있다. 청나라는 1684년에 무역 금지를 해제하고 연해 지방에 무역에 대한 세금을 징수하기 위한 관소[關所, 해관(海關)]를 설치하고 대외무역을 공인했다. 청나라는 동남아시아, 인도, 유럽 국가들을 상대로 하여 도자기, 차(茶), 비단, 설탕, 수공업품 등을 수출하고 면화 및 쌀을 수입하는 한편 수출품의 대가로서 많은 은을 획득했다. 특히 영국이 차를 대량으로 수입했기 때문에 푸젠성(福建省)에서는 수출을 위해 차를 재배했을 정도였다(濱島敦俊, 1999b; 岡本隆司, 2013).

인구 증가의 두 번째 요인으로 신대륙이 원산지인 옥수수, 감자, 땅콩 등이 16세기에 중국에 전파되었던 것을 들 수 있다. 이러한 작물은 건조한 기후에 강하고 경사지에서도 재배를 할 수 있기 때문에 산지 및 구릉이 개간되었다. 또한 논벼의 품종 개량에 의해 재배 기간이 더욱 단축되고 남방에서는 이모작 또는 삼모작도 하게 되었다. 이러한 새로운 작물 및 농업 기술을 지닌 상태에서 한족(漢族)은 광둥성(廣東省), 쓰촨성(四川省), 윈난성(雲南省), 내몽골, 동북부 등으로 이주하여 농지를 확대시켰다.

이리하여 청의 인구도 크게 늘어났으며 1830년 무렵에 청은 세계의 인구 및 GDP의 약 3분의 1을 차지했다고 여겨진다(Maddison, 2008: 27, 103).

2. 중화제국의 흥망(1840~1949년)

▌ 청의 쇠퇴

19세기 전반이 근대 이전의 중국 번영의 정점이었다. 이 무렵 유럽에서는 산업혁명이 시작되었으며, 획득된 공업력은 결국 군사력으로 전환되었다. 메이지유신(明治維新)을 거쳤던 일본도 근대적인 공업력을 급속하게 끌어올려 19세기 말에는 청일전쟁에서 청나라를 완전히 패배시키기에 이르렀다. 한편 청은 이러한 물결에 뒤쳐져 상대적으로 국력이 하락하고 서구 및 일본의 침략에 휘둘리게 되었다.

그 기점이 되었던 것이 영국과의 아편전쟁(1840~1842년)이다. 중국으로부터 차를 대량으로 수입하는 영국은 중국에 대한 무역적자를 해소하기 위해서 식민지였던 인도에서 재배한 마약인 아편을 중국에 밀수출했다. 아편은 중국에서 만연했고 국민 건강을 훼손시켰을 뿐만 아니라, 아편 수입을 위해서 당시 중국의 통화였던 은 또한 대량으로 유출되었다. 청이 아편 밀수를 엄격하게 단속하고 아편을 몰수하고 소각 처분하니 영국은 이러한 조치에 항의하기 위해 전쟁을 일으켜 청을 굴복시켰다. 1842년에는 청과 영국 간에 난징조약(南京條約)이 체결되어 청은 영국에 홍콩섬(香港島)을 할양하고 5개 도시를 개항하는 동시에 고액의 전쟁 배상금 지불이 결정되었다. 그 이듬해인 1843년에는 미국, 프랑스 등 다른 열강들에게도 개항을 해야 하는 상황에 내몰렸다.

난징조약에 의한 개항으로 중국의 차와 비단의 수출, 아편의 수입은 활발해졌지만 서구로부터의 면직물 등 공업제품의 수입은 답보 상태였다. 이에 영국과 프랑스는 1856년 애로우전쟁을 일으켜 추가적인 개항을 이끌어 냈다(濱下武志, 2002). 한편 중국 국내에서는 '태평천국(太平天國)의 난(1851~1864년)'에 의한 내전으로 많은 인명이 손실되었다. 〈그림 1-1〉에 제시된 추정으로는 1851년에 4억 3,000만 명 이상이었던 중국의 인구가 1874년에는 3억 6,000만 명 아래로 감소하는 등, 단기간에 7,000만 명 이상의 인명 손실이 발생한 것으로 여겨진다.

▎양무운동

'태평천국의 난'은 청의 정규군이 아니라 지방 관료가 조직한 의용군에 의해 평정되었다. 평정 과정에서 세력을 키운 지방 관료들은 청의 취약한 군사력에 위기 감을 느끼고 유럽의 기술을 도입하여 근대적인 병기공업(兵器工業) 및 섬유공업, 제조업 등의 발전을 지향하는 양무운동을 시작했다. 하지만 양무운동은 거의 동일한 시기에 일본의 메이지 정부가 시작했던 식산흥업(殖産興業) 정도의 성과를 올리지는 못했다.

양무운동을 추진했던 지방 관료의 대표격인 리훙장(李鴻章)의 감독 아래에 설립되었던 상하이기기직포국(上海機器織布局)이라는 기업의 사례를 살펴보도록 하겠다. 이 기업은 개항과 함께 중국의 연해 지역에 유입되기 시작한 유럽제 면포에 대항하기 위해서 유럽에서 방적·직포(〈칼럼 1〉 참조)의 기계를 구입하여 공장을 설립하고 중국산 면화를 사용한 면사와 면포 생산을 목적으로 1878년에 설립되었다. 이 기업의 형태는 관료의 감독 아래에 민간의 상인으로부터 출자를 모집하고 경영도 민간인에게 맡기는 '관독상판(官督商辦)'이라는 것인데, 여기에는 민간자본을 육성하고자 하는 의도가 있었다. 즉, 민간자본을 주체로 하는 근대 자본주의로의 가능성을 내포하고 있었다. 하지만 상하이기기직포국은 경영진이 모았던 자금을 도중에 다른 곳에 유용해버려 출자자로부터 버림을 받았고 이를 계기로 관료의 관여가 강해져 실질적으로는 '관영'의 색채가 농후해져 버렸다. 결국 설립으로부터 공장 조업 개시까지 12년이나 소요되었으며 중국에서의 근대적인 면방직공업의 기폭제 역할을 수행하지는 못했다(鈴木智夫 1992: 第2編).

또한 1890년에는 중국 최초의 근대적인 제철소인 한양제철소(漢陽製鐵所)가 설립되었다. 한양제철소는 1894년부터 선철(〈칼럼 1〉 참조)을 생산했지만, 기술 선택의

▌ 방적·직포·봉제 ▌

섬유공업은 면, 양털, 누에고치, 합성섬유 등의 섬유 원료를 서로 꼬아서 실을 만드는 방적(紡績), 실을 짜서 천을 만드는 직포(織布), 그리고 천을 꿰매고 단추 또는 지퍼 등을 달아 옷을 만드는 봉제(縫製)의 3가지 부문으로 구성된다. 1764년경에 유럽의 제임스 하그리브스(James Hargreaves)가 8개의 방추(紡錘)로 동시에 실을 뽑아낼 수 있는 제니 방적기(spinning jenny)를 발명했다. 이어서 1785년에 영국의 에드먼드 카트라이트(Edmund Cartwright)가 증기기관을 동력으로 하여 고속으로 북을 움직여서 직물을 짜는 역직기(力織機)를 발명했다. 또한 1790년에는 영국의 토머스 세인트가 재봉을 위한 미싱(재봉틀)을 발명했다. 이리하여 방적에서의 기계의 발명이 직포 및 봉제에서의 발명을 자극하고 상호 간에 생산성을 서로 향상시킴으로써 산업혁명이 일어났다.

▌ 선철·조강·강재 ▌

철(Fe)은 지구에 대량으로 존재하지만, 자연계에서는 산화철(Fe_2O_3)의 상태(녹이 슬어 있는 상태)로만 존재하며, 그 상태 그대로는 사용할 수 없다. 산화되어 있는 철광석으로부터 산소(O)를 제거해(즉 환원시켜) Fe를 추출하는 작업을 제선(製銑)이라고 하며, 만들어진 철의 덩어리를 선철(銑鐵)이라고 한다. 제선은 철광석과 탄소(예전에는 목탄, 지금은 코크스)를 혼합하여 고온에서 처리함으로써 철광석 중의 산소를 탄소와 결합시켜 이산화탄소(CO_2)로 배출하고 용해된 철을 남기는 작업이다. 하지만 만들어진 선철은 아직 순수한 Fe가 아니고 탄소 등 불순물이 포함되어 부서지기 쉽다. 선철은 강도가 약하기 때문에 바벨에 사용하는 중량판을 만드는 데는 사용할 수 있지만, 철도의 레일 및 건물의 철근에는 사용할 수 없다.

선철에 포함되어 있는 탄소를 줄이면 철은 강함과 끈기를 갖게 된다. 이것을 강(鋼)이라고 하며 선철로부터 강을 만드는 공정을 제강(製鋼)이라고 한다. 선철에 포함되어 있는 탄소를 제거하고 강을 만드는 방법으로서 예전에 일본에서는 철을 가열해 두드렸다. 현대의 제철업에서 사용하고 있는 방법은 고온에서 용해시킨 상태의 선철에 고철을 소량 더해 탄소를 불어넣으면서 흔드는 방법이다. 이렇게 함으로써 선철 중에 포함되어 있는 탄소가 산소와 반응하여 연소되며 이산화탄소로 빠져 나오게 된다. 만들어진 강을 주형(鑄型)에 넣고 굳힌 상태를 강편(鋼片) 또는 조강(粗鋼)이라고 한다. 조강의 생산량은 철강업의 규모를 측정하는 데 중요한 지표이며, 중국에서는 국력을 측정하는 척도로서 중시되었던 시기도 있었다.

강편에 압력을 가하여 늘어나게 하여 레일 또는 철근, 판 또는 관 등 다양한 형태로 가공하는 작업을 압연(壓延)이라고 한다. 또한 그렇게 하여 만들어진 것을 강재(鋼材)라고 한다.

오류도 있어 생산 비용이 높았기에 경영이 궤도에 오르지는 못했다. 중화민국 시기로 접어든 후부터 점차 경영이 악화되고 1925년에는 경영난에 의해 생산을 중단하기에 이르렀다(久保亨, 1995: 41~43). 한편 일본 정부가 철강의 수입 대체, 특히 군수용 철강의 확보를 노리며 설립한 관영 야하타제철소(八幡製鐵所)의 조업 개시는 1901년으로 한양제철소보다도 늦었지만, 조업 개시 후 착실하게 생산을 확대했다. 1910년의 단계에 선철 생산량이 12만 7,000톤, 조강 생산량이 21만 톤으로 같은 해 중국 전체의 생산량(선철 11만 9,400톤, 조강 5만 톤)을 상회했다(坂本和一, 2005). 또한 이 무렵 야하타제철소에서의 제철에 필요한 철광석 중 약 60%는 한양제철소에도 철광석을 공급했던 다예 철광산(大冶鐵鑛山)에서 채굴, 공급되었다(佐藤昌一郎, 2003). 이는 한양제철소의 재건에 필요한 자금을 일본 정부가 청나라 정부에 융자하고 그 변제를 현금 대신 철광석과 석탄으로 한다는 계약에 기초해 공급된 것이었다. 즉 일본과 중국은 같은 무렵에 근대적인 철강업을 세우고자 했지만 20년 정도의 사이에 일본은 아시아 최대의 철강 생산국이 되고, 중국은 원료인 철광석을 공급하는 국가로 운명이 나뉘어졌던 것이다.

양무운동은 이렇게 중국에 근대적 공업 뿌리내리기에 실패하였으며, 청은 쇠망의 길을 걷게 된다. 근대 공업의 수립이 잘되지 않았던 중국은 세계 최다 인구를 갖고 있으면서도 1인당 생산력에서는 공업화의 성공에 의해 힘을 키운 서구 및 일본과 점점 격차가 벌어지게 되었다. 앵거스 매디슨(Angus Maddison)의 추계에 의하면(Maddison, 2007), 1890년대에 중국은 GDP 세계 1위의 자리를 미국에게 빼앗긴다.

다만 청 정부가 약체화되고 서구, 일본 등 중국 진출을 노리는 각국의 압력으로 외국 자본의 진출에 국가를 연 것이 오히려 중국의 근대 공업의 발전을 가져왔다. 즉 청나라는 청일전쟁(1894~1895년)에서 패배한 이후, 시모노세키 강화조약(下關講和條約)에서 외국인이 개항도시에 공장을 개설하는 것을 인정했는데, 그 결과 외국 자본에 의한 공장 설립 열풍이 불면서, 중국 자본에 의한 공장 설립 또한 자극했다(久保亨 外, 2008: 15).

청나라 말기부터 중화민국의 시기에 걸쳐서 중국에서 활약했던 외국 기업의 대표적인 사례로서 브리티쉬 아메리칸 토바코(British American Tobacco: BAT)를 들 수 있다. 1881년에 미국에서 담배를 자동으로 마는 기계의 발명을 계기로 미국과 영국에서는 담배 제조사들 간의 합병에 의한 과점화가 급속하게 진전되어 각각 자국의 담배 시장을 거의 독점하는 기업(이른바 '트러스트')이 1890년대에 탄생했다. 이 양자가 공동으로 미국, 영국 이외의 세계시장을 공략하기 위해서 1902년에 만든 것이 BAT이다. BAT가 초기에 주로 진출했던 곳은 일본과 중국이었다.

BAT의 진출에 대한 일본과 중국의 반응은 대조적이었다. 일본 정부는 일본의 담배 제조사로는 BAT에 도저히 맞설 수 없다고 보고, 러일전쟁의 비용을 조달하기 위해 담배를 국가의 재원으로 삼으려는 생각도 있었기에, 1904년에 전매제도를 도입하여 국가가 담배의 생산과 판매를 독점했다. BAT는 보상금에 대한 반대급부로 일본으로부터 쫓겨나 버렸다.

한편 중국에서는 BAT가 각지에 판매 본부와 공장을 설치하고 중국의 상인 네트워크도 이용하여 판매망을 확대하고 산동성에서 잎담배 재배를 지도하는 등 뿌리를 깊이 내렸다. BAT에 대항하는 중국계 담배 제조사도 있었으며 중국 국민이 미국과 영국에 대한 반감으로 BAT의 담배 보이콧 운동을 일으키는 일도 있었다. 하지만 BAT는 그러한 위기를 교묘하게 극복하며 1920년대부터 1940년대에 이르기까지 중국 담배 시장에서 60~80%나 되는 높은 점유율을 유지했다. 일본군이 중국 동북부를 침략하고 나중에 만주국(滿洲國)을 건국하는 가운데, 일본계 담배 제조사가 만주국 정부와 결부하여 BAT의 시장을 빼앗고자 했지만, 그럼에도 BAT는 동북부에서도 높은 점유율을 계속 유지했다(Cox, 2000; 丸川知雄 外, 2021).

▌ 중화민국 시기의 전란과 공업발전

신해혁명(1911년)에 의해 결국 청 왕조는 무너지고 1912년에 중화민국 건국이 선언되었다. 하지만 베이징에 들어선 중앙정부는 약체였으며 군벌이 독자적인 재정력과 군사력을 갖고 각 지방을 지배했다. 베이징 정부는 그러한 군벌들의 위태로운 연합 위에 세워졌으며 정치는 안정되지 않았다. 통화도 중앙정부가 발행한 지폐

외에 지방 군벌이 발행한 것도 유통되었다(梶谷懷·加島潤, 2013). 전국 통일을 지향하는 국민당이 국민혁명(1924~1928년)을 일으키고 북벌(北伐, 1926~1928년)을 거쳐 1928년에 난징(南京)을 새로운 수도로 정하고 국민정부를 수립하여 결국 전국 통일이 이루어졌다.

국민정부 아래에서 중화민국은 청나라 시대에 서구에 빼앗겼던 관세자주권을 회복한다. 관세율은 평균 30% 정도 인상되고 국민정부의 재정 수입에서 절반 이상을 밑받침하는 기둥이 되었다. 지방의 군벌이 국내 상품 유통에 부과했던 세금이 폐지되고 지방이 발행했던 지폐도 정리되어 중앙정부가 발행한 통화로 통일이 이루어졌다. 하지만 겨우 전국이 통일되었다 싶으니 바로 1931년에 일본군이 만주사변을 일으켜 중국 동북 지방을 침략하였으며, 그 이듬해에 일본의 입김이 들어간 만주국을 건국했다. 한편 중국 국내에서는 공산당 세력이 반란을 일으켰고, 국민정부는 진압에 힘을 기울이지 않으면 안 되었다. 일본은 계속해서 화북 지방에서 세력 확대를 꾀했기에 1937년에 국민정부와 전쟁을 시작하게 되기에 이르렀고 전선은 화북에서 화중 등 전국으로 확대되었다.

위에서 살펴본 바와 같이, 중화민국 시대는 내란과 전쟁이 계속되는 시대였지만, 그럼에도 불구하고 중국의 근대 공업은 이 시기에 급속하게 발전하게 된다. 구보도루(久保亨)가 여러 공업제품의 생산량 관련 자료를 토대로 하여 계산한 공업생산지수에 의하면(久保亨, 2009) 1912년부터 중일전쟁 직전인 1936년까지 중국의 공업생산은 6배 이상, 연평균 8.2%의 추세로 성장했다. 해외시장을 겨냥하여 생사를 만드는 제사업(製絲業), 국내시장을 위한 면방직업, 담배, 제분(製粉), 성냥, 비누 등의 공업이 상하이, 톈진(天津), 광저우 등 연해 지역의 도시에서 발전했다. 면방직은 일본 자본과 중국 자본이 서로 경쟁하듯이 생산을 신장시켰다. 다만 중화민국 시기 공업의 발전은 경공업에 편중된 것이었으며, 중화학공업에서는 융리화학공사(永利化學公司, 소다회 및 가성소다), 톈위안전화창(天原電化廠, 염산) 등 화학공업에서 눈에 띄는 중국 자본의 기업이 출현했지만(田島俊雄 編, 2005), 그 외에 두드러진 발전은 없었다. 철강업에서는 일본의 국책회사인 만철(滿鐵)이 건설한 안산제철소(鞍山製鐵所, 1919년

조업 개시)나 일본의 오쿠라 재벌(大倉財閥)이 건설한 번시후제철소(本溪湖製鐵所, 1915년 조업 개시)가 당시 중국 최대 규모의 제철소였다.

1937년 중일전쟁이 일어나며 국토가 전쟁터가 되어 중국경제는 큰 타격을 입었다. 구보 도루의 공업생산지수를 살펴보면(久保亨, 2009), 1937년 이후 공업생산은 늘어나지 않고 있으며 1944년에는 1936년에 비해서 30% 남짓이나 생산이 감소했다. 1945년에는 일본의 패전으로 전쟁이 종결된 이후에도 국민당과 공산당의 내전이 시작되어 경제가 정체되었다. 일본이 만주국에 구축했던 공업의 기반은 전쟁으로 파괴되었고 설상가상으로 침공한 소련군이 공업 설비를 반출하였기에 전후에도 생산력을 회복하는 것이 불가능했다.

3. 중화인민공화국의 경제성장(1949~2020년)

▍부문별 분석

중화민국 시대(1912~1949년)를 회고하면 전반(1912~1928년)은 군벌 할거와 북벌, 후반(1931~1949년)은 일본에 의한 동북부에의 침략과 중일전쟁, 그리고 국공내전(國共內戰) 등으로 통일되어 안정되었던 시기는 겨우 수년 동안에 불과했다.

1949년에 중국공산당은 국민당과의 내전에 승리하고 중화인민공화국을 건국했다. 중화인민공화국의 시대에도 타이완으로 도망쳐 들어갔던 국민당(중화민국)과의 대립은 계속되었으며, 중국 대륙 내에서도 주로 공산당 내부의 대립으로 인한 정치경제의 동요가 계속되었다. 하지만 중화민국 시대와는 달리 외국과의 본격적인 전쟁 또는 내전은 일어나지 않았으며 경제성장에 상당한 힘을 기울일 수 있었다. 중화인민공화국 시기에서의 공업을 중심으로 한 경제발전의 양상에 대해서는 이 책의 제2장부터 상세하게 분석하고 있으므로 여기에서는 거시경제의 변동만을 분석하도록 하겠다.

1953년부터 2019년까지 GDP의 추이에 주목해보면(〈그림 1-2〉참조), 상하로 크

<그림 1-2> 중화인민공화국 시기의 GDP 성장률

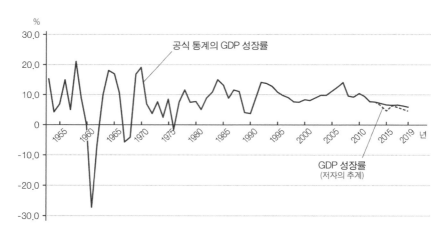

※ 자료: 國家統計局國民經濟核算司 編(2007); 國家統計局 編(2020).

게 계속해서 움직였던 1953~1978년의 시기와, GDP의 마이너스 성장 없이 고도성
장이 계속되었던 1979~2019년의 시기로 양분할 수 있다. 전자의 시기에서의 경제
를 운영하는 메커니즘은 계획경제 시스템이었기에 이 시기를 '계획경제 시기'라고
부르도록 한다. 후자의 시기에도 적어도 1979년부터 1993년까지는 계획경제 시스
템은 기능했지만, 시장경제의 요소도 서서히 받아들여졌고 1994년 이후에는 시장
경제 시스템에 의한 경제의 운영이 중심이 되었다. 1979년 이후의 시기를 이 책에
서는 '개혁개방 시기'라고 부른다.

계획경제 시기에는 GDP가 연평균 6.1%로 늘어났지만 1인당 GDP는 연평균
4.0%로 늘어나는 데 그쳤다. 개혁개방 시기에 GDP의 성장률은 연평균 9.4%로
가속되었으며 1인당 GDP는 연평균 8.4%로 늘어났다. 즉 1인당 GDP의 성장률이
2배가 되었던 것이다.

계획경제 시기의 경제성장은 그 때마다의 정치에 의해 크게 휘둘려져 왔다. 1958
년에는 당시의 최고지도자 마오쩌둥(毛澤東)이 갑자기 철강 생산을 1년에 2배로 늘리
겠다고 말을 꺼내고 그것에 선동된 중국의 각 지방 정부는 전국에 여러 공장을 급하게

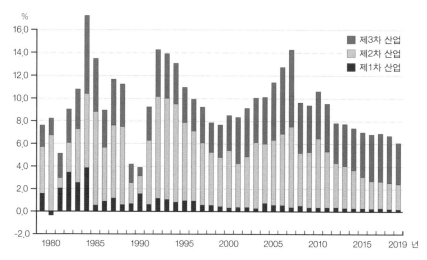

〈그림 1-3〉 중국의 GDP 성장률과 각 산업의 기여도(1979~2019년)

※ 자료: 國家統計局 編(2020).

세웠다. 그 여파로 농업은 큰 손실을 입고 1960년과 1961년에 마이너스 성장에 빠져버렸다. 1966년에 마오쩌둥은 기존 관료 시스템을 타도하는 '문화대혁명'을 호소하여 정부기관 및 공장 등의 기능이 마비되었으며, 1967년과 1968년에 마이너스 성장에 빠졌다. 1976년에는 마오쩌둥에게 충성을 맹세한 그룹과, 정부의 기능을 재건하고자 하는 그룹 간에 싸움이 일어났다. 9월에 마오쩌둥이 사망하고 그로부터 1개월 후에 전자의 그룹에 속하는 사람들이 체포될 때까지 혼란이 계속되었기 때문에, 경제는 다시 마이너스 성장에 빠졌다. 이처럼 정치적인 내분이 발생하면 경제가 손실을 입는 것은 계획경제 시스템의 특징이다. 이 점에 대해서는 이 책의 제2장에서 더욱 상세하게 설명한다.

한편 1979년 후, 적어도 공식적으로 발표된 GDP 성장률을 보는 한 한 차례도 마이너스 성장에 빠지는 일 없이 대체적으로 순조롭게 고도성장의 발걸음을 계속해 왔다. 그것을 가능케 했던 것은 경제개혁과 대외개방 정책(양자를 합쳐서 '개혁개방 정책'이라고 부름)이다. 물론 상세하게 검토해보면 여러 가지 실패도 있었고 성공했던 부분도 있었지만, 그것에 대해서는 이 책의 제2장에서 논하고 있다.

여기에서는 오로지 통계에 의해 개혁개방 시기의 경제성장을 분석한다. 그 목적은 향후 경제성장의 행방을 전망하는 것이다.

〈그림 1-3〉은 1979년부터 2019년까지의 GDP 성장률을 제1차 산업, 제2차 산업, 제3차 산업의 기여도로 분해하여 살펴본 것이다. 이것으로부터 다음과 같은 것을 읽어낼 수 있다.

첫째, 2014년까지 대부분의 해에 제2차 산업(광공업과 건설업)이 GDP의 성장에 가장 크게 기여했고 GDP 성장률 전체의 움직임을 결정한 것도 제2차 산업이다. 다만 제2차 산업의 기여도는 1990년 이전에는 격렬하게 급감하고 있지만 1991년 이후 매년 변동이 완화되었다. 1990년 이전에는 국유기업이 공업의 대부분을 담당하고 국유기업의 생산 활동은 정책의 변화에 크게 휘둘려져 왔는데, 1991년 이후 외자계기업과 민간기업의 비율이 높아지고 제품의 판매시장도 해외로 확대되었기 때문에 국내 정책의 동요에 의한 영향을 받기 어려워진 것으로 여겨진다.

둘째, 1981~1984년의 4년 동안에 한정해서는 제1차 산업(농림수산업)이 GDP 성장에 2~3% 포인트나 기여하고 있다. 이 시기에는 계획경제 시기에 실시되었던 집단농업의 해체라는 커다란 변혁이 있었으며, 그것이 경제성장에 공헌하고 있다는 것을 알 수 있다. 하지만 1985년 이후 제1차 산업의 경제성장 기여도는 작아졌다.

셋째, 제3차 산업(서비스업, 공공서비스)의 기여도는 2010년까지는 제2차 산업의 기여도와 상당히 상관되어 있었다. 양자의 상관함수를 계산해보면 0.53이라는 높은 수치이다. 즉 중국의 제3차 산업은 공업이 발전함에 따라 그에 동반하여 상품의 수송 및 판매, 공업 기업에의 금융이 왕성해진다는 것처럼 공업에 부수하여 발전해 왔다. 하지만 2011년 후 제2차 산업의 기여도는 하락하는 경향이 현저하지만, 제3차 산업의 기여도는 그다지 변함이 없다. 제3차 산업의 기여도가 제2차 산업을 항시적으로 상회하게 된 2014년 후 서비스산업이 경제성장의 주역이 되고 이미 공업에 부수하는 것이 아니게 되었다.

▋ 생산요소별 분석

다음으로 여러 '생산요소'가 중국의 경제성장에 어떻게 공헌해 왔는지를 살펴보도록 하겠다. 일반적으로 경제성장이란 노동자 수 및 노동시간의 증가, 생산설비(자본)의 증가 및 기술진보 등의 생산 효율의 향상에 의해 성취된다. 예를 들면, 10명이 농사일을 하는 것보다도 20명이 농사일을 하는 쪽이 증가할 것이다. 즉 노동자 수는 경제성장에 공헌하는 생산요소 중의 하나이다. 중국에서의 전체 산업의 취업자 수는 1952년에는 2억 3,902만 명이었던 것이 2018년에는 그 3.2배인 7억 7,586만 명으로 확대되었으며, 경제의 규모가 확대된 원인의 하나이다. 하지만 같은 기간에 GDP는 실질적으로 173배나 확대되었다. 이것은 1명의 취업자가 만들어내는 GDP가 54배(=173/3.2)가 되었다는 것을 의미한다.

왜 이렇게까지 노동생산성이 높았던 것일까? 우선 생산설비의 기능이 더욱 좋아지고 수도 증가했다는 것을 들 수 있다. 천을 짜는 작업을 고려해보 전통방식의 직조의 경우 1대의 기계에 1명의 노동자가 붙어서 작업할 필요가 있지만, 18세기 말에 영국의 에드먼드 카트라이트가 발명하고 이후 개량되어온 역직기는 날실에 씨실을 통과시키는 속도가 수직기의 2~3배 높았으며 1명의 노동자가 2대 이상의 기계를 운전할 수 있게 된다(淸川雪彦, 1984). 또한 1980년대에 실용화된 워터제트룸(water jet loom, 물로 씨실을 움직이는 직기) 및 에어제트룸(air jet loom, 공기로 씨실을 움직이는 직기)이 출현하자, 씨실을 통과시키는 속도가 20~30배로 높아졌을 뿐만 아니라, 거의 무인(無人) 상태로 운전할 수 있다. 이렇게 되자, 노동자 1명이 생산할 수 있는 직물의 양은 전통방식 직조의 수백 배로 늘어난다.

이와 같이 노동생산성을 비약적으로 높이는 생산설비가 여러 산업에 도입된다면, 노동생산성이 54배로 증가하는 일도 충분히 일어날 수 있다. 애당초 역직기처럼 노동생산성을 4배 이상으로 증가시키는 기계도 있는가 하면, 도입하더라도 노동생산성을 10% 밖에 향상시키지 못하는 기계도 있을 수 있다. 주류파 경제학에서는 그러한 차이를 무시하고 도입된 기계 및 건설된 건물 등의 금액을 합산하고 그것을 '자본'이라고 부르며 자본이 경제 속에서 어느 정도 존재하는지[즉 '자본금(capital stock)'], 그것이 생산성의 상승에 어느 정도 공헌했는지를 측정하고 있다.

자본금이 어느 정도 있는지를 조사하기 위해서는 매년의 투자에 의해 증가한 자본 금액을 계상해 추정한다. 다만 자본은 파손되거나 마모되는 것이므로 존재하는 자본은 매년 3%씩 손실되는 것으로 가정한다(Mankiw, Romer and Weil, 1992). 또한 최초의 해인 1952년에 자본이 얼마나 있었는지를 보여주는 통계는 없으므로 1,800억 위안(元)이었다고 가정했다. 이것은 제1차 5개년계획 시기(1953~1957년) 동안에 투자가 확실히 산출의 증가로 연결되고 자본 산출 비율(자본/GDP)이 안정되었을 것임에 틀림없다는 추측에 기초하여 추계한 수치이다. 이러한 가정에 기초하여 계산해보면, 1952년부터 2018년까지 자본의 투입액은 실질적으로 387배나 확대되었으며, 경제성장을 크게 촉진했던 것으로 여겨진다.

공장에 훌륭한 기계를 갖추고 일할 사람을 고용해도 기계가 잘 움직이지 않으면 생산이 불가능하다. 거꾸로 기계를 잘 사용하여 질이 좋은 물건을 대량으로 생산할 수 있을 지도 모른다. 이처럼 자본금과 노동자 수 이외의 이유로 생겨나는 생산성의 변화를 '총요소생산성(Total Factor Productivity)', 또는 영어 표기의 머리글자를 따서 TFP라고 부른다. 즉 TFP란 자본금의 증가와 노동자 수의 증가에 의해 경제성장률을 설명하고 난 이후의 '나머지'이며, 아래 수식의 ΔA에 해당한다.

$$\Delta Y = a\Delta L + \beta\Delta K + \Delta A$$

ΔY는 GDP의 성장률, ΔL은 취업자의 증가율 ΔK는 자본의 증가율을 나타낸다. a는 취업자 수가 1% 증가했을 때에 GDP가 몇% 증가하는가, 즉 '노동의 생산탄력성'을 나타낸다. β는 자본금을 1% 증가했을 때에 GDP가 몇% 증가하는가, 즉 '자본의 생산탄력성'을 나타낸다. 취업자와 자본금을 양방 모두 x배로 했을 때에는 GDP를 x배가 되도록 $a + \beta = 1$로 가정한다.

미시경제학의 교과서에서는 노동의 생산탄력성이 노동분배율(한 국가의 부가가치 중에서 임금으로서 노동자에게 분배되는 비중)과 일치한다고 적혀 있을 것이다. 계획경제

시대의 중국에 미시경제학과 같은 시장경제를 전제로 한 이론이 어느 정도 부합될지는 의문이지만, 자본이 희소한 동안에는 노동분배율이 낮고 노동이 희소해지게 되면 노동분배율이 높아진다는 법칙은 중국에도 해당된다고 여겨지며, 노동분배율을 조사하여 이것을 a에 적용시키기로 한다.

노동분배율은 GDP 중에서 '고용자보수'에 배분되는 비중으로서 계산할 수 있는데, 중국에서는 2004년에 제1차 경제 실태조사가 있었으므로 그 결과에 기초하여 1993년까지 소급하여 '고용자보수'의 자료를 얻을 수 있게 되었다. 하지만 1992년 이전에 대해서는 이 자료가 없다. 그래서 민간소비의 자료로부터 노동분배율을 추계했다. 1993~1999년의 노동분배율(고용자보수/GDP)과 민간소비/GDP를 비교해보면 전자는 '후자+3.5'%라는 관계가 보였다. 1992년 이전의 중국인들은 1993년 이후보다 가난하고 번 급료의 대부분을 소비했던 것으로 여겨지므로, 1992년 이전에 대해서는 노동분배율은 민간소비/GDP+3%였던 것으로 가정한다.

이상의 계산에 의해 1952년부터 2018년까지 중국에서의 자본의 증가율, 취업자의 증가율, 노동분배율을 산출한 뒤에 전술한 수식에 적용함으로써 TFP를 구했다. 그리고 취업자의 증가, 자본의 증가, TFP의 증가가 GDP 성장에 대해서 어느 정도 기여했는지를 구하여 〈표 1-1〉과 같이 정리했다. 또한 시기구분은 중국의 5개년계획에 맞추었는데, 예를 들어 1953~1957년은 제1차 5개년계획의 시기이다.

이 표로부터 파악할 수 있는 것을 정리해보면 다음과 같다.

첫째, 노동분배율은 1950~1960년대에 높지만 점차 내려가며 1990년~2000년대에 최저였으며 최근에는 다소 상승하기 시작했다. 1950~1960년대 중국은 사람이 엄청나게 남아돌았다고 여겨지지만 의외로 노동이 희소했음을 엿볼 수 있다. 이 점에 대해서는 이 책의 제3장에서 더욱 상세하게 논하도록 하겠다.

둘째, TFP 성장률은 제1차 5개년계획의 시기에는 높았지만 제2차 5개년계획 (1958~1962년)에는 그 성과가 완전히 지워질 정도로 마이너스가 되었으며 조정기 (1962~1965년)에는 상당히 회복되었다. 이후 제3차 5개년계획(1966~1970년), 제4차 5개년계획(1971~1975년), 제5차 5개년계획(1976~1980년)은 줄곧 낮은 상태를 유지

〈표 1-1〉 경제성장의 요인 분해　　　　　　　　　　　　　　　　　(단위: %)

기간 (년도)	GDP 성장률 (연평균)	자본증 가율 (연평균)	취업자 증가율 (연평균)	TFP 성장률 (연평균)	성장에 대한 기여도				노동 분배율 (추계)
					TFP	그중 노동 이동의 효과	자본	노동	
1953~1957	9.2	8.6	2.8	4.6	49		31	20	67
1958~1962	-2.0	9.7	1.7	-6.8	—		—	—	62
1963~1965	15.1	4.5	3.4	11.3	75		11	15	65
1966~1970	6.9	6.8	3.7	2.0	29		39	33	61
1971~1975	5.9	8.6	2.1	0.9	15		66	19	55
1976~1980	6.5	7.8	2.1	1.8	27	10	55	17	54
1981~1985	10.6	8.2	3.3	5.2	49	28	34	18	56
1986~1990	7.9	9.5	2.4	2.3	29	38	55	16	54
1991~1995	12.3	10.0	1.0	6.8	56	40	40	4	51
1996~2000	8.6	9.9	1.2	3.2	37	7	56	7	51
2001~2005	9.8	11.0	0.7	4.1	42	18	54	4	52
2006~2010	11.3	13.5	0.4	4.2	37	19	62	2	48
2011~2015	7.9	12.6	0.4	1.4	18	14	80	2	50
2016~2018	6.7	9.7	0.1	2.0	30	-13	70	0.4	52
1953~1978	6.1	7.9	2.6	1.5	24		50	26	61
1979~2018	9.4	10.5	1.3	3.7	40		53	7	52
1979~2002	9.6	9.3	2.0	4.2	44		45	11	54
1998~2007	10.0	10.8	0.8	4.3	43		53	4	51
2008~2017	8.2	12.5	0.3	1.8	22		76	2	50
1979~2002*	9.4	8.9	2.0	4.1	43		46	11	52
1998~2007**				3.5					
2008~2017***				1.6					

※ 설명: 기간이 '1953~1957'이라는 의미는 그 기간의 전년을 기점으로 기간의 최종년도까지의 5년간의 연
　　평균 성장률을 의미한다.
※ 자료: 國家統計局國民經濟核算司 編(2007); 國家統計局 編(各年度版)을 토대로 하여 저자가 작성.
* Nazraul Islam/戴二彪(2009), ** World Bank Group and DRC(2009), p.19.

했다. 계획경제 시기(1953~1978년) 전체를 살펴보면, 연평균 성장률은 1.5%이다.

한편 개혁개방 시기(1979~2018년)는 TFP가 연평균 3.7%나 증가했으며 실로 눈의 휘둥그레질 정도로 생산성이 상승했다. 이것이 무엇을 의미하는가 하면, 완전히 동일한 수의 노동자와 동일한 금액의 자본을 사용하여 2018년에는 1978년보다 4.3배(=1.03740)나 많은 생산을 할 수 있게 되었다는 것을 의미한다.

어떻게 이러한 일이 가능했을까? 애당초 TFP가 높은 것은 어째서일까? 우선 기계설비의 사용 기술이 높아지면 TFP가 높아진다. 문화대혁명 시기(1966~1976년)에는 생산현장에서 생산을 내팽개치고 폭력 행위나 간부 규탄을 했다. 이런 때에는 당연히 TFP가 하락하고, 분쟁이 수습되고 경영자의 지휘 아래에서 종업원이 높은 의욕을 갖고 생산에 나서게 된다면 TFP는 높아진다. 또한 개별 노동자의 기능 및 숙련도의 상승도 TFP를 높인다.

중국의 경우 TFP를 높이는 요소로서 매우 중요한 것이 생산요소의 이동이다. 개혁개방 시기에 농촌에서는 집단농업이 해체되고(제3장 참조), 그것에 의해 농민의 생산의욕이 높아졌다. 이것 자체도 TFP를 높이는 요인이지만, 농업의 생산성이 높아졌기 때문에 농촌에서 노동력이 남아돌고 그 사람들이 도시의 공장으로 이주노 동을 하러 가게 되었다. 즉 농촌에서는 잉여였던 노동자가 도시의 공장으로 이동하 는 것에 의해 생산에 기여하게 되었으므로 TFP가 높아졌다.

〈표 1-1〉에서는 농촌으로부터 도시 등으로의 노동이동이 경제성장에 어느 정 도 기여했는지를 추계한 결과를 나타내고 있다. 우선 5년 동안의 사이에 농촌에서 도시의 제2차 산업, 제3차 산업 및 농촌 내의 제2차 산업,제3차 산업에의 노동공 급이 어느 정도 증가했는지를 추계한다(그 결과는 제3장 참조). 이러한 사람들이 이동 함으로써 '제2차 산업, 제3차 산업의 취업자 1인당 부가가치' — '제1차 산업의 취업자 1인당 부가가치'만큼 경제성장에 공헌했다고 여겨지며, 그것일 이동한 사람들의 수로 곱한다. 이리하여 노동이동에 의해 증가한 부가가치액을 추계하고 그것을 5년 동안의 GDP의 실질증가액으로 나눈 것이 〈표 1-1〉의 '노동이동의 효과'이다. 여기서 읽을 수 있듯이 특히 1981~1995년 사이에 노동이동의 효과는 대단히 컸으며, TFP에 의한 성장에 대한 공헌의 절반 이상을 차지했다. 특히 1986~1990년에는 노동이동의 효과의 기여율은 TFP의 기여율을 상회하고 있다. 다시 말해 TFP의 상승을 가져온 노동이동 이외의 요소, 예를 들어 기술진보는 이 시기에는 마이너스였다는 것을 나타낸다. 1996년 후 노동이동의 효과는 내려 가고 있지만 여전히 TFP 상승에서의 중요한 요소가 되고 있다. 하지만 2015년

후 농촌으로부터의 노동공급이 감소로 전환되었기 때문에 성장에 공헌하지 못하게 되었다.

아울러 생산설비를 많이 갖고 있어도 제대로 활용하지 못 한 회사는 도산하거나 합병되어 설비가 경영이 우수한 기업으로 이동하는 것도 생산의 증가에 기여한다.

논자들 중에서는 미국의 경영학자 알윈 영(Alwyn Young)처럼 이러한 생산요소의 이동 및 노동자의 기능·숙련 등은 진정한 TFP 상승이 아니며, 기술의 향상만을 TFP의 상승으로 봐야 한다는 입장에서 추계하여, 1979~1998년의 TFP 성장은 연 3.0%라고 주장하는 사람도 있다(Young, 2003). 다만 생산요소의 이동에 의한 TFP 상승은 중국의 개혁개방 정책의 성공을 가져온 중요한 요소이고 향후에도 중요할 것이라고 예상되므로, 필자는 TFP의 상승에 포함되어야 한다고 생각한다.

또한 〈표 1-1〉에서는 나즈룰 이슬람과 다이얼뱌오(Nazrul Islam/戴二彪, 2009)에 의한 1979~2002년에 대한 TFP 상승률의 추계결과(〈표1-1〉의 *) 및 같은 기간의 필자 자신의 추계 결과를 나란히 제시했다. 그 결과는 연4.1%로 필자의 추계 결과(4.2%)와 거의 변함이 없다. 숫자가 다른 것은 아마도 중국의 GDP 성장률이 이 시간에 다소 수정되었기 때문일 것으로 생각된다. 나즈룰 이슬람과 다이얼뱌오는 이 기간에 노동자의 교육 수준이 상승하고 자본의 질도 좋아졌기에 이런 요소를 제외하고 순수하게 기술의 향상과 생산요소의 이동에 의한 TFP를 추계해보면 연 1.01~2.95%가 된다고 한다(Nazrul Islam/戴二彪, 2009). 〈표 1-1〉에서는 최근 간행된 세계은행(World Bank)과 중국 국무원 발전연구센터(國務院發展研究中心)의 보고서(World Bank Group·Development Research Center of the State Council, 2009)에서의 1998~2007년 및 2008~2017년의 TFP 상승률(연 3.5%와 연 1.6%)과 필자의 같은 기간의 추계치(연 4.3%와 연 1.8%)를 비교하고 있다. 1998~2007년 기간의 추계치가 다른 것은 이 기간의 GDP 성장률로서 사용하고 있는 자료 자체가 다르기 때문인 것으로 여겨진다.

〈표 1-1〉로부터 읽어낼 수 있는 세 번째 사항은 자본증가율이 항상 높다는 것이다. 중국의 노동분배율은 타국과 비교해서 낮지만, 이것은 요컨대 노동자에 대한 임금을

억제하고 국가 및 기업에 자금을 집중시키며 그것을 생산설비에 투자한다는 경제 시스템이 계획경제 시기부터 개혁개방 시기에 이르기까지 계속되고 있다는 것을 의미한다. 이 점에 대해서는 이 책의 제4장에서 자세하게 논하도록 하겠다.

넷째, 성장에 대한 노동(취업자 증가)의 기여율이 낮으며 특히 1991년 이후에는 한 자릿수 대이고 최근에는 거의 제로에 가깝다. 1990년대부터 2000년대 전반까지 중국은 어쨌든 노동력 공급이 풍부하다는 인상이 있었지만, 그것은 농촌에서 도시의 공업 및 제3차 산업으로 대량 이동이 있었기 때문으로 도시와 농촌을 합계한 노동력의 총수는 사실 별로 증가하지 않았던 것이다.

다섯째, 최근에는 TFP 성장률이 2011~2015년에 1.4%, 2016~2018년에 2.0%로 상당히 낮아졌다는 점으로 향후 경제성장의 행방을 전망하는데 중요하다.

4. 앞으로의 성장(2021~2040년)

▎ 중국은 미국을 추월할 것인가

향후 중국은 어떻게 경제성장을 하고 될까? 2010년에 중국의 GDP가 일본을 추월했는데, 미국을 추월하고 세계 1위가 되는 것은 언제일까?

사실 견해에 따라서는, 중국의 경제규모가 2017년에 이미 미국을 추월했다고 볼 수 있다. 국제경제에 대해서 가장 많은 정보를 갖고 있는 세계은행과 국제통화기금(IMF) 등의 국제기관이 모두 그렇게 분석하고 있다. 일반적으로 국가들의 경제규모를 비교할 때에는 각국의 자국 통화로 계산된 GDP를 시장에서 결정되는 환율에 의해 달러로 환산하여 비교한다. 그 방법에 의해 중국과 미국의 2017년 GDP를 비교해보면, 중국은 아직 미국의 63%에 불과하다. 하지만 1달러=6.75위안이라는 같은 해의 환율로 환산하여 비교하는 것이 과연 합리적인가 하는 의문이 있다. 왜냐하면 미국에서 1달러로 구입할 수 있는 것과 중국에서 6.75위안으로 구입할 수 있는 것을 비교해보면 후자의 쪽이 상당히 많기 때문이다.

그래서 양국의 물가를 조사하여 양적·질적으로 동일한 것을 구입할 수 있는 환율은 어느 정도인지를 계산해보면 2017년에 대해서는 1달러=4.18위안이라는 결과를 얻었다. 이러한 환율을 '구매력평가'라고 부른다. 그리고 구매력평가에 의해 중국과 미국의 GDP를 환산해보면, 2017년 이후 중국이 미국을 상회했으며 2019년 중국의 GDP는 미국의 110%였던 것으로 나온다. 국제금융론에서는 환율은 장기적으로는 구매력평가에 의해 결정된다는 설이 있는데, 그 설이 정확하다면 시장 환율에서 환산하더라도 중국의 GDP가 미국의 그것을 상회하는 것은 시간의 문제라고 할 수 있다.

▌ 초판(2013년)의 예측 검토

2013년에 간행한 이 책의 초판에서는 2011~2030년 GDP의 연평균 성장률을 7.7%, 2021~2030년에는 7.1%라고 예측했다. 2011~2019년의 실적은 연평균 7.3%였기에 거기까지는 필자가 예측했던 수치와 비교적 가깝다. 다만 그것이 어떻게 달성되었는지를 살펴보면, 필자의 예측과는 상당히 달랐다. 우선 취업자 수는 연 -0.3%로 예측했지만 실제로는 +0.2%였다. 크게 벗어났던 것은 자본증가율이었는데 필자는 연 8.0% 늘어날 것으로 예측했지만, 실제로는 연 11.5%로 늘어났다. 거꾸로 TFP는 연 3.5%로 늘어날 것으로 예측했지만 실제로는 연율 1.6%밖에 늘어나지 않았다.

이러한 숫자가 무엇을 의미하는가 하면, 우선 생산설비 등에 대한 투자는 필자가 예상했던 것 이상으로 활발했지만 기술의 향상 및 생산요소의 이동에 의한 TFP의 상승은 예상했던 정도는 아니었다는 점이다. 즉 자본이 점차 축적되어 가고 있지만 생산성의 신장은 저하하는 피상적인 성장이 일어났던 것이다.

〈표 1-1〉을 보면 자본의 증가율은 1990년대부터 2010년대에 걸쳐서 높은데, 이 시기 노동분배율은 가장 낮다는 것을 알 수 있다. 그만큼 GDP 중에서 기업의 이익 및 국가의 세수로서 분배되는 비중이 높다는 것이다. 기업 및 국가는 이렇게 하여 얻은 풍부한 자금을 투자한다. 또한 노동자에게 분배되는 부분도 노동자들은 노후 등에 대비하여 저금한다. 이리하여 투자로 돌리는 자금이 사회 전체에서 풍부

하게 만들어지게 됨으로써 자본이 빠른 속도로 증가가 가능해지고 있다.

그러나 2011년 이후에 TFP가 저하하고 있는 것은 자본이 늘어나더라도 그것에 대한 수익이 감소하고 있다는 것을 시사한다. 중국은 이제 자본이 너무 많기 때문에 투자하고 있는 돈의 일부를 빼서 소비로 돌리는 쪽이 국민의 경제후생이 좋아지는 '자본과잉경제'의 상황에 있는 것으로 여겨진다(梶谷懷, 2018).

중국에서 자본이 증가하면 투자에 대한 수익이 점점 저하하는 상황은 중국의 고속철도를 고려해보면 이해하기 쉽다. 2008년에 최초의 노선인 베이징과 톈진 사이의 166km가 개통되었는데 이것에 의해 두 대도시가 40분도 채 되지 않는 시간으로 연결되어 많은 사람들이 이용하게 되었다. 이후 10년 동안에 고속철도의 건설이 괄목할만한 기세로 추진되었으며 2019년 12월에는 중국 고속철도의 총연장은 3만 5,000km로 일본 신칸센의 총연장(2,765km)의 12배 이상이 되었다. 하지만 베이징~톈진 및 베이징~상하이와 같은 대도시를 서로 연결하는 노선이 정비된 후에는 더욱 작은 도시들을 서로 잇는 노선이 만들어지게 되었으므로, 노선 개설에 의해 증대하는 편리성은 점차 떨어질 것이다.

▌ 취업자 수는 감소하는 경향에 있다

앞의 검토에 입각하여 2021년부터 2040년에 걸친 중국의 경제성장을 전망해보겠다. 노동, 자본, TFP 등의 3가지 생산요소별로 검토한다.

우선 노동이다. 1인당 취업 시간이 일정하다고 가정할 경우, 국가 전체의 노동의 양은 취업자 수에 의해 결정되므로 향후 취업자 수의 행방을 추계할 수 있다. 유엔의 인구 예측에 의하면(United Nations, 2019), 중국의 인구는 2031년에 14억 6,442만 명으로 정점에 달하고 이후에는 점차 감소한다(〈그림 1-4〉 참조). 게다가 이른바 '노동연령 인구', 즉 15~64세 연령층의 총수는 2015년의 10억 2,157만 명이 정점이었으며 이미 감소가 시작되고 있다.

노동연령 인구 중에서 실제로 어느 정도의 사람들이 일하는지를 나타내는 것이 '노동력 비율'인데 취업자 수/노동연령 인구로 계산된다. 중국의 노동력 비율은

<그림 1-4> 중국 인구의 추이와 예측

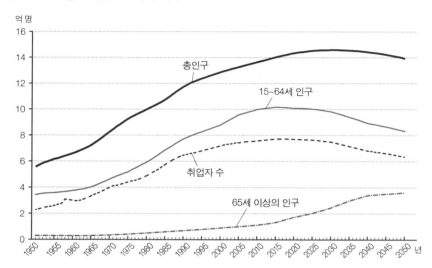

※ 자료: 총인구와 15~64세 인구는 United Nations, Department of Economic and Social Affairs, P
　　opulation Division(2019), 취업자 수는 國家統計局 編(各年度版)과 저자의 추계.

1964년부터 2002년까지 줄곧 80%를 넘는 높은 수준에 있었다. 중국에서는 전업
주부가 되는 여성이 대단히 적었던 점, 청년의 고교 및 대학에의 진학률이 낮다는
점을 반영하고 있다. 21세기에 진입한 이후부터 연령이 10대 후반에서 20대 후반
인 세대가 고교, 전문학교, 대학 등에 다니는 비중이 높아졌기 때문일 것이다.

　　그러나 노동력 비율은 2015년에 바닥을 치고 상승하기 시작하여 2019년에는
76.3%로 올라갔다. 이것은 노동력 부족 및 인구의 고령화 추세에 입각하여 법정
퇴직연령을 인상하는 움직임이 나오고 있는 것과 관련되어 있다. 법정 퇴직연령이
란 공적인 연금을 수령할 수 있는 연령이며 2020년의 시점에서 남성은 60세, 여성
은 간부 55세, 노동자 50세로 정해져 있다. 이것을 서서히 올려서 남녀 모두 65세로
삼는다는 방침이 제기되고 있다. 상하이 등 고령화가 진전되고 있는 지역에서는
독자적으로 퇴직연령을 인상하는 움직임도 있다. 이처럼 이제까지는 은퇴했던 고연
령층이 향후에는 노동력이 될 것이다. 한편 대학 및 전문학교의 진학률은 향후에도

상승하게 될 것이기 때문에, 청년층의 노동력 비율은 내려갈 것이다. 결국 고연령층에서의 노동력율의 상승과 청년층에서의 하락이 서로 상쇄되어 2020년 이후에도 2019년과 같은 수준의 노동력 비율이 계속될 것으로 예상된다. 그렇게 되면, 중국의 취업자 수는 〈그림 1-4〉에서 제시되고 있는 것처럼, 2021년부터 2030년까지는 연평균으로 마이너스 0.3%씩 취업자가 감소하고 2031년부터 2040년까지는 연평균 마이너스 0.9%로 취업자가 감소할 것으로 예상되었다.

▌ 자본과 TFP의 신장세는 느슨해지고 있다

다음으로 자본에 대해서는 1990년대 이후 10% 또는 그 이상의 높은 신장을 계속해 왔으며, 중국의 저축률은 여전히 높기에 빠른 페이스로 투자를 계속하는 것은 가능할 것이다. 하지만 2011~2015년에 연 12.6%로 자본이 증가했지만 TFP 성장률은 연 1.4%로 저하되었다(〈표 1-1〉 참조)는 것이 보여주고 있는 것처럼, 과잉투자는 도리어 생산성의 저하를 초래한다.

향후에도 과잉 투자를 피하기 위해 투자는 더욱 억제될 것으로 예상된다. 그 위에 향후 중국에서 인구 고령화가 진전되는 것에 의해, 사회 전체에서 투자에 들어가는 자금의 비중은 내려가게 될 것이다. 중국에서 65세 이상의 고령자가 인구에서 차지하는 비중은 2020년에는 12.0%였지만, 〈그림 1-4〉를 작성하는데 사용했던 유엔의 예측에 의하면 2030년에는 16.9%, 2040년에는 23.7%로 높아지며 중국은 고령사회가 되어간다. 일반적으로 사람들은 현역 시대에는 노후를 대비하여 저축에 힘쓰며, 퇴직 후에는 저축한 돈을 조금씩 찾아 생활하면서 연금제도를 통한 현역 세대로부터 퇴직 세대로의 소득(또는 저축)의 이전이 제도적으로 이루어진다. 고령자의 비중이 높아지면 저축의 다수가 고령자의 생활을 유지하는 것에 사용되며, 투자로 돌아가는 비중이 적어질 것이다. 이상과 같은 이유로부터 2021년부터 2030년까지 자본의 증가율은 연평균 8.0%, 2031년부터 2040년까지는 연평균 7.0%가 될 것으로 예상했다.

TFP에 대해서 예상하자면 개혁개방 시기에 TFP 상승을 가져온 주요한 요인

〈표 1-2〉 중국의 향후 성장에 대한 예측(단위: %)

년도	GDP 성장률 (연평균)	자본 증가율 (연평균)	취업자 증가율 (연평균)	TFP 성장률 (연평균)	성장에 대한 기여율			노동 분배율
					TFP	자본	노동	
2021~2030	5.0	8.0	-0.3	1.5	30	73	-3	55
2031~2040	3.2	7.0	-0.9	1.0	31	86	-17	60

※ 자료: 저자의 추계.

중의 하나인 생산요소의 이동은 별로 낙관할 수 있는 요소는 아니다. 이 책의 제3장에서 자세하게 살펴보는 것처럼 농촌의 과잉노동력은 이제는 거의 고갈되고 있으며 비효율적인 국유기업의 도태도 1990년대 후반에 상당히 진전되었다. 따라서 효율이 좋은 기업으로 이동할 수 있는 과잉한 노동력 및 자본은 남아 있지 않을 것이다. 한편으로 중국의 각 산업과 선진국 간에는 아직 어느 정도 기술 수준의 갭이 존재하며, 기술의 도입에 의해 생산성을 향상시킬 여지가 있다. 또한 제5장에서 논하는 바와 같이, 중국 정부는 2006년부터 '자주 혁신'을 중요한 국책으로서 추진하고 있으며 실제로 여러 분야에서 기술혁신이 일어나고 있다. 내발적(內發的) 기술진보에 의한 TFP 상승은 상당히 기대할 수 있다. 이를 감안해 2021~2030년은 TFP가 연 1.5% 상승할 것으로 예측했다. 2030년이 되면 중국의 대부분의 산업은 선진국에 대한 따라잡기를 마칠 것이기 때문에, 기술의 도입에 의한 TFP 인상은 불가능해지고 자체적인 기술진보에만 의지하게 되므로 TFP의 상승률은 연 1.0%로 감속할 것으로 예상했다. 노동분배율에 대해서는 노동의 희소성이 높아지게 되는 것에 의해 2011년 이후 완만하게 상승하는 경향이 보이는데(〈표 1-1〉 참조), 이 경향이 향후에도 계속될 것이기에 2021~2030년에는 55%, 2031~2040년에는 60%가 될 것으로 예상했다.

▌ 2030년대에 중국은 세계 최대의 경제대국이 된다

이상과 같이 예측치를 축적해 나아가는 것에 의해 향후의 GDP 성장률을 예측한 것이 〈표 1-2〉이다. 2021~2030년은 연율 5.0%(원서 기준, 한국어판에 맞춰 원저자는

〈그림 1-5〉 중국의 GDP 성장률에 대한 예측(2020~2040년)

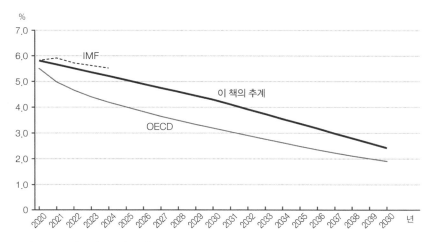

※ 자료: OECD(2020); IMF(2019).

4.2%로 수정치를 제시,「한국어판을 발간하며」참조 _옮긴이), 2031~2040년은 연율 3.2%로 성장할 것으로 보인다. '성장에 대한 기여율'에서 제시된 바와 같이, 노동은 향후 성장에 대한 브레이크가 된다. 가장 크게 공헌하는 것은 계속해서 자본인데, TFP도 30% 정도의 기여를 하게 될 것으로 보인다.

이 예측을 IMF와 경제협력개발기구(OECD)의 예측과 비교해보겠다. IMF는 2024년까지의 매년 GDP 성장률을, 또한 OECD는 2060년까지의 실질 GDP를 추계하고 있다(〈그림 1-5〉 참조). 필자는 〈표 1-2〉에 제시된 바와 같이, 10년간의 연평균치를 예측했다. 〈그림 1-5〉에는 그 평균치를 토대로 기간 중 성장률이 완만한 형태로 하강하는 그림을 그렸다. 이 책의 예측은 IMF보다는 다소 인색하고, OECD보다는 상당히 후하다. OECD의 장기 예측에 의하면, 일본과 미국은 2021~2030년에는 각각 연평균 1.0%와 1.7%, 2031~2040년에는 각각 연평균 1.3%와 1.8%로 성장할 것이다. 중국에 대해서 〈표 1-2〉에 제시한 필자의 예측에서는 2021년 4월 시점의 환율에 의해 평가한 GDP로 중국이 미국을 추월하고 세계 1위가 되는 것은 2030년이며, 2040년에는 미국의 115%가 된다. 한편 2020년 시점에서 중국의 GDP는 일본의

2.9배였는데 2030년에는 4.5배, 2040년에는 5.5배가 된다. 다만 이것은 환율이 현재 상황을 그대로 유지한다는 전제인데, 장기적으로 구매력평가 쪽으로 수렴되어 갈 것으로 본다면 중국이 미국을 추월하는 것은 조금 이른 시기가 될 것이다.

다만 이후 중국이 미국을 점차 뒤로 따돌리는 형태로는 전개되지 않을 것이다. 〈그림 1-4〉에서 살펴본 바와 같이, 2030년대에는 중국의 인구는 감소로 전환하며, 취업자 인구는 더욱 급속하게 감소한다. 한편 미국은 현재 상황에서는 3억 3,000여만 명의 인구가 향후에도 계속 증가하여 2040년에는 3억 6,657만 명이 될 것으로 유엔은 예측하고 있다(United Nations, 2019). 인구의 고령화 페이스도 중국보다 완만하며 2040년 시점에서의 65세 이상의 인구 비중은 21.6%로 예상되고 있다. 즉 2040년 시점에서는 중국은 인구 감소와 고령화에 빠지게 되는 것에 반해서, 미국은 여전히 인구가 증가하고 인구의 연령 구성도 상대적으로 젊어지는 것이다. 그렇게 되면, 21세기 중엽에는 미국과 중국이 2대 경제대국으로서 나란히 서는 시기가 길게 계속될 것으로 여겨진다.

▮ 중소득국가의 덫

2007년에 세계은행의 연구팀이 간행한 보고서 중에서 '중소득국가의 덫'이라는 문제를 처음으로 제기했다(Gill and Kharas, 2007). 세계은행의 다른 보고서에 의하면 (World Bank/DRC, 2012), 1960년 시점에서 중소득국가였던 101개 국가·지역 중에서 2008년 시점에서 고소득국가로 승격되었던 것은 일본, 한국, 이스라엘, 홍콩, 그리스, 타이완, 싱가포르 등 13개 국가·지역에 불과했으며 나머지 88개 국가·지역은 중소득의 상태에서 벗어나지 못했다고 한다. 즉 이러한 국가들(예를 들면 브라질, 아르헨티나, 말레이시아, 태국, 이란 등)은 실로 덫에 빠져버린 것처럼 장기간에 걸쳐 중소득국가의 지위에 머물러 있는 것이다.

그런데 '중소득국가란 무엇인가'에 대해서는 세계은행의 독자적인 정의가 있다. 2019년 7월 시점의 분류에 의하면, 1인당 국민총소득(GNI)이 1,026달러 미만의 국가는 저소득국가, 1,026~3,995달러의 국가를 저위 중소득국가, 3996~1만

2,375달러를 고위 중소득국가, 1만 2,376달러 이상의 국가를 고소득국가로 간주하고 있다. 중국은 2001년에 세계은행의 당시 분류에 의해 저소득국가에서 저위 중소득국가가 되었으며, 2012년에는 고위 중소득국가가 되었다. 세계은행의 방법으로 계산된 중국의 1인당 GNI는 2019년에 1만 410달러가 되었다.

중소득국가의 덫이 생겨나는 이유에 대해서 잔 에크하우트(Jan Eeckhout)와 보얀 조바노비치(Boyan Jovanovic)는 글로벌 경제 속에서 고소득국가는 자국의 노동자의 우수한 기술 및 기능을 활용하며 저소득국가는 비숙련 노동자를 대량으로 사용하는 노동집약형 산업에 강점을 발휘할 수 있는데, 중소득국가는 그 중의 어느 쪽에도 우위를 발휘할 수 없기 때문에 경제성장률이 상대적으로 낮아지게 된다고 주장한다(Eeckhout and Jovanovic, 2007). 또한 차이팡(蔡昉)은 소득분배의 불평등, 그리고 기득권층에 의해 불평등한 사회제도의 개혁이 가로막히는 것에 의해 중소득국가의 덫이 초래된다고 주장한다(蔡昉, 2019).

중국은 2000년대 전반 노동집약형 산업에서 압도적인 강점을 발휘하여 '세계의 공장'이라고까지 불렸지만, 노동력 부족과 임금 상승으로 그러한 강점을 상실하고 있다. 이 책의 종장에서도 검토하는 바와 같이 소득분배의 불평등과 이를 초래하는 불평등한 사회제도도 존재한다. 하지만 2019년까지 매년 1인당 GNI가 증가했고 중소득국가의 덫에 빠져있는 모습이 아니다. 2019년 시점에 이미 베이징시, 톈진시, 상하이시, 장쑤성, 저장성, 푸젠성, 광둥성의 1인당 GDP는 1만 3,000달러를 넘었다. 즉 인구 3억 5,000만 명의 이러한 지역은 이미 '고소득국가'의 집단에 들어가 있는 것이다. 〈표 1-2〉에 제시한 필자의 예측에 토대할 경우에 중국의 1인당 GDP 및 GNI는 2024년에는 1만 2,600달러 정도가 되며 세계은행의 분류에서의 고소득국가의 집단에 진입하게 된다. 이후에 중소득국가로 다시 후퇴할 것이라고는 생각하기 힘들다. '중소득국가의 덫'이라는 논의는 소득분배에서의 불평등의 폐해에 대한 인식을 높이거나 노동집약적 산업을 대신하는 새로운 비교우위 산업을 찾아내지 않으면 안 된다는 위기감을 높이는 데에는 효용이 있을 지도 모르지만, 객관적 사실로서는 중국에 들어맞지 않는다.

이 책의 〈표 1-1〉의 분석 및 〈표 1-2〉의 예측은 모두 중국의 국가통계국이 발표한 GDP 성장률 등의 통계를 사용하고 있다. 즉 이러한 것은 국가통계국이 공표하는 통계가 정확하다는 것을 전제로 하고 있다.

하지만 중국의 통계에 관한 신빙성에 대해서는 중국의 안팎으로부터 기회가 있을 때마다 의문이 제기되어져 왔다. 최초에 중국의 GDP 성장률에 대해서 계통적인 비판을 했던 것이 토머스 로스키(Thomas Rawski)이다(Rawski, 2001). 1998년에 아시아 경제위기가 중국을 습격했다. 바로 그 당시 중국은 국유기업의 대규모 구조조정을 했는데(제3장 참조), 그때에 아시아 경제위기의 영향으로 수출의 대폭적인 감소가 발생하고 중국경제는 상당히 어려운 상태에 빠졌다. 중국 정부는 '성장률 8%를 사수하라'라며 지방을 적극적으로 독려했다. 로스키에 의하면, 그 때문에 지방정부에 의한 성장의 과대보고가 만연했다. 결국 1998년의 GDP 성장률은 7.8%로 어쨌든 면목을 유지했지만, 같은 해의 에너지 소비량은 전년 대비 4% 감소했기에 경제가 그렇게 성장하는 등의 일은 있을 수 없다고 로스키는 주장한다. 그는 항공 여객 수송량의 신장률을 근거로 하여 같은 해의 성장률은 높게 잡더라도 2% 정도였을 것으로 보고 있다.

로스키는 1998년에 대한 과대보고의 의혹을 지적했지만, 알윈 영은 중국의 경제통계의 작성 방법 중에 항상적으로 과대보고를 초래하는 요인이 있다고 주장했다(Young, 2013). 국가통계국은 1990년대 말까지 기업에 대해서 생산액의 보고를 요구할 때에 현재의 가격에 의한 생산액과 과거의 특정 연도의 가격으로 평가한 생산액의 양쪽을 보고하게 했다. 즉 물가상승의 영향을 제거하여 실질적인 생산액의 신장률을 계산하는 작업을 맡겼는데 기업이 그 작업을 정확하게 하지 않은 결과, 특히 물가상승률이 높은 시기에 생산액의 신장률을 과대평가해버리는 것이라고 한다. 그래서 영은 물가상승의 영향을 제외한 작업을 독자적으로 한 결과, 1979~1998년의 GDP 성장률은 공표된 숫자에서는 연평균 9.1%이지만 실제로는 7.4%라고 주장했다. 또한 영이 이 분석을 한 이후에 중국 국가통계국은 과거로 소급하여 성장률을 수정했기 때문에, 1979~1998년의 평균 성장률은 9.8%가 된다. 그런데 이것을 영의 방법으로 수정하면 8.0%가 된다.

다만 이후 국가통계국은 물가의 영향을 제거하는 작업을 기업에게 맡기는 것이 아니라 독자적으로 하게 되었기 때문에(梶谷懷, 2018: 序章), 영이 지적했던 이유로 과대보고가 발생하는 일이 없어지게 되었다. 또한 로스키가 지적한 에너지 소비량의 신장과 GDP 성장률의 모순도 2000년 이후에는 에너지 소비량이 그런대로 빠른 페이스로 늘어났기 때문에 그다지 두드러지지 않게 되었다.

그런데 2015년이 되어 다시 중국의 GDP 성장률의 신뢰성이 크게 흔들렸다. 그 전년도 가을부터 경기가 악화되어 중국 정부는 금리 및 예금준비율을 수차례나 인하하거나 공공사업을 확대하여 경기를 자극하는 정책을 취해왔다. 하지만 2015년 6월부터 7월에 걸쳐서 중국의 주가지수가 급락하고 정부가 주가를 유지하기 위해 기업에게 주식(株式)의 지원 매입을 시킨 일도 있는 등 좋지 못한 징후가 명백했다(梶谷懷, 2018: 第1章). 2015년 상반기에는 시멘트, 조강, 승용차, 휴대전화, PC 등 주요한 공업제품이 감산되었으며, 발전량도 전년의 상반기에 비해서 0.6%의 미세한 증가에 그쳤다. 그런데 2015년 상반기의 GDP 성장률은

7.0%로 발표되었으며 정부가 목표로 삼았던 '7% 전후'라는 성장률의 목표에 딱 맞게 수렴되었으므로 이 숫자는 정치에 의해 조작된 것이 아닌가 하는 의혹이 높아졌던 것이다.

2015년에 국한되지 않고, 2012년 이후 중국의 GDP 성장률은 실로 '8% 이상의 고도 성장에서 6% 전후의 중정도의 성장이 일상 상태가 되는 단계로 이행한다'는 중국 정부의 시나리오에 따르는 것처럼 완만하게 하강하고 있으며〈(그림 1-2)〉, 과연 이토록 경기변동이 작을 수 있는가, 2015년에 정부가 필사적으로 경기를 밑받침하기 위한 시책을 취했다는 현실과 합치되지 않지 않은가 하는 의구심이 있다.

이러한 의구심의 고조를 배경으로 하여 일본에서는 '중국의 GDP는 대폭적으로 과대평가되었으며 일본을 제치고 세계 2위의 경제대국이 되었다는 것도 거짓말이다'라는 황당무계한 주장을 하는 논자마저 나타났다. 하지만 그러한 논자는 GDP 통계를 만드는 의의를 오해하고 있으며 비판의 포인트가 빗나가 있다. 애당초 GDP는 올림픽의 메달 수와는 달리 각국의 우열을 경합시키기 위해서 만드는 것이 아니다. 만약 중국이 GDP를 과대하게 보고한 결과, 세계은행의 분류에서의 고소득국가로 승격했다고 한다면, 세계은행으로부터 차입할 때에 더욱 높은 이자율을 적용받게 되며 IMF 등의 국제기관에 대한 분담금도 GDP에 부응하여 늘어나게 된다. 기후변화를 둘러싼 국제교섭 중에서도 온실효과 가스를 더욱 삭감하도록 요구받게 될 것이며, 저소득국가로부터는 원조를 요구받게 될 것이다. 국제적인 제도는 소득이 낮은 국가를 우대하도록 설계되어 있기에, 대외적으로 GDP를 과대보고하는 것에 의해 경제적으로 얻게 되는 것은 아무것도 없는 것이다. 논자들은 중국이 일본을 추월하고 이제 곧 미국도 추월할 것이라며 허세를 부리고 싶기 때문에 GDP를 과대보고하고 있다고 생각하고 있는 듯하다. 중국의 학자들 중에 허세를 부리는 사람이 전혀 없다고 말할 수는 없지만, 중국 정부가 그러한 비이성적인 감정에 의해 움직여지고 있다고는 생각하기 힘들다.

GDP 통계를 만드는 최대의 의의는 경제의 체온을 종합적으로 측정하는 것에 있다. 즉 경제가 순조로운 성장을 하며 궤도에 올라가 있는가, 과열되어 있는가, 불황에 빠져 있는가를 판단하고 적절한 경제정책으로 연결시켜 나아가는 것이 GDP 성장률을 계산하는 목적이다. 극단적으로 말하자면, 가령 GDP 성장률이 인상되었다고 하더라도 그 인상된 정도가 일정하다면 그것은 경기판단의 지표로서 유효하다. 2012년 이후 중국의 GDP 통계의 문제는 과대평가라고 하는 것 이상으로 경기판단의 지표라는 기능을 수행하지 못하게 되고 있다는 것에 있다.

다만 다행스럽게도 중국 정부는 대단히 많은 통계를 작성하고 있다. GDP 성장률이 정치의 영향을 받고 있다는 것이 의심될 때, 로스키처럼 항공 수송량 및 에너지 소비량, 또는 발전량 및 화물 수송량 등 다른 통계지표와의 정합성을 살펴봄으로써 GDP 성장률의 신빙성을 검증하는 방법이 있다. 필자가 이제까지 수많은 통계를 다루어 오면서 받았던 인상으로부터 논하자면, 광공업제품의 생산량은 상당히 신뢰성이 높으며, 또한 4반기의 GDP의 성장 방향도 동시에 발표되고 있으므로 GDP와 곧 서로 대조할 수 있다는 장점이 있다. 그것을 사용하여 GDP의 구성요소 중에 하나인 광공업의 성장률을 검증할 수 있다. 거기에서 광공업제품 생산량의 변화로부터 광공업 성장률을 추계하고 다른 산업(서비스업 및 농업)에 대해서는 국가통계국의 발표 대로였다고 가정하여 2015년의 GDP 성장률을 추계해보니, 공식적으로 발표된 6.9%보다 상당히 낮은 4.8%가 되었다. 〈그림 1-2〉에서는 이 방법에 의해 추계한 GDP 성장률을 점선으로 표시하고 있다. 이것을 살펴보면, 2015년에 경기가 하락했고 그 이듬해에는 회복하게 되는데 이후 다시 하강하는 물결이 몰려오고 있다는 것을 알 수 있다.

중국의 GDP 통계에서의 또 하나의 중대한 문제는 지방정부에 의한 GDP(정확하게는 G RP=국내총생산이라고 일컬어야 하지만 중국에서의 관습에 따라 GDP라고 표기함)의 부풀리기 현상이다. 지역의 GDP 성장률은 과거에는 지방 간부들의 출세를 좌우하는 중요한 지표였기 때문에 지방정부의 간부는 GDP를 강하게 의식해왔다. GDP를 업적 심사의 기준으로 삼지 않는다는 것을 중앙정부가 명언한 이후에도 지방정부는 여전히 GDP 성장률을 계속해서 중시했다. 그 결과, 지방정부에 의한 GDP 성장률의 과대보고가 만연하게 되었다. 이 문제가 특히 심각했던 것은 2009년부터 2013년까지의 기간이었는데, 예를 들어 2013년에는 전국 31개의 성·시·자치구 전체가 전국의 GDP 성장률 이상의 성장을 기록하는 진귀한 현상이 발생했다. 지방에 의한 부풀리기가 계속된 결과, 31개 지방의 GDP를 합계한 총액이 전국의 GDP를 크게 상회하게 되었으며 정점이었던 2012년에는 양자 간의 차이는 11%나 되었다.

그런데 일본에서도 예를 들어 2016년도의 경우에 도도부현의 현민총생산 합계는 일본 전체의 GDP보다 2.7% 정도 많았다. 복수의 지역에서 활동하는 기업에 의한 생산의 일부가 각 지역의 현민총생산에 중복해서 산입되었기 때문인 것으로 추측된다. 다만 지방자치체에 의한 현민총생산의 계산은 각 자치체의 행정상의 필요에 기초하여 이루어지는 것으로, 다른 지역과의 중복을 아무래도 피하지 않으면 안 되는 것으로 보인다. 마찬가지로 중국에서도 만약 지방의 GDP 합계가 전국을 상회했다고 하더라도 각 지방이 각각의 지역에서의 경제 상황을 객관적으로 반영하는 통계를 만들고 있다고 한다면, 큰 문제는 아니다. 문제는 지방정부가 GDP를 실적 경쟁의 도구로 활용하여 왜곡시키는 것이며 그 결과, 지방의 경제상황을 측정한다는 GDP 통계의 본래 기능이 상실되어 버리는 것에 있다.

이 문제에 대해서 중앙정부가 제시했던 대책은 성, 시, 자치구의 GDP를 산출하는 권한을 지방으로부터 빼앗고 중앙의 국가통계국이 산출한다는 것이었다. 국가통계국은 2015년부터 이 새로운 제도를 실시한다고 선언했지만 이후 연기되었으며, 결국 2020년부터 실시되어졌다. 그 사이에 지방의 GDP 계산 방법을 중앙과 합치시키도록 조정한 결과, 이제까지 축적되어왔던 지방 GDP의 부풀리기 분량이 상당히 제거되었다.

2016년에는 우선 랴오닝성(遼寧省)에서 GDP로부터 23%의 부풀려진 부분(필자의 추계에 의함)이 제거되었다. 경제의 혼미도 서로 맞물려 2014년까지 전국의 성, 시, 자치구 중에서 7번째의 규모였던 랴오닝성의 GDP가 전국에서 14번째까지 후퇴했다. 2017년에는 내몽골자치구에서 21%의 부풀려진 부분이 제거되었다. 심각한 사례는 2019년에 있었는데, 톈진시에서는 실제로 33%나 되는 부풀리기가 제거되었다. 톈진시는 2011년부터 2015년까지 1인당 GDP가 베이징시, 상하이시보다도 높았고 전국 1위였는데, 그것은 GDP를 대폭 분식했기 때문이었다는 것이 폭로되었다. 수정 결과, 톈진시의 1인당 GDP는 전국에서 7번째까지 하락되어 버렸다. 또한 지린성(吉林省)에서는 28%, 헤이룽장성(黑龍江省)에서는 24%, 산둥성에서는 16%의 부풀림이 제거되었다. 한편 윈난성과 안후이성(安徽省)은 거꾸로 과거에 GDP가 과소평가되었던 부분이 절상되었다. 이상의 조정에 의해, 2019년은 지방 GDP의 합계가 전국의 GDP와 거의 일치되어졌다. 이리하여 지방정부에 의한 GDP의 과대보고에 결국 종지부가 찍힌 듯하다.

제2장 계획경제와 시장경제

허베이성 바이거우(白溝)의 잡화시장. 향진기업(鄕鎭企業)이
생산한 저렴한 제품을 도매하고 있다(1992년).

제1장의 후반에서는 1949년부터 2019년까지의 경제성장을 분석했는데, 1978년까지의 중국과, 오늘날의 중국은 전혀 다른 국가라고 하더라도 해도 좋을 정도로 경제의 틀이 달라졌다. 이 장의 전반에서는 1978년 이전의 경제운영의 틀인 계획경제가 어떠한 것이었는지, 왜 그러한 체제가 구축되었는가를 고찰한다. 후반에서는 1979년 이후 중국이 계획경제 체제를 개혁하고 시장경제 체제로 전환하는 과정을 러시아 등 거의 같은 시기에 시장경제로 이행했던 국가와 비교하면서 추적한다. 이 전환의 성공이 오늘날 중국을 세계 2위의 경제대국의 지위로 밀어올린 원동력인데, 중국의 시장경제 이행에 어떠한 특색이 있었는지를 검토한다. 계획경제는 오늘날 과거의 것이 되었지만, 그럼에도 현대 중국경제를 이해하는데 있어서는 그 기반에 있었던 계획경제체제를 아는 것이 불가결하다. 왜냐하면 첫째로 중국에서는 지금도 10만 개가 넘는 국유기업이 존재하며 5개년계획이 계속해서 작성되는 등 계획경제 시대에 만들어졌던 경제운영의 틀이 여전히 남아 있기 때문이다. 둘째로 시장경제에 어떠한 특징이 있는가를 이해하는데 있어서도 그것과는 대조적인 체제인 계획경제 및 거기에서의 이행과정을 아는 것이 유익하다.

1. 소련의 계획경제

　중국의 계획경제체제는 소비에트연방(소련)의 전면적인 협력 아래에서 만들어졌다. 그래서 우선 소련의 계획경제에 대해서 간단하게 소개해보도록 하겠다.

　1917년에 러시아 혁명이 일어나고 1922년에 소련이 탄생했는데, 계획경제 체제는 소련에서 1920년대부터 1930년대에 걸쳐 만들어졌다. 그 원류는 제정 러시아의 말기에 추진된 국가 주도 공업화에 있다. 1892년에 재무장관에 취임한 세르게이 비테(Sergei Witte) 아래에서 정부 주도의 철도 건설, 정부 주도 출자 기업의 설립, 우선 분야 기업에 대한 융자 등을 통해 공업화가 추진되었다(鈴木義一, 2017). 이는 일본의 식산흥업, 중국의 양무운동(제1장 참조)과 동일한 시기였으며, 당시 후발 자본주의국가는 모두 국가 주도로 공업화에 나섰다. 또한 제1차 세계대전(1914~1917년)에는 전쟁에 필요한 식료품 및 무기 조달을 위해 경제에 대한 국가 통제가 강화되었다. 이러한 통제경제 경험이 러시아 혁명 이후 계획경제 실현으로 연결되었다.

1917년의 혁명으로부터 1922년까지는 국내에서 반(反)혁명세력과의 내전이 계속되었으며 통제경제가 계속되었다. 하지만 내전이 종료된 이후부터 1927년까지는 피폐해진 농촌을 회복시키기 위해 시장경제를 활용하는 '네프(NEP: New Economic Policy)'라고 불리는 정책이 실시되었다(淺岡義治, 2017). 공산당은 정권을 장악한 이후 잠시 동안 다른 유럽 국가들에서도 사회주의 혁명이 계속될 것이라고 기대했다. 하지만 혁명은 시간이 지나면서 그러한 기대는 시들고, 주위의 적대적인 국가들에 둘러싸이면서 이오시프 스탈린(Joseph Stalin)에 의한 '일국사회주의론'이 우세를 차지했다. 그것은 급속한 공업화를 실현하는 것으로 자국 내에서 설비 및 기계, 공업의 기초자재를 생산할 수 있도록 자본주의국가로부터의 수입에 의존하지 않는 자기완결적인 산업구조를 지향했다.

1929년에는 제1차 5개년계획(1928~1932)이 채택되면서 소련은 계획경제체제에 의한 급속한 공업화에 나섰다. 국가 투자에 의해 각 산업의 국유기업이 설립되고 그 생산계획은 국가계획위원회[고스플란(Gosplan)]에서 내려왔으며, 생산자재도 국가에서 나눠줬다. 다만 공업화 추진을 위해서 기계나 기술을 외국에서 구입하기 위한 자금이 필요한데, 그 자금을 어떻게 마련할 것인지가 문제였다. 그래서 소련이 채택했던 것이 '사회주의적 원시축적'이라는 방법이었다(上垣彰, 2017). 즉 농촌에서 식량을 낮은 가격에 조달해 식량 가격을 억제하고, 남는 자금을 공업 투자로 돌리는 동시에 곡물을 해외에 수출해 기계 등을 수입하기 위한 외화를 벌어들이는 것이다.

요컨대 공업화를 추진하기 위한 자금을 농업을 이용하여 버는 것이다. 그런데 농업이 자영농에 의해 유지되는 한, 정부가 생각하는 것처럼 저렴한 가격으로 곡물을 구입하기 어렵다. 왜냐하면 곡물 가격이 저렴해지면 농민들은 곡물을 파는 것을 꺼리게 되며 경우에 따라서는 농업을 그만두고 다른 일을 하려고 할 것이기 때문이다. 그래서 농민들을 강제로 정부의 지배에 복종시키는 정책이 실시되었다. 즉 1928년부터 1929년에 걸쳐서 농민에 대해서 강제적으로 곡물을 낮은 가격에 공출하게 하고, 동시에 농민들을 콜호스(kolkhoz)라고 불리는 집단농장으로 조직했다. 이러한 정책에 따르지 않는 농민은 쿨라크(kulak, 부농)라는 딱지가 붙여져 멀리 추방당하거나 처형당했다. 1938년에는 농민들의 93.5%가 콜호스에 소속되기까지 했는데, 집단화의 강행에 의해 농업이 현저하게 손실을 입고 1932년부터 1934년에는 날씨의 악화도 맞물려 400만~500만 명이나 되는 아사자가 나왔던 것으로 알려져 있다(Stuart Gregory, 1987; 松井康浩, 2017; 日臺健雄, 2017).

그럼에도 소련은 공업 발전에서는 큰 성과를 올렸다. 공업생산은 제1차 5개년계획(1928~1932년)의 시기에는 연평균 10.4%, 제2차 5개년계획(1933~1937년)의 시기에는 연평균 15.8%로 늘어났다. 제2차 세계대전에서 소련은 엄청난 인적·물적 피해를 입었지만 전후 다시 급성장이 이뤄지면서 1960년은 1928년에 비해서 공업생산이 10.3배나 되었다. 이것은 같은 기간의 미국(3.4배) 또는 스위스(2.4배)를 크게 상회하는 것이며, 소련과 마찬가지로 제2차 세계대전 때 타격을 받았다가, 전후에 회복된 일본(7.8배)을 상회했다(栖原學, 2014). 소련은 이러한 공업의 현저한 발전으로 전후 동서냉전 때 사회주의 진영의 맹주로서 패권을 제창할 수 있었다.

2. 사회주의와 계획경제의 채택

제2차 세계대전 종결 후, 중국에서는 공산당과 국민당 사이에 내전이 재발하고, 승리를 거둔 공산당이 1949년 10월에 중화인민공화국을 건국했다. 그 직전에 공산당이 발표한 정권구상에서는 '자본가들의 경제적 이익과 사유재산을 보호하고 신민주주의(新民主主義)의 인민경제를 발전시킨다'고 약속했다. '신민주주의'란 중국공산당의 독특한 용어로 정치에서는 공산당이 지도하고 다른 세력 및 당파와 함께 연대하는 정권을 만든다는 것으로, 경제에서는 국민당이 만든 기업 및 외자 기업을 몰수하여 국유기업으로 삼았지만 일반 민간기업의 기존 사업활동을 인정했다.

새로운 정권은 농촌에서는 지주에게서 토지를 몰수하고 그때까지 소작농 및 농업노동자로서 일할 수밖에 없었던 가난한 농민들에게 토지를 분배하는 토지개혁을 시행했다. 이런 농촌 토지 소유제도 개혁은 제2차 세계대전 이후에 사회주의국가뿐만 아니라 일본에서도 실시되었다. 연합국의 점령하에 있었던 일본에서도 농지개혁이 시행되어 대지주의 농지가 강제로 팔리고, 소작인들이 저렴하게 농지를 구입하게 된 결과, 많은 농민들이 자작농이 되었다. 이러한 개혁의 목적은 중국과 일본 모두 농촌의 빈곤문제를 해결하고 농업의 생산력을 높이기 위한 것이었다.

하지만 지주의 농지를 소작인에게 분배한 방법은 일본보다 중국이 더 과격했다. 중국의 토지개혁으로 지주의 토지는 무상으로 몰수되어 소작인 및 빈농에게 나누어졌다. 게다가 소작인 및 빈농의 지주에 대한 투쟁이라는 형태로 이루어졌기 때문에, 폭력을 수반해 처형당한 지주도 있었다(宇野重昭·小林弘二·矢吹晋, 1986).

이처럼 당초에 공산당이 만들고자 했던 경제체제는 정부가 운영하는 국유기업과, 민간기업 및 자작농이 병존하는 혼합경제였다. 하지만 1953년부터 중국공산당은 입장을 바꿔서 사회주의에 의한 국가 건설을 시작하기로 결정했다. 이러한 급선회를 촉진시킨 것이 동서냉전의 심화였다. 제2차 세계대전이 종결되자마자 미국과 소련 사이의 동서냉전이 시작되었는데, 이것이 결정적인 심화를 보였던 것이 1950년 한국전쟁의 발발이었다. 미국이 유엔군을 조직하여 한국을 지원하고 북한을 중국과의 국경 부근으로까지 내몰면서 중국은 의용군을 파견하는 형태로 참전하게 되었다. 이리하여 미국과의 전쟁에 휘말린, 탄생한지 얼마 안된 중국은 필연적으로 냉전의 또다른 한 축이었던 소련에 경제적으로 의존하게 되었다. 게다가 미군과의 전투 속에서 자신의 장비가 빈약하다는 것을 알게 된 중국은 근대적인 군수산업과

〈그림 2-1〉 광공업 생산에서 차지하는 각종 기업의 비중

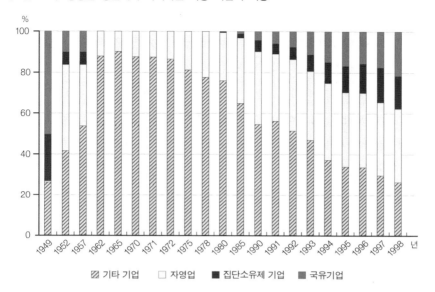

※ 자료: 國家統計局 編(1999), p.423.

그것을 밑받침하는 중화학공업을 보유할 필요성을 절실히 느꼈다(久保亨, 2011), 그래서 소련으로부터 중공업·군수산업의 기술을 도입하는 것과 함께, 그러한 산업을 운영하는 메커니즘인 소련의 계획경제를 통째로 도입하게 되었으며 1953년부터 제1차 5개년계획(1953~1957년)을 시행하게 된다.

3. 계획경제의 형성

▌민간기업의 국유화·공유화

1953년에 중국공산당은 사회주의로의 이행을 추진하는 방침을 결정하고 연달아 경제체제의 변혁을 추진했다.

우선 첫째, 광공업에서는 민간기업의 국유화와 공유화가 진행되고 1950년대

말까지 민간기업은 자영업자도 포함, 모두 국유기업 또는 공유기업으로 재편되었다. 〈그림 2-1〉에서 볼 수 있는 바와 같이, 1952년의 단계에서는 광공업 생산의 55%를 민간기업('기타 기업'과 '자영업')이 차지했는데, 1957년에는 27%, 1962년에는 0%로 급속하게 소멸되어 갔다. 공산당은 자본가 계층을 아군으로 만들기 위해서 일단 민간기업은 국유화하지 않는 '신민주주의'를 표명했지만, 겨우 4년 만에 그 방침을 전환했다. 이에 공산당이 정권을 잡으면 재산을 몰수당할 것이라고 두려워한 자본가가 상하이 등으로부터 홍콩 또는 타이완으로 도망가기 시작했다.

그래서 중국 정부는 민간기업의 국유화와 공유화를 실시할 때 자본가의 이익을 배려하면서 추진했다. 우선 민간기업에 대해서 정부가 재료를 공급하고 기업이 만든 제품을 구입하는 '가공·발주'를 했으며, 민간기업의 유통활동에 제한을 설정했다. 이어서 경영진 중에 관료가 파견되어 경영의 실권을 갖는 '공사합영(公私合營)'으로 기존 자본가의 경영권이 점차 상실되어 결국 이익의 배당을 수취할 뿐이 되었으며, 최후에는 국유기업으로 개조되었다. 또한 자영 제조업자에 대해서는 그룹으로 정리해 원료의 구입 및 판매를 공동으로 하는 제도를 만들었으며, 결국 공장으로 일단락되고 집단소유제 기업으로 개조되었다.

▎ 농업의 집단화

그리고 둘째, 농촌에서는 농업집단화가 급속하게 추진되었다. 1954년까지는 20~30호(戶) 정도의 농가 사이에 그룹을 만들어 농사일이 바쁜 때에 일을 서로 돕는 '호조조(互助組)'가 만들어지는 것에 그쳤다. 하지만 1955년부터 1956년까지의 겨우 2년 안에 우선 20~30호의 농가를 묶어서 공동작업에 의해 농업을 영위하는 초급합작사(初級合作社)가 조직되면서, 또한 200~300호의 농가를 묶어서 토지도 공동소유하며 집단으로 농업을 영위하는 고급합작사(高級合作社)에의 조직화가 단번에 추진되었다.

소련에서는 농업의 집단화에 대한 농민의 저항이 있었다. 중국에서도 토지개혁으로 농민이 스스로 농지를 보유할 수 있게 되었지만, 토지 및 소와 말의 집단 각출에 대해 농민들은 강하게 반발했다. 중국공산당 내부에서도 소련이 농업집단화를 강행하여 대규모의 아사자를 만들어냈던 교훈을 받아들여 신중하게 추진해야 한다는 의견도 강했다. 하지만 농업집단화에 의해 단번에 사회주의화를 추진하고자 했던 마오쩌둥 등 급진파의 주장이 공산당 내부에서 우위를 차지했다. 집단화를 강행했던 주요 동기는 역시 소련과 마찬가지로 제1차 5개년계획에서의 급속한 공업화를 추진하기 위해 도시의 노동자에게 제공하는 저렴한 식량을 조달하는 것에 있었다(또한 '식량'이란 주식이 되는 곡물 및 구황작물 부류, 즉 쌀, 밀, 옥수수, 고량, 조, 두류, 감자, 고구마 등을 지칭한다). 정부가 식량조달을 확대하고자 했을 무렵, 농민으로부터 다양한 저항을 받았기 때문에 집단화로 농업을 근본으로부터 국가의 통제 아래에 두고자 했던 것이다(中兼和津次, 1992: 第6章). 집단화를 추진했던 또 하나의 이유는 토지개혁으로 대량의 자작농을 창출한 이후 그 중에서 부유해진 농민과 가난해지는 농민이 분화된 것이 사회주의의 이데올로기에 적합하지 않았기 때문이기도 했다.

농업의 집단화는 1956년에 고급합작사가 거의 전국으로 확대됨으로써 완성을 보았는데, 1958년에는 더 나아가 고급합작사를 몇 개로 묶어서 '인민공사(人民公社)'라고 불리는 조직을 만드는 것이 결정되었다. 이후 1개월 안에 중국 전역의 농촌이 2만 여 개의 인민공사로 조직되었다(中兼和津次, 1992: 第7章). 인민공사란 실질적으로 말단의 지방행정조직인 '향(鄕)'을 대체한 것이며, 행정조직으로서의 기능을 갖고 있었고 소학교(초등학교) 등을 운영하는 한편, 집단농업 및 공장의 운영, 농산물과 농업용 자재의 유통도 담당했다. 요컨대 인민공사는 농촌의 정치, 경제, 사회를 모두 포괄한 조직이었다.

▮ 계획경제 제도 만들기

마지막으로 셋째, 계획경제 제도가 소련의 지도 아래에서 정비되었다. 우선 계획경제의 중추기관인 국가계획위원회가 1952년에 설립되고, 국가계획위원회와 중앙정부의 기타 관청이 주요한 재화의 생산과 유통을 모두 통제하는 계획경제 제도가 1950년대 동안 정비되었다. 식량에 대해서는 1953년부터 농민이 스스로 소비하는 것 이외의 식량은 모두 정부에 매도하는 것이 정해졌으며, 정부는 구매한 식량을 국가기관을 통해서 도시 지역의 주민들에게 배분했다. 식량 유통으로부터 민간 상인이 배제되었다. 국유기업 및 국유화된 옛 민간기업에 대해서도 정부가 기업의 생산량, 생산액, 고용의 수 등을 지령을 내리게 되었으며, 경영자가 자주적으로 경영할 수 있는 여지는 거의 없어지게 되었다.

위에서 논한 바와 같이, 계획경제 제도 체제 만들기는 1953년부터 수년 동안에 급속히 추진되었다. 다만 애당초 중화인민공화국이 성립된 시점에서 계획경제의 체제를 만들기에 적합한 토대가 있었다는 점도 지적해야 한다. 그것은 〈그림 2-1〉에서 살펴볼 수 있는 것처럼, 민간기업의 국유화 및 공유화가 시작되기 이전인 1952년의 단계에서 이미 국유기업이 광공업 생산의 42%를 차지했다는 점이다. 이것은 중화민국 시대부터 계승된 유산이다. 애당초 중화민국을 통치했던 중국국민당도 중앙집행부에의 권력의 집중, 그리고 당이 지도하는 군대를 보유하고 있던 것 등, 소련공산당의 조직 방법을 도입했으며 중국공산당과는 함께 소련공산당을 아버지로 삼고 있는 '이복형제'라고도 말할 수 있는 관계였다(天兒慧, 2004; 樹中毅, 2005). 특히 일본이 중국 동북부를 침략하여 만주국을 건국하는 등 중국에 압박을 가하고 있는 가운데, 국민당 정부는 일본에 대한 대항력의 기반이 되는 중공업을 발전시키기 위해 정부 주도로 다수의 국유기업을 설립하는 등 소련 방식의 계획경제와 유사한 수법을 취했던 것이다.

국민당은 1935년에 자원위원회라는 조직을 설치하고 그 아래에 철광산, 제철, 석유정제, 화학, 기계 등의 국유기업을 설립했다(石島紀之, 1978). 자원위원회는 그 이름이 나타내고 있는 바처럼 중국에 매장량이 많은 텅스텐과 안티몬이라는 광물의 채굴을 독점한다. 그리고 광물을 미국 및 독일 등에 수출하는 것을 통해 자금을 벌어들이고 그 자금을 국유기업의 건설에 투자하는 조직이었다. 텅스텐은 매우 딱딱한 금속이므로 포탄 및 절삭 공구의 재료로서 군수산업에 있어서는 빠질 수 없는 자원이며 전쟁이 심화되고 있는 가운데 수요가 높았다.

중일전쟁이 시작되고 국민당 정부가 내륙으로 이전하게 되자, 자원위원회는 전시

체제를 강화하기 위해 갈수록 많은 산업을 산하에 두게 되었다. 또한 전후에 동북부 및 타이완에 일본이 남겼던 기업도 접수했기 때문에 국민당 정부는 대단히 많은 국유기업을 갖게 되기에 이르렀다. 국민당 정부는 한편으로 은행에 대한 통제도 강화했다. 그러한 국민당 정부 시대의 국유기업을 공산당 정권이 이어받았던 것이다. 공장 및 은행뿐만 아니라 애당초 자원위원회에서 국유기업의 운영을 담당했던 관료들의 일부도 공산당 정권에 들어와 경제운영에 종사했다(田島俊雄, 1998).

4. 계획경제의 기능

▎ 공업화 자금을 조달하는 메커니즘

중국이 계획경제를 채택한 이유는 소련과 마찬가지로 공업화를 추진하기 위해서였다. 그렇다면 계획경제는 공업의 발전에 대해서 어떻게 기능하는 것일까? 중국의 사례에 입각하여 구체적으로 살펴보도록 하겠다.

계획경제 아래에서는 농촌에서 공장으로의 물품의 흐름, 그리고 공장에서 소비자로의 물품의 흐름은 모두 정부의 지령에 기초하여 이루어지는데, 화폐가 폐지되는 것은 아니고 물품은 반드시 화폐와 교환되는 것을 통해서 유통된다. 하지만 화폐 또는 가격이 갖는 의미는 시장경제와는 상당히 다르다.

시장경제 세계에서 물품 가격은 자원배분을 조정하는 중요한 역할을 수행한다. 예를 들면 어떤 상품의 인기가 늘어나면 가격이 올라가게 될 것이다. 그렇게 되면 그 상품을 만들고 있는 기업의 수익이 많아지게 되므로, 그 기업은 더욱 많은 노동자를 고용하거나 설비를 늘리고 생산을 확대하며 다른 기업도 그것에 덕을 보고자 유사한 상품을 만들게 된다. 이리하여 인기 상품을 생산하는 산업에 대한 자원(자본 및 노동자)이 이동하고 그 상품의 공급이 증가하여 가격도 통상의 수준으로 돌아오는데, 이러한 메커니즘은 계획경제 아래에서는 가동되지 않는다. 왜냐하면 계획경제 세계에서는 인기 상품을 만들어 수익을 올리고자 하는 기업이 존재하지 않기 때문이다. 거꾸로 인기 없는 상품을 계속 만들어서 팔리지 않아도 기업은 도산하지 않는다. 즉 기업에 이익이 나더라도 또는 나지 않더라도 관계가 없기 때문에, 가격에 의한 자원배분의 메커니즘이 가동되지 않는다.

그렇다면 계획경제 아래에서 가격은 완전히 무의미한가 하면 그렇지 않으며, 가격은 소득분배를 조정하는 역할을 갖고 있었다. 계획경제 아래의 중국에서는 소련과 마찬가지로 농산물 가격을 낮게 억제하고 있었다. 그것은 요컨대 농민의 소득을 생존할 수 있는 수준으로 빠듯하게 억제하기 위해서였으며 또한 그 농산물을 소비하는 노동자의 임금도 낮게 억제하기 위해서였다. 한편 공업제품의 가격은 상대적으로 높게 설정되어 있었다. 임금이 낮은 한편으로 제품 가격이 높기 때문에, 국유기업에 다량의 이윤이 발생했다. 국유기업의 이윤은 그 상태 그대로 정부의 수입이 되므로, 결과적으로 정부가 지배할 수 있는 자금이 늘어나고 공업에 대한 투자에 최대한의 자금을 돌릴 수 있게 된다.

일반적으로 저소득국가가 공업화를 추진하고자 할 경우 그 자금을 어떻게 뽑아낼 것인지가 과제이다. 외국 정부 및 국제기관으로부터 원조나 외국 금융기관으로부터의 대출도 방법이지만, 부채는 언젠가 갚지 않으면 안 된다. 과거에 한국, 남미 및 동유럽 국가들이 외국으로부터의 대출받은 부채로 공업화를 추진했지만, 상환이 막혀 경제위기에 빠졌던 바가 있다. 어느 정도의 부채는 발전을 가속시키는 데 도움이 되지만, 지나치게 의존하면 채무위기에 빠질 리스크가 높아진다.

그래서 저소득국가라고 하더라도 공업화에 필요한 자금의 다수는 국내에서 조달하는 게 좋다. 과거에 저소득국가 정부 중 다수가 취했던 수단은 국민에게 저축을 하도록 촉구하고 그 저축을 받아들이는 공적인 금융기관을 설립하는 것이었다. 공적 금융기관은 예금의 수납 및 채권의 발행에 의해 사회의 자금을 모으고 그 자금을 철도의 건설 또는 국유 공업기업 등에 융자를 한다. 이러한 정책은 19세기 말의 러시아, 메이지 시기의 일본, 그리고 1950년대 이후의 한국, 타이완, 태국, 말레이시아 등 동아시아 국가들에서도 시행되었다(Gerschenkron, 1962; 末廣昭 2000; 浜野潔 外, 2009).

이처럼 정부가 적극적인 수단을 강구하여 공업화를 추진하는 것을 '개발주의'라고 부르는데, 계획경제는 '개발주의'를 극단으로까지 추진한 것이라고 이해할 수 있다. 정부가 농산물의 가격과 임금을 통제함으로써 노동자 및 농민들이 저축을 할 여유가 없을 정도로 소득을 낮게 억제하고, 국유기업의 이윤이라는 형태로 직접적으로 사회의 잉여자금을 모아버린다. 국민의 수중에는 거의 저축이 남아 있지 않지만, 계획경제 아래에서는 기업으로부터 노후 연금이 지급되며 주택 및 교육도 대단히 저렴하게 공급되기 때문에 국민이 저축을 할 필요성도 그다지 없다. 계획경제란 말하자면 정부가 국민을 대신하여 저축하는 체제였다.

▌ 낮게 억제되어졌던 농산물 가격과 임금

중국의 계획경제체제는 농산물 가격을 낮게 억제하고 공업제품의 가격을 높게 설정함으로써 정부와 국유기업이 급속하게 자본축적을 하는 체제였던 것으로 여겨지는데(南亮進, 1990), 이것을 실증하는 것은 쉽지 않다. 왜냐하면 농산물 가격이 저렴하고 공업제품 가격이 높게 설정되었다고 논하기 위해서는 본래 있어야 할 가격 수준을 제시할 필요가 있지만, 그러한 가격은 현실에서는 존재하지 않았기 때문이다. 위안탕쥔(袁堂軍)은 이 문제에 관해서 농산품과 공업제품의 국제시장가격 자체가 본래 있어야 할 가격 수준이라고 생각하고, 국제시장에서의 농산품에 대한 공업제품의 가격 비율을 계산하여 그것과 계획경제 시대의 중국에서의 가격 비율을 서로 비교함으로써 중국에서는 농산품에 불리한 가격 책정이 이루어졌다는 결론을 내리고 있다(袁堂軍, 2010). 그에 의하면, 중국에서는 1957~1984년의 평균으로 국제가격에 비해서 48.2%나 농산품의 가격이 낮았다.

한편 임금이 상대적으로 낮게 억제되어, 그만큼 국유기업의 이윤이 많이 증가하는 구조가 있었다는 것을 몇 가지 점에서 입증할 수 있다. 〈그림 2-2〉는 도시 지역 평균임금의 움직임과 국유광공업기업(國有鑛工業企業)에서의 노동생산성을 비교한 것이다. 우선 임금의 움직임을 살펴보면 1957년까지는 급속히 상승하지만, 이 해에 사람들의 취업을 완전히 정부가 결정해버리는 틀이 완성되자마자 임금은 하락하기

〈그림 2-2〉 도시 지역의 실질 평균임금과 국유광공업기업의 노동생산성 추이

※ 설명: 평균임금은 소매물가지수로 디플레이트(deflate)하여 실질화했다. 국유광공업기업의 노동생산성은
　　 1980년 가격으로 실질화되어 있다.
※ 자료: 國家統計局綜合司 編(1990), p.32, p.34; 國家統計局 編(1993), p.431을 토대로 하여 계산함.

시작했다. 그 이듬해 1958년에는 광공업에서 일하는 노동자가 전년 대비 단번에
3배 이상이나 늘어났다. 본래 이 정도로 급속하게 노동수요가 확대된다면 임금도
급상승하게 될 것이 분명한데, 실제로는 임금이 1958년에는 오히려 내려간 것이다.
사람들이 직업을 선택할 자유가 없어지게 되고 정부가 자의적으로 사람들을 다양한
노동에 동원할 수 있게 되었기 때문에, 임금이 노동의 수급을 반영하지 않게 되었던
것이다. 1961년까지 임금이 급락하고 도시 지역의 노동자가 생활에 곤궁하게 되는
상황에 내몰리게 되었기 때문에 이후 임금이 인상되었지만, 이 사이에 소매물가는
11% 상승했다. 이러한 이유로 노동자가 임금에 의해 실제로 구입할 수 있는 물품의
양(즉 실질임금)은 15% 하락했다. 한편 노동생산성의 움직임을 살펴보면, 같은 20년
동안에 실질적으로 55%나 상승했다. 즉 노동의 효율은 올라갔음에도 임금은 내려
갔던 것이다. 그렇게 되자, 그만큼 국유기업의 이윤은 불어나게 된다. 국유광공업기
업의 부가가치 중에서 노동자에게 임금으로서 분배된 비중은 1957년의 31%에서

1977년의 22%로 하락했으며(丸川知雄, 2002: 23), 국유기업의 이윤 및 세금으로서 정부가 흡수하는 비중이 높아졌다.

▌ 농민과 노동자 중 어느 쪽이 희생을 강요당했는가

위에서 살펴본 바와 같이 농민과 노동자의 양방이 낮은 소득 수준에 억제되어 있었다는 것을 알 수 있는데, 어느 쪽이 더욱 많은 희생을 강요받아 왔는가에 대해서는 식량 판매가와 임금을 비교함으로써 추측할 수 있다. 1952년의 임금/곡물판매가의 비율을 100으로 하면, 1957년까지는 임금이 급속히 상승하고 1957년에는 123이 되었다. 즉 이 시대에는 농민이 더욱 많은 희생을 강요받았다. 농산물의 자유로운 거래가 1953년 후 이루어지지 않게 되었던 것에 반해서, 임금 쪽은 1957년까지 아직 자유롭게 결정되는 부분이 있었기 때문인 것으로 보인다.

하지만 이후에는 임금이 하락하는 한편, 식량 판매가는 1961년에 후술하는 '대약진(大躍進)' 이후의 위기적인 식료품 부족을 타개하기 위해 20%나 인상되었기에 1961년에는 임금/곡물판매가는 76까지 내려갔다. 이후 임금이 인상되어, 1964년에는 95까지 돌아갔지만 1966년에는 식량 판매가가 다시 15% 인상되었기 때문에 78까지 내려갔다. 이것은 정부 안에서 식량을 한층 더 중시해야 한다는 의견이 제기된 결과이다(松村史穂, 2011). 이후 1977년까지 75 전후가 계속된다. 즉 문화대혁명(〈칼럼 3〉 참조)의 10년 동안은 노동자 쪽이 더욱 강한 희생을 강요받았다는 것을 알 수 있다. 계획경제 시대의 중국은 오로지 농업으로부터 잉여자금을 짜내서 그것을 공업화에 필요한 자금으로서 삼았다는 주장도 있지만(古澤賢治, 1993), 그것은 다소 단편적인 견해라고 할 수 있다.

▌ 계획경제의 국가재정

위와 같은 틀에 기반해 국유기업의 이윤 및 세금이라는 형태로 국민으로부터 흡수한 자금을 정부가 어떻게 사용했는지, 1975년의 국가재정을 사례로 삼아 살펴보도록 하겠다(〈표 2-1〉 참조). 국가재정수입은 815.6억 위안이며, 이것은 같은 해

'대약진'의 대참사 초래로 중화인민공화국 성립 이후 최고권력자의 자리에 앉았던 마오쩌둥의 힘이 약해지고, 그 대신에 국가주석 류사오치(劉少奇), 또는 공산당 총서기 덩샤오핑(鄧小平) 등의 실무를 중시하는 지도자들의 힘이 강해졌다. 문화대혁명은 마오쩌둥이 그러한 지도자들에 대해 반격을 도모하기 위해 처음에는 문예 비판(文藝批判)의 형태를 빌려서 시작된 권력투쟁이다. 마오쩌둥은 중고생 및 대학생으로 구성된 '홍위병(紅衛兵)'이라고 불리는 조직에 대해서 권력자를 규탄하도록 부추겨 류사오치, 덩샤오핑을 포함해 많은 공산당 및 정부의 간부들이 실각하고 투옥되거나 살해되는 자도 적지 않았다. 결국 홍위병 간의 무력충돌이 발생하게 되었기 때문에 1968년부터는 군이 개입하여 진압했고 이후 군의 정치에 대한 영향력이 강해졌다. 그중에서도 마오쩌둥과 함께 문화대혁명을 추진해왔던 린뱌오(林彪)의 힘이 강했으며, 1969년에는 당 부주석이 되며 마오쩌둥의 후계자로 여겨졌다. 하지만 린뱌오는 1971년에 마오쩌둥의 암살을 기도했다가 실패하여 소련을 향하여 도망치는 도중에 비행기 사고에 의해 사망했다. 이후 역시 마오쩌둥과 함께 문화대혁명을 추진해왔던 마오쩌둥의 부인 장칭(江靑)을 포함하는 '4인방(四人幇)'의 힘이 증가했는데, 1976년에 마오쩌둥이 사망한 때로부터 1주일 후에 '4인방'은 체포되어 10년 동안의 장기간에 걸쳐 중국의 정치, 경제, 사회를 혼란에 빠뜨렸던 문화대혁명은 종결되었다.

중국 GDP(3,013억 위안)의 27%에 해당한다. 일본의 경우에 2018년도의 국가재정수입은 GDP의 19%였으므로 그것과 비교해보더라도 1975년의 중국은 국가 전체가 가난한 가운데, 국가에 대단히 많은 자금을 집중시켰다는 것을 알 수 있다. 재정지출의 내역을 살펴보면 일반의 국가재정처럼 '문교·위생' 및 '국방' 지출하는 측면이 있는 한편, 실로 투자회사처럼 '기업의 유동자금에 대한 보급', '신제품 시작(試作)', '지질탐사', '공업·교통·상업사업' 등의 사업활동에도 지출했다는 것을 확인할 수 있다. 〈표 2-1〉의 재정지출 중에서 점선보다 위에 있는 부분은 자본주의국가라면 민간기업이 하는 경영활동에 대한 지출이며, 점선보다 아래에 있는 부분은 정부로서의 공공서비스의 제공과 관련된 지출이다. 일본의 재정지출 중에서 3분의 1을 차지하는 사회보장비에 해당하는 것은 겨우 '공적부조'가 있을 뿐이다.

또한 재정지출의 최대 항목이었던 '기본건설(基本建設)'이라는 것은 일본에서 말하는 공공투자와 기업의 설비투자의 양쪽을 포함하는 계획경제의 독특한 용어이다.

<표 2-1> 중국의 국가재정수지(1975년)   (단위: 억 위안)

재정수입(財政收入)		재정지출(財政支出)	
합계	815.6	합계	820.9
기업수입(企業收入)	400.2	기본건설(基本建設)	327.0
공업(工業)	329.0	기업의 유동자금에 대한 보급	41.8
농림수산기상(農林水産氣象)	-8.5	신제품 시작(試作)	24.6
교통·통신	45.3	지질탐사(地質探査)	14.2
상업·은행	22.4	공업·교통·상업사업(商業事業)	12.8
기타	11.9	'5소(五小)' 기업보조(企業補助)	6.9
세수(稅收)	402.8	농업지원(農業支援)	42.5
공상세(工商稅)	348.0	도시유지(都市維持)	10.4
염세(鹽稅)	10.3	문교(文敎)·위생	81.3
관세(關稅)	15.0	공적부조(公的扶助)	12.9
농업목축업세(農業牧畜業稅)	29.5	도시주민하향보조(都市住民下鄕補助)	10.2
기타	12.6	국방(國防)	132.1
		행정관리(行政管理)	38.8
		대외원조(對外援助)	40.9
		국가물자비축(國家物資備蓄)	7.0
		기타	17.5

※ 자료: 國家統計委員會統計組(1976), pp.827~828.

1975년의 기본건설 투자 392억 위안(국가재정 외에 지방정부 및 국유기업의 자금을 직접 사용한 투자도 포함) 중에 238억 위안은 광공업기업의 설비투자였다. 또한 내역을 살펴보면 경공업을 향해서는 겨우 17%이며, 나머지는 화학공업(18%), 금속공업 (14%), 전력공업(12%) 등 중공업 또는 광업에 대한 투자였다.

한편 재정수입에서는 국유기업 등으로부터 상납된 이윤을 의미하는 '기업수입' 이 약 절반을 차지하고 있다. 세수도 국유기업 등으로부터 납입되는 '공상세'가 대부분을 차지하고 있으며, 개인에게서 소득세 또는 소비세와 같은 것은 보이지 않는다. 국유기업으로부터의 수입이 정부 재정수입의 대부분을 차지했다.

앞에서 논한 것처럼 계획경제의 국가재정에는 세금을 모아 교육, 사회보장, 국방, 공공투자 등의 공공목적으로 지출하는 일반적인 시장경제국가의 국가재정과 공통 되는 측면도 있는 한편, 국유기업 수익을 모아 그것을 국유기업 사업에 투자한다는 투자회사와 같은 활동도 동일한 정도의 중요성을 갖고 있다는 것을 알 수 있다.

▎ 자기완결적인 산업구조의 구축

저소득국가가 경제발전을 실현하고자 할 때, 우선은 의복 봉제업 및 완구 제조업과 같은 노동력을 많이 필요로 하는 경공업을 육성한다. 이어서 경공업 제품의 수출을 통해서 외화를 벌어들이고, 그 외화를 이용하여 기계설비를 수입해서 중공업 등 더욱 고도의 산업으로 이행해가는 사례가 많다. 한국 및 타이완이 실로 그러했으며, 캄보디아와 방글라데시 등도 의복 수출을 통한 경제발전을 추진했다. 그것은 노동력이 풍부한 국가는 경공업과 같은 노동집약적 산업에 비교우위를 갖고 있기 때문이다. 린이푸(林毅夫) 등에 의하면(林毅夫·蔡昉·李周, 1994), 중국도 본래 비교우위는 노동집약적 산업에 있었음이 분명하지만, 중국 정부는 무리하게 중공업을 발전시키고자 했다. 그들은 중공업에 무리하게 자원을 돌리기 위해 계획경제 제도가 필요했다고 주장한다.

하지만 국가의 투자에 의해 철강업 등의 중공업을 발전시킨다는 것은 관영 야하타제철소를 건설했던 메이지 시기의 일본이나, 국가의 투자로 포항제철소를 건설했던 1960년대의 한국 등의 개발주의를 취했던 국가에서 공통적으로 보이는 것이다. 따라서 중공업을 발전시키기 위해 어떻게 해서라도 계획경제를 채택할 필요가 있었다고까지는 말할 수 없다.

중국이 계획경제를 필요로 한 것은 1920~1930년대 소련과 마찬가지로 중국도 '일국사회주의' 모델을 추구했기 때문이다. 즉 주로 국내의 자금에 의지하여 생산재를 국내에서 공급할 수 있는 자기완결적인 산업구조를 만들고자 했기에 그것을 위해서 농민 및 노동자에 대한 보수를 생존할 수 있는 수준으로 빠듯하게 인하하고 국가에 자금을 집중시키는 체제가 필요했다.

중국이 그러한 체제를 구축하는 것에 대해 소련도 협력적이었다. 소련은 동유럽 국가들에 대해서는 소련에 경제적으로 종속시키기 위해서 각국을 특정한 산업에 특화시키고 사회주의권의 국제분업을 만들었는데, 중국에 대해서는 일국으로 완결될 수 있도록 전면적인 기술원조를 실시한 것이다(Ellman, 1989: 272~274). 그것은 중국의 인구 규모 및 소련의 중심적인 산업 지역으로부터 수송하는 거리를 고려해보면 중국을 소련에 의존하는 위성국으로 만들기보다도 자립이 가능한 동맹국으로 삼는 쪽이 소련의 이익이 된다고 보았기 때문일 것이다.

중국 자신도 물론 자기완결적인 산업구조를 구축하기를 희망했다. 무역에 크게 의존하는 상태가 유지되는 상황에서는 외국과의 관계가 악화되었을 때에 중요한 물자를 수중에 넣을 수 없게 될 위험성이 있기 때문이다. 하필이면 그 위험성이 최대의 우호국이었던 소련과의 사이에서 표면화되었다. 스탈린이 사망한 이후 소련의 최고 권력자(제1서기)가 되었던 니키타 흐루쇼프(Nikita Khrushchev)는 1956년의 소련공산당 제20차 당대회에서 스탈린을 비판하는 연설을 했는데, 이후 중국과 소련의 관계가 점차 악화되었다(石井明, 1990). 흐루쇼프는 미국과의 평화공존 노선을 제기하고 군축을 시작했지만, 중국은 그러한 방침에 반발하여 1958년에는 타이완의 국민당 정권이 점거하고 있는 진먼다오(金門島)와 마쭈다오(馬祖島)를 포격하여 국민당 정권과 국민당 정권을 지원하는 미국과의 긴장 관계를 만들어냈다.

또한 같은 1958년에는 무모한 '대약진' 운동(후술함)이 시작되어 중국의 공장 등에 기술원조를 위해 파견되었던 소련의 전문가들이 경시된다는 비판을 받게 되었다(Borisov/Koloskov, 1979: 141~145). 그것에 분노한 소련은 1960년에 중국에 파견되었던 1390명의 전문가를 일제히 불러들였으며, 그로 인해 건설되고 있는 중이었던 200여 개의 기술원조 프로젝트도 중단되었다(丸山伸郎, 1988). 중국은 '대약진' 운동의 실패에 의해 생겨난 굶주림을 소련의 원조중단 탓이라고 말하며 비난했기 때문에 중소 관계는 갈수록 뒤틀렸다.

이러한 사건들에 의해 중국과 소련 간의 밀접한 관계가 종지부를 찍었다. 소련과의 무역 및 외교 관계가 완전히 정지된 것은 아니었지만, 중국은 미국과 소련이라는 양대 초강대국 모두와 적대하는 고립 상태에 빠졌다. 그 때문에 경제 방면에서는 무역에 의존하지 않도록 자기완결적인 산업구조를 만들어야 했으며, 국방 방면에서는 군비 확장에 최대의 노력을 기울이게 되었다.

5. 중국 계획경제의 특징

▌국방을 중시하는 경제정책

중국은 1960년에 소련과 결별한 이후 국방에 큰 힘을 기울이지 않을 수 없게 되었다. 〈표 2-1〉로부터 1975년의 시점에서도 국가 재정지출의 16%(같은 해 GDP의 4.4%)를 국방비로 지출하고 있음을 알 수 있다. 중국이 우선 나섰던 것이 핵무기 개발이었다. 중국은 애당초 소련으로부터 중국에 핵무기 및 미사일의 제조기술을 이전받을 계획이었으며 1957년에 소련과 협정을 체결했다. 하지만 미국과의 평화 공존을 지향했던 소련은 미국과의 대결자세를 선명히 하고 소련이 하는 말을 듣지 않게 된 중국에 핵무기를 갖게 해서는 안 된다고 판단해서 1959년에 협정을 일방적으로 파기했다(毛里和子, 1989: 55~65). 그 이후 중국은 자력으로 핵무기의 개발을 추진하고 1964년에는 원자폭탄 실험을, 1969년에는 지하 핵실험 및 수소폭탄 실험을 성공시켰으며, 1970년에는 인공위성도 발사했다.

국방을 위한 정책으로서 또 한 가지 특별히 지적할 만한 것은 1964년부터 1970년대에 걸쳐 추진되었던 '삼선 건설(三線建設)'이다. 이것은 중국의 연해 지역 및 동북부 등의 주요한 공업지대가 적의 공격을 받아 괴멸되더라도 항전 능력을 유지할 수 있도록 쓰촨성, 구이저우성, 산시성, 후베이성 서부 등 내륙 지역에 탄광, 철광산, 철강업, 화학공업 및 군수산업에 이르기까지의 중공업을 구축한다는 장대한 프로젝트였다. 이 지역에는 애초 철도조차 쉽게 다니지 않았기 때문에 8개의 간선철도, 도로, 발전소와 송배전망(送配電網) 등의 인프라부터 건설할 필요가 있었으며, 1964년부터 1972년에 이르기까지 '삼선 건설'에 국가 전체의 투자 중에 40% 이상을 주입할 정도였다. 연해 지역으로부터 380곳의 공장 및 시설이 내륙으로 이전되었고 수백만 명의 종업원 및 그 가족도 동시에 이주했다.

삼선(三線)의 공장은 공중습격에 대한 대비를 의식하여 '산속으로 들어가고 분산하며 은폐한다'는 방침에 기초하여 내륙 지역의 넓은 지역으로 흩어졌다. 그 때문에 원재료의 반입 및 제품의 반출에 많은 시간과 수고가 필요하거나, 공장의 배기가스가 산골짜기에 틀어박혀서 공해문제가 발생했다. 또한 산간(山間)에 세워진 공장의 주변에는 야채를 구입하는 자유시장 및 영화관 등의 오락시설도 없었으며 공장 안에서 야채 및 오락 등도 자급해야 했다. 전체적으로 '삼선'의 공장의 경영효율은 대단히 나빴지만, 계획경제 시대에는 그러한 공장에서도 외견상으로는 이익이 나도록 가격이 설정되었기 때문에 문제가 두드러지지는 않았다. 하지만 1980년대가 되자, 효율의 악화로부터 생산이 중단되는 공장이 연이어 나타났고, 열악한 생활조건에 대한 종업원의 불만도 기회가 있을 때마다 폭발했기 때문에, 공장을 내륙지역 안에서 도시로 이전하거나 종업원을 연해 지역으로 귀환시켰다(丸川知雄, 1993; 丸川知雄, 2021).

▌ 중국식 사회주의와 '대약진'

중국이 국방을 극단적으로 우선시하는 경제정책을 취하지 않을 수 없었던 근본 원인은 소련과의 대립이었다. 소련과 대립했던 것은 소련에 종속되는 입장에 달가워하지 않는다는 민족주의도 있었지만, 동시에 중국이 소련식 사회주의로는 성에 차지 않았기에 독자적인 사회주의를 추구하기 시작했기 때문이기도 했다.

중국식 사회주의가 소련과 가장 크게 다른 점은 중앙정부의 통제가 약하고 지방분권적이라는 것이다. 소련의 중앙집권적인 모델에 대해 마오쩌둥은 1968년에 '10대 관계를 논함(論十大關系)'이라는 연설에서 위화감을 표명하고 더욱 지방정부 및 대중의 자발성을 활용하는 것이 필요하다고 주장했다. 이러한 구상을 즉시 실천으로 옮겼던 것이 1958년부터 1960년에 걸쳐 이루어진 '대약진'이었다.

1957년 11월 모스크바에서 64개국의 공산당 대표자가 모인 회의에서 흐루쇼프가 15년 안에 소련은 미국을 추월할 것이라고 말했던 것에 대항하여 마오쩌둥은 "15년 안에 중국(의 공업력)은 영국을 추월할 것"이라고 큰소리쳤다. 이후 마오쩌둥 등 중국공산당 지도자들이 급속한 경제발전을 마구 부추기고 공명심에 사로잡힌 지방 또는 말단의 공무원들이 강제적인 투자 및 생산 확대를 추진했다. 농촌에서는 농민을 동원하여 댐 및 수로 등의 수리시설에 대한 건설이 이뤄졌으며, 엉터리

농법에 의해 곡물의 수확고가 몇 배나 되었다는 허위 보고가 각지에서 지도자들에게 차례로 보고되었다. 이 '성과'에 도취된 마오쩌둥은 1958년 8월이 되어 같은 해의 철강생산을 전년 대비 2배로 증가시킨다는 방침을 제창했다.

계획경제는 본래 5년의 단위로 철강 등의 생산을 증가시키는 계획을 세우고 그것을 각 년 및 각 기업의 계획에 반영시켜 나아가는 것이었는데, 1년도 이미 절반이 지난 8월에 갑자기 철강생산을 2배로 한다는 것은 계획경제의 절차 전체를 뛰어넘어 말단의 공무원들을 선동함으로써 생산목표를 달성하고자 하는 무모한 방침이었다.

이러한 것을 가능케 하는 제도적 기초로서 1958년에 그때까지 중앙정부에 소속되었던 국유기업을 거의 지방정부에 이관하는 것과 함께, 경제계획의 작성과 실행, 투자의 실시 등의 권한도 대폭적으로 지방에 이관하는 지방분권화가 이루어졌다. 자유재량권을 얻은 지방정부는 무턱대고 철강업뿐만 아니라 다양한 산업의 기업을 설립했다.

그 노동력은 농촌으로부터 동원되었다. 곡물의 생산성이 비약적으로 높아졌기 때문에 농민의 일부가 동원되더라도 괜찮을 것이라고 착각했던 것이다. 1957년부터 1958년에 걸쳐서 농업의 노동력이 20% 감소한 한편, 제2차 산업(광공업과 건설업)의 노동자 수는 1957년의 2,115만 명에서 1958년에 7,034만 명으로 단번에 증가했다. 이러한 무모한 노동력의 동원은 가공할만한 결과를 초래했다. 곡물의 생산은 1959년부터 1961년까지 격감해버렸으며, 중국 전체가 심각한 식료품 부족에 빠져 다수의 아사자가 나왔다. 이 시기에 기아(굶주림) 등의 이유로 비정상적인 죽음을 맞이한 사람의 수는 2,300만~4,500만 명인 것으로 추정되고 있다(디케터, 2011).

중국의 인구통계를 이용하여 필자도 '대약진'에 의해 상실된 인구를 추정했다. 1957년과 1970년의 출생률과 사망률을 이용하고, 그 사이에는 일정한 페이스로 출생률과 사망률이 변화했다고 가정하여 매년 인구의 자연증가율(=출생률-사망률)을 추계한다. 그러면 1959~1961년은 2.4% 전후로 추계되는데, 실제의 인구증가율은 이것을 훨씬 하회하고 있다. '추계 자연증가율-실제의 인구증가율'에 전년의 인구를 곱하면 이 3년 동안에 합계 4,887만 명이 된다. 즉 이와 같을 정도의 사람들이 비정상적인 죽음을 맞이했거나 또는 빈곤과 굶주림에 의해 살아갈 수 없었던 것으로 추정된다.

'대약진'이 비참한 굶주림을 가져왔다는 것은 1959년에는 명백해졌지만, 마오쩌둥이 '대약진'을 비판한 국방부장 펑더화이(彭德懷) 등을 실각시켰기 때문에 정책의 전환은 늦었다. 결국 1960년 11월이 되어 농업에 시장경제적인 요소를 도입함으로써 농민에게 증산을 촉진시키는 조치가 취해졌다. 또한 1961년에는 지방정부에 이관된 기업을 다시 중앙정부로 되돌리는 등 중앙집권화가 이루어졌다.

▌ 지방분권이 실시된 동기

하지만 1970년에도 다시 1만 개 이상이 있었던 중앙정부 직속의 국유기업을 겨우 500개 정도를 남기고 나머지는 모두 지방정부에 이관한다는 극단적인 지방분권이 실시되었다(周太和 編, 1984). 이 책의 제4장에서 살펴보게 되는 것처럼, 1980년 및 1985년에도 재정에서의 지방분권이 시행된다. 이처럼 '대약진'의 실패에도 불구하고 이후에도 중국에서 거듭 지방분권이 시행되었다.

여기에서 주의해야 하는 것은 중화인민공화국에서의 지방분권은 일본 등 서방 민주주의국가에서의 지방자치와 비슷하면서도 똑같지 않다는 점이다. 일본에서는 지방자치체의 수장이 중앙정부에서 지배적인 정당과는 정치적인 입장을 달리하는 일이 종종 있지만, 중국에서는 중앙으로부터 지방의 말단까지 중국공산당이 정권을 장악하고 있다. 따라서 지방에 권한을 위임하고 이양하더라도 정책적인 방향성은 그 때마다의 중국공산당이 추진하는 정책에 의해 규제되고 있다. 중국에서 지방분권이 시행되는 이유는 지방정부를 각각의 지역 주민들의 의사에 따라 행동하게 만들기 위해서가 아니라 '공업화' 또는 '공산주의사회의 실현' 등 당이 세운 목표의 달성을 둘러싸고 각 지방에 성과를 놓고 경합시키기 위해서이다. '대약진'의 참극은 실로 지방정부가 거짓 성과를 놓고 서로 다투게 됨으로써 발생한 것이었다.

또한 1970년의 지방분권에는 나가가네 가쓰지(中兼和津次)가 '근거지 사상(思想)'이라고 부르는(中兼和津次, 1999) 마오쩌둥의 독특한 전략도 반영되어 있었다. 즉 전쟁에 의해 중국의 커다란 부분이 괴멸되더라도 살아남은 부분을 만들어내고 거기서부터 국가를 다시 세운다는 전략이다. 이러한 전략은 국토 전체가 전쟁터가 되었던 일본과의 전쟁 및 국공내전을 거치는 가운데 형성된 것이다. '삼선 건설'은 이 전략에 기초하여 내륙 지역만으로 자기완결적인 산업구조를 구축하고 핵전쟁조차 대비하는 태세를 만드는 것을 지향했다. 1970년에는 전국을 10개의 지역으로 나누고 각각이 자기완결적인 산업구조와 군사력을 형성하는 정책이 추진되었다.

지방분권화라고 하는 정책은 개혁개방 시기의 중국에서도 채택되었으며(田島俊雄, 1990), 지방정부가 더욱 많은 재정수입을 획득하고자 서로 경쟁함으로써 국가 전체로서 경제발전이 촉진되었다(Montinola, Qian and Weingast, 1995). 하지만 지방정부가 실로 기업 그룹처럼 행동하게 되면서 지역 간의 격차 확대 또는 중복 투자 등 여러 문제도 분출되었기에 1994년부터 중앙으로의 집권을 강화하는 개혁이 이루어졌다(제4장 참조). 그럼에도 여전히 지방정부는 자신이 지니고 있는 권한을 최대한으로 사용하여 해당 지역의 경제발전을 촉진하고자 나서고 있다. 저우리안(周黎安)은 GDP 성장률 등의 객관적인 지표에 따라 지방 간부의 승진이 결정되었기 때문에 지방 관료들 사이에서 승진 경쟁이 발생하고 그것이 국가 전체의 경제발전으로 연결되었다고 주장한다(周黎安, 2007). '대약진' 시기에는 대참사를 초래했던 승진 경쟁이 개혁개방 시기의 중국에서는 뒤바뀌어 경제발전을 가져오고 있는 이유는 승진의 기준이 되는 지표가 '대약진' 시기에는 철강 생산량 등 생산 효율을 고려사항에 넣지 않았던 것에 비해서, 개혁개방 시기에는 생산 효율을 반영하는 GDP 성장률이 되었던 것이 중요하다. 다만 이 책의 제1장 〈칼럼 2〉에서 지적했던 것처럼, GDP가 정치적 성과의 지표라는 측면을 강하게 갖게 되어버렸기 때문에 부풀리기가 횡행하게 되기도 했다.

▌ 지방 자체의 자기완결적인 산업구조

지방분권이 시행된 결과, 중국에서는 소련과 크게 다른 산업구조가 형성되었다. 소련에서는 한 가지 종류의 제품을 만드는 공장은 원칙적으로 전국에 하나 밖에 없는 것이 통례였는데, 중국에서는 동일한 제품을 만드는 공장이 각 성(省)에 하나씩 있거나 물품에 따라서는 각 현(縣, 성보다 두 단계 아래의 행정구분으로 전국에 약 2900개가 있음)에 각각 공장이 있기도 한다.

자동차산업의 사례를 들자면, 1950년대에는 소련으로부터의 기술원조에 의해 거대한 국유 자동차 제조사가 1개만 세워졌다. 그런데 '대약진'의 시기에 전국에 100개 이상의 '자동차 제조사'가 이름을 올렸으며 트럭 및 승용차와 같은 것을 만들기 시작했다(中國汽車工業史編審委員會, 1996). 그 대부분은 생산이 지속되지 못했지만, 그중에는 자동차 제조사로서 존속했던 것도 있다. 이후에도 지방분권화가 시행될 때마다 자동차 제조사가 계속해서 늘어났으며, 1980년대 시점에서는 자동차 제조사의 수가 전국에 73개에 달했고, 그 대부분은 완전히 동일한 차종을 만들었다(제5장 참조). 철강 및 기계 등 다른 산업에서도 비슷한 상황에 있었다. 소련에서는 각 산업에서 특정 기업에 의한 독점이 발생했지만, 중국은 대조적으로 대단히 '경쟁적인' 산업조직이 되었던 것이다.

다만 의외의 일로 자전거는 상하이의 '평황(鳳凰)', '융주(永久)', 톈진의 '페이거(飛鴿)' 등 매우 소수의 제조사에 생산이 집중되었으며 거기로부터 전국에 배급되었다. 어떠한 산업이 전국 각지에 분산되고 어떠한 산업이 소수의 지역에 집중되었는지는 〈표 2-2〉로부터 살펴볼 수 있다. 해당 표는 1975년의 1년 동안에 각 성에서 판매된 여러 '상품' 중에서 평균으로 몇 %가 해당 성 안에서 조달되었는지(조달률)를 나타낸 것이다. 또한 '상품'이란 계획경제에서의 독특한 용어로, 소비재 및 농업용의 생산재를 지칭한다. 일반적인 생산재는 '물자'로 불리고 있다.

예를 들면 '보행형 트랙터'는 1975년에 약 17만 대가 중국내에서 판매되었던 것에 비해 각 성이 성의 바깥으로부터 조달한 것은 겨우 6,541대에 불과해 각 성의 내부에서 거의 자급자족을 하게 되었다. 성의 내부에서 보행형 트랙터의 조달

〈표 2-2〉 다양한 상품의 성내(省內) 자급률(1975년)   (단위: %)

상품	자급률	상품	자급률
보행형(步行型) 트럭	96	면모(綿毛) 셔츠·바지	68
트랙터	96	면포(綿布)	67
농업용 동력기계	95	유리질에나멜 세면기(洗面器)	65
비누	93	고무신	61
술	91	셔츠	55
화학농약	91	폴리에스테르 포(布)	51
화학비료	84	모사(毛絲)	48
면사(綿絲)	79	견포(絹布)	48
세탁분(洗濯粉)	78	미싱	42
아연도금철선(亞鉛鍍金鐵線)	75	혼방포(混紡布)	37
화직포(化織布)	72	자전거(自轉車)	30
유리질에나멜 컵	72	손목시계	20
위생 셔츠·바지	68	트랜지스터 라디오	19

※ 자료: 國家計劃委員會統計組(1976), pp.771~806을 토대로 하여 저자가 작성함

이 불가능했던 것은 판매도 없었던 티베트자치구와 산둥성뿐이었다(농업이 왕성하고 인구도 많은 산둥성에서 보행형 트랙터가 생산되지 않았다고는 생각되지 않는다. 아마도 이것은 통계를 작성할 때의 실수에 의해 기인한 것으로 보인다). 각 성에서의 트랙터 생산 대수는 수천 대에서 많아봐야 2만 7,000대 밖에 되지 않는다. 본래 트랙터와 같은 기계는 벨트 컨베이어를 사용하여 연속적으로 조립하는 것을 통해서 생산 효율을 높일 수 있는 제품이지만 연간 수천 대, 즉 1일에 수십 대라는 생산 규모로는 벨트 컨베이어를 사용할 수 없기에 생산 효율이 나쁘다. 지방마다의 자기완결적인 산업구조가 만들어진 대가로서 공업생산에서의 규모의 경제성이 희생을 당했던 것이다.

〈표 2-2〉로부터 농업의 생산재에서 특히 지방의 자급률이 높았다는 것을 알 수 있다. 이중에서 화학비료에 대해서는 일반적으로는 대규모의 화학공장에서만 제조할 수 있는 것이지만, 중국에서는 각 현에서 소규모의 화학비료공장이 설립되어 있으며 현 내부에서의 자급이 이루어졌다(제5장 참조). 한편 자전거, 손목시계,

트랜지스터 라디오 등 내구소비재의 성 내부에서의 자급률은 낮았다. 자전거의 경우에 전국에서 547만 대가 판매된 것 중에서 68%는 상하이시와 톈진시에서 생산되어 전국에 판매된 것이었으며, 손목시계도 상하이시에 전국의 생산 중에 거의 절반이 집중되었다. 이러한 생산능력은 한정되어 있었기 때문에 사람들에게는 좀처럼 배급되지 않았으며 입수하기가 어려웠다. 계획경제 시기의 중국이 생산재를 만드는 중공업에만 경도되어 있었고 자전거 및 손목시계조차 입수하기 어려울 정도의 소비재 생산이 경시되었다는 것을 알 수 있다.

▎ 계획경제가 통제했던 범위

중국에서는 지방분권화가 이루어진 한편, 중앙정부의 국가계획위원회가 통제했던 부분은 소련 등에 비해서 작았다. 계획 담당 관료였던 쉐무차오(薛暮橋)에 의하면, 1970년 말 시점에서 "국가계획위원회가 직접 관리하고 있던 생산물은 수백 종 밖에 되지 않았으며 그중에 실제로 정확하게 계산되었던 것의 실로 수십 종"에 불과했다고 한다(薛暮橋, 1983: 157~158). 나카가네 가쓰지는 중국의 계획경제가 소련에 비해서 중앙집권이 약한 '느슨한 집권제'였다고 한다(中兼和津次, 1999). 그렇다면 국가계획위원회는 구체적으로 어떠한 제품을 장악하고 있었던 것일까?

〈표 2-1〉과 〈표 2-2〉를 작성하는데 이용한 국가계획위원회가 작성한 통계에는 '극비'라고 새겨져 있으며(國家計劃委員會統計組, 1973; 1976), 해당 통계가 출간되었을 당시에 중국의 일반 국민들은 결코 볼 수 없었다. 이러한 것은 정부가 국민경제의 현황을 파악하고 계획을 작성하는 것에 참고하기 위해 만들어진 것이며, 특히 '물자(=일반 생산재)'와 '상품(=소비재와 농업용 생산재)'의 생산량, 배분처, 재고량의 자세한 자료가 기재되어 있다. 즉 여기에서 거론하고 있는 재화 자체가 쉐무차오가 말하는 국가계획위원회가 관리하는 생산물이었던 것으로 추정된다.

국가계획위원회 통계조 자료에는 물자 30개 품목, 상품 76개 품목의 합계 106개 품목에 관해서 1972년의 생산량 및 재고량이 기재되어 있으며(國家計劃委員會統計組, 1973), 또한 국가계획위원회 통계조의 다른 자료에는 물자로서 석탄, 코크스, 강재

(중궤도, 박판, 심리스 파이프 등 13개 종류), 고무, 시멘트 등 33개 품목, 상품으로서는 〈표 2-2〉에 제시되어 있는 품목 이외에 식량, 식물성 기름, 돼지고기, 고무신, 전기계기(電氣計器), TV, 볼펜, 깔개, 돗자리 등 124개 품목, 합계 157개 품목의 자료가 기재되어 있다(國家計劃委員會統計組, 1976).

1975년이라는 해는 아직 문화대혁명(〈칼럼 3〉 참조)이 계속되고 있던 시기였는데, 덩샤오핑이 부총리로서 문화대혁명에 의해 파괴된 계획경제의 제도를 재건하기 위해 수완을 발휘했던 시기였으며, '대약진' 이후 격동의 중국 현대사 속에서는 비교적 안정되었던 해였다. 그러한 해에도 국가계획위원회가 통제했던 것은 기껏해야 157개 품목의 재화에 불과했던 것이다.

실제로 국가가 국민 및 공장에 배급할 수 있었던 것은 이 157개 품목 밖에 없었다는 것은 '상하이 소삼선(上海小三線)'에서의 노동자들의 생활에 대해서 조사했던 필자의 연구(丸川知雄, 2021) 중에서도 확인된다. '상하이 소삼선'이란 전술한 '삼선 건설'의 일환으로서 상하이 시정부가 내륙에 위치한 안후이성의 산간 지역에 구축했던 병기공업기지를 말한다. 거기에서는 상하이로부터 6만 명 이상의 노동자가 보내졌는데, 그들이 살아가기 위한 소비재는 상하이시로부터 배급되었다. 식품 및 일용품에서는 곡물, 고기, 물고기, 담배, 설탕, 세제, 비누가 배급되었는데, 이것만으로는 충분하지 않았기에 종업원들은 공장 주변의 황무지를 개척하여 야채를 재배하거나 식당의 잔반을 이용하여 양돈·양식했다. 또한 주변의 농민들로부터 야채, 계란, 닭을 구입하거나 배급된 담배, 설탕, 비누와 교환하기도 했다.

▌계획경제체제 바깥에서의 거래 활동

'상하이 소삼선'의 사례가 보여주는 바와 같이, 계획경제체제는 그 자체만으로는 사람들의 생활을 밑받침해 나갈 수 없었으며, 반드시 그 외부에서의 거래활동이 존재했다. 그것은 중국보다도 정밀한 계획경제를 운영했던 소련에서도 마찬가지였다(志田仁完, 2017).

실제로 기껏해야 157개 품목의 배급으로는 국민의 생활을 유지할 수 없을 뿐만 아니라, 공업제품을 계획에 따라 만들어 나아가는 것조차 어렵다. 예를 들면 트럭은 세분하자면 수천 개 종류의 부품을 조립하여 만들어진다. 만약 그러한 부품을 모두 자동차 제조사 중에서 만들어진다면 국가계획위원회는 자동차 제조사에 철강 및 고무, 유리 등의 기본적인 소재를 배분하면 그것으로 끝이다. 하지만 중국처럼 중소 규모의 자동차 제조사가 다수 존재하면, 부품을 무엇이든지 회사 안에서 만드는 것은 무리다. 필연적으로 타이어, 베어링, 자동계기(自動計器), 기화기(carburetor) 등 의 주요한 단위 부품은 전문적인 제조사에 의해 제조되는 형태가 되었다. 하지만 국가계획위원회는 자동차 부품의 배분까지는 맡고 있지는 않았다.

그렇다면 계획경제 시기에 자동차 제조사는 어떻게 부품을 조달했는가 하면, 일반적으로 부품 제조사로부터 구입했다(丸川知雄, 2003). 하지만 그것은 정부의 지령 이라는 뒷받침이 없는 생산·판매였기에 기업 간 매매 관계는 불안정했다. 이러한 불안정성을 극복하기 위해서 자동차 제조사는 복사발주(複社發注, 같은 종류의 부품을 구입하는 곳을 여러 곳으로 삼는 것)를 해서 부품 공급이 중단되는 리스크에 대비했다.

또한 지방정부 아래에 자동차 제조사와 부품 제조사를 모두 갖고 있는 경우에는 그 아래에서 부품의 거래가 왕성하게 이루어졌다. 예를 들면 베이징시에서는 1973 년에 시내의 자동차 및 자동차 부품 제조사 90개 회사 정도를 총괄하는 베이징시 자동차공업공사(北京市汽車工業公司)라는 관청이 만들어졌으며, 이 관청이 산하에 있 는 기업들 간의 거래 관계를 지시했다. 베이징시에서는 각 부품에 특화된 전문적인 제조사 사이에서 세부적인 기업들 간 분업이 이루어졌으며, 1970년대에는 자동차 생산 대수가 전국에서 2위가 되었다.

위에서 논한 바와 같이, 국가계획위원회가 운영하는 계획경제체제에서 불충분했 던 부분을 기업들 간의 직접거래 및 지방정부에 의한 전담을 통해 충당했다. 그러한 보완이 없었다면 기업은 생산을 계속해 나아가는 것조차 어려웠을 것이다. 그리고 이러한 계획 '바깥'에서의 거래 관계가 본디부터 풍부하게 존재했기 때문에, 개혁개 방 시기에 계획경제의 역할을 축소시키더라도 경제가 혼란에 빠지는 일 없이 시장경 제를 향해 순조롭게 이행할 수 있었던 것으로 여겨진다.

6. 집단농업의 해체

▌ 리카도의 덫

중공업을 급속하게 발전시키기 위해서 설계되었던 중국의 계획경제체제는 1970
년대가 되자 막다른 길목에 도달하는 현상이 현저해졌다. 공업화란 농업 종사자의
비중이 감소하고 공업 종사자의 비중이 높아지는 것인데, 1970년대 중반의 중국은
이미 20년 이상에 걸쳐 전력을 다해 공업화를 추진해왔음에도 불구하고 여전히
취업자의 75% 이상이 농업에 종사하고 있었다.

왜 농업 종사자의 비중이 줄어들지 않았는가 하면, 농업 종사자의 비중을 감소시
키게 되면 '대약진'처럼 금세 식료품이 부족해지게 되어 기아가 발생하기 때문이다.
즉 농업의 생산성이 낮기 때문에 공업화가 제약을 받았던 것이다.

1970년대 중국의 지도자들이 직면했던 제약을 간단한 수치를 통해 설명해보도
록 하겠다. 만약 농업 취업자 1명이 1.5명분의 식료품을 생산할 수 있다고 하자.
그렇게 되면 농업 취업자가 2명 있다면 공업 취업자 1명분의 식료품을 제공할 수
있다. 하지만 농업의 생산성이 이 수준을 계속 유지한다면, 농업 취업자 2명에
대해서 공업의 취업자를 1명 이상으로 증가시키는 것은 불가능하다. 만약 증가시키
고자 한다면 식료품이 부족해지는 상황이 발생한다. 실제로 1969년부터 1972년에
걸쳐서 공업에 대한 투자가 급격하게 팽창하고 도시의 취업자 수가 급증했지만,
당시의 저우언라이(周恩來) 총리는 이러한 사태에 강한 위기감을 갖고 투자에 대한
단속을 했다(丸川知雄, 2002: 38~39).

농업 생산성이 올라가지 않기 때문에 공업화가 제약받는 상황은 개발경제학에서
는 '리카도의 덫(Ricardian Trap)'이라고 불리는 고전적인 문제이다(速水佑次郎, 1995:
79~80). 데이비드 리카도(David Ricardo)는 이 문제를 해결하는 방책으로서 곡물 수입
의 자유화를 주장했는데, 세계 최대의 인구를 보유하고 있는 중국이 곡물을 외국에
의존한다는 것은 식료품 안보의 관점이나, 애당초 그렇게 대량의 곡물을 생산할
수 있는 국가가 있는가 하는 점으로부터 보더라도 무리가 있다.

〈그림 2-3〉 농업 취업자 1인당 농업생산 및 식량생산의 추이

※ 설명: 농업 취업자 1인당 농업생산은 1953년의 수치가 1인당 식량생산량의 수치와 동일하게 설정되어
　　있는 실질지수(實質指數)를 취하고 있다.
※ 자료: 國歌統計局綜合司 編(1990), p.10, p.12; 國家統計局 編(各年版)

즉, 중국의 경우에는 국내 농업의 생산성이 상승하지 않는 것은 공업화도 진전되지 않는다는 점이다. 그런데 〈그림 2-3〉에서 제시되고 있는 바와 같이, 중국 농업의 생산성은 1950년대부터 1970년대 후반까지의 20여 년 동안 전혀 상승하지 않고 있었다. 예를 들면 농업 취업자 1인당의 식량 생산량은 1953년에는 963kg이었지만 1977년에는 960kg으로 미세하게 감소했다. 또한 식량 이외의 농업, 즉 야채 및 과일 등의 생산도 포함한 농업생산은 1977년에는 1953년에 비해서 실질적으로 5% 증가했을 뿐이다.

▌ 청부제의 도입

농업의 정체를 타파하는 힌트는 '대약진'의 위기를 극복하기 위해서 1960년에 실시된 일련의 개혁에 있었다. '대약진'이 시작된 1958년에는 인민공사라는 대규모

의 집단으로 농촌이 편성되었는데, 1960년의 개혁은 이것을 대폭 원래 상태로 되돌리는 것이었다. 집단농업을 하는 단위는 '생산대(生産隊)'라는 농가를 20호 정도 모은 조직으로까지 내려가게 되었다. 그런데 인민공사는 오늘날의 '향(鄕)'과 '진(鎭)'에 상당하며 인구 1만 명 정도의 영역을 통치하는 행정단위라는 색채가 강하다. 그 아래에는 오늘날의 '촌(村)'에 상당하는 생산대대(生産大隊)가 두어졌고 생산대는 또한 그 아래에 있는 조직이었다.

또한 각각의 농가가 자유롭게 이용할 수 있는 '자류지(自留地)'가 설치되었으며 거기서는 야채를 재배하거나 닭을 키우는 등의 부업을 했다. 그리고 그 자류지에서 생산한 야채 및 계란 등을 파는 자유시장이 설치되었다. 또한 일부의 지역에서는 집단농업을 그만두고 농지를 농가별로 구분하고 각 농가가 개별적으로 농업을 하는 '청부제'도 실시되었다.

이러한 개혁으로 1961년 이후 농업생산이 서서히 회복되고 일단 굶주림으로부터 탈출할 수 있게 되었다. 이러한 개혁 시도를 당시 중국공산당의 총서기(중앙서기처 총서기_옮긴이)였던 덩샤오핑이 '흰 고양이든 검은 고양이든 쥐를 잘 잡는 고양이가 좋은 고양이다'라고 긍정했던 것은 유명한 이야기이다. 하지만 집단농업의 해체를 의미하는 청부제는 마오쩌둥이 강한 반대로 1962년에 중지되었다.

1978년 말의 중국공산당 제11기 3중전회부터 개혁개방의 시대가 시작되는데 가장 먼저 취해졌던 것이 집단농업 개혁이었다. 처음에는 집단농업의 틀을 유지하면서 특정 농작업을 농가에게 청부하도록 시키고 그 성과에 응하여 보수를 결정하는 형태의 청부제도 널리 실시되었는데, 결국 각 농가에 토지를 배분하고 농가는 국가에 일정량의 식량을 판매하거나 농업세를 지불한다면 그것 이외에는 토지를 사용하여 무엇을 재배하더라도 누구에게 판매하더라도 자유라는 '농가경영청부제'가 확대되고 1984년 말까지 99% 이상의 농촌에서 채택되었다. 이리하여 1950년대에 농업집단화가 강행되었던 것과 같은 속도로 집단농업이 해체되었던 것이다. 이것과 평행하여 국가의 식량 판매가는 1979년 이후 대폭 인상되었으며 1985년에는 1978년보다 2배나 높아졌다.

〈표 2-3〉 중국과 일본의 1인당 식료품 공급(食料品供給)

년도	중국 총칼로리(kcal/1일)				일본 총칼로리(kcal/1일)			
		식물성(%)		동물성(%)		식물성(%)		동물성(%)
			식량				식량	
1961	1,439	96	82	4	2,525	90	71	10
1970	1,859	94	82	6	2,737	85	56	15
1980	2,161	92	80	8	2,798	81	49	19
1990	2,515	88	72	12	2,948	79	46	21
2000	2,814	81	62	19	2,899	79	45	21
2010	3,044	77	53	23	2,685	80	45	20
2013	3,108	77	52	23	2,726	80	45	20

※ 설명: '식량'의 정의(定義)는 이 장(章)의 제3절을 참조하기 바란다. 일본도 중국의 정의에 기초하여 계산하고 있다.

※ 자료: FAO, FAOSTAT(http://www.fao.org/faostat/en/#home)를 토대로 하여 저자가 작성함

이리하여 청부제라는 제도의 도입과 가격의 인상이라는 이중의 인센티브가 농가에게 제공되었던 1979년 이후 농업생산은 크게 발전했다. 〈그림 2-3〉에서 살펴볼수 있는 바와 같이, 1979년 이후 식량 생산성과 농업 생산성이 모두 높아지고있다. 식량의 생산성은 1984년까지 급상승한 이후 성장률이 줄어들고 있는데, 이것은 중국 국민의 식생활이 곡물 중심에서 고기 및 야채 등의 비중이 높아져가는방향으로 변화했던 것이 영향을 미치고 있다.

〈표 2-3〉은 중국과 일본의 1일 1인당 식료품 공급의 상황을 칼로리량으로 표시한 것이다. 이것은 공급량이며 푸드 로스(food loss, 식품 손실_옮긴이)도 존재하기 때문에 이것이 그 상태 그대로 사람들의 섭취량은 아니지만, 이로부터 중국과 일본의식료품 사정을 엿볼 수 있다. 1980년 이전의 중국은 칼로리의 90% 이상을 식물성식품으로부터, 80% 이상을 식량(곡물, 두류, 고구마, 감자 등)으로부터 섭취했고, 칼로리섭취량도 일본보다 대폭 작으며 상당히 가난한 식생활이었다는 것을 알 수 있다.성인의 필요 섭취 칼로리는 여성이 1일 2,000kcal, 남성이 2,500kcal로 간주되고있으므로 '대약진'에 의한 식료품 부족이 계속되었던 1961년에는 사람들이 굶주렸다는 것을 이 표로부터도 알 수 있다. 한편 1961년 일본의 식생활도 결코 풍요롭다고는 말할 수 없었다.

그러나 2000년에는 중국의 칼로리 섭취량 및 동물성 식품으로부터의 칼로리 섭취량 비중에서 일본과 거의 어깨를 나란히 하고 있으며, 2010년 이후에는 오히려 일본을 상회하게 되었다. 중국의 식생활이 일본 이상으로 풍요로워졌음을 알 수 있다. 아울러 〈표 2-3〉은 국민 1인당 평균치이므로 인구의 연령 구성의 영향을 받는다는 것을 고려해야 한다. 즉 아이 및 고령자의 비율이 높아지면 필요한 칼로리 섭취량의 평균치는 내려갈 것임이 분명하다.

1979년 이후 농업의 생산성 상승을 가져온 것이 집단농업을 해체하고 청부제를 도입한 효과라고 해석하는 것이 주류이지만(Lin, 1992), 사실은 계획경제 시기에 이루어진 투자와 기술진보의 효과도 있다는 견해도 있다. '대약진'의 시기에 농민들이 수리시설의 건설에 동원되었다는 것은 앞에서 논했는데, 그것 이외의 시기에도 수리건설이 계속된 결과, 관개 면적은 1953년부터 1978년까지의 동안에 2.1배로 확대되었다. 또한 1960년대는 쌀과 옥수수의 고수확 품종이 개발되어 보급되었다. 고수량 품종은 화학비료를 많이 사용함으로써 수확이 증가하는데, 1970년대까지는 화학비료의 부족에 의해 고수량 품종의 잠재력이 발휘되지 못했다. 그것이 1980년대가 되어 화학비료의 증산과 수입에 의해 시비량이 증가했다. 이리하여 관개, 고수확 품종, 화학비료라고 하는 '녹색 혁명'의 3가지 요소가 1980년대가 되어 갖추어졌던 것이 농업에서의 생산성의 향상을 가져왔다는 것이다(Naughton, 2007: Ch.11).

확실히 집단농업에서 청부제로 향하는 제도의 변혁은 1984년에 거의 종료되었으며 이후 30년 동안에 걸쳐 청부제라고 하는 농업 제도의 큰 틀은 변화가 없다. 그럼에도 불구하고 〈그림 2-3〉에서 살펴볼 수 있는 것처럼 생산성의 상승은 1984년까지 끝나는 일 없이 이후에도 계속되고 있다. 이것은 다시 말해 농업에 대해서 계속적으로 투자를 하고 기술진보가 계속됨으로써 농업의 생산성이 지속적으로 향상되었다는 것을 의미한다. 제도 변혁의 의의는 농민들에게 기술진보를 적극적으로 받아들이고자 하는 의욕을 제공했던 것이다.

농업 개혁이 성공했던 것은 큰 의의가 있었다. 첫째, 중국의 공업발전을 제약했던 식료품 공급의 제약이 느슨해졌다. 중국은 언젠가 식료품 공급의 제약에 직면하여 경제발전에 한계가 오는 것이 아닌가, 또는 중국이 발전을 계속하게 되면 대량의 식료품 수입이 필요해지고 세계의 식료품 위기를 초래하는 것이 아닌가 하는 지적은 이후에도 기회가 있을 때마다 이루어져 왔는데[예를 들면 Brown(1994)], 적어도 중국에서는 식생활이 착실하게 풍요로워졌으며 그것에 의해 경제발전이 제약되지도 않는다. 제1장의 〈그림 1-4〉에서 살펴본 것처럼, 중국의 인구는 2030년경에는 정점에 도달할 것으로 전망되고 있기 때문에, 향후 식료품 수요가 급증할 가능성도 낮으며, 장래 식료품 문제가 발생할 것이라는 생각하기 힘들다(제3장 참조). 둘째, 농업의 개혁이 성공했으므로 광공업 등 다른 산업 및 정부의 운영에서도 개혁을 추진하고자 하는 움직임으로 연결되었다.

7. 시장경제로의 전환

┃ 점진적이며 부분적인 시장경제로의 이행

광공업 등에서의 개혁에 대해서는 제3장부터 제8장까지 분야별로 상세하게 설명하고 있으므로, 아래에서는 중국에서의 개혁의 전체적인 특징에 대해서 논해보고자 한다.

1978년 집단농업의 해체가 시작된 것은 중국의 시장경제로의 이행을 향한 개혁이 시작되었는데, 그렇다면 개혁은 언제 끝났는가 하면 이 책을 집필하는 시점(2021년)에 이르러서도 아직 끝나지 않고 있다. 중국의 사회주의 계획경제로의 이행은 1953년에 시작되어 4년 후인 1957년에는 농업집단화와 국유기업을 중심으로 하는 계획경제 체제 만들기가 거의 완성되는 급진적인 것이었던 점에 비해, 시장경제로의 이행은 대단히 점진적이다.

중국이 시장경제로 이행하는데 있어서의 한 가지 특징은 그것이 부분적이라고 하는 점이다. 만약 '시장경제'가 순수한 자본주의경제를 의미하는 것이라고 한다면,

중국은 좀처럼 거기에 도달하지 않고 있으며 애초 순수한 자본주의경제를 지향하며 추진하고 있는 것도 아닌 듯하다.

중국의 시장경제를 향한 이행이 점진적이며 부분적이라는 것을 농업의 사례를 통해 설명해보도록 하겠다. 중국의 농업은 1950년대에 집단화가 실시되기 이전에는 농지를 스스로 소유하는 자작농이 자유롭게 경작했다. 앞의 항에서 논한 바와 같이, 1978년부터 1984년까지의 시기에 집단농업이 해체되었는데 이러한 이유로 중국의 농업은 집단화되기 이전의 자작농 중심의 상태로 되돌아가지는 않았다. 농지는 농민들의 소유물이 되지 않고 촌에 의한 '집단소유'로 간주되었으며, 각각의 농가에는 농지의 '청부권(請負權)'이라는 애매한 권리만이 부여되었다. 농가가 청부하고 있는 토지를 전대(轉貸)하여 지대를 수취하거나 청부권을 저당 잡히고 대출할 수 있는 점은 소유권에 가깝지만 토지를 팔 수 있는 권리는 없다.

그 때문에 가령 공업단지 또는 주택단지의 건설을 위해서 농지를 매수한다는 이야기가 나오면, 토지의 소유권을 보유한 촌이 매각을 결정해버리고 농가 자신은 매수 교섭의 테이블에 앉는 일도 없이 일방적으로 토지를 빼앗겨버리는 일도 많다. 매수된 토지는 지방정부가 보유한 국유지로 간주된 이후 개발업자 등에게 그 사용권이 매각된다. 농지가 주택단지 등에 전용되면 그 가치가 크게 상승하는데, 그 매각 이익은 지방정부, 개발업자 또는 촌이 그 대부분을 수취하며 농민에게는 매각 이익의 5~10% 정도의 보상밖에 제공되지 않는다(大島—二, 2008). 이처럼 '청부권'과 소유권 사이에는 큰 격차가 있다.

또한 앞에서 설명한 바와 같이 청부제 아래에서 농가는 일정량의 식량을 국가에 대해서 판매할 의무를 짊어지며, 매도하는 의무를 초과한 부분의 농산물은 더욱 높은 가격으로 자유시장 등에 파는 것이 가능해졌다. 국가의 식량 판매가도 점차 인상되었으며, 1990년대 후반에는 오히려 생산과잉이 된 식량의 가격 붕괴를 막기 위해서 정부가 매입하여 밑받침하는 형태가 되었는데, 농가의 식량 판매가 완전히 자유화된 것은 결국 2001~2004년이 되면서부터이다(池上彰英, 2012). 즉 청부제가 시작된 이후부터 농가가 청부지(請負地)에서 완전히 자유롭게 농업을 할 수 있게

<그림 2-4> 광공업 기업의 수입에서 차지하는 각종 기업의 비중

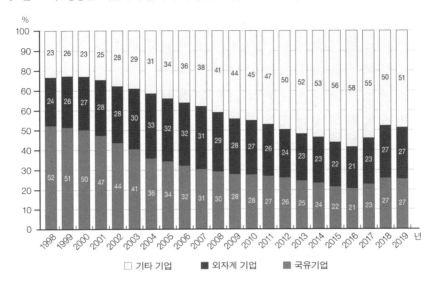

※ 설명: 2006년까지는 모든 국유기업과 수입 500만 위안 이상의 다른 기업, 2007~1010년은 수입 500만
위안 이상의 기업, 2011년부터는 수입 2000만 위안 이상의 기업만이 조사대상이 되었다. 또한 20
17년 이후에는 통계의 대상이 되는 기업을 매년 교체하고 있기 때문에 전년과의 대비가 어렵다고
『중국통계연감(中國統計年鑑)』에 주기(注記)되어 있다.
※ 자료: 國家統計局 編(2020).

될 때까지 20년의 시간이 소요되었던 것이다.

아울러 자본주의경제에서는 공공서비스를 제외하고 대부분의 산업에서 민간기업이
우세하지만, 중국은 아직 그러한 상태에 이르지 않고 있다. <그림 2-1>과 <그림 2-4>
에서 살펴볼 수 있는 바와 같이, 국유기업이 광공업 생산에서 차지하는 비중은 1970년
대 이후 계속해서 하락해왔다. 하지만 2016년에 밑바닥을 친 이후에 상승하고 있는
것처럼도 보인다. 게다가 중국 정부는 국유기업이 국민경제의 중추적 역할을 담당해야
한다고 간주하고 있다. 즉 중국은 경제개혁의 최종적인 착지점이 서구 및 일본과 같은
자본주의경제를 상정하고 있지 않으며, 오히려 국가의 관여가 강한 시장경제 쪽이
바람직하다고 보고 있는 것처럼 여겨진다(Bremmer, 2010).

계획경제 및 가격 등 경제 제도에서도 중국의 시장경제를 향한 이행은 대단히

시간이 소요되며 진행되고 있다. 중국은 제1차 5개년계획(1953~1957년) 이후 5개년계획에서 투자 프로젝트를 추진하는 계획경제를 취해왔다. 계획경제체제는 1990년대에 끝났지만, 5개년계획은 이후에도 줄곧 계속해서 작성되고 있으며, 2021년에는 제14차 5개년계획(2021~2025년)이 시작되었다.

다만 5개년계획의 내용 및 성격은 크게 변화했다. 제9차 5개년계획(1996~2000년)까지는 식량 및 철강 등 구체적인 제품의 생산량 목표가 5개년계획의 중심적인 내용이었다. 하지만 이후에는 생산량의 확대는 5개년계획의 주안점이 아니게 되었으며, 수치 목표는 대폭 감소되었고 목표를 말로 표현하는 일이 많아지게 되었다. 아직 남아 있는 수치 목표는 'GDP 1단위를 만들어내는 것에 필요한 에너지를 15% 삭감한다'라든지 '농촌의 빈곤 인구 5,575만 명을 빈곤으로부터 벗어나게 한다'라는 것 등 자원 및 환경에 관련된 지표 또는 국민의 복지에 관한 지표가 중심이 되고 있다. 제7차 5개년계획(1986~1990년)으로부터 GDP 성장률이 중요한 목표로서 내세워져 왔는데, 점차로 중요성이 내려가고 있으며 제14차 5개년계획에서는 결국 목표치가 없어지게 되었다.

또한 5개년계획의 중국어 명칭도 제11차 5개년계획(2006~2010년)부터 '계획'에서 '규획(規劃)'으로 변했다(이 장에서는 양자를 구별하지 않고 모두 '계획'이라고 부르기로 한다). 5개년계획을 작성하는 관청의 명칭도 국가계획위원회에서 '국가발전개혁위원회'로 바뀌었다. 하지만 5개년계획은 여전히 가장 중요한 경제정책의 기본문서이며, 국가발전개혁위원회는 대형 투자 프로젝트의 인허가권을 지니고 있는 유력한 관청이다.

▎ 15년이 걸린 가격의 자유화

1970년대 말의 단계에서는 대부분 제품의 가격은 정부가 결정했다. 물품의 유통도 정부 기관을 통해서 기업 및 소비자에게 배급이 이루어졌으며, 시장에서 자유롭게 유통하는 것은 제한되었다. 소비재의 배급은 배급표를 통해서 이루어졌다. 배급표는 직장을 통해서 시민에게 배급되는데, 예를 들어 식량이라면 1인 1개월 18㎏ 분량의 표(票)라는 형태로 배분된다. 식량을 구입할 때에는 돈과 함께 반드시 배급표

년도	강재정부매입비율	생산량 중에 정부 배분 비중					생산물			공업 소비재		
		강재	소다회	타이어	가성소다	자동차	정부결정가격	정부지도가격	시장가격	정부결정가격	정부지도가격	시장가격
1978							100	0		97	3	
1979			85	77	67							
1980			87	79	67	93						
1981		52	84	99	70							
1982		53	82	59	66	92						
1983	58	58	87	60	61	80						
1984	56	56	82	73	63	58						
1985	52	51	79	51	60	39						
1986	49	48	73	65	56	36	64	23	13	45	23	32
1987	44	43	68	52	45	37						
1988	41	40	61	36	39	34						
1989	38	34	54	31	34	22						
1990	33	31	51	24	34	20	45	19	36	30	17	53
1991	45	29	53	23	34		36	18	46	21	10	69
1992	35	21	46	15	32	15	19	8	74	6	1	93
1993	22						14	5	81	5	1	94
1994	7						15	5	80	7	2	90

※ 설명: 강재의 1998년 정부 배분량에서 원출처(『中國統計年鑑』)가 잘못 인쇄된 것으로 보이기 때문에 추정에 기초하여 수정했다.

※ 자료: 原田忠夫 編(1995), p.73; 國家統計局 編(1991, 1993); 國家計委價格管理司 編(1996); 中國汽車貿易指南編委會(1991); 冶金工業部發展規劃司(各年版); Ishihara(1993).

를 제출할 필요가 있었다. 도회 지역으로 이주노동을 하러 왔던 농민 및 외국인에게는 배급표가 제공되지 않았으므로 그들은 규칙상으로는 돈을 내더라도 식량을 구입할 수 없었다. 다만 야채 및 계란을 팔고 있는 자유시장의 일각에서 배급표의 암거래가 이루어졌기에 이주노동을 하러 온 농민은 그러한 장소에서 배급표를 수중에 넣고 식량을 구입했다.

　자전거 및 TV 등의 내구 소비재도 배급표가 없으면 구입할 수 없었다. 자전거 및 TV 등의 경우에는 직장에서 돌고 있는 배급표의 수가 제한되어 있었으며, 그것을 각 가정의 사정을 감안하여 배분하는 것이 직장의 상사가 담당하는 역할이었다.

이러한 가격 및 유통에 대한 정부의 통제는 1980년대 이후 서서히 철폐되고 시장에서 가격이 결정되는 비중이 높아졌으며, 물품의 생산량 중에서 정부가 기업 등에 배분하는 비중도 저하되었다(〈표 2-4〉 참조). 식량에 대해서는 정부에 의한 배분이 최후까지 남았지만, 1993년에 식량표[양표(糧票, liangpiao)_옮긴이]가 폐지되고 유통이 자유화되었다. 또한 생산재에서는 강재의 배분이 최후까지 남았지만 이것도 1994년에 폐지되었다. 즉 1994년을 경계로 하여 가격과 유통에 관해서는 거의 시장경제화가 완성되었다고 할 수 있다.

그런데 2020년 시점에서 중앙정부가 가격을 결정하는 것은 송배전 요금, 석유·천연가스의 파이프라인 이용 요금, 중앙기업이 운영하는 철도의 운임, 경쟁적 조건이 아닌 항공노선의 운임, 대형 수리시설의 용수 이용료, 우편요금, 은행의 수수료, 마취약 등 일부 약품의 가격으로 제한되어 있다[2020년의 '중앙정가목록(中央定價目錄)'에 의거함]. 식염의 가격은 일본보다 20년 늦은 2017년에 자유화되었다. 이처럼 지금에 이르러 정부가 결정하는 가격은 실제로 아주 적은 것이다.

1994년이 '가격 자유화(價格自由化)'가 거의 완성된 해라고 한다면, 개혁개방 정책의 개시로부터 여기까지 15년이나 걸린 것이다. 폴란드는 시장경제로 이행할 때에 1990년 1월에 가격을 단번에 자유화했으며, 러시아도 1992년 1월에 가격을 단번에 자유화했는데, 그러한 것과 비교해보았을 때에 중국의 가격 자유화가 얼마나 점진적이었는지를 알 수 있다. 개혁개방 시기가 곧바로 시장경제의 시대였다고 할 수는 없고, 적어도 그 초기의 15년 동안은 시장경제와 계획경제가 병립하는 시대였다.

8. 포괄적 접근법 vs. 부분적 개혁

▌ 비전을 갖고 있지 않은 개혁

중국이 시장경제로 이행하는 것에는 긴 시간이 소요되었는데, 사실은 여기에 중국의 시장경제화가 성공하게 된 열쇠가 있다. 중국과는 대조적으로 단번에 가격을 자유화하고 국유기업도 단번에 민영화되어 버렸던 러시아와 비교해보면 양자의 시장경제화로의 성과는 하늘과 땅과 같을 정도로 다르다. 중국은 〈그림 1-3〉에서 살펴본 바와 같이, 1979년부터 2011년까지 연평균 9.8%로 경제성장을 계속했으며, 2010년에는 일본을 제치고 세계 2위의 경제대국으로 약진했다. 한편 러시아는 1992년에 단번에 시장경제로 이행하고자 했지만 경제가 극심한 하락에 빠졌고 1998년의 GDP는 1989년에 비해서 40% 이상 감소하고 빈곤한 세대의 비중이 급상승했으며(武田友加, 2011), 생활고에 의해 평균수명도 1989년의 69세에서 1994년의 64세로 단기간 내에 5세나 짧아져 버렸다. 이후 2000년대에 러시아의 주요 수출품인 석유·천연가스의 가격이 급등했기 때문에 러시아의 GDP도 급격하게 확대되었으며 1인당 GDP도 1만 달러를 넘게 되었다(田畑伸一郞 編, 2008). 하지만 2018년 시점에서 러시아의 GDP는 중국의 8분의 1이 채 되지 않으며, 1인당 GDP에서도 중국이 가까운 장래에 러시아를 추월할 것으로 보인다.

폴란드 및 러시아에게 단번에 가격을 자유화하여 급속한 시장경제로의 이행을 조언했던 것은 미국의 경제학자 제프리 삭스(Jeffrey Sachs)와 국제통화기금이었는데, 그 성과는 참담한 것이었다. 삭스 등은 중국이 시장경제화가 성공했기 때문에 성장했던 것이 아니라, 애당초 중국이 후진적인 농업국이었던 것에서 공업화했기 때문에 성장했을 뿐이라고 주장한다(Sachs and Woo, 1994). 하지만 이 장에서 살펴본 바와 같이, 중국은 1950년대부터 1970년대에 걸쳐서 문자 그대로 살을 깎으며 공업화를 위한 노력을 해왔지만 빈곤한 상태 그대로였던 것이, 1980년대에 농업에 시장경제를 도입함으로써 식료품 공급의 제약을 제거하는 것이 성공하고 공업화도 궤도에 오르게 되었다. 역시 시장경제화는 중국의 성장을 가져온 가장 중요한 요소이다.

미국의 주류 경제학으로 무장하여 시장경제화에 임했던 러시아 및 폴란드와 달리, 중국의 경제개혁은 그 어떤 경제이론에 기초했던 것은 아니며 경험주의적으로 추진되었다. 하지만 전자는 참담한 결과로 끝났으며, 후자의 쪽이 성공했다는 사실은 무겁게 받아들일 필요가 있다.

중국에서의 개혁의 첫 번째 특징은 특히 개혁개방 시기의 전반은 장차 구축하려고 하는 경제체제에 대해서 명확한 비전을 갖지 않은 채 추진되었다는 점에 있다(Naughton, 2007: Ch.4). 더욱 정확하게는 개혁의 비전이 현실의 전개와 함께 차례로 변화해 갔다. 1982년의 중국공산당 당대회에서 정해진 개혁 목표는 '계획경제를 주(主)로 삼고 시장경제를 종(從)으로' 삼는 체제였다. 하지만 1984년에는 목표가 '계획적 상품경제'로 고쳐졌으며, 또 1987년에는 '국가가 시장을 조절하고 시장이 기업을 유도하는' 체제라는 식으로 차차 시장경제에 다가서게 되었다. 결과부터 본다면, 중국 정부는 처음부터 시장경제를 지향했던 것으로 볼 수 있지만, 개혁 과정에서 처음부터 시장경제 또는 자본주의를 지향한다는 명확한 비전을 갖고 있었던 인물은 정부 및 공산당 중에 있었던 것으로는 생각되지 않는다.

1992년에 '사회주의 시장경제'가 개혁의 목표로 정해짐으로써 비로소 중국의 개혁은 명확한 비전을 갖게 되었는데 그 시점에서 이미 93%의 공업 소비재의 가격이 자유화되었고(《표 2-4》 참조), 광공업 생산에서 차지하는 국유기업의 비중도 52%로까지 저하되었으며(《그림 2-1》 참조), 시장경제화는 이미 상당하게 진전되었다. 즉 개혁의 비전이 명확해지기 전에 현실이 시장경제의 방향으로 진전되었던 것이다.

처음부터 이상적인 '체제 모델'을 결정하는 것이 아니라, 개혁을 실천하면서 점차 목표로 삼는 체제를 명백히 한다는 중국에서의 개혁의 길은 큰 장점을 갖고 있다. 그것은 소련과 중국의 농업집단화 및 러시아의 시장경제화가 걸었던 길과는 대조적이다. 농업집단화는 무엇보다도 농민을 고통스럽게 만들기 위해서 실시되었던 것이 아니라, 집단화될 경우에 생산성이 비약적으로 높아진다는 전망에 바탕해 실시되었던 것이다. 하지만 현실에서는 농민의 저항에 부딪히고 비참한 굶주림마저 초래했기에 집단화를 추진했던 공산주의자들은 당초의 비전에 고집하고 일시적인 어려움을 극복한다면 반드시 성공에 이를 것임에 분명하다고 믿어버리고 실패를 실패로서 인정하지 않았다. 러시아의 급진적인 시장경제화도 문자 그대로 사람들의 목숨을 단축시킬 정도의 실패였음에도 불구하고, 그것을 추진했던 정치가 및 학자들도 실패라고 인정하지 않았다.

중국의 경제개혁에서는 '중요한 것은 비전을 실현하는 것이 아니라 성과를 올리는 것이다'라는 원칙이 근저에 있었다. 그 원칙을 계속해서 설파했던 것이 1978년 말 개혁개방이 시작될 때부터 1990년대 초까지 최고실력자였던 덩샤오핑이다. 그는 1992년의 담화에서 다음과 같이 논하고 있다. "(어떤 제도의 좋고 나쁨을 판단하는 것은) 사회에서의 생산력의 발전에 유리한지 여부, 종합국력을 증강시키는 것에 유리한지 여부, 인민의 생활수준을 향상시키는 것에 유리한지 여부를 놓고 판단하면 된다." 이 의견은 경제개혁에 의해 사회주의가 자본주의로 변질되어버리는 것이 아닌가 하는 비판에 대해서 논했던 것인데, 덩샤오핑의 입장은 결과가 좋다면 그 어떤 주의(主義)라고 하더라도 상관이 없다는 것이었다.

❚ 부분적인 개혁

중국에서 개혁의 두 번째 특징은 부분적으로 추진되었다는 점이다. 부분적인 개혁의 가장 현저한 표현은 하나의 재화에 대해서 여러 가격이 붙게 되었다는 점이다. 예를 들면, 농업의 경우에 농가는 일정량의 곡물을 국가에 계획가격으로 판매할 의무를 짊어지는데, 그것을 초월하여 생산한 부분은 시장가격으로 판매할 수 있다. 즉 곡물의 계획가격과 시장가격이라는 두 가지 가격이 생겨났으며, 후자는 전자보다 몇 배나 높았던 것이다. 국유기업의 경우에도 정부로부터의 지령에 기초해 생산하는 제품은 계획가격에 판매해야 했는데, 그것을 초월하여 생산된 제품은 시장가격으로 판매할 수 있으며, 역시 양자 간에는 커다란 차이가 있었다.

러시아와 동유럽에 대해서 단번에 가격을 자유화하라고 조언했던 경제학자들은 중국처럼 부분적인 개혁으로 이중가격이 생겨나는 상황에 격렬하게 반대했다 (Murphy, Schleifer and Vishny, 1992). 만약 이중가격이 존재한다면, 생산재를 생산하는 기업은 계획가격으로 판매하는 등은 하지 않고 제품을 가능한 한 시장가격으로 판매하고자 하게 될 것이다. 계획경제의 루트를 통해서 계획가격을 공급되는 생산재를 의지하고 있는 국유기업에는 생산재가 돌지 않게 되기에 생산을 할 수 없게 된다. 따라서 그들은 이중가격이 존재하게 되면 공업생산이 축소된다고 주장했다.

실제로 중국에서도 계획가격과 시장가격이 병존했던 1980년대에는 계획가격으로 배급된 물자가 시장에 전매되는 사건이 자주 일어났다(石原享一, 1991). 하지만 전매에 의해 생산량의 축소가 발생했는가 하면, 그렇지는 않았다. 재화를 많이 생산하면 시장가격으로 전매할 수 있다는 자극을 받은 기업 및 농민이 적극적으로 생산을 확대하고, 생산을 확대하기 위한 재료를 계획가격으로 입수할 수 있다면 수입하거나 시장가격으로 구입하여 어쨌든 입수하고자 했다.

1980년대에 생산량이 크게 늘어난 제품 중 하나가 컬러 TV이다. 당시에 컬러 TV의 생산량 및 가격은 정부가 계획경제로 엄격하게 통제했으며, 국민은 직장에서 배분되는 배급표를 입수하지 않으면 구입할 수 없었다. 그런데 그 배급표 및 TV 그 자체가 암시장에 전매되고 높은 시장가격으로 팔렸다. 높은 시장가격이 존재하기에 TV 제조사의 증산도 자극을 받아, TV 제조사는 증산을 위해 브라운관을 밀수까지 하며 입수하고자 했다(丸川知雄, 1999: 第1章). 즉 이중가격은 생산의 축소가 아니라 확대를 가져왔던 것이다.

부분적 개혁이 이루어지고 그 기회에 농민 또는 기업이 생산 확대라는 형태로 적극적으로 반응함으로써 중국의 개혁은 증분주의(增分主義, incrementalism)[2]라고 불리는 특징을 갖추게 되었다(林毅夫·蔡昉·李周, 1994; 中兼和津次, 2010). 즉 종래의 계획경제를 파괴하고 시장경제를 만드는 것이 아니라, 오히려 계획경제는 온존시키면서, 시장경제의 부분을 그것에 상승시켰다. 그 계획 바깥의 부분, 즉 시장경제가 크게 성장하고 결국에는 계획경제를 압도하게 되었다. 이처럼 현상 부분을 유지하면서 증가한 부분(증분)에서 개혁을 시행했기 때문에 '증분주의', 또는 배리 노턴 (Barry Naughton)의 표현을 빌리자면 '계획경제의 바깥에서의 성장'이라는 특징을 보이게 되었다(Naughton, 1995).

다만 '증분'은 농민 또는 기업이 부분적 개혁에 대해서 적극적 반응을 보였기

---

2 점증주의(漸增主義)라고 표기되기도 한다. _옮긴이 주

때문에 생겨난 결과이며, 부분적 개혁을 시작하는 시점에서는 어느 정도의 '증분'이 생겨날 것인지 여부는 미지수였다. 1982년의 개혁 목표였던 '계획경제가 주(主)이고 시장조절이 종(從)이다'가 보여주는 것처럼, 시장경제의 부분이 계획경제를 압도할 정도로 크게 성장할 것이라고는 예측하지 못했다. 예상 밖의 시장경제 부분 성장으로 개혁 목표를 현실에 맞추어 수정했던 것이다. 이처럼 '증분주의'는 이것을 전략이라고 부르기에는 다소 자의적인 부분이 있으며, 다른 국가가 모델로 삼기에는 한계가 있다. 2003년에 시작된 일본의 '구조개혁 특구(構造改革特區)'는 지역을 한정하여 규제를 완화하는 부분적 개혁을 실현하는 것인데, 특구에서 성장한 산업이 특구 이외의 산업을 압도한다는 전개는 이루어지지 않고 있으며, 증본주의라고는 말하기 어렵다. 오히려 애초 개혁의 비전에 구애받지 않고 현실이 바람직한 방향으로 향하고 있다면, 비전 자체를 수정하는 것을 꺼리지 않는 유연성 자체는 중국의 개혁에서 배워야 할 점이다.

▌ 포괄적 접근법의 문제

중국이 부분적인 개혁으로도 큰 성과를 올릴 수 있었던 것은 시장경제에 강한 생명력이 있기 때문이다. 러시아와 동유럽 국가들에 대해서 가격 자유화나 국유기업 민영화를 단숨에 자유화하도록 조언했던 제프리 삭스 등은 이를 이해하지 못했다. 시장경제라는 시스템은 단숨에 구축하지 못하면 균형이 무너져 실패할 것이기에 개혁에는 '포괄적 접근법'이 필요하다고 생각했다. 계획경제는 만성적인 물품 부족이 있어도 상품의 가격은 낮게 통제되고 생산자는 국유기업이기 때문에 생산 확대에 대해 적극적이지 않다. 만약 가격만 자유화하더라도 국유기업은 생산을 확대할 인센티브가 없기에 단순히 가격을 인상할 뿐이며, 격심한 인플레이션이 생긴다. 그래서 우선 긴축재정을 통해 수요를 억누르고 동시에 가격의 자유화와 국유기업의 민영화를 하지 않는다면 이 악순환으로부터 벗어날 수 없다고 그들은 주장했다(Lipton and Sachs, 1990). 이처럼 계획경제의 다양한 문제는 서로 결부되어 있으며, 그 모든 것을 변혁할 필요성을 인식해야 한다는 것이 '포괄적 접근법'이다.

삭스는 이후 아프리카의 빈곤문제에 대해서도 발언을 계속했는데, 거기에서도 '포괄적 접근법'으로 일관하고 있으며, 그 입장에 비판적인 윌리엄 이스털리(William Easterly)는 "그는 모든 것이 모든 다른 것에 의존하고 있다고 확신하고 있다"라고 표현한다(Easterly, 2005).

하지만 시장경제 시스템은 원래 공동체와 공동체 간에 생겨나 봉건제 등 이질적인 경제 시스템과 공존해왔다(岩田弘, 1964). 계획경제조차 계획 바깥의 시장거래에 의해 밑받침되어 왔다는 것은 이 장의 제5절에서 논한 바와 같다. 시장경제의 그러한 강한 생명력은 러시아 혁명을 지도했던 블라디미르 레닌도 인식했다. 그는 "소규모 생산이 자본주의와 부르주아를 끊임없이 매일, 매시간, 자연발생적으로 대규모로 만들어내고 있다"라고 경고하며(Lenin, 1959), 가령 제2차·제3차 산업이라고 하더라도 그 발전을 방치하게 되면 자본주의로 되돌아가 버린다고 경고했다. 지향하는 체제는 정반대라고 하더라도 급진적 시장화를 조언했던 삭스 등도 경제체제의 '불순물'을 허용하지 않는다는 점에서 사실은 레닌과 공통되고 있다.

이러한 경제관을 철학자 칼 포퍼(Karl Popper)는 "전체론적 또는 유토피아적 사회기술"이라고 부르며 비판했으며, 그가 제창하는 '점차적 사회기술'과 대비했다(Popper, 1957). 포퍼는 사회주의를 전체론적 사회기술이라고 불렀는데, 역설적이게도 러시아와 동유럽은 탈 사회주의를 지향할 때에 다시 전체론적 사회기술에 몸을 맡겼다. 만약 그들이 레닌처럼 시장경제의 강한 생명력을 인식했다면 우선은 '소규모 생산'을 공인하고 장려하는 부분적 개혁을 채택했을 것이다. 그리고 직면하고 있던 문제인 만성적인 소비재의 부족을 극복하기 위해 전력을 다해야 했다.

9. 부분적 개혁의 한계와 제도의 구축

중국에서의 부분적 개혁은 식료품 및 소비재의 부족이라는 1970년대 말에 사람들이 직면했던 당면하고 있는 과제를 극복하는 데에 큰 효과를 올렸으며, 이후

1990년대 전반에 이르기까지의 동안에 상품의 가격과 유통의 자유화기 진전되었다 (〈표 2-4〉 참조). 하지만 이러한 '증분주의'의 개혁을 축적해 나아가는 것만으로는 현대적인 시장경제체제를 구축하는 것은 불가능하다. 자본주의의 긴 발전의 역사를 거쳐 현대의 자본주의에서는 단순히 물품뿐만 아니라 토지, 노동력, 자금, 저작권 및 기술 등의 지적재산권, 기업의 주식 등 다양한 권리까지도 시장에서 거래되어지고 있다. 시장을 통해서 단순히 물품을 배분하는 것뿐만 아니라 생산요소(제1장 참조)를 효율적으로 배분하고자 한다면 토지, 노동력, 자금 및 다양한 권리를 거래하는 시장을 정비해야 한다.

그러나 이러한 것을 거래하는 전제로서 재산권을 확정하는 작업이 필요하다. 예를 들면 토지를 매매하기 위해서는 우선 토지의 소유자가 누구인가를 확정해야 하며, 기술의 사용권을 거래하기 위해서는 우선 특허의 제도를 도입하여 기술의 보유자가 누구인가를 확정하지 않으면 안 된다. 중국은 경제개혁을 개시했던 1979년에 외국 기업에 대해서 중국 기업과의 합판(合辦)을 설립한다는 형태로 진출하는 것으로 개혁의 문을 열었으며, 또한 선전(深圳) 등 4개 도시에 경제특구를 설립했다. 외국 기업이 안심하고 진출할 수 있도록 하기 위해 토지 및 기술의 거래에 관한 제도를 정비했다. 예를 들면, 1987년에는 선전에서 토지사용권의 매매가 가능해졌으며 또한 1984년에는 특허법이 제정되어 외국 기업도 중국에서 특허를 취득하면 제도상으로는 중국 기업이 기술을 무단으로 이용하는 것을 규제할 수 있게 되었다 (小島麗逸 編, 1988: 第1章, 第9章).

그러나 개혁은 그러한 부분적인 법제도의 정비로는 부족하며, 현대적인 시장경제 제도를 체계적으로 정비할 필요가 있었다. 1992년에 중국공산당이 '사회주의 시장경제'를 개혁의 목표로 정했던 것은, 그때까지의 부분적 개혁의 길로부터 전면적인 시장경제화를 지향하는 것을 선언하는 의미가 있었다. 그 이듬해 1993년에 중국공산당은 '사회주의 시장경제체제 확립에 대한 약간의 문제에 관한 결정'을 공표하고 그중에서 50개 항목에 걸친 개혁의 과제를 열거하며 시장경제체제의 상세한 비전을 처음으로 묘사했다. 그것은 단적으로 서구 및 일본 등의 자본주의국가에 존재하는 제도와 동일한 것을 구축해 나아간다는 것이었다.

예를 들면, 국유기업을 포함하는 기업에 고용과 해고의 자유를 부여해 나아가는 한편, 노동자의 권익을 보호하기 위해서 1994년에 노동법이 제정되었다. 또한 실업자를 위한 사회적 안전망 등 계획경제가 지배적인 사회에서는 필요가 없었던 시장경제의 폐해에 대처하기 위한 제도도 구축해야 했다. 노동자의 퇴직 이후 연금 및 의료는 종래에는 기업이 제공해왔지만, 그것만으로는 기업의 경영이 악화되었을 때에 노동자가 노후의 보장 및 의료까지 상실하게 될 리스크가 드러나므로 사회보장제도를 만들 필요도 있었다.

또한 기업제도에 관해서는 일본의 회사법을 참고로 하여 주식회사 및 유한회사의 제도를 만드는 것과 함께, 이미 실험적으로 개설되었던 증권거래소를 정비하여 주식의 본격적인 유통을 실현시켰다. 금융에서는 종래의 국유은행을 상업은행과 정책은행으로 나누고 금융시장을 정비하는 것과 함께, 환율시장도 개설되었다. 국가재정도 계획경제 시대처럼 국유기업으로부터 상납되는 이윤에 의존하는 구조를 고치고, 공평하게 과세하는 시스템을 만들 필요가 있다. 이와 같이, 현대적인 시장경제를 형성하기 위해서는 정부가 다양한 제도를 구축할 필요가 있다. 1993년은 그러한 시장경제의 제도를 구축하는 기점이 되었던 해이다. 그 내용에 대해서는 다음 장 이하에서 더욱 자세하게 살펴보도록 하겠다.

제3장 노동시장과 농촌경제

둥관시(東莞市)의 직업소개소에서
노동자의 모집광고를 보고 있는 이주노동자들의 모습

제1장에서 논한 바와 같이, 개혁개방 시기의 중국경제는 매년 평균으로 9% 이상의 급성장을 계속해왔는데 그중에서도 제2차 산업의 공헌이 컸다. 개혁개방 시기 중국의 경제적 성공은 공업화의 성공이 가져온 것이었다. 하지만 오히려 계획경제 시기 쪽이 국민생활을 희생시키는 것에 아랑곳하지 않고 공업화를 추진해왔다. 장기간의 희생으로 국민이 피폐해졌기 때문에 공업화의 페이스를 떨어뜨리고 노동자 및 농민의 수입을 증가시킨다는 부분으로부터 개혁개방 정책이 시작되었던 것이다(제4장 참조). 계획경제 시기부터 계속되어져 왔던 공업화 노력이 개혁개방 시기가 되어 크게 결실을 맺게 되었던 것은 왜일까? 그것은 이 책의 제2장 제6절에서 논한 바와 같이, 그때까지 중국의 공업화 앞길을 가로막고 서있었던 식료품 공급의 제약이 농업의 성장으로 완화됐기 때문이다.

개혁개방 시기에 농촌은 도시에 식료품만을 공급하는 것이 아니었다. 공업 및 서비스업에서 일하는 노동력도 공급했다. 계획경제 시기에 중국 노동시장은 도시와 농촌 사이가 인위적으로 분단되었는데, 1978년 개혁개방의 개시로부터 40년에 걸쳐서 서서히 융합이 진전되었다. 도시·농촌을 격리시키고 있던 벽을 넘어서 농촌의 노동력이 제2차·제3차 산업에 서서히 흡수되어, 2018년 시점에서는 제2차·제3차 산업에서 일하는 사람들의 약 절반인 2억 8,836만 명이 농촌 출신이었다. 농촌에 고여 있던 방대한 노동력이라는 에너지가 서서히 '방수(放水)'되며 경제성장의 '발전 터빈'을 40년 동안에 걸쳐 고속으로 계속해서 회전시켰던 것이다.

그러나 도시와 농촌이라는 이중경제를 서서히 융합시킴으로써 성장의 에너지를 이끌어내는 방식은 이 책을 집필하는 현재의 시점(2021년)에 거의 한계를 맞이한 것으로 보인다. 이중경제가 완전히 해소되었다고는 말하기 어렵지만, 융합의 최종 단계에 도달하고 있는 것으로 보이기 때문이다.

이 장에서는 개혁개방 시기에 전개했던 이중경제의 형성과 융합이라는 장대한 드라마의 과정을 추적한다. 3억 명에 가까운 사람들이 농업과 농촌으로부터 제2차·제3차 산업으로 이동한다는 역동적인 변화 속에서 도시 지역의 노동자들도 크게 동요되었으며 농업도 또한 크게 변화했다. 이 장은 농업의 생산성을 높이면서 많은 노동력을 내보내는 것을 가능케 했던 농업의 변화, 농촌으로부터의 노동력이 몰려들게 됨으로써 국유기업으로부터의 인원 삭감과 실업문제가 현저해졌던 경위, 그리고 인구의 추세로부터 바라본 향후 노동공급의 전망에 대해서 분석한다.

1. 루이스 모델과 중국

개혁개방 시기의 중국경제를 분석에서 아서 루이스(Arthur Lewis)가 1954년의 논문에서 전개한 '무제한 노동공급 이론'은 대단히 시사적이다(Lewis, 1954). 우선 이 이론을 간략하게 소개해보도록 하겠다.

루이스는 개발도상국(이하 '개도국'으로 약칭)의 경제를 전통적인 농업의 세계와 근대적인 자본주의 세계라는 두 가지 세계로 구성되어 있다고 본다. 전자(농업 섹터)에는 필요 이상의 노동력이 넘쳐나고 생산성이 낮지만 달리 일자리가 없기 때문에 어쨌든 사람들은 논밭으로부터의 생산물을 평등하게 서로 나누어 가지며 살아간다. 후자(자본주의 섹터)는 기업이 이윤을 최대한 얻을 수 있는 것 이상으로 노동자를 고용하지 못한다. 만약 자본주의 섹터의 임금이 농업 섹터에서 사람들이 얻을 수 있는 수입보다 다소 많다면 농업 섹터의 사람들은 기쁘게 자본주의 섹터로 이동하여 일하게 될 것이다. 이리하여 자본주의 섹터는 농업 섹터로부터 저임금의 노동력을 고용하고 이익이 올라가면 재투자를 하여 더욱 많은 노동자를 고용하는 형태로 농촌에서 제한 없이 노동력을 이끌어내며 성장을 계속할 수 있다.

즉 농업 섹터와 자본주의 섹터의 이중구조를 갖고 있는 개도국은 자본주의 섹터가 농업 섹터에 모여 있는 잉여 노동력을 흡사 댐에 고인 물처럼 이용할 수 있는, 경제성장에 매우 유리한 조건을 갖추고 있는 것이다.

그러나 현실에서는 루이스가 묘사한 것처럼 성장할 수 있는 개도국뿐만 아니라, 그중에는 성장이 정체된 국가도 있다. 그 이유를 루이스 모델에 입각하여 고려해보면, 우선 농업 섹터에서의 노동력의 식자율이 낮은 것 등의 이유로 자본주의 섹터에서의 노동에 적합하지 않은 경우가 있다. 이 경우 자본주의 섹터에서 일하는 능력을 갖고 있는 노동력이 농업 섹터로부터 무제한으로는 공급되지 않으므로 자본주의 섹터는 필요한 노동력을 얻기 위해 임금을 인상하지 않을 수 없다. 그렇게 되면, 자본주의 섹터의 기업의 이윤율이 저하되고 기업의 확대가 정지되어 버린다. 또는 사람들이 자본주의 섹터에서의 고용 기회에 끌려서 농업 섹터로부터 도시로 과잉하게 이동해서 일자리를 얻지 못한 사람들 다수가 도시에 체류하는 사례도 있다(Todaro, 1969).

또한 루이스가 묘사했던 시나리오에 따라서 농업 섹터에서 남아돌고 있는 노동력이 자본주의 섹터에 흡수될 경우에 최초에는 자본주의 섹터로 이동한 노동력의 식료품을 농업 섹터로부터 공급할 수 있지만, 농업 종사자가 줄어들기 시작하면 결국 식료품 생산도 감소하게 될 것이다. 이 책의 제2장에서 살펴본 바와 같이, 계획경제 시기의 중국은 이러한 식료품 공급의 제약에 종종 직면했는데, 이것은 어떤 개도국도 직면할 수 있는 문제이다. 미국 및 호주처럼 광대한 토지가 있는 국가라면, 농업의 종사자가 줄어들더라도 경지를 넓히고 식료품 공급을 감소시키지 않는 방책도 있겠지만, 중국 또는 일본처럼 인구밀도가 높은 국가에서는 그렇게 할 수 없다. 이 문제에 직면했던 19세기의 영국이 취했던 방책은 공업제품(면직물)을 수출하고 대륙 유럽으로부터 곡물을 수입하는 것이었다. 제1차 세계대전 이후의 일본도 농산물 가격의 급격한 인상에 직면했지만, 식민지였던 조선과 타이완에서 저렴한 쌀을 수입했다(南亮進, 1970). 그리고 제2차 세계대전 이후의 일본, 그리고 이후의 한국 및 타이완은 공업제품을 수출하는 대신에 식료품을 수입함으로써 식료품 공급의 제약을 극복했다.

그러나 개혁개방 정책이 시작되는 시점에서 약 10억 명이었던 인구가 2019년 말에는 14억 명을 넘는 인구를 보유하게 된 중국이 동일한 방법으로 식료품 공급의 제약을 극복하는 것은 불가능하다. 중국이 대량의 식료품을 수입하는 사태가 된다면, 중국 자신의 식료품 공급 리스크가 커지게 될 뿐만 아니라 세계 식량가격의 상승을 통해서 중국보다 가난한 국가들의 생존을 위협하게 된다.

2.개혁개방 시기 초반(1978~1998년)의 농업정책

그래서 중국의 농업정책에서는 일관되게 국민이 필요한 곡물 자급을 중시해왔다. 개혁개방 정책이 시작된 1979년에 즉시 시행된 것은 정부에 의한 식량 판매가를 대폭 인상하는 것이었다. 농촌(생산대)에는 식량의 판매 임무가 계획경제 시기부터 부여되었는데, 이에 대해서는 판매가를 20% 인상하고 임무를 초과한 부분에 대해서는 50% 할증된 가격으로 사들이도록 했다. 또한 임무 이상으로 생산한 식량을 정부의 파출기관에 팔지 않고 자유시장에서 판매하는 것도 가능해졌다(宝劍久俊, 2017: 第1章).

이러한 정책에 의해 식량 생산은 급증하였고 국내의 식량 수요를 충분히 충당할 수 있을 뿐만 아니라, 상당한 잉여가 생겨났다. 한편으로 식량 판매는 계획경제 시기와 마찬가지로 도시 주민들에게는 식량표(양표)가 배급되었고 사람들은 식량표를 내면 곡물을 저렴하게 구입할 수 있었다. 그 때문에 농민들로부터의 판매가는 상승했음에도 도시 주민들에 대한 판매가격은 낮은 상태를 유지하는 '역마진'의 상황이 되었기에, 식량배급을 담당하는 국유기업은 적자에 빠졌고 그 적자 액수를 정부재정으로부터 보전해야 했다.

그래서 1985년에 정부는 식량판매량을 대폭 삭감하고 판매가도 실질적으로 인하함으로써 식량생산의 과잉과 재정으로 하는 적자 보전을 줄이고자 했다. 농민들에게는 정부로부터 하달되는 곡물의 판매 임무가 삭감되었지만, 그만큼 자유롭게 경작하여 판매할 여지가 높아졌기 때문에 1980년대 후반에는 야채 및 과일의 생산이 크게 늘어났다.

또한 1991년부터는 식량의 유통도 자유화되었으며 정부는 식량비축 제도를 만들고 곡물의 생산이 과잉하게 되면 정부가 사들여서 비축하고 생산이 부족할 때에는 비축한 곡물을 방출함으로써 곡물의 수급을 간접적으로 통제하는 메커니즘을 도입하고자 했다. 도시 주민들에 대한 식량 배급표의 배포도 1993년에 폐지되었다.

그러나 식량 유통의 완전한 자유화는 시기상조였던 듯하며, 1993년부터 1995년까지에 걸쳐 곡물가격의 급등이 일어났다. 그래서 정부는 1994년에 농민에 대한 식량의 판매 임무를 부활시키고 식량 공급의 확보를 도모했다. 이것이 효과를 거둬서 1996년에는 식량 생산이 대폭 증가했는데, 이번에는 공급 과잉이 되어버려 정부가 과잉이 된 분량을 사들여서 식량비축을 늘리지 않을 수 없게 되었다.

위의 내용을 정리해보면, 1978년의 단계에서는 중국은 빠르게 증가하는 인구가 필요로 하는 식료품을 국내에서는 충분하게 공급할 수 없는 '식량문제'에 직면했는데, ①식량 판매가의 대폭 인상, ②집단농업의 해체와 청부제의 도입, ③농가가 자유롭게 생산하여 판매할 수 있는 부분을 확대함으로써 증산을 자극하는 것 등 3가지 수단을 통해서 1990년대 후반까지는 식량문제를 해결했다(池上彰英, 2009).

3. 농촌의 취업 확대와 향진기업의 성장

앞 절에서 살펴본 농업정책의 변천에서 농촌에서의 노동력 공급이 어떻게 변화했는지를 〈그림 3-1〉을 통해 살펴본다. 우선 주목하고자 하는 것은 제1차 산업의 취업자가 1978년의 3.3억 명 미만에서 1991년의 3.9억 명으로 20% 증가했다는 점이다. 개혁개방 시기의 당초에 농촌에 많은 잉여 노동력이 존재했다고 보는 논자가 많다(渡辺利夫, 1991; 加藤弘之, 1997). 하지만 개혁개방 시기 초기의 13년 동안에 제1차 산업의 취업자가 이와 같을 정도로 증가했다는 사실은 중국의 농업이 아직 노동력을 흡수하

〈그림 3-1〉 농촌의 인구와 취업구조

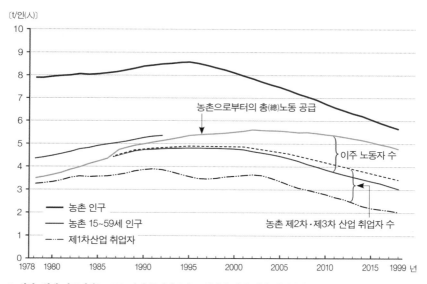

[t/인(人)]

※ 설명: 원래 자료에서는 1990년에 통계기준이 고쳐지게 됨에 따라 취업자의 총수가 1년에 9,420만 명이
　　증가했다. 그렇게 되면 연속성이 없으므로 1978~1989년은 추계에 의해 자료를 수정했다.
※ 자료: 國家統計局 編(各年版); 國家統計局, '農民工監測調査報告'(各年版); 저자의 추계.

여 성장할 가능성이 있었다는 것을 보여주고 있다. 이 기간에 농작물을 심은 면적은
조금 늘어났을 뿐이기에 농업의 노동집약도가 높아지는 방향으로 발전했다는 것을
알 수 있다. 이 기간에 제1차 산업의 노동생산성은 1.6배 이상 높아졌다. 즉 농촌의
사람들은 달리 취업할 자리가 없었기에 어쩔 수 없이 농업에 종사하고 있는 것이
아니라, 농업에 대한 노동 투입량을 늘리면 착실하게 증산할 수 있기 때문에 스스로
농업에 종사했던 것이다. 그러한 의욕을 제공했던 것이 전술한 식량 판매가의 인상
및 자유화 확대 등의 정책이었다.

　　또한 〈그림 3-1〉로부터 제1차 산업에의 취업 확대를 가능케 한 인구학적인 요인
을 파악할 수 있다. 우선 농촌의 총인구가 1995년까지 완만하게 확대되고 있다.
그중에서도 '생산연령 인구'라고 일컬어지는 15~59세의 인구가 1978년부터 1991
년까지 동안에 1억 명이나 증가했다. 또한 일반적으로 생산연령 인구는 15~64세로

로 간주되는 일이 많은데, 1980년대의 중국은 평균수명이 68세 정도였으므로 59세까지로 삼았다. 총인구에서 차지하는 생산연령 인구의 비중이 높아져가는 상황을 '인구 보너스'라고 일컫는데, 이 시기의 농촌은 실로 인구 보너스의 혜택을 받았던 것이 된다.

게다가 생산연령 인구와 실제로 노동한 인구수(제1차 산업 취업자 + 농촌 제2차·제3차 산업 취업자 + 이주노동자 중에 도시로 갔던 수의 추계치. 〈그림 3-1〉에서의 '농촌으로부터의 총노동 공급'에 해당)을 비교해보면, 1978년에는 81%였던 것이 1991년에는 95%로나 상승했다. 이것은 생산연령 인구 중에서 노동한 사람의 비중(이것을 '노동력 비율(勞動力比率)' 이라고 부름)의 상승, 그리고 60세 이상 사람들의 노동 확대가 있었다는 것을 보여준다. 즉 개혁개방 정책의 아래에서 농촌 사람들의 근로 의욕이 높아졌다는 것을 엿볼 수 있다.

또 한 가지 주목해야 할 현상은 농촌 중에서 제2차 산업, 제3차 산업에 종사하는 사람의 수가 급속하게 확대된 점이다. 1978년부터 1991년까지는 2,675만 명에서 8,928만 명으로 급거 확대되었다. 식량 생산의 확대에 성공하여 1990년대 초에 식량 유통의 자유화가 추진되자, 제1차 산업 종사자는 감소로 전환되는데, 그렇게 넘쳐났던 노동력의 대부분은 농촌의 제2차·제3차 산업에 흡수되었으며, 1996년에는 취업자가 1억 4,208만 명으로까지 확대되었다. 이것은 농촌의 향, 진, 촌 등의 말단 행정조직 또는 개인이 경영하는 향진기업의 성장이 가져온 것이다. 한편 농촌으로부터 도시로의 이주노동도 1980년대부터 시작되었는데, 통계로 그 수가 파악되는 것은 1987년부터이며 1996년 시점에서도 아직 6,000만 명 정도였다.

루이스 모델에서는 농업 섹터로부터 이동한 노동력을 흡수하여 성장하는 자본주의 섹터는 도시에 있는 것으로 이미지화되고 있는데, 이 시기의 중국에서는 농촌의 향진기업이 자본주의 섹터의 역할을 수행했던 것이다(栗林純夫, 1991; 加藤弘之, 1997).

1996년 시점에서 농촌 향진기업의 고용 규모는 중국의 제2차·제3차 산업의 취업자 전체 중에 40%에나 달하게 되었다. 농촌의 '자본주의 섹터'가 이와 같을 정도의 규모에 도달하자 도시의 경제에도 큰 영향을 미치게 된다. 다음 절(節)에서는 그 영향을 받은 쪽인 도시의 경제에 대해서 다시 계획경제 시기를 소급하여 규명해 보고자 한다.

4. 계획경제 시기의 도시 노동시장

▌직업을 선택할 수 있는 자유의 박탈

중화인민공화국이 성립된 시점에서 도시의 자본주의 섹터는 대단히 작았다. 1949년의 가내공업을 제외한 공업의 취업자 수는 전체 취업인구의 1.6%에 해당하는 306만 명에 불과했다. 당시의 비(非)식자율은 80% 이상이었던 것으로 여겨지며 (園田茂人·新保敦子, 2010), 근대적인 공업에 종사할 능력을 지닌 인재가 결정적으로 부족했다. 이러한 가운데 1953년부터 제1차 5개년계획이 시작되어 공업화가 추진되었기 때문에, 국유기업에 의한 노동수요가 확대되어 민간기업과 노동자를 서로 빼앗는 구도가 되었으며 임금이 급상승했다(丸川知雄, 2002: 第1章).

그래서 정부는 국유기업이 필요로 하는 인재를 확보할 수 있도록 노동시장에 대한 통제를 강화했다. 1953년부터 대학, 중등전업학교(中等專業學校, 중학교 수료자에게 3~5년, 고등학교 수료자에게 2~3년의 연한으로 기술교육을 실시하는 학교), 기공학교(技工學校, 중학교 수료자에게 3~5년 동안 광공업의 기술에 관한 직업교육을 하는 학교) 졸업생의 취직자리를 정부가 결정하게 되었다. 이 조치에 의해 고등교육 및 직업교육을 받은 사람들을 국유기업이 우선적으로 고용했다. 또한 1955년까지 일반 노동자들의 채용 활동도 모두 정부가 관리하게 되었다.

공업화에 의해 도시의 경제성장이 시작되자, 고용 기회를 기대하며 농촌에서 도시로 인구가 이동해오는 것은 개도국에서의 일반적인 상황이다. 1950년대 중국에서도 도시로의 인구 유입이 일어났는데, 슬럼화를 우려했던 정부는 어쨌든 농촌으로부터의 유입의 물결을 막고자 유입된 사람들에 대한 설득 및 송환에 노력했다.

그리고 농촌에서 도시로의 인구 유입에 대한 결정적 억제책으로서 1958년에 시행된 것이 호적제도에 의한 이주 제한이다.

호적제도의 도입으로 중국의 국민은 '농업 호적'을 지닌 사람과 '비(非)농업 호적'을 지닌 사람으로 나뉘었다. 농업 호적을 지닌 사람은 출신지 마을에서 농업에 종사했다. 집단농업이 실시된 계획경제 시기에는 농업 호적을 지니고 태어난 사람은 자동으로 인민공사의 '사원'이 되었다. 한편 비농업 호적(이른바 '도시 호적')을 지닌 사람은 계획경제 시기에는 식료품의 배급을 받을 수 있었으며, 일자리 및 주택도 할당되었다.

이처럼 중국의 호적제도는 일본의 그것과는 달리, 호적에 사회적 신분 및 경제적 지위까지 붙어 있으며, 일반적으로는 비농업 호적을 가진 사람이 신분이 높은 것으로 간주되었다. 계획경제 시기에는 식료품은 배급표가 없으면 구입할 수 없고 민간 임대 아파트도 없었기 때문에, 농촌의 사람들이 도시로 이주하더라도 거주할 장소도 없었고 또한 먹을 것도 없었다. 농업 호적을 가진 사람은 도시의 기업이 주택과 식료품을 마련해줄 경우에만 도시에서 노동을 하며 생활할 수 있었던 것이다.

호적제도의 도입으로 농촌에서 도시로의 과잉한 인구 유입은 억제되었으며, 공업화에 필요한 수만큼의 노동력을 농촌으로부터 이끌어낼 수 있었다. 도시에서는 이미 사람들의 취업도 정부 통제 아래에 놓여 있었으며, 중국의 국민은 직업 선택의 자유 및 주소를 선택할 자유를 상실했다. 이제 정부는 국유 부문이 필요로 하는 인재를 자의적으로 고용할 수 있으므로 임금을 올릴 필요도 없어지게 되었다. 1957년까지는 급상승했던 도시 지역의 임금은 1958년부터 1977년까지 오히려 약간 하락했던 것(제2장 〈그림 2-2〉 참조)은 이러한 사정을 반영하고 있다.

▎ 노동력의 비효율적 이용

이리하여 사람들은 직업 선택의 자유는 잃어버렸지만, 그 대신 취업 자리는 모두 정부가 알선했기 때문에 실업이 없어지게 되었다. 실제로 1958년에는 정부가 실업자가 없어졌다고 선언했다. 그것은 언뜻 보면 사회적 효율이 좋은 것처럼 생각할

<그림 3-2> 산업별 취업자의 비율

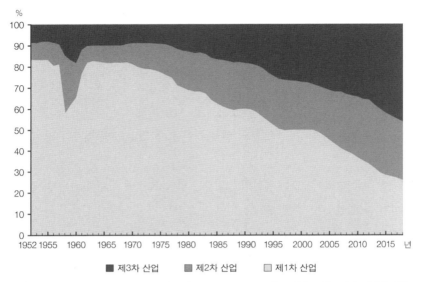

※ 자료: 國家統計局人口和就業統計司 外 編(1996), p.11; 國家統計局 編(各年版)을 토대로 하여 저자가 작성.

지도 모르지만, 정부에 의한 노동력의 비효율적인 배분에 대한 억제력이 없어져서 도리어 노동력이 현저하게 비효율적으로 배분되는 결과를 낳았다. 시장경제 아래에서는 노동자를 고용하더라도 단지 빈둥거리며 시간을 보내는 기업, 또는 거꾸로 장시간 혹사하더라도 오히려 생산 효율이 나빠지는 것과 같은 기업이 있다면, 그러한 기업은 결국 경영 상황이 악화되어 도태된다. 그런데 사람들이 국가로부터 제공받은 일을 받아들이는 것 이외에 살아갈 방도가 없는 사회에서는 국가가 비효율적으로 노동력을 배분하는 것을 방지할 기능은 존재하지 않는다.

그러한 문제가 나타났던 것이 이 책의 제2장에서 소개한 '대약진'이다. 농업에서의 비약적인 증산이 있었다는 오보를 믿은 정부에 의해 농촌으로부터 많은 노동력이 광공업 및 운수 등의 일자리에 투입되었다. 제1차 산업에 종사하는 사람의 수는 1957년의 1억 9,309만 명에서 1958년에는 1억 5,490만 명으로 격감했으며, 제2차·제3차 산업의 취업 수는 4,462만 명에서 1억 1,110만 명으로 단번에 늘어났다.

이것이 비참한 굶주림을 초래하게 됨으로써 중국의 위정자들은 '리카도의 덫(제2장 제6절 참조)'의 존재에 주목하게 되었다. '대약진'이 종식되자, 도시의 공업에 고용되었던 사람들은 농촌으로 송환되었고, 1962년에는 제1차 산업에 종사하는 사람의 비중은 82%로, 완전히 '대약진' 이전의 수준으로 되돌아갔다(〈그림 3-2〉 참조). 이후 1970년대 전반까지 중국은 공업화에 큰 노력을 기울이면서도 취업에서의 공업화(즉 제2차 산업에 종사하는 비중의 상승)는 그다지 진전되지 않는 기묘한 상황이 계속되었으며, 1975년 시점에서도 제1차 산업에 종사하는 비중은 77%로 여전히 높았다.

그러나 노동력의 비효율적인 배분은 '대약진'으로 끝났던 것이 아니었다. 이 책의 제2장에서 소개했던 '삼선 건설'도 대규모의 사람들이 성과가 빈약한 사업에 종사했던 한 가지 사례이다. 내륙 지역에 중공업과 군사공업을 일으키기 위해서 연해 지역에 있는 국유기업의 기술자 및 숙련노동자가 수백만 명이나 내륙 지역으로 보내졌다. 그런데 도로 및 주택이 정비되어 있지 않았던 내륙 지역의 공업이 실제로 생산 능력을 발휘하기까지는 긴 시간이 소요되었으며, 생산이 시작된 경우에도 열악한 입지조건에 의해 연해 지역의 공업보다도 생산 효율이 나빴다.

만약 당시 노동자들에게 직업 선택의 자유가 있었다면, 연해 지역에 취업한 사람들을 내륙 지역으로 보내기 위해서 상당히 높은 임금을 제시하지 않으면 안 되었을 것이다. 실제로 삼선(三線)의 기업에서 일하는 종업원에 대한 식료품의 배급은 연해 지역보다도 우대되었는데(丸川知雄, 2021), 삼선에서 일했던 사람들은 그러한 경제적 동기에 의해 제약을 받았다기보다는 정치적으로 동원되어 그곳에 갔던 것이다.

▌ 호도되었던 실업

계획경제체제 아래에서 실업이 없어지게 됐다는 것도 거짓말이었다. 사실은 1960년대 전반부터 도시 지역의 청년들이 심각한 취직난을 겪었으며 정부는 청년들을 농촌에 보내서 일하게 함으로써 실업문제를 호도했던 것이다. 그 배경에는 중공업 우선 공업화 정책이 있었다. 본래라면 다수의 노동력을 흡수했을 것으로 여겨지는 중공업 및 서비스업의 성장이 억제되었기 때문에 '대약진' 등의 이상한 시기를 제외하면 도시 지역에서의 취업의 증가는 완만했다. 게다가 국유기업 등에서는 일단 취직하면 종신 고용이 보장되는 '고정공(固定工)'의 제도가 실시되었다. 그 때문에 도시 지역의 인구 증대에 비해서 일자리가 늘어나지 않는 것의 영향이 신규 졸업생(학교 졸업자) 청년들에게 악영향을 미쳤다.

일찍이 1955년부터 도시 지역의 소학교·중학교를 졸업했지만 취직이나 진학을 하지 못한 사람들이 농촌에 보내지기 시작했다(何光 編, 1990). '대약진'에 의해 도시의 노동수요가 급증했기 때문에 농촌에 보내는 사업은 일단 중단되었지만, 1962년부터 다시 청년들의 취직난 문제가 발생하였으며, 특히 문화대혁명(《칼럼 3》 참조)에 의해 사회가 혼란에 빠졌던 1966년 이후의 수년 동안은 새롭게 중학교 및 고등학교를 졸업한 청년들에게 거의 일자리를 할당하지 못하게 되었다. 한편으로 대학시험도 중단되었기에 청년들에게 갈 수 있는 곳이 없는 상황이 되었다. 그래서 도시의 새롭게 졸업한 청년들 대다수가 농촌으로 보내져 농업에 종사하게 되었다.

마오쩌둥은 도시 지역의 청년들을 농촌에서의 생활을 통해서 재교육한다고 설명했지만, 10년 이상이나 농촌에 보내졌던 사람도 많았으며 '재교육'이라고 하기에는 너무 가혹한 정책이었다. 본래는 대학 및 직업학교에서 배우고 있었을 지도 모를 청년들이 그 대신에 농촌에서 익숙하지 않은 농업 노동에 종사해야 하는 상황에 내몰렸던 것은 중국의 경제와 과학기술의 발전에 대해 커다란 악영향을 미쳤다. 청년들을 농촌에 보내는 사업['상산하향(上山下鄕)'이라고 불림]은 1955년에 소규모로 시작되었는데, 그로부터 1980년에 종료될 때까지 연인원 1,800만 명이 농촌에 보내졌다. 옌산핑(嚴善平)의 추계에 의하면, 1967년~1977년의 기간에 도시 지역에서 15세를 맞이한 사람들 중에서 78%가 농촌에 보내졌다고 한다(嚴善平, 2009).

'상산하향' 사업은 실태로서는 도시 지역의 청년 실업대책이라는 성격이 강했지만, '도시 지역의 청년에 대한 재교육'이 표면적인 명목이었기 때문에 실업대책이 그다지 필요하지 않았던 시기에도 무리하게 계속되었던 측면이 있다. 예를 들면, 1970~1972년에는 공업에 대한 투자가 증가하여 노동수요가 급격하게 확대되었는데, 이 시기에도 도시 지역의 청년들이 농촌에 보내졌으며 증대하는 노동수요를 만족시키기 위해 거꾸로 농촌으로부터 1,000만 명의 노동력이 도시 지역에 고용되었다(上原-慶, 2009: 113).

농촌에 도시 지역의 청년들이 가장 많았던 1977년에는 864만 명이 농촌에 머물렀다(何光 編, 1990; 顧洪章 編, 1997). 이것은 같은 해의 도시 지역에서의 취업자 수의 9% 남짓에 해당한다. 즉 만약 이러한 청년들이 농촌에 보내지지 않고 도시 지역에서도 일자리를 제공받지 못했다면 도시 지역의 실업률은 9%가 되었던 것이다. 농촌에 보내졌던 청년들 및 그 가족으로부터 원래의 장소로 돌아오기를 바란다는 목소리가 1970년대 후반에 갈수록 강해졌으며, 1978년부터 도시로 송환되는 조건이 완화되었다. 그로부터 3년 동안에 705만 명이 도시로 되돌아오면서, 이 때까지 숨겨져 있었던 실업문제가 단번에 현저해지게 되었다.

5. 개혁개방 시기 초반의 도시 노동시장

▮ 자유로운 노동시장의 탄생

농촌에 보내졌던 청년들이 1970년대 말에 대거 도시로 되돌아오고 깜짝할 사이에 도시는 실업자로 다시 넘쳐나게 되었다. 1979년 도시 지역의 등록 실업자 수(〈칼럼 4〉 참조)는 568만 명(실업률은 5.4%)이었지만 실제로는 1,500만 명의 실업자가 있었다고 보는 자료도 많으며(何光 編, 1990: 60; 程連昇, 2002: 120), 그것이 사실이라면 실업률은 약 13%에나 달하게 된다. 실업 청년들은 시위 및 청원활동을 전개하여 사회의 동요를 초래했기 때문에 정부는 그들을 취업시키기 위해서 모든 수단을 동원했다. 그 수단 중 하나가 자영업 및 집단소유제 기업의 설립을 진흥하고 실업 청년들을 이러한 곳으로 취업을 권하는 것이었다. 이러한 기업은 정부의 간섭도 받지 않고 계획경제의 틀 바깥에서 자유롭게 경영활동을 할 수 있었다. 이렇게 탄생한 민영경제에서는 기업과 노동자가 자유롭게 고용 관계를 맺는 노동시장이 형성되었다.

〈표 3-1〉 인구조사로부터 계산한 중국의 실업률(단위: %)

년도	전국	도시 지역 [시(市)·진(鎭)]	농촌 지역 [향(鄕), 촌(村)]
1982	0.67	2.98	0.00
1990	0.88	2.86	0.17
1995	2.11	5.56	0.75
2000	3.58	8.27	1.15
2005	2.72	5.16	0.94
2010	2.95	4.90	1.26

※ 설명: 1982년 인구조사의 조사표는 농촌에서의 실업이 없다는 전제 아래 작성되었다.
※ 자료: 國家統計局人口和就業統計司 外 編(各年版); 國家統計局 編(各年版); 조사실업률: 2006년까지는 蔡昉(20
08); 2007~2012년은 蔡昉(2019), p.196의 수법에 의한 추계; 2013~2014년은 《21世紀經濟報道》
(2015.7.6.); 2015년 이후는 국가통계국 보도자료(press release). 인구조사 실업률: 〈표 3-1〉 참
조.

한편 대학, 중등전업학교, 기공학교의 졸업생에 대해서는 계속해서 정부가 국유기업 등에 대한 취업을 할당했다(何光 編, 1990: 67, 71). 즉 개혁개방 시기의 전반에는 교육수준이 비교적 높은 노동력에 대해서는 정부가 정부기관 또는 국유기업 등에서의 취업을 할당하였고, 그 밖의 노동력에 대해서는 민영경제에 자유롭게 취직할 수 있게 되었다. 즉 노동시장에서도 이 책의 제2장에서 논했던 부분적 개혁이 행해졌던 것이다.

이러한 개혁은 실업률을 낮추는 방면에서는 큰 성과를 거두었다. 〈그림 3-3〉에서 살펴볼 수 있는 것처럼, 1970년대 말에 높은 수준에 있었던 등록 실업률은 1985년에는 1.8%로까지 내려갔다. 이것은 거의 '완전고용'이라고도 할 수 있는 낮은 수준이었다.

┃ 잉여 인원의 문제

한편 이 체제의 아래에서 심각한 모순이 축적되었다. 그것은 국유기업에서의 잉여 인원의 문제이다. 개혁개방 시기 전반을 통해서 국유기업에는 고용의 수를 자주적으로 결정할 권한이 없었으며, 지방정부 등으로부터 고용의 수 및 고용 범위

〈그림 3-3〉 도시 지역 실업률의 추이

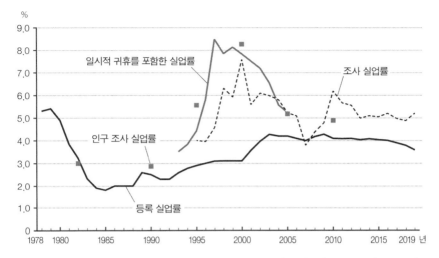

※ 자료: 國家統計局人口和就業統計司 外 編(各年版); 國家統計局 編(各年版); 조사실업률: 2006년까지는 蔡昉(20
08); 2007~2012년은 蔡昉(2019), p.196의 수법에 의한 추계; 2013~2014년은《21世紀經濟報道》(2
015.7.6.); 2015년 이후는 국가통계국 보도자료(press release). 인구조사 실업률: 〈표 3-1〉 참조.

에 관한 지령을 받았다(上原ー慶, 1995). 기업 자신은 더 이상 노동자를 받아들이지 않겠다고 생각하더라도 지방에서의 완전고용을 달성하기 위해서 할당받은 노동자를 고용해야 했다. 그럼에도 1980년대의 동안은 국유기업의 경쟁상대가 적고 국유기업은 경영상의 흑자를 유지할 수 있었기에 모순은 현저해지지 않았다.

다만 1980년대를 통해서 국유기업의 이윤율은 저하하는 경향에 있었기에, 기업 내부의 제도개혁에 의해 어쨌든 국유기업의 경영을 개선하려는 노력도 행해졌다. 예를 들면, 임금제도에 대해서 살펴보면 업적과는 완전히 관계없이 평등한 임금이 지급되는 상태가 되었다. 그래서 많은 국유기업에서는 1980년대에 직책 및 능력에 응하여 기본급에 차이를 두는 제도를 도입하는 것과 함께, 기업 및 개인의 업적에 상응되게 보너스를 지급함으로써 노동자의 일하고자 하는 의욕을 높이고자 했다. 또한 계획경제 시기에는 국유기업에서는 일단 취직을 하면 종신고용이 보장되는 '고정공' 제도가 실시되었는데, 이것이 잉여 인원의 문제를 초래하는 원흉으로 간주

중국 정부가 발표하는 실업률에는 '도시 지역 등록 실업률'과 '도시 지역 조사 실업률'이라는 두 가지 종류의 것이 있다(〈그림 3-3〉 참조). '도시 지역 등록 실업률'은 1970년대 말부터 집계된 것으로 도시 지역에 거주하는 도시 호적의 주민들 중 일자리가 없지만 취업할 의욕이 있고 해당 지역의 직업소개 기관에 등록한 사람들을 등록 실업자라 하고, 그러한 사람들의 수를 도시 지역 취업인구와 등록 실업자의 합으로 나눈 수치가 도시 지역 등록 실업률이다. 여기에는 농촌의 실업자와 실업 상태에 있더라도 등록하지 않은 사람은 포함되어 있지 않다. 남자는 16세부터 법정 퇴직연령인 60세까지이며, 여자는 16세부터 법정 퇴직연령(노동자는 50세, 직원은 55세)까지의 사람들만이 실업 등록을 할 수 있기 때문에, 퇴직연령 이상의 사람들은 통계 대상 밖에 있다(上原一慶, 2009: 208).

그런데 중국의 농촌에는 원래 대부분 실업자가 없기 때문에 '도시 지역 등록 실업률'의 숫자만으로도 1990년대 초까지는 정책 운영의 지표로서 유효했다. 그런데 1990년대 중반부터 국유기업으로부터의 '일시적 귀휴'라는 새로운 장르의 실업이 급증했기 때문에 '도시 지역 등록 실업률'은 실업문제의 심각성을 측정하는 지표로서의 유효성을 상실했다. 왜냐하면 일시적 귀휴자는 등록 실업자에 포함되어 있지 않기 때문이다.

1990년대 후반부터 2000년대 전반까지 도시 지역에서의 실업의 실태를 살펴보기 위해서는 등록 실업자에 일시적 귀휴자를 더할 필요가 있다. 〈그림 3-3〉에서는 등록 실업자와 일시적 귀휴자의 합계를 취업인구와 등록 실업자의 합으로 나눈 수치를 제시하고 있다. 이것에 의하면, 도시 지역의 실업률은 1997년에는 8.5%에 달했으며, 같은 해의 도시 지역 등록 실업률(3.1%)보다도 대량 높다. 국유기업으로부터의 대량 해고는 2002년에는 거의 종식되었으며, 일시적 귀휴가 된 노동자들은 3년 동안 재취직을 하지 못하면 등록 실업자로 이행된다. 그 때문에 2005년을 최후로 하여 일시적 귀휴자의 수는 공표되지 않았으며, 실업 등록을 하지 않은 실업자를 파악할 수 있는 자료는 없어졌다.

그래서 중국 정부는 '도시 지역 등록 실업률'을 대신하여 '도시 지역 조사 실업률'을 작성한다고 밝혔다. 이것은 샘플 조사에 의해 실업률을 추정하는 것이다. 사실은 1990년대부터 국가통계국과 인력자원·사회보장부가 그러한 실업 통계를 다루기 시작했지만, 사회적 반향을 우려하여 공표하지는 않았다. 신문 등에 의하면, 조사 실업률은 2000년 7.6%, 2003년 6.0%, 2005년 5.2%, 2006년 5.1%로 〈그림 3-3〉의 '일시적 귀휴를 포함한 실업률'과 대단히 가까운 수치로 추이해오고 있는데, 리먼 쇼크(Lehman shock)의 영향으로 2008년 이후 상승했다[蔡昉, 2008: 59;《21世紀經濟報道》(2009.2.17.)]. 도시 지역 조사 실업률은 2015년부터 결국 공식 실업률로서 국가통계국에서 보고됐다.

실업의 실태를 파악하는데 가장 신뢰할 수 있는 정보는 인구조사의 자료이다. 중국에서는 10년에 1회 인구의 전수조사, 그 중간의 5년부터는 1% 추출조사가 행해지고 있다. 그 중에서 조사하기 전의 1주일 동안의 취업 상태를 문의하고 전혀 일을 하지 않았던 사람에게는 그 이유를 묻고 있다. 그것에 대해서 '일자리를 찾고 있다'라고 응답한 사람들을 실업자로 보고 있다. 이것은 실업의 정의에 관한 국제노동기구(ILO)의 기준 및 일본의 실업 통계에서의 실업의 정의와도 합치된다. 그 결과를 〈표 3-1〉에 정리했다. 도시 지역의 실업률되어 1986년부터는 신규 채용의 노동자부터 일률적으로 기업과의 사이에 3~5년 정도의 유기한(有期限) 노동계약을 체결하는 '노동계약제'가 실시되었다. 하지만 기존의 노동자는 고정공이기에 신규 채용의 노동자만 모두 유기한 계약으로 하는 것은 매우 극단적인 개혁이었으며 신규 채용의 노동자들이 불만을 가졌다. 결국 유기한 계약의 노동자도 운용상에 있어서는 고정공과 동일하게 대우를 받게 되었다(木崎翠, 1995).

전술한 것과 같은 경영개선의 노력에도 불구하고 국유기업의 이윤율의 저하는 멈춰지지 않았으며, 1990년 전후에 국유기업의 경영은 위기의 국면을 맞이했다. 즉 민주화운동을 무력으로 진압했던 1989년 6.4 톈안먼 사건을 경계로 하여 경제를 단속하는 정책이 강화되었으며, 1989년과 1990년은 경제성장률이 4% 전후로 혼미한 상태에 있었는데(제1장 〈그림 1-2〉 참조), 고도성장이 계속되었던 개혁개방 시기에 갑자기 찾아온 불황에 많은 국유기업은 대응하지 못했기에 이윤율이 급락했다(제6장 〈그림 6-1〉 참조). 국유기업의 자금 융통이 악화되고 부품 및 재료의 매입 대금을 지불하지 못하게 되는 기업이 속출했으며, 연쇄적으로 채무의 회수불능이 발생했다. 자본주의국가라면 기업의 연쇄도산이 일어나더라도 이상하지 않은 상황에 있었지만, 중국 정부는 국유기업의 도산을 피하고 종업원의 임금 및 퇴직자의 연금만은 어쨌든 계속해서 지불되도록 은행에서 국유기업에 대해 특별한 융자까지 하게 했다. 그러한 융자는 당시에 '안정단결융자(安定團結融資)'라는 속칭으로 일컬어졌다. 요컨대 국유기업을 유지하고 종업원의 임금을 지불하는 것은 민주화운동을 탄압한 직후의 정치적으로 불안정한 시기에서는 사회의 안정을 유지하는데 필요하다는 구실을 붙여 은행으로부터 자금을 이끌어냈던 것이다(宋光茂·曲和磊, 1997)

6. 국유기업의 대량 해고

▌ 국유기업의 잉여 인원

1992년부터 경기는 급속하게 회복되었는데, 여기에 이르러 제3절에서 논한 '자본주의 섹터'가 성장한 것의 영향이 국유기업에 미쳤다. 〈그림 2-1〉에서 살펴본 바와 같이, 1980년에는 국유기업이 공업생산의 76%를 차지했던 것이 1994년에는 37%로까지 하락했다. 이것은 농촌에서의 향진기업(〈그림 2-1〉에서는 집단소유제 기업, 기타 기업 등에 향진기업의 생산액이 포함되어 있음), 또는 대외 개방정책에 의해 진출해왔던 외자계 기업 등이 발전하여 많은 산업에서 국유기업의 독점 상황이 무너졌던 것이다. 동시에 이 책의 제4장에서 상세하게 논하고 있는 바와 같이, 1980년대에는 지방정부가 왕성하게 국유기업을 설립했으며 국유기업들 간 경쟁도 일어났다.

시장경제의 원리로 움직이는 향진기업 및 외자계 기업과의 경쟁을 앞에 두고 국유기업도 자본주의 섹터로 탈피해갈 필요가 있었다. 즉 기업 내부의 잉여 인원을 삭감하여 이윤을 최대화할 수 있는 수준으로 고용의 수를 조정하고 채산이 맞지 않는 부문 또는 적자가 나는 사업의 부담을 줄일 필요가 있었다. 하지만 1990년대 전반까지 국유기업은 그러한 전환을 할 수 없었으며, 고용도 임금도 유지했기 때문에 국유기업의 부가가치에서 차지하는 노동자에 대한 분배율이 증가했다(南亮進·本台進, 1999). 국유 광공업기업의 납세액을 제외한 부가가치에서 차지하는 노동자의 임금은 1988년까지는 50% 이하였던 것이 1991년에는 74%, 1996년에는 86%까지 상승했다(丸川知雄, 2002: 23).

예를 들면, 동북부의 역사 있는 철강 제조사인 안산철강공사(鞍山鐵鋼公司)의 경우에 1994년 시점에서 종업원이 20만 명 있었지만, 그 밖에 이미 정년퇴직한 전(前) 종업원 12만 명에게도 기업이 연금뿐만 아니라 주택까지 제공했으며, 게다가 기업의 종업원의 자녀에게 일자리를 제공하기 위해 설립된 다수의 집단소유제 기업의 종업원을 합계 18만 명이나 보유하고 있었다. 이리하여 합계 50만 명이나 되는 사람들이 안산철강공사로부터 직접적·간접적으로 급료를 받았다(丸川知雄, 1999: 第5

章). 본래의 업무인 철강생산을 위해서는 수만 명이나 있으면 충분했기에 해당 회사
는 실제로 40만 명 이상의 잉여 인원을 부양했던 것이 된다.

이러한 상황 속에서 종업원 및 전 종업원을 부양하는 부담이 무거운 것이 국유기
업의 경영을 악화시키는 원인이라는 생각이 특히 국유기업 경영자 및 정부 관계자들
사이에서 확산되었으며 '사람을 줄이고 효율을 올린다(減人增效)'가 그들의 표어가
되었다. 정부도 1993년부터 국유기업에 대해서 기업 내부의 잉여 인원을 '일시적
귀휴[하강(下崗)]'라는 명목으로 해고함으로써 생산 효율을 올리는 것이 장려되었다.

▌ 대량 해고

국유기업에서의 일시적 귀휴는 1993년 무렵부터 실시되기 시작했으며, 1990년
대 후반에는 국유기업 사이에서 확대되었다. 그때까지 국유기업에서는 각 작업장에
많은 인원을 배치하는 것이 보통이었는데, 이 시기에 우선 각 직장의 필요한 사람
수가 정해지고 그것보다 많은 노동자들이 직장으로부터 점차 배제되었다. 기존의
부서로부터 배제된 노동자들은 '재취직센터'라고 불리는 기업 내부의 조직에 소속
되었다. 재취직센터는 노동자들에게 생활비 수당을 지불하고 그들이 지불해야 할
사회보험료를 대신 지급하고 그들에게 직업훈련을 실시하며 재취직을 도왔다. 재취
직센터에 들어간 노동자들은 원래의 국유기업에는 되돌아가지 못하므로 사실상
해고된 것과 같은 상태였다.

다만 일시적 귀휴 노동자들은 일반 실업자보다 우대를 받았다. 우선 재취직센터
로부터 지불되는 생활비 수당은 일반 실업수당보다도 많았으며, 게다가 일반 실업
수당은 최장 2년 밖에 지급되지 않았지만 생활비 수당은 최장 3년간 지급되었다.
생활비 수당을 지급하기 위한 자금은 기업 자신도 지출했지만, 그 절반 이상은
지방정부의 재정에서 보조를 받아 충당되었다(丸川知雄, 2002: 86). 또한 일시적 귀휴
노동자들은 국유기업의 직장에서는 떠나게 되었지만, 국유기업 종업원이라는 신분
은 계속 유지했으며, 사택 등 종업원 복지를 누릴 수 있었다. 애당초 국유기업 노동
자는 중국 사회에서는 사택 등 다양한 프린지 베너핏(fringe benefit, 급여 이외에 받는

부가 급부)을 누릴 수 있는 기득권층이다. 국유기업의 인원을 삭감한다는 것은 그 기득권을 박탈하는 것을 의미하며, 당연히 강한 저항이 존재한다. '일시적 귀휴'라는 특수한 신분을 만들었던 이유는 이러한 저항을 완화하기 위한 노력이었다.

필자의 추정에 의하면, 1993년부터 2000년까지 누계로 4,437만 명이나 되는 국유기업 및 집단소유제 기업의 종업원이 일시적 귀휴가 되어 기업을 떠났다(丸川知雄, 2002: 第3章). 일시적 귀휴는 실업으로 계산되지 않으므로 중국의 공식 실업률인 도시 지역 등록 실업률은 이 시기에도 낮았지만, 일시적 귀휴 명목에서 국유기업 등으로부터 해고된 사람들을 실업자에 더하면, 1997~2000년에 도시 지역의 실업률은 급속히 상승하여 8% 전후라는 높은 수준이 되었다(〈그림 3-3〉 참조). 이 숫자가 당시 실업의 실태를 반영하고 있다(〈칼럼 4〉 참조). 당시에 동북 지방의 도시에서는 일시적 귀휴가 된 노동자들의 항의행동이 매일 같이 나타났다. 이 시기는 아시아 경제위기의 영향도 있었기에 경제성장률이 내려갔으며(〈그림 1-5〉 참조), 개혁개방 시기의 중국에게 1989년의 정치적 동요와 나란히 최대의 난국이었다고 할 수 있다. 하지만 이 난국을 극복함으로써 국유기업도 자본주의 섹터의 일원이 되었으며 그 경영 상황이 개선으로 향했다(〈그림 6-1〉 참조).

7. 국지화하는 실업문제

▌ 재취업의 어려움

국유기업은 잉여 인원을 삭감하고 몸집이 가벼워졌지만, 해고된 노동자들을 간단히 재취업시킬 수 없었다. 해고는 국유기업의 사업을 구조조정하는 것과 동시에 행해졌으며, 그 배경에는 가령 광산에서의 자원의 고갈, 군으로부터의 병기수요가 축소된 것 등 산업의 쇠퇴를 가져오는 본질적인 원인이 있었다. 그 때문에 국유기업의 노동자들이 형성한 숙련을 활용하려는 재취직 자리를 찾기가 어려웠다. 게다가 애초 국유기업 가운데 잉여였던 사람들은 가령 민간기업 등에 재취업했다 할지라도, 거기에서의 노동 강도를 견디지 못하고 곧바로 포기해 버리는 경우도 많았다. 또한 해고된 노동자 중에는 연령이 높은 사람도 적지 않아서 그것이 이유가 되어 재취직을 하기가 어려운 경우도 있었다.

중국의 동북부 및 내륙 지역에는 애당초 탄광 및 제철소, 군사공업 등 분야의 대형 국유기업이 많이 입지해 있었다. 대형 국유기업이 입지해 있는 도시는 지역의 경제가 그 기업에 크게 의존하는 기업성시(기업도시)인 경우가 많았다. 전술한 안산철강공사가 있는 랴오닝성 안산시 등은 그 전형적인 사례이다. 그러한 도시에서 국유기업이 사업의 구조조정과 대량 해고를 하면, 그 구조조정으로 도시 전체 경제가 침체되기 때문에 직장을 잃은 사람들이 시내에서 재취직 자리를 찾는 것이 어렵다. 해고된 노동자들이 재취직을 하기 위해서는 더욱 고용 기회가 많은 지역으로 이주해야 했는데, 지방정부가 이주를 돕더라도 이주한 곳의 노동환경 및 생활환경에 적응하지 못하고 되돌아 오는 사람이 많았다(于立·孟韜·姜春海, 2004; 于立·姜春海·宇左, 2008).

게다가 〈그림 3-1〉에서 살펴볼 수 있는 것처럼, 농촌으로부터의 이주노동자가 2000년에는 7,500만 명 정도였던 것이 2018년에는 1억 7,000만 명을 넘어서는 수준까지 확대되었다. 그 이유에 대해서는 제8절에서 분석하고 있는데, 대도시에서는 공장 및 서비스업에서의 일자리의 다수를 농촌으로부터 도래한 이주노동자가 담당하는 일이 상시화되었기 때문에, 그 때문에 국유기업으로부터 해고된 노동자들이 재취직할 수 있는 길이 갈수록 좁아지게 되었다.

또한 '이주노동자'['외출농민공(外出農民工)']란 자신의 호적이 있는 농촌 이외의 장소에서 6개월 이상 일하고 있는 사람을 지칭한다. 일반적으로 '이주'라고 하면 농한기에 도시의 건설현장 등에서 수개월 일하는 이미지가 있지만, 중국의 '외출농민공'은 이주하는 곳의 도시 등에 정주하고 구정월의 휴가 시기에만 농촌에 귀성하는 사례가 많다. 즉 실질적으로는 '이주노동자'라고 이해해야 하는데, 그들은 이주지의 호적을 갖고 있지 않기 때문에 시민적 권리를 충분히 제공받지 못하고 있다. 그들은 이주지에 정주하면서도 여전히 임시 거주자와 같은 취급을 받고 있기에 그 뉘앙스를 나타내기 위해 이 책에서는 '이주노동자'라고 부르기로 한다.

중국의 인구 통계에서의 '도시 인구'와 '농촌 인구'의 구분은 각각의 상주지에 기초하고 있는 것으로, 도시로 갔던 '이주노동자'는 '도시 인구'에 포함된다. 〈그림 3-1〉에서 살펴볼 수 있는 바와 같이, 중국의 농촌 인구는 1995년의 8억 6,000만 명에서 2018년의 5억 6,000만 명으로 3억 명이나 감소했는데, 그 주요한 이유는 많은 '이주노동자'들이 그 가족과 함께 도시로 이주했기 때문이다.

▌ 실업문제의 지역적 편중

국유기업으로부터의 대량 해고가 일부 지역에 집중되어 행해졌기 때문에, 중국의 실업자 분포는 지역적인 편중이 현저해졌다. 즉 동북부 및 내륙 지역의 기업도시에서는 국유기업의 직장을 잃은 사람들이 그 상태 그대로 실업자로 머무르는 한편, 농촌 사람들은 해당 지역에 일자리가 없으면 적극적으로 이주노동을 하기 때문에 농촌 실업률은 낮다. 또한 민간경제가 활발한 연해 지역도 고용 기회가 많으므로 실업률이 낮다. 실업이 어느 정도 편중되어 있는지를 소득분배의 분석에서 흔히 사용되는 로렌츠 곡선(Lorenz curve)을 사용해서 살펴보도록 하겠다(〈그림 3-4〉 참조). 로렌츠 곡선이란 소득분포의 상황을 곡선의 굴곡 형태로 표현하는 것이다. 만약 모든 사람이 완전하게 동일한 액수의 소득을 벌었다면 로렌츠 곡선은 원점으로부터 오른쪽 위의 점 A로 향해서 곧은 45도선이 된다. 소득분배의 불평등 정도가 증가할수록 로렌츠 곡선은 점 B의 방향으로 향해 내달려가는 형태가 된다. 필자는 이것을 중국에서 실업의 지역분포에 대한 분석에 응용했다(Marukawa, 2017).

중국 전역에는 2900개에 가까운 현급의 지방행정구로 나뉘어져 있다. 그 명칭은 '현' 외에 현급의 '시', '구', '자치현' 등이 있는데, 그러한 것을 편의상 '현'이라고 부르기로 하면 1개 현의 평균 인구는 43만 명이다. 중국에서는 10년에 1회 행해지는 인구조사에서 현마다의 인구와 그 취업 상태를 조사하고 있으므로 2000년과 2010년에 대해서 각 현의 실업률을 계산할 수 있다. 다음으로 현을 실업률의 낮은 쪽으로부터 순서대로 병렬하여 왼쪽에서 가로 방향으로 각 현의 인구를 쌓아나가는

<그림 3-4> 실업자의 지역분포에 관한 로렌츠 곡선

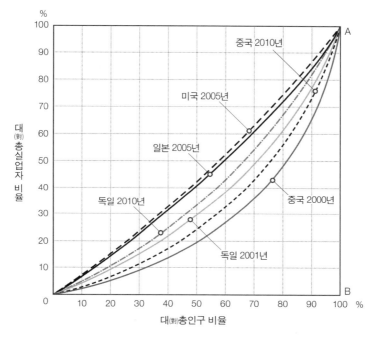

※ 자료: [중국] 國務院人口普查辦公室·國家統計局人口和社會科技統計司 編(2003, 2012); [일본] 平成17年國勢
調査; [미국] Labor Force Data by County, Local Area Unemployment Statistics, Bureau
of Labor Statistics, US Department of Labor, Annual Estimates of the Resident Popul
ation for Counties, United States Census Burea; [독일] Federal Statistical Office and t
he Statistical Offices of the Länder, Regional datenbank Deutschland.

한편, 각 현의 실업자 수를 세로 방향으로 쌓아나간다. 이렇게 하여 묘사한 것이
〈그림 3-4〉의 '중국 2000년', '중국 2010년'이라는 곡선이다.

  만약 한 국가의 국민이 취직을 위해서라면 국가 안 어디라도 이주하고 고용자가
어느 지방 사람이더라도 차별 없이 대우받는다면 실업률은 전국에서 균일해지며,
실업의 지역분포를 나타내는 로렌츠 곡선은 원점과 A를 잇는 곧은 45도선이 될
것이다. 하지만 실제로는 가족 중 누군가가 해당 지역에서 일자리를 갖고 있다거나,
해당 지역에서의 생활에 애착이 있거나, 타향의 생활에 적응할 수 있는 자신감이

없는 것 등 이유로 다른 지역의 쪽이 일자리를 찾을 기회가 크더라도 이주하지 않고 해당 지역에서 실업자 상태를 계속 유지하는 길을 선택하는 사람도 있다. 그 때문에 이주 또는 취업 시 제한 및 제한이 전혀 없는 경우에도 실업률에 많든 적든 일정한 지역격차가 생기는 것은 당연하다. 하지만 일반적으로는 실업 상태에 있으면 생활이 성립되지 않으므로 많은 사람은 애착이 있는 땅을 떠나더라도 취업할 곳이 있는 지역으로 이동하는 것을 선택하기 때문에, 실업률이 높은 지역으로부터는 인구가 유출되어 실업률이 균일화되는 방향으로 향하게 될 것이 분명하다.

〈그림 3-4〉에는 중국과 비교하기 위해서 일본과 미국의 2005년의 상황, 그리고 독일의 2001년과 2010년의 상황도 제시되고 있다. 또한 일본은 시정촌(市町村)과 특별구(特別區), 미국은 군(county), 독일은 군(Kreis) 마다의 실업률을 산출하여 그렸다. 일본의 경우에 도도부현(都道府縣) 레벨에서 살펴보면 가장 낮은 후쿠이현(福井縣, 4.2%)으로부터 가장 높은 오키나와현(沖繩縣, 11.9%)까지 상당히 고르지 않은 것처럼 보이는데, 로렌츠 곡선을 그려보면 상당히 45도선에 가깝다. 미국에서는 일본보다도 더욱 실업자의 지역분포가 균등화되어 있다. 즉 일본과 미국에 대해서 말하자면, 사람들은 취직을 위해 이주하므로 실업률은 균등화된다는 이론은 대체적으로 타당한 것이다.

한편 2000년 중국의 상황을 살펴보면, 실업자가 대단히 편중되어 분포해 있다는 것을 알 수 있다. 즉 중국 전체 인구의 5%를 차지하는 것에 불과한 지역에 중국 전체 실업자의 21%가 집중되어 있으며, 인구 비율로 20%를 차지하는 지역에 중국 실업자의 52%가 집중되어 있다는 것을 알 수 있다. 가장 실업률이 높은 인구 비율 5%의 지역에서의 평균 실업률은 17%로 대단히 높다. 구체적으로 말하자면, 동북 지방의 랴오닝성, 지린성, 헤이룽장성과 후베이성, 상하이시 등 계획경제 시대에 다수의 국유기업이 존재했던 지방에 실업률이 높은 지역이 많다. 한편 중국 인구의 60%가 살고 있는 지역에는 실업자 전체의 27% 밖에 되지 않으며, 실업률도 3.0% 미만이고 완전고용에 가까운 상태에 있다. 이런 곳의 다수는 농촌이다.

▌국지적인 실업문제가 만성화된 이유

이 2000년이 어떠한 해였는지는 〈그림 3-3〉을 다시 살펴보면, 1990년대 후반에 행해졌던 국유기업으로부터의 대량 해고의 결과, 도시 지역의 실업률이 8%까지 이르던 때였다. 실업자의 다수는 아직 재취직을 할 수 없었기에 국유기업에서의 해고가 많았던 지역에서 실업률이 높은 것도 어쩔 수 없었다고 할 수 있다.

2010년이 되자, 실업의 지역적인 편중은 다소 완화되었다. 실업률이 가장 높은 인구 비율 5% 지역이 실업자 전체에서 차지하는 비중은 16%로 내려갔으며, 그러한 지역에서의 평균 실업률은 12%로 내려갔다. 하지만 여전히 인구 비율에서 20%인 지역에 실업자 전체의 44%가 집중되어 있으며, 일본 및 미국에 비해서 실업문제의 편중이 현저하다. 2010년에 실업률이 높았던 지역은 2000년 시점과 마찬가지로 동북부 및 내륙 지역의 탄광도시와 중공업도시였다. 1990년대 후반의 구조조정의 영향이 이후 10년 이상이나 계속해서 미치고 있었던 것이다.

그 전형적인 사례로서 랴오닝성 푸신시(阜新市)를 들 수 있다. 푸신시는 석탄을 노천 채굴이 가능해서 청나라 말기부터 개발이 시작되었다. 이후 탄광은 만철의 수중으로 넘어갔으며, 중화인민공화국이 수립된 이후부터는 국유화되어 석탄을 대량생산했다. 1980년대에는 자원의 한계가 보이기 시작하여, 탄광은 사업 다각화로 고용 유지를 도모했다. 하지만 그러한 시도는 모두 실패하였고, 1999년에는 다수의 광산이 폐쇄되었으며, 그때까지 20만여 명의 종업원과 퇴직자를 갖고 있던 푸신탄광으로부터 15만 6,000명을 감원했다. 2000년의 시점에서 푸신시 중심부의 실업률은 24%에 이르렀다. 푸신시 시정부는 식품가공, 양돈, 화학, 관광 등 여러 산업을 진흥시키거나 다롄으로 이주를 조직하는 등 어떻게든 재취직의 길을 개척하고자 했다. 그럼에도 2010년의 시점에서 푸신시 중심부 실업률은 여전히 15%를 넘었다. 게다가 실업자의 47%가 40세 이상이었기 때문에 재취직을 하지 못한 상태에서 취업을 단념한 사람도 많았다(Marukawa, 2017). 그 경우에 구직하지 않고 있기에 실업자로는 산정되지 않지만, 한정된 생활보호를 위한 급부금 및 연금에 의존하는 생활을 해야 했다.

〈그림 3-4〉에서 주목하고자 하는 것은 독일도 중국과 같은 정도는 아니더라도 실업의 지역적인 편중이 크다는 점이다. 독일도 이행경제라는 점에서 중국과 공통점이 있다. 즉 1990년에 자본주의체제 서독과 사회주의체제 동독이 통일되었는데, 그 결과 동독에서는 옛 국유기업이 시장경제에 적응하지 못하고 도산하여 실업자가 늘어났다. 중국에서는 동북부 및 내륙 지역의 국유 섹터가 향진기업 또는 외자계 기업으로 구성되는 자본주의 섹터와 경쟁 관계가 되었기 때문에 대규모의 구조조정을 해야 하는 상황에 내몰리게 되었는데, 독일에서는 똑같은 일이 동쪽의 국유 섹터와 서쪽의 자본주의 섹터 사이에서 일어났던 것이다. 독일에서는 통일한지 20년이 지난 2010년의 단계에서 여전히 옛 동독의 실업률이 높은 상황이 계속되었기 때문에 〈그림 3-4〉에서 살펴볼 수 있는 바와 같이, 미국 및 일본보다 실업의 지역적인 편중이 크다. 중국에서도 국유 섹터가 우세했던 지역의 실업과 빈곤 문제는 한동안 계속될 것으로 보인다.

8. 변모하는 농업

▌농업문제의 전환

1990년대 국영기업의 경영 악화를 초래했던 요인은 향진기업 또는 외자계 기업 등의 자본주의 섹터의 발전이었으며, 국유기업으로부터의 대량 해고가 이루어진 이후 동북부 및 내륙 지역의 도시에서 실업문제가 만성화되고 있는 것은 농촌으로부터 이주노동자가 증대한 것과 관계가 있었다. 즉 국유 섹터가 곤경에 빠지게 된 배경에는 농촌으로부터의 영향이 있었던 것이다. 그렇다면 농촌에서는 무슨 일이 일어나고 있었던 것일까?

제2절에서 논한 바와 같이, 1990년대 후반에는 중국의 농업은 국내의 식료품 수요를 충분히 충당할 수 있을 정도로까지 성장했다. 이 책의 제2장 제6절에서 논한 바와 같이, 2000년에 식료품 공급의 레벨이 일본과 어깨를 나란히 했다는

것이 그것을 상징하고 있다. 이리하여 중국은 결국 '식료품 문제'를 해결할 수 있었는데, 이번에는 거꾸로 농산물이 과잉[생산]되어 그 때문에 농업의 수익이 낮다는 '농업 구조조정 문제(農業構造調整問題)'에 직면하게 되었다(池上彰英, 2009).

이 문제가 처음 나타난 것은 국유 식량기업 적자의 누적이었다. 국유 식량기업은 농민의 생산 의욕을 밑받침하기 위해 높은 가격으로 곡물을 사들였는데, 식량의 과잉으로 소매가가 내려가기 시작했으므로 국유 식량기업은 판매가격이 매입가격보다 밑도는 '역마진'에 빠졌던 것이다. 그래서 1999년 이후 정부는 식량 매입의 주역이었던 국유 식량기업의 역할을 축소시키고 민간업자도 자유롭게 식량의 유통에 종사할 수 있도록 했다. 국유 식량기업이 높은 가격으로 식량을 매입하여 밑받침할 수 없게 되었기 때문에, 2000~2003년에 식량가격은 저조하게 되었고 식량생산도 감소되었다(宝劍久俊, 2017: 39~42). 〈그림 3-1〉에서 살펴볼 수 있는 바와 같이, 2003년부터 제1차 산업의 종사자가 감소하기 시작했는데, 그것은 1990년대 말부터 정부에 의한 식량생산에 대한 우대가 삭감되고 식량가격이 하락하며 농가의 농업소득도 감소하고 저조했던 것이 영향을 미쳤다(池上彰英, 2009: 37~38).

그러나 중국에게 역시 식료품 자급의 유지는 중요했으므로, 2004년부터 식량생산 농가에 대해서 보조금을 지급하게 되었다. 또한 2008년에는 식량자급율을 95% 이상으로 안정시키는 것, 그리고 경지면적이 1억 2,000만 헥타르를 밑돌지 않도록 하는 것 등의 목표가 정해졌다(宝劍久俊, 2017: 44).

▮ 농업경영의 대규모화

제1차 산업 종사자의 감소를 초래한 또 하나의 요인으로서 2000년대 이후 농업경영의 대규모화가 추진되었다는 점을 들 수 있다.

1980년대 전반에 집단농업이 해체되고 각 농가가 농업을 경영하게 되자, 경영규모는 단번에 작아졌다. 마을이 농지를 소유하게 되었지만, 마을이 농지를 각 농가에 각각의 가족 수에 맞게 배분했으므로 농업경영의 단위는 농가별로 소규모화되었다. 1999년 시점에서 중국의 농민 1인당 경지면적은 14아르(a)였다(國家統計局 編,

2000). 만약 일가의 가족 수가 4명이라고 한다면, 농가 1호(戶)의 경지면적은 0.56헥타르가 된다. 1999년 일본의 농가 1호당 경영 경지면적은 일본 농림수산성의 농업구조 동태조사에 의하면 1.62헥타르였기 때문에 중국은 일본의 3분의 1 밖에 되지 않은 샘이다.

따라서 농업경영의 규모를 크게 함으로써 기계화를 추진하여 생산성을 높여야 한다는 인식이 높아졌으며, 규모 확대를 촉진시키기 위해 농가가 청부했던 토지를 다른 농가 등에 전대(轉貸)하고 지대를 수취하는 것이 용인되었다. 하지만 1990년대까지는 식량생산이 우대받았기 때문에 청부했던 토지를 전대하여 경영 규모를 축소시키거나 농업을 그만두는 농가는 적었으며, 전대된 농지는 전체 경지의 5% 이하에 그쳤다.

필자는 2007년에 쓰촨성 장유시(江油市)의 농촌에서 행해졌던 농가 206호를 대상으로 한 설문조사에서 농지의 전대에 대해서 조사했는데, 거기에서는 전대를 하고 있던 농가는 22호에 그쳤으며, 그중에 20호는 지대를 수취하지 않았으며, 지대가 있는 경우에도 극히 소액이었다. 이와 같다면 농가가 토지를 전대하는 것보다도 스스로 농업을 하는 쪽이 압도적으로 유리하다. 소규모의 농업경영이 계속되는 것은 농업을 그만둘 때에 토지로부터의 수입을 거의 기대할 수 없기 때문이 아닐까 하고 필자는 추론했다(丸川知雄, 2010).

하지만 전국적으로 본다면 1990년대 말에 농가소득이 저조했던 것을 계기로 하여 토지의 전대가 늘어나기 시작했다. 전대된 농지의 비중은 2000년에는 8.3%, 2009년에는 12%, 2015년에는 39.3%, 2017년에는 37.0%로 급속하게 높아졌다(宝劍久俊, 2017: 126~128; 山田七繪, 2020: 110). 즉 촌으로부터 각 농가에 분배되는 농지는 변함없이 작지만, 최근 들어서는 그 3분의 1 이상이 전대되고 있으며 토지를 집중시킨 대규모 경영이 늘어나고 있다.

농업경영이 대규모화되는 속도는 지역에 따라 큰 차이가 있다. 전술한 것처럼 내륙의 쓰촨성에서는 2007년 시점에서도 그다지 진전되지 않았지만, 호켄 히사토시(宝劍久俊)의 분석에 의하면, 연해 지역의 저장성 평화시(奉化市)의 경우에 2008년 시점에서 농지의 17%가 청부했던 농가로부터 타인에게 대출되었으며, 저장성 더칭현(德淸縣)에서는 2011년 시점에서 농지의 19%가 대출되었다(宝劍久俊, 2017: 第4章). 전대를 하고 있는 농가는 약 40%에 달했으며 전대에 대한 지대는 평화시에서 1무(=6.670아르)당 374위안, 더칭현에서는 503위안이었다. 야마다 나나에(山田七繪)가 2014년에 조사했던 저장성 츠시시(慈溪市)에서는 청부한 땅의 60% 이상이 전대되었다(山田七繪, 2020).

▌ 대규모 경영의 담당자

토지의 전대가 활발해졌던 것은 토지를 빌려서 대규모의 농업경영을 하는 경영주체가 성장했다는 것을 반영한다. 그 경영주체에는 여러 가지가 있다.

첫째, '농민전업합작사(農民專業合作社)'라고 불리는 조직이 있다. 그 역할은 예를 들어 작물의 모종을 집중적으로 키워서 농가에 판매하거나 비료 및 농약을 판매하거나 재배에 대해서 지도하거나 작물을 매입하여 업자에게 판매하는 것 등이며, 이것은 일본의 농협과 공통점이다. 한편으로 중국의 농민전업합작사는 입담배, 사과, 야채 등 특정 작물에 역할을 한정한다는 점은 일본의 일반적인 농협과는 다르다. 또한 농민전업합작사가 연초공사, 사과주스 제조사 등 특정 거래처를 갖고 있으며, 농민전업합작사가 사실상 그 하청이 된 사례도 있다(宝劍久俊, 2017: 第5章; 丸川知雄外, 2021). 농민전업합작사는 농가와 시장 사이를 중개하는 중간조직이라는 성격을 가진 것과 동시에, 농민으로부터 토지를 빌려서 직영으로 농업을 하기도 한다. 2017년 시점에서 중국 전체에서 대차(貸借)된 토지 중에서 22.7%가 농업전업합작사에 대출되었다(山田七繪, 2020: 112).

둘째, '가정농장'이라고 불리는 것이 있다. 주로 가족노동을 이용하여 대규모로 농업을 경영하는 농가라는 의미로, 2013년부터 중국 정부가 추진하고 있다(山田七繪, 2020: 117~118). '가정농장'이라고 하더라도 경영 규모는 상당히 크며, 청두시(成都市)의 '모범 가정농장'의 경우에는 경영 면적이 6.7~20ha이고, 가족 이외에 10명 전후의 노동자를 장기간 고용하는 경우가 많다(范丹, 2019). 필자가 2018년에 허난성 싼먼샤시(三門峽市)에서 방문했던 가정농장은 경영 면적이 33ha였으며 60명의 노동자를 항시 고용하여 입담배와 옥수수를 생산하는 대규모의 것이었다. 농민들은 청부한 토지를 이 가정농장에 전대하고 해당 가정농장의 종업원으로서 일하는 한편, 토지에 대한 지대('1무'당 400위안)를 수취한다. 즉 이 가정농장에서 일하는 농민들은 이른바 지주 겸 노동자이다. 2017년 시점에서 중국 전체에서 대차된 토지의 57.5%가 대출된 곳이 '농가'였는데, 그중에는 이러한 대규모의 가정농장도 포함된다.

셋째, 기업이 직접 농민으로부터 청부한 땅을 빌려서 대규모로 농업을 경영하는 사례가 있다. 그 중 하나가 일본의 아사히 맥주 등이 산동성에 설립한 '자오르녹원(朝日綠源)' 사례가 있다. 해당 회사는 5개 촌에 걸쳐 있는 660호의 농가로부터 토지를 빌려서 100ha의 직영 농장을 경영하고 있으며, 낙농 및 하우스에 의한 구황작물 및 야채를 재배하고 그 가공 및 판매까지 하고 있다(大島—二, 2011).

위에서 논한 바와 같이, 2010년대에는 농민전업합작사, 가정농장 등의 대규모 농가, 그리고 기업 등의 경영주체 아래로 농지가 집중되는 경향이 현저하다. 이러한 경영주체는 트랙터, 비닐하우스, 농산물 가공시설 등의 고정자본을 보유하고 있다. 즉 중국의 농업은 영세하고 노동집약적인 농업에서 토지·자본집약적인 농업으로 전환되려 하고 있는 것이다.

9. 농촌에서의 잉여 노동력의 고갈

▎ 루이스 전환점

제1절에서 루이스 모델이 보여주고 있는 바와 같이, 자본주의 섹터는 농업 섹터의 잉여 노동력을 이끌어냄으로써 성장한다. 〈그림 3-1〉로부터 1980년대에는 농촌의 자본주의 섹터, 즉 향진기업이 제1차 산업으로부터 조금씩 노동력을 이끌어내왔다는 것을 알 수 있다. 1992년이 지나면서, 향진기업의 확대가 더욱 진행되고

제1차 산업의 취업자가 감소하기 시작한다. 또한 농촌에서 도시로의 이주노동도 증가했다. 제1차 산업의 취업자가 감소하는 것에 의해 식료품 생산의 감소라는 문제에 직면할 가능성도 있었지만, 농업의 생산성이 향상되었기 때문에 그러한 상황을 피할 수 있었다. 1990년대 후반에는 국유기업의 구조조정도 행해졌기 때문에 2000년 이후 도시 지역 전체가 자본주의 섹터가 되어 농촌으로부터 노동력을 힘차게 빨아들이게 되었다. 2018년 시점에서는 농촌으로부터의 이주노동자와 농촌에서 제2차·제3차 산업에 취업하고 있는 사람들을 합계하면, 농촌에서 제2차·제3차 산업에 합쳐서 약 2억 9,000만 명의 노동력을 내보냈다는 것을 〈그림 3-1〉로부터 읽어낼 수 있다.

이러한 규모 정도의 노동력을 농업 섹터에서 빠져나가게 하면 농업 섹터에는 더 이상 잉여 노동력이 별로 남지 않게 될 것임이 분명하다. 잉여 노동력의 고갈이 가까워지면, 자본주의 섹터는 농업 섹터로부터 노동력을 이끌어내기 위해 임금을 인상해야 하기 때문에 자본축적의 속도를 떨어뜨린다. 잉여 노동력이 완전히 없어지게 될 때에 농업 섹터도 이윤을 최대화하는 수준에서 노동력을 고용하게 된다. 이리하여 농업 섹터도 자본주의 섹터와 동일한 원리로 행동하게 될 때에 경제의 이중구조가 해소된다.

이러한 전환이 발생하는 시점을 '루이스 전환점'이라고 부른다. 중국이 과연 전환점을 맞이했는지 여부를 둘러싸고는 많은 논의가 이루어져 왔다(蔡昉, 2009; 南亮進·馬欣欣, 2009; 丸川知雄, 2010). 중국에 전환이 도래했다고 주장하는 사람들의 논거는 2005년부터 연해 지역의 공업지대에서 이주노동자들의 임금이 급속하게 상승하기 시작했다는 점이다. 그 전년부터 그때까지 몰려들었던 농촌으로부터의 이주노동자들이 급속하게 적어지게 되었다는 목소리가 광둥성의 공업지대에서 들리게 되었다. 그러한 상황은 이후 갈수록 현저해졌으며, 기업은 임금을 인상함으로써 노동자를 확보하고자 했다.

농촌에서 연해 지역에 이주노동을 하러 왔던 노동자들의 임금 상황은 〈그림 3-5〉의 '선전시 교외의 제조업 임금'으로부터 살펴볼 수 있다. 중국의 임금 통계에서는

<그림 3-5> 도시 지역 실질임금의 추이

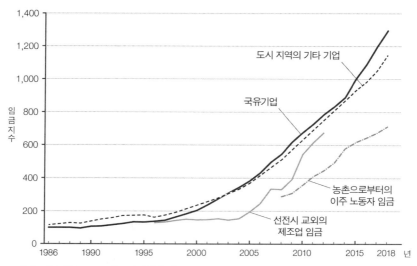

※ 설명: 임금지수는 1986년 국유기업의 임금을 100으로 삼는다.
※ 자료: 國家統計局 編(各年版); 深圳市統計局 編(各年版); 國家統計局, '農民工監測調查報告'(各年版)을 토대로 하여 저자가 작성함

해당 지역의 노동자와 이주노동자의 임금을 서로 구별하는 것이 어려운데, 선전시 교외[바오안구(寶安區), 룽강구(龍崗區)]의 제조업에서 일하고 있는 노동자의 거의 전원이 외지에서 왔던 이주노동자이므로, 이 자료는 순수하게 이주노동자의 임금을 보여주고 있다고 할 수 있다. 1996년부터 2004년까지 임금은 거의 보합세를 유지했는데, 2005년부터 급격하게 상승하기 시작했으며 2012년에는 2004년의 4배 이상으로 뛰어올랐다. 2008년부터 2009년에 걸쳐서 '리먼 쇼크'의 영향으로 임금의 신장세도 일시적으로 멈추었지만, 곧 급상승이 재개되었다.

다만 선전시 교외에서 일하는 이주노동자는 대부분이 20세 이하의 청년들이며, 그러한 사람들의 유입이 감소되었다고 해서 농촌의 잉여 노동력이 고갈되었다고 보는 것은 경솔한 생각이라고 할 수 있다. 또한 선전시 교외의 제조업은 대부분이 전자산업이 차지하고 있으며, 거기에서 일하는 사람들을 이주노동자 전체의 대표로

삼는 것도 무리가 있다. 〈그림 3-5〉에는 농촌으로부터의 이주노동자 전체의 평균 임금을 나타내고 있는데, 2008년부터 2018년까지 10년 동안에 2.5배가 상승했다. 2005년부터 10여 년 동안에 걸쳐 이주노동자의 임금이 급속히 상승하고 있는데, 이렇게 강한 흡인력에 의해 이끌리게 되면 농촌의 잉여 노동력이 고갈되어갈 것임은 분명하다.

▌ 농촌의 잉여 노동력은 고갈되었는가

그래서 농촌이 어떠한 상황이 되고 있는지를 살펴보기 위해서 필자는 2007년에 쓰촨성 장유시에서 농가를 대상으로 조사했던 자료를 분석했는데, 조사한 농촌에는 적어도 아직 상당한 수의 잉여 노동력이 있다는 결론에 도달했다(丸川知雄, 2010). 다만 20~30세 나이의 청년층의 다수가 이미 이주노동을 했으며, 농촌의 잉여 노동력은 50세 이상의 남성과 30세 이상의 여성에 한정되었다.

그런데 2018년에는 허난성 싼먼샤시에서 방문했던 전술한 '가정농장'에서는 노동자가 모두 50세 이상의 고연령층이었다. 그보다 젊은 사람은 아이들과 함께 모두 도시 등으로 이주해버린 것이다. 도시 지역이라면 연금 생활에 들어가게 되는 연령층의 사람까지 일을 하고 있었으며, 이 지역에는 잉여 노동력이 없을 뿐만 아니라 앞으로 10년이 지나면 노동자의 고령화에 의해 모든 노동력이 소멸되어 버릴 것으로 전망되었다. 즉 이곳은 이미 '전환점 이후' 상태에 있는 것이다.

다만 같은 시기에 방문했던 윈난성 및 쓰촨성의 농촌에서는 그때까지 노동력이 매우 절박한 상태에 있다는 느낌을 받지 못했다. 제8절에서 논한 바와 같이, 중국의 농업은 영세하고 노동집약적인 농업경영으로부터 인구의 유출과 토지의 전대에 의해 대규모의 농업경영으로 전환되는 과정에 있으며, 이 전환과 함께 루이스 전환점을 넘게 되겠지만 2018~2019년의 시점에서는 '그 전환 이전의 농촌'과 '전환 이후의 농촌'이 존재했다.

10. 인구라는 제약 요인

┃ 인구 보너스

　루이스 전환점을 넘는다는 것은 1980년 무렵부터 30여 년에 걸쳐 중국의 고도성장을 밑받침해왔던 노동의 이동이 끝난다는 것을 의미한다. 향후 중국의 경제성장은 노동 공급이라는 제약을 강하게 받게 된다. 제1장 제4절에서 예측한 것처럼 2021~2040년에는 취업자 수가 점차 감소하는 추세가 강해질 것으로 예측된다.

　돌이켜 보면 개혁개방 시기는 인구 구조의 측면으로부터도 경제성장에 대해서 대단히 유리한 조건을 누렸다. 우선 중국의 총인구는 1978년의 9.6억 명에서 2018년 말에는 14.0억 명으로 증가했으며(제1장 〈그림 1-4〉 참조), 그중에서도 생산연령 인구라고 불리는 15~64세의 인구가 5.6억 명에서 9.9억 명으로 대폭 증가했다. 생산연령 인구가 총인구에서 차지하는 비중이 지속적으로 높아지는 상태를 '인구 보너스'라고 한다. 또한 중국에서는 법정 퇴직연령이 남성 60세, 여성 50~55세로 되어 있다는 점, 또한 만16세 미만의 아이를 일하는 것은 법률 위반이라는 것을 고려해보면 생산연령 인구는 오히려 16~59세로 보는 쪽이 현실에 입각해 있다는 측면이 있는데, 이 책에서는 국제적인 관례에 따르기로 한다.

　〈그림 3-6〉에서 살펴볼 수 있는 것처럼, 생산연령 인구의 비중은 실로 개혁개방 시기기 시작된 1978년 무렵부터 상승을 계속했다. 그리고 2010년에는 생산연령 인구의 비중은 74.5%라는 전례 없는 높은 수준에 도달했다. 이 책의 제1장에서 제시된 〈그림 1-4〉를 살펴보면, 바로 그 무렵에 생산연령 인구의 절대수도 정점에 있었다는 것을 알 수 있다.

　'인구 보너스'가 경제발전에 유리한 이유는 다음과 같이 설명된다(大泉啓一郎, 2007). 우선 생산연령 인구의 비중이 높다는 것은 그만큼 많은 노동력을 생산활동에 투입할 수 있다는 것을 의미한다. 또한 고령자 및 아이 등 부양하지 않으면 안 되는 인구의 비중이 작아지게 된다면, 성인들이 벌어들인 돈 중에서 더욱 많은 비중을 저축으로 돌릴 수 있다. 사회의 저축이 증가한다면 그만큼 투자에 돌아갈

<그림 3-6> 중국 인구의 연령 구성

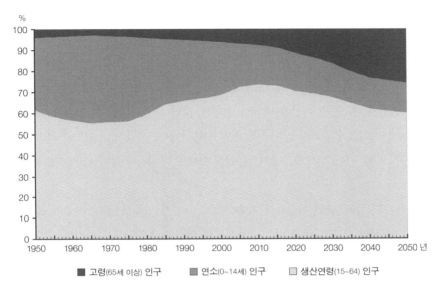

※ 자료: United Nations Department of Economic and Social Affairs, Population Division(2019)
을 토대로 하여 저자가 추계함

자금이 늘어난다. 또한 아이의 비중이 작아진다면 한 명 한 명의 아이에게 더욱 많은 교육비를 할애할 수 있게 되므로 더욱 생산성이 높은 노동력을 육성할 수 있다.

▎ 인구정책의 변천

개혁개방 시기의 중국이 인구 보너스를 누릴 수 있었던 것은 그때까지의 인구정책이 의도하지 않았던 효과였다.

중화인민공화국의 성립으로부터 1960년대까지는 중국의 지도자들은 인구의 증대에 대해서 긍정적이었다. 중일전쟁으로부터 국공내전에 이르기까지의 긴 전쟁이 종결되고 결국 평화로운 시대가 도래하자 위생 상태와 영양 상태도 개선되어 사망률이 저하하는 한편, 정부가 아이를 낳는 것을 장려하는 정책을 취함에 따라 출생률이 높아졌다. 그 때문에 인구가 점차 증가하고 특히 연소 인구의 비중이 높아졌다.

1953년에 제1회 인구조사가 행해져, 중국의 인구가 6억 194만 명이라는 것이 밝혀졌다. 이것은 예상 밖으로 많은 숫자였기 때문에 일부에서는 인구 과잉에 대한 위기감이 고조되었고, 베이징대학 학장 마인추(馬寅初)는 1957년의 전국인민대표대회에서 인구를 억제할 필요성을 설파했다. 하지만 마오쩌둥이 이것을 반동사상이라고 비판한 이후 인구 과잉에 대해서 논하는 것이 금기시되었다. 이리하여 인구 증가에 브레이크가 걸리지 않는 상태에서 1949년에는 5.4억 명이었던 중국의 인구는 1971년에는 8.5억 명으로 22년 동안에 3억 명 이상이나 증가해버렸다(若林敬子, 1994).

높은 생산율과 낮은 사망률이 계속되었기 때문에 연소 인구의 비중이 높았고 1960년대부터 1970년대 전반까지 생산연령 인구가 총인구에서 차지하는 비중이 56% 전후라는 낮은 수준에서 추이했다(〈그림 3-6〉 참조). 14세 이하의 연소 인구와 65세 이상의 고령 인구의 합계를 생산연령 인구로 나눈 수치를 '종속인구지수(從屬人口指數)'라고 하는데, 이 시기의 종속인구지수는 0.8이었다. 즉 1명의 성인의 어깨에 0.8명의 아이 또는 고령자를 부양해야 하는 부담이 짓눌려져 있었던 것이다.

1970년대에 들어서자 역시 중국 정부도 인구 증가에 대해서 위기감을 느끼게 되었으며, 1973년부터 만혼의 장려 또는 출산하는 수에 대한 억제를 추구했다. 그 효과도 있어, 1명의 여성이 한평생 낳은 아이의 수를 나타내는 합계특수출생률(合計特殊出生率)은 1970년의 5.8에서 1980년에는 2.3으로까지 저하했다. 하지만 급격한 인구 증가에 불안감을 크게 느꼈던 정부는 1980년에 이른바 '한 자녀 정책'을 개시했다.

애당초 한 쌍의 부부가 아이를 1명만 갖는 것이 허락된다는 의미에서의 '한 자녀 정책'이 적용되었던 것은 도시 주민들에게 한정되었으며, 그것은 당시 중국 인구의 36%에 불과했다. 농민은 첫째 아이가 여자인 경우에는 간격을 두고 둘째 아이를 갖는 것이 가능했으며, 소수민족은 더욱 많은 아이를 갖는 것이 허락되었다. 평균해 보면 출생의 허용 수는 한 쌍의 부부에 대해서 1.4명 남짓이라는 것이 중국의 이른바 '한 자녀 정책'이었다(蔡昉, 2019: 第4章).

이리하여 인구 과잉을 억제하기 위해서 도입되었던 출산 제한 정책과 원래 1970년대부터 시작되었던 출생률 저하의 저류가 서로 맞물리며 개혁개방 시기를 통해서 아이의 수는 상대적으로 감소했다. 한편으로 출생률이 높았던 1960년대까지 태어났던 사람들이 개혁개방 시기에는 생산연령 인구에 속속 더해졌다. 이리하여 1970년대부터 인구 증가에 제동이 걸린 결과, 30년 이상에 걸쳐 인구 보너스가 계속되는 행운이 찾아왔던 것이다.

▌ 앞길을 가로막는 고령화의 벽

중국 전체 인구의 동태(〈그림 1-4〉참조) 및 인구의 연령 구성(〈그림 3-6〉참조)은 모두 2015년을 기점으로 하여 중국이 풍부한 노동력이라는 우위성을 점차 상실해 가는 것을 보여주고 있다. 이와 동시에 인구에서 차지하는 고령 인구(65세 이상)의 비중이 급속하게 높아져가고 있다. 중국은 2001년에 고령 인구의 비중이 7%를 넘는 고령화 사회에 접어들었는데, 2025년 경에는 고령 인구의 비율이 14%를 넘는 고령 사회로, 그리고 2036년 경에는 21%가 넘는 초고령 사회로 가속도가 붙은 상태에서 앞으로 나아가게 될 것으로 예측된다.

인구의 고령화는 개혁개방 시기의 고도성장을 밑받침했던 인구 보너스의 상실을 의미한다. 이 책의 제1장에서 예측했던 바와 같이, 취업자 수는 감소를 계속하고 경제성장의 발목을 잡는다. 또한 고령 인구가 증가함에 따라 현역 세대가 고령자의 생활을 밑받침하기 위한 부담이 무거워진다. 그 부담은 세금 또는 사회보장 관련 요금의 부담이 증대하는 것으로 나타나게 될 것이다. 현역 세대는 저축할 여유가 없어지게 되며, 그 때문에 사회 전체적으로도 투자로 돌아갈 자금이 감소하게 된다. 게다가 아이들의 교육에 돌아갈 자금조차 삭감해야 할지도 모른다.

이리하여 인구 구조가 향후 경제성장에 대해서 불리하게 전환된 가운데 중국 정부가 채택하기 시작한 대책은 다음과 같은 3가지이다.

첫째, 연금제도의 구축이다. 연금제도에는 현역 세대가 지불한 사회보험 요금이 그 상태 그대로 연금으로서 고령자에게 지불되는 부과방식과 현역 중에서 장래의 연금을 적립해두는 적립방식이 있다. 1996년 이전에는 기업이 퇴직자에 대한 수당을 지급했으므로 사실상 부과방식이 취해졌다고 말할 수 있다. 1997년에 도시 지역의 연금제도가 시작되었는데, 그것은 부과방식과 적립방식을 조합하는 것을 지향한 것이었다. 적립방식이라면 사회보험 요금은 일종의 저축이 된다. 사회보장 요금은 기금에 적립되며, 그것을 기업의 주식 또는 국채의 구입에 충당한다면 사회의 투자로 돌아가게 된다. 하지만 실제로는 적립방식의 쪽은 제대로 기능하지 않고 있으며, 장래에 불안을 남기고 있다(蔡昉, 2019: 第5章).

둘째, '한 자녀 정책'의 폐지이다. 2013년에 부부 중 한쪽이 한 자녀인 경우에 2명까지 아이를 낳아도 좋다는 것이 되었으며, 또한 2016년부터는 도시, 농촌, 민족을 불문하고 모든 부부가 2명까지 아이를 낳아도 좋다는 것이 되었다. 다만 2000년 이후 중국의 합계특수출생률이 이미 1.4~1.6까지 저하되었으며, 국민에게 출산 억제를 강제할 필요도 없이 저출산이 실현되고 있는 가운데 정책의 전환이 너무 늦었다고 말할 수 있다.

셋째, 법정 퇴직연령의 인상이다. 법정 퇴직연령이란 연금을 수령할 권리가 생기는 연령이므로 이것을 가령 60세에서 65세로 인상하면 60~64세의 사람들을 연금 수급자에서 노동력으로 전환시킬 수 있다. 다만 이러한 점은 상하이처럼 평균 수명이 80세를 넘는 지역이라면 좋지만, 내륙 지역의 윈난성 또는 칭하이성처럼 아직 평균 연령이 70세가 되지 않는 지역까지 일률적으로 법정 퇴직연령을 65세로 인상해버리면 이 지역의 사람들은 몇 년 밖에는 연금을 수령하지 못한다는 문제가 있다(蔡昉, 2019: 第5章). 퇴직연령을 담당하는 인력자원사회보장부가 점진적으로 법정 퇴직연령을 인상한다는 계획을 만들고 있다는 것을 2016년에 발표했는데, 2020년 현재까지 구체적인 계획은 결정되지 않고 있다.

제4장 재정과 금융: 경제성장과 자금조달

산시성(山西省) 핑야오(平遙)에 설립된 중국 최초의 은행
'일승창기(日昇昌記)'(1823년)

앞 장에서 논한 바와 같이, 중국의 개혁개방 시기의 고도성장을 가져왔던 중요한 요인은 노동력이 풍부하게 공급되었다는 점이었다. 3억 명에 가까운 노동력이 농업으로부터 제2차·제3차 산업으로 이동했으며, 인구 구조의 측면으로부터 보더라도 개혁개방 시기는 인구 보너스를 누릴 수 있었던 것이다. 하지만 이러한 상황은 2015년 무렵에 거의 끝났다. 농촌에는 이미 잉여 노동력이 별로 남아 있지 않으며, 인구 구조도 고령화를 향해 빠른 속도로 나아가고 있다.

노동력의 공급이라는 점으로부터 볼 때, 경제성장에 불리한 상황이 거듭되고 있기에 향후의 경제성장은 3가지 생산요소 중에 자본과 기술이 의지할 바가 된다. 그래서 이 장에서는 자본에 대해서 다루도록 하겠다.

자본이란 기업가가 현재 투자하고 있는, 또는 앞으로 투자하고자 하는 돈이라는 의미이다. 창업하고자 하는 사람은 우선 스스로 어느 정도의 돈을 축적해야 한다. 기업가가 우선 스스로 축적한 돈을 투자한다는 것이 자본주의의 대원칙이다. 이미 사업을 하여 돈을 버는 기업가는 그 이익을 토대로 하여 새로운 투자를 할 수 있다. 이처럼 기업가가 스스로 축적한 자본을 '자기자본'이라고 부른다. 영국은 19세기에 면직물업이 발전하여 세계에서 최초의 공업국이 되었는데 면직물업을 담당했던 기업가들은 주로 자기자본을 축적하여 공장을 건설했다(Deane, 1965).

그러나 개도국에는 좀처럼 기업을 진흥시킬 수 있을 만큼의 제대로 된 돈을 축적하고 있는 사람이 없다. 이 경우에는 사회에 분산된 돈을 기업가 아래로 모아서 자본으로 삼는 것이 고려된다. 이러한 틀 중의 하나가 주식회사이다. 일본의 산업혁명은 메이지 시대의 후반(1880년대 후반~제1차 세계대전까지)에 일어났는데, 이 시기에 시부사와 에이이치(澁澤榮一) 및 고다이 도모아쓰(五代友厚)가 리더십을 발휘하여 많은 출자자의 자금을 모아서 다수의 주식회사를 설립했다(浜野潔 外, 2009: 107~111). 주식회사는 다수의 소규모 자산가에게 주식을 파는 것을 통해서 돈을 모으고 커다란 투자를 하는 것에 편리한 틀이다. 특히 일본처럼 유럽에 뒤쳐진 상태에서 공업화를 시작한 국가의 경우에, 최초로 공업화를 했던 영국보다도 근대적인 공장을 건설하기 위해서 필요한 자본이 증대했기 때문에 주식회사와 같은 틀을 사용하여 자본을 집중시킬 필요가 있다.

사회에 분산되어 있는 돈을 모으는 틀로서 보다 유효한 것은 은행이다. 주식을 구입할 수 있는 것은 어느 정도의 자산가뿐이지만, 은행에 예금을 하는 것을 일반 노동자들도 가능하기에 자산가가 소수 밖에 없는 가난한 국가에서도 은행이 예금을 모아서 큰 자금을 만들어낼 수 있다. 다만 주식을 사는 자산가는 투자처인 주식회사가 실패하여 투자한 돈을 잃게 될 리스크를 짊어지고 투자하는 것에 반해서, 은행에 돈을 맡기는 예금자는 그 쪽이 안전하다고 생각하기 때문에 예금을 하는 것이다. 따라서 은행은 예금자로부터 모은 돈으로 모험과 같은 행동은 할 수 없다. 은행이 기업에 자금을 대출하는 경우에는 담보를 취함으로써 만약 대출을 해준 기업의 경영상황이 악화되더라도 대출한 자금을 확실히 회수할 수 있도록 배려한다.

은행이 대출해 주는 자금에는 이런 특징이 있기에 기업이 은행에서 빌린 자금에만 의지하는 것은 대단히 바람직하지 않다. 왜냐하면 기업의 경영에는 부침이 따르기 마련인데, 은행에 빌린 돈을 기일까지 정확히 갚아야 하기 때문이다. 그래서 기업은 우선 자기자본 및 주주로부터 모은 돈, 즉 모험을 할 수 있는 돈에 의해 자본의 기초를 다진 뒤에 경영규모를 더욱 확대하기 위해 은행으로부터 돈을 빌린다.

공업을 발전시키고자 하는 국가에서 자본을 만들어내는 또 하나의 방법은 국가의 힘을 이용하는 것이다. 국가는 세금을 징수할 수 있는 권력을 갖고 있으므로 커다란 자금을 만들어낼 수 있다. 국가는 또한 국채를 팔아서 국민 및 외국으로부터 자금을 빌릴 수도 있다. 아울러 국가는 스스로 돈을 만들어낼 수 있다. 일본에서 1만 엔 지폐 제작에 필요한 비용은 20엔 정도이므로 일본 정부는 20엔 정도로 1만 엔 지폐를 만들어 국민으로부터 1만 엔 상당의 노동 및 물품을 사고 있는 것이다.

다만 국가가 이러한 힘을 남용하여 무모하게 모험을 해버리게 되면 국가 전체의 경제를 파탄나게 만들 위험성이 높다. 우선 국채를 과도하게 팔면 국채가 신용을 받지 못하게 되어 매주가 붙지 않게 되거나 국채의 상환을 요구하는 사람이 쇄도하게 되어, 국가는 빚을 갚을 수 없는 상황에 빠지게 된다. 지폐를 과도하게 발행하게 되면, 가격이 상승하고 통화의 가치가 점차 떨어지는 '하이퍼인플레이션'이라는 상태에 빠진다. 또한 국민 또는 기업에 대해 부과하는 세금을 과도하게 무겁게 하면, 국가의 경제가 피폐해지게 된다.

이상에서 정리한 바와 같이, 경제성장에 필요한 자본을 만들어내는 수단으로서는 ①자기자본, ②주식, ③은행, ④국가 등의 4가지를 들 수 있다. 물론 현대의 금융 세계에는 더욱 많은 종류의 자금의 흐름이 있지만, 이 4가지는 여전히 중요하다. 이 장의 주제는 중국의 계획경제 시기부터 오늘날에 이르기까지 역사의 각 단계에서 이 4가지 종류 중에서 어떤 것이 중요했는가 하는 것이다. 이러한 역사를 돌이켜봄으로써 시장경제에서 이 4가지 종류의 자금의 흐름이 얼마나 불가결한지를 이해하게 된다.

간단하게 정리해보자면, 우선 계획경제 시기(1953~1978년)에는 ④국가만이 자본을 만들어내는 유일한 루트였다. ①자기자본과 ②주식은 모두 개인으로서 돈을 어느 정도 축적한 자산가의 존재를 전제로 하고 있는데, 중국공산당이 정권을 장악하고 사회주의체제로 이행했기 때문에 사회로부터 자산가가 일소되어 버렸다. 이 시기에는 ③은행의 역할도 작았다. 당시의 중국 국민은 매우 가난하였으며 은행에 돈을 예금할 정도의 여유가 거의 없었기 때문이다.

개혁개방 시기의 전반(1979~1993년)에는 계속해서 ④국가의 역할이 중요했는데, ③은행의 역할이 급속하게 확대되었다. 국민이 점차 풍요로워지고 은행에 예금을 하게 되었기 때문이다. ①자기자본으로 투자하는 기업가도 출현했는데, 아직 규모는 작았다.

개혁개방 시기 후반(1994년~현재)이 되자, ③은행의 중요성이 더욱 증가하는데 ②주식 및 ①자기자본의 역할도 크게 확대되었다. 국민이 더욱 풍요로워지고 은행에 예금하는 것뿐만 아니라 주식에 투자를 하거나 스스로 돈을 저축하여 사업을 시작하는 사람도 많아졌다. 또한 ②주식과 ③은행의 중간이라고 할 수 있는 다양한 금융상품이 발달하게 되었다. 한편으로 ④국가도 여전히 중요한 루트로 계속 존재하고 있다.

일반적으로 경제학 교과서 등에서는 재정과 금융을 각기 다른 장으로 구성하여 논하고 있다. 하지만 이 책에서는 양자를 하나의 장 안에서 다루고 있다. 이는 두 가지 모두 경제성장을 위해 자본을 조달하는 수단으로 파악하고 있기 때문이다. 계획경제 시기에는 국가(재정)가 수행했던 역할을 개혁개방 시기에는 주식시장 및 은행이 담당하게 되었던 것이다.

이제까지 중국에서는 재정과 금융은 경제성장에 봉사해야 하는 것으로 간주되어 왔다. 하지만 앞으로의 중국에서는 재정과 금융이 갖고 있는 또 하나의 측면, 즉 리스크에 대한 대비라는 측면이 강해지게 될 것이다.

애당초 사람이 왜 돈을 저축하는가를 생각해보면, 주택 및 자동차의 구입, 아이의 진학 등 장래의 지출을 대비한다는 측면 외에 큰 질병, 재해, 실업 등의 리스크에 대비하거나 퇴직한 이후를 대비한다는 측면도 있을 것이다. 소득이 높으면 그리고 평균수명이 길어진다면, 리스크에 대비하기 위해 저축하는 경향이 강해진다. 국가가 풍요로워짐에 따라 재정과 금융에서도 경제성장보다 질병, 재해, 고령화 등의 사회 전체의 리스크에 대처하는 측면이 강해져 간다. 중국도 실로 그러한 전환의 시기에 있다는 것을 이 장의 후반부에서 지적하고 있다.

1. 국가가 투자를 담당했던 계획경제 시기

▌공업화를 담당한 국가재정

이 책의 제2장 제4절에서 살펴본 바와 같이, 계획경제 시기의 중국에서는 농산물의 가격과 도시 지역의 임금이 낮은 수준으로 억제되었으며, 이로 인해 국유기업에 커다

〈그림 4-1〉 정부 재정수입, 예산외 수입, 가계저축, 유통주식 시가총액의 대 GDP 비율

※ 자료: 國家統計局國民經濟核算司 編(2007); 國家統計局 編(各年版); 國家統計局國民經濟綜合統計司 編(2010); 財政部綜合計劃司 編(1992).

란 이윤을 만들어냈고 이러한 이윤을 국가가 흡수하여 다양한 사업에 투자했다.

계획경제 시기의 중국 정부가 사회 안에서 어느 정도의 자금을 집중시켰는지는 〈그림 4-1〉의 '정부 재정수입/GDP'라는 선으로부터 살펴 볼 수 있다. 1953년부터 1978년까지 중국 정부의 재정수입은 평균 GDP의 28%를 차지했다. 즉 국민의 수입 가운데 대략 4분의 1을 국가가 흡수했던 것이다.

이것이 중국 국민에게 얼마나 무거운 부담이었는지는 당시의 중국과 동일한 경제 수준에 있는 오늘날의 개도국 정부가 어느 정도의 재정수입을 가졌는지를 살펴보면 명백해진다. 세계은행의 계산에 의하면, 1977년 이전의 중국은 1인당 GDP가 300 달러 밖에 되지 않았다(또한 미국 달러의 가치가 변화하고 있으므로 여기에서는 2010년의 가치로 환산한 수치를 표시하고 있다). 이것은 후발 개도국(Least Development Countries)의 레벨 이며, 2015년 시점의 중앙아프리카공화국(1인당 GDP 346달러, 2010년 미국 달러 환산)

<그림 4-2> 정부 재정수입과 1인당 GDP의 관계

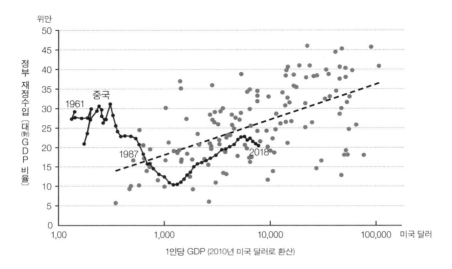

※ 설명: 1인당 GDP는 2010년 미국 달러 환산.
※ 자료: [1인당 GDP] World Development Indicators; [정부 재정수입에 대한 GDP 비율] 중국의 경우
　　 에는 〈그림 4-1〉과 동일하고, 다른 국가의 경우에는 World Development Indicators.

또는 에티오피아(1인당 GDP 483달러)보다 더욱 가난했다는 것이 된다.

　일반적으로 이러한 가난한 국가에서는 국민에게 매우 무거운 세금을 부과하는
것은 불가능하므로, 정부의 재정수입이 GDP에서 차지하는 비중은 낮다. 2015년
시점에서의 후발 개도국의 평균은 15% 미만이었다. 그런데 중국은 그러한 경제수
준일 때에 국가가 GDP의 28%나 되는 자금을 국민으로부터 정부에 집중시켰던
것이다.

　그것이 얼마나 이색적인 일인지는 〈그림 4-2〉로부터 살펴볼 수 있다. 해당 그림
의 점은 가로축에 2015년 시점의 세계 138개국에서의 1인당 GDP(2010년 미국
달러 환산), 세로축에 2015년 시점의 정부 재정수입에 대한 GDP 비율을 나타내고
있다. 1인당 GDP가 적은 국가는 정부 재정수입에 대한 GDP 비율이 낮은 경향에
있다는 것을 알 수 있다.

아울러 1961년부터 2018년까지 중국의 1인당 GDP와 정부 재정수입에 대한 GDP 비율의 변화를 겹쳐서 살펴본다. 그렇게 해보면 오늘날의 후발 개도국과 비교해서 계획경제 시기의 중국이 얼마나 높은 비중으로 국가에 자금을 집중시켰는지를 알 수 있다. 계획경제 시기의 중국 정부는 실질적으로 국민에게 매우 무거운 세금을 부과했다.

〈그림 4-1〉를 보면, 당시의 중국 국민에게는 거의 저금을 할 여유가 없었다는 것을 읽어낼 수 있다. 굵은 실선으로 표시된 가계저축 잔고에 대한 GDP 비율은 계획경제 시기에는 저조했으며 1978년의 단계에서도 GDP의 6% 밖에 되지 않았다. 계획경제 시기에는 정부 아래로 집중되었던 자금의 사용처는 이 책의 제2장에서 제시되고 있는 〈표 2-1〉에서 살펴본 바와 같이, 공업 및 인프라의 건설, 그리고 국유기업의 운영 등의 사업활동(〈표 2-1〉의 점선보다 윗부분)에 지출 전체의 57%가 투입되었다.

▌ 지방정부의 역할

위에서는 '정부'라고 특별히 한정하지 않고 불러왔지만 중국의 경우에 중앙정부와 지방정부의 전체가 '정부'이다. 그리고 이 책의 제2장 제5절에서 논한 바와 같이, 1958년의 '대약진'을 경계로 하여 지방정부의 역할이 커지게 되었다.

그러한 상황은 국가재정에서의 중앙과 지방의 분담 비중을 보더라도 알 수 있다. 〈그림 4-3〉은 국가재정의 수입과 지출 중에 지방정부가 차지하고 있는 비중을 나타내고 있다. 중국이 소련으로부터 계획경제의 틀을 충실하게 도입했던 1957년까지는 중앙정부가 국가재정 중에서 차지하는 비중은 수입과 지출 모두 70% 이상의 높은 수준에 있었다.

그러나 '대약진'이 시작된 1958년에는 우선 지방정부에 의한 재정지출의 비중이 전년의 29%로부터 56%로 뛰어올랐다. 또한 같은 해에 많은 국유기업의 관할이 중앙에서 지방으로 이동되었으며, 1959년부터는 국유기업으로부터의 수입이 지방정부에 들어가게 되었기 때문에 지방정부 수입의 비중이 1958년의 20%로부터

〈그림 4-3〉 정부 재정에서 차지하는 지방정부의 비중

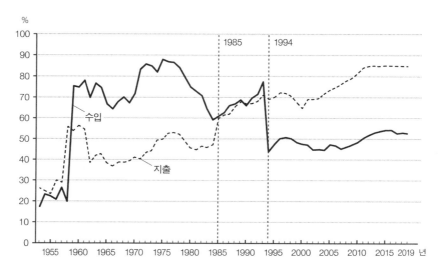

자료: 國家統計局 編(各年版).

1959년에는 76%로 뛰어올랐다. 또한 1970년에도 중앙정부에 속해 있던 국유기업을 지방정부에 이관했기 때문에 1971년부터 1978년까지는 지방이 재정수입에서 차지하는 비중이 84% 이상으로까지 높아졌다(〈그림 4-3〉 참조).

　다만 재정수입의 대부분이 지방정부에 들어갔다고 하더라도 지방정부에 그만큼의 자금을 지배할 권한이 있었던 것은 아니다. 오히려 이 시기의 지방정부는 중앙의 파출기관으로서 기업으로부터 수입을 징수하는 역할을 부여받았다고 보는 쪽이 적절하다. 우선 〈그림 4-3〉으로부터 알 수 있는 것처럼, 재정수입에서의 지방의 비중이 80%를 넘었던 1970년대에서도 재정지출에서의 지방의 비중은 40~50%에 불과했다. 즉 지방정부가 국유기업 등으로부터 모았던 수입 중에서 40% 정도는 중앙에 상납된 것이다. 지방이 모았던 수입을 중앙과의 사이에서 배분하는 규칙은 복잡하며 1949년부터 1993년에 이르기까지의 동안에 수년에 1회의 빈도로 수차례나 변경되었다(田島俊雄, 2000: 78; 內藤二郞, 2011: 82~83).

재정지출의 절반 미만은 지방에 의해 집행되었지만, 지출의 내용을 결정할 권한은 지방정부에는 없었다. 지방정부에는 독자적으로 예산을 만들 권한이 없으며, 중앙정부가 만든 예산에 따라 지출하지 않으면 안 되었다(關山·姜洪 編, 1990: 190).

다만 1958~1959년의 '대약진' 시기에 한해서는 지방정부가 재정수입을 늘리면 늘어난 만큼의 재정지출에 대해서 더욱 큰 권한을 갖는다는 틀이 도입되었다. 그 결과, 지방정부가 재정수입을 늘리고 그것을 무모한 투자에 주입하여 대혼란에 빠져 1959년에는 지방분권이 정지되고 중앙으로의 권한 집중이 이루어졌다.

1970년대에 진입하자, 다소 지방분권이 강해졌다. 우선 1970년에 중앙정부에 속해 있는 국유기업의 대부분이 지방정부에 이관되었다. 1971~1973년에는 지방의 재정수입이 다시 중앙과 지방에서 정한 예산을 초과했을 경우에는 초과분을 지방이 자유롭게 사용할 수 있게 함으로써, 지방정부에 재정수입을 증가시키는 인센티브를 제공하려는 정책이 취해졌다. 그런데 실제로는 지방의 재정수입이 예산에 미달하였으며, 도리어 지방이 예산으로 정해졌던 지출조차 실행할 수 없는 사례가 속출했다. 그래서 1974년부터는 지방이 예산으로 정해진 지출을 확실하게 실현할 수 있도록 보증하는 제도로 수정되었는데, 그것에 의해 지방의 재정수입과 재정지출 간의 관계가 도중에 끊어지고 지방의 재정수입 증가 의욕이 상실되었다(關山·姜洪 編, 1990: 171~174).

▌지방정부의 '예산외 수입'

1959년부터 1970년대 말까지 지방에 재정수입의 70~80%가 들어갔지만, 결국 지방정부에는 그 수입을 자주적으로 사용할 권한은 거의 없었지만, 정규 재정수입 이외의 수입, 즉 '예산외 수입'에 대해서는 지방의 독자적인 재원으로서 어느 정도 자유롭게 사용할 수 있었다. 예산외 수입이란, 지방정부가 정규로 인정받은 세금 이외에 독자적으로 징수하는 것을 인정받은 부가적인 세금에 의한 수입, 또는 국유기업의 감가상각기금(기계설비의 갱신에 대비해 적립하는 기금)과 대수리기금(기계설비의 큰 수리에 대비해 적립하는 기금) 등의 내부 유보 등, 지방정부 및 기업이 수중에 넣을 수 있는 자금을 지칭한다. 당시의 국유기업에는 경영자주권은 거의 부여되지 않았기에 기업의 내부 유보는 그 기업을 관할하는 정부 부문이 지배했다.

지방정부는 이러한 자금을 이 책의 제2장 제5절에서 지적한 계획경제체제의 불충분한 부분을 메워 보충하기 위해서 사용했다. 예를 들면, 시멘트는 계획경제에서 중앙이 배분하는 중요한 물자였지만, 그럼에도 가령 상하이시의 경우에 중앙정부로부터 배분된 것은 시내의 수요량 중에 절반 정도 밖에 되지 않았다. 그래서 상하이시는 시멘트의 부족분을 메우기 위해 예산외 수입 등 독자적인 재원을 사용하여 시내에 12곳의 시멘트공장을 건설했다. 또한 원료인 석회석을 확보하기 위해서 이웃하고 있는 장쑤성 및 저장성의 광산에도 투자했다. 이러한 상하이시의 시멘트 산업에 대한 투자는 재정에서의 지방분권이 강해졌던 1958~1959년과 1970년 이후에 집중되고 있다(加島潤, 2018: 第9章).

이리하여 지방정부의 재정지출에 대한 권한이 제한되었던 가운데에서도 지방정부는 예산외 수입을 사용하여 지역경제를 위한 투자를 추진했다. 예산외 수입은 1970년대에 확대되었으며, 〈그림 4-1〉에서 살펴볼 수 있는 것처럼 예산외 수입에 대한 GDP 비율은 1977년에 10%까지 상승했다(〈칼럼 5〉 참조).

▮ 연해 지역에서 내륙 지역으로의 자금 이전

지방정부에는 예산외 수입이라는 재원이 있었지만, 그 규모에는 한계가 있었다. 계획경제 시기에는 역시 중앙정부의 지배력이 압도적으로 강했으며, 중앙은 그 힘을 이용하여 경공업의 국유기업으로부터 자금을 흡수하여 중공업에 투자하고, 연해 지역의 국유기업으로부터 자금을 흡수하여 내륙 지역에 투자했다.

1949년부터 1978년까지의 기간에 중앙으로의 순(純)상납액(중앙에의 상납—중앙으로부터의 보조)이 가장 많았던 것은 상하이시였으며, 그 다음으로 랴오닝성, 산둥성, 장쑤성, 베이징시, 톈진시가 그 뒤를 이었다. 한편 내몽골자치구, 신장위구르자치구(新疆維吾爾自治區), 구이저우성, 광시장족자치구(廣西壯族自治區)는 중앙으로부터 받는 보조금 쪽이 상납액보다도 많았다(加島潤, 2018: 第6章). 예를 들면, 상하이시의 경우 중국공산당의 일당독재체제를 취하고 있는 중국에서는 중국공산당의 최고책임자가 국가의 최고권력자다. 마오쩌둥은 중화인민공화국의 건국부터 1976년에 사망할 때까지 줄곧 '중국공산당 주석'이라는 지위에 있었으며, 중국의 최고권력자였다. 마오쩌둥의 사망 이후, 그 자리를 계승했던 사람이 화궈펑(華國鋒)이다. 하지만 1978년 12월의 중국공산당 11기 3중전회에서 정치의 실권은 덩샤오핑에게 넘어갔다. 화궈펑은 계속해서 당 주석의 자리에 머물렀지만, 그 자리도 1981년 6월에 덩샤오핑의 복심이었던 후야오방(胡耀邦)에게 양보했다. 1982년 9월에는 당 주석 자리가 폐지되고 그 대신에 당 총서기가 공산당의 최고 자리가 되었으며, 계속해서 후야오방이 취임했다. 당 총서기 자리는 2012년 11월에 후진타오(胡錦濤)에서 시진핑(習近平)에게 계승되었다. 1993년 이후에는 당 총서기가 국가의 최고책임자 자리인 국가주석도 겸직하는 것이 관례화되었으며, 2013년부터 시진핑이 당 총서기와 국가주석을 겸임하고 있다. 또한 덩샤오핑은 1978년 12월 이후 1992년경까지 사실상의 최고실력자였지만, 이 시기에는 당 총서기, 국가주석 등 당과 국가의 최고책임자 자리에는 한 차례도 취임하지 않았다.

에 국유기업이 지방에 이관되었던 1959년에 지방의 재정수입이 전년 대비 6배 이상으로 뛰어올랐지만, 그때부터 지방 재정수입의 80% 이상을 중앙에 상납했다. 결국 1959년부터 1978년까지의 동안에 평균으로 지방 재정수입의 88%를 중앙에 상납하게 된다. 랴오닝성도 마찬가지로 지방 재정수입의 68%를 중앙에 상납했다(加島潤(2012)에 토대하여 저자가 계산함).

연해 지역에서 흡수한 자금이 내륙 지역으로 이전되는 구조를 규명하기 위해서, 각 성에서 한 투자가 평균 수준에서 얼마나 괴리되어 있었는지를 조사해보았다. 우선 각 지역의 투자는 그 지역에서의 광공업 생산액에 비례해야 한다고 가정한다. 1972년의 경우에 전국의 광공업 생산액은 2,547억 위안, 기본건설 투자액은 지역을 구분하지 않는 것을 제외하면 265억 위안이었으므로, 생산액에 대한 투자의 비중은 10.4%가 된다. 즉 각 지역의 광공업 생산액에 대해서 그 10% 정도의 투자가 행해지는 것이 정상적인 모습이라고 가정한다. 그리고 이 비율을 하회하는 비중

〈그림 4-4〉 투자 유출입액(流出入額)(1972년)

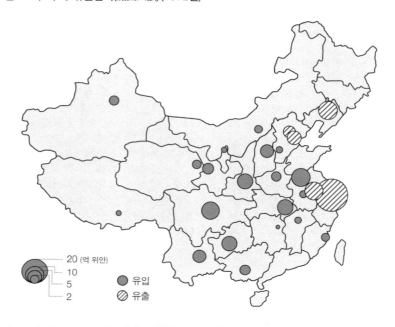

20 (억 위안)
10
5
2
● 유입
◨ 유출

※ 자료: 國家計劃委員會統計組(1973)에 토대하여 저자가 작성함

밖에 투자가 행해지지 않았던 성은 투자가 유실된 것으로 간주하고, 이 비율을 상회하는 비중으로 투자가 행해졌던 성은 투자가 유입된 것으로 간주한다.

1972년에 대해서 그 계산결과가 〈그림 4-4〉이다. 이 그림으로부터 연해 지역 및 동북부의 성 또는 시로부터 자금을 흡수하여 내륙 지역에 투자했다는 것을 확실히 알 수 있다. 특히 상하이시는 국가 전체의 평균적 비율로 투자가 이루어졌다면 38억 위안의 규모이었을 것임이 분명함에도 실제로는 6억 위안 밖에 투자가 행해지지 않았으며, 32억 위안이나 되는 투자 자금을 흡수당했다. 1972년 상하이시의 GDP는 171억 위안이었으므로 상하이시는 GDP의 18%에 상당하는 자금을 중앙에 흡수당한 것이 된다. 그것에 다음 가는 것이 랴오닝성과 장쑤성인데, 각각 10억 위안씩 흡수당했다. 한편 유입된 액수가 가장 많았던 것은 쓰촨성으로 10억 위안이었으며, 그 다음으로 후베이성이 8억 위안이었다. 1972년은 지방분권이 상대적으로 다소 강해진 해였지만, 그럼에도 연해 지역으로부터 자금을 강력하게 흡수하여 그것을 내륙 지역에 주입하는 메커니즘이 움직였다는 것을 알 수 있다.

2. 개혁개방 시기 초반: 지방과 금융 역할의 확대

▌ 재정에서 금융으로의 주역 교체

개혁개방 시기의 전반(1978년 말~1993년)은 자금의 흐름 속에서 전술한 ④국가의 역할이 점차 저하되고, ②은행의 비중이 급속하게 높아지는 시대였다. 또한 1970년부터 맹아가 싹텄던 지방분권이 결국 본격화되어 지방정부의 각각이 실로 하나의 기업인 것처럼 자금을 조달하여 투자하게 되기도 했다.

우선 전자의 변화, 즉 재정(국가)으로부터 금융(은행)으로 자금 흐름의 주역이 교체된 것에 대해서 살펴보도록 하겠다. 〈그림 4-1〉에서 살펴볼 수 있는 것처럼 정부 재정수입의 GDP 비율은 1978년에는 31%였지만 개혁개방 전반을 통해 저하되었으며, 1995년에는 결국 10%로까지 하락했다.

정부 재정의 역할이 축소되었던 계기는 1976년 마오쩌둥의 사망 이후에 제기된 투자확대 노선과 그것이 좌절된 이후에 취해졌던 경제를 단속하는 정책이었다. 마오쩌둥의 사망 이후에 최고권력자의 자리에 앉게 된 화궈펑은 중화학공업의 비약적 발전을 지향하는 '경제발전 10개년계획'을 제시했다. 이 계획에서는 일본 및 서구로부터 최신 공업설비를 대량으로 도입할 예정이었지만, 머지않아 설비의 구입에 필요한 외화가 부족하다는 것을 알게 되어 좌절했다. 이러한 실패도 있었기에 화궈펑은 권력을 상실하고 1978년 말부터는 덩샤오핑이 정치의 실권을 장악하게 되었다(〈칼럼 5〉 참조).

덩샤오핑은 1950년대부터 계속해서 공업화 일변도의 정책이 국민생활의 피폐를 초래하고 있다고 보았다. 그래서 국민소득 중에서 투자로 돌아가는 비중(당시에는 그것을 측정하는 지표로서 '축적률', 즉 축적액/국민수입 사용액이 사용되었음)을 1978년의 36.5%에서 25%로까지 인하시키는 것을 목표로 삼았다(浜勝彦, 1995: 66).

그 당시에는 정부가 자금을 흡수하여 투자했기 때문에 축적률을 내리는 것은 즉 임금과 농산물의 가격을 올려서 노동자와 농민의 호주머니 사정이 좋게 하는 한편, 국유기업의 이윤이 삭감되고, 국가재정에 들어가는 자금이 감소한다는 것을 의미한다.

실제로 1979년에는 식량의 판매가가 전년보다 평균 21% 인상되었으며, 정부가 농민에게 할당했던 판매량을 초과한 부분에 대해서는 50% 증가된 가격으로 판매할 수 있게 되었다(池上彰英, 2012: 34~35). 도시 지역 노동자의 평균 임금도 1977년부터 1980년까지의 동안에 33%나 인상되었다. 임금이 상승한 결과, 국유기업의 이윤율이 내려가고 국유기업으로부터 정부에 상납되는 세금 및 이윤도 그다지 증가하지 않게 되었다. 1978년부터 1982년에 걸쳐서 GDP는 46% 증가했지만 정부의 재정수입은 7% 미미하게 늘어나는 것에 그쳤으며, 정부 재정수입에 대한 GDP 비율은 31%에서 23%로 급락했다.

그런데 여기에 중국 정부의 고마운 오산이 있었다. 중국 정부는 투자를 희생할 각오로 노동자 및 농민의 소득을 증가시키는 정책을 취했다. 정부는 그때까지 빠듯하게 가난한 생활을 보냈던 국민은 당연히 소득이 늘어나는 만큼 소비할 것이라고 생각했다. 그런데 정작 식량가격과 임금의 대폭 인상을 단행해보니, 투자율[= 조(粗)자본형성/GDP]은 1978년의 38%에서 1982년의 34%로 약간 내려갈 뿐인 상태에 머물렀던 것이다. 즉 사람들의 소득을 늘었지만, 투자는 그다지 희생되지 않았던 것이다.

왜 이러한 일이 가능해졌는가 하면, 노동자 및 농민이 증대한 수입을 모두 소비하지 않고 그 일부를 은행에 예금했기 때문이다. 〈그림 4-1〉에서 살펴볼 수 있는 것처럼, 가계저축 잔고에 대한 GDP 비율은 1978년의 6%에서 1982년에는 13%로 급상승했다. 사람들의 저금을 예치하고 있는 은행은 당시에는 모두 국유기업이었기 때문에, 그곳의 자금은 정부가 생각하는 대로 사용할 수 있다. 결국 이 4년 동안에 정부의 재정수입은 GDP의 8% 정도 감소했지만, 그 대신에 은행에 들어가는 자금은 GDP의 7% 정도 증가했으며 또한 아래에서 다루는 예산외 수입도 GDP의 5%정도 증가했기 때문에 정부가 지배할 수 있는 자금은 오히려 증대했던 것이다.

▮ 지방정부의 재정청부제

개혁개방 시기에는 지방정부가 지역의 경제발전을 촉진하는 주체로서 커다란 역할을 수행하게 되었다. 제1절에서 살펴본 바와 같이, 그 맹아는 1970년대에도 보였지만, 개혁개방 전반에는 재정의 제도 방면으로부터 지방정부에 의한 활발한 투자를 가능케 하는 조건이 정비되었다. 그것이 1980년에 행해진 재정의 분권화 개혁이다.

이 개혁에 의해 지방 국유기업으로부터 올리는 수입, 농목업세(農牧業稅), 공상세 (工商稅) 등 지방경제에 관련된 수입은 지방재정의 수입이 되었다. 그리고 이러한 재정수입에 의해 지방정부는 지방 국유기업에 대한 투자 및 경영에 관련된 지출, 농촌 인민공사의 지원에 관련된 지출, 지방의 교통 및 상업의 사업비, 문교, 위생비 등에 책임을 지게 되었다. 이러한 지출에 관련된 지방재정의 예산은 지방정부가 작성하고 중앙의 승인을 얻는 것으로 간주되었다(關山·姜洪 編, 1990: 175; 安徽省地方志 編纂委員會 編, 1998: 333).

요컨대 지방정부는 지역경제로부터 올리는 이윤의 상납금 및 세금을 사용하여 지방경제의 발전을 위해 투자하거나 교육 및 의료의 체제를 정비하는 책임을 지게 되었던 것이다. 이러한 제도를 '재정청부제(財政請負制)'라고 부른다.

1985년부터는 더욱 지방정부의 재정수입 증가에 대한 인센티브를 강화하는 개혁이 행해졌다. 즉 기준이 되는 해에 지방과 중앙 사이에 재정수입을 분배한 비중 또는 금액을 토대로 하여 이후 수년간에 걸쳐 지방으로부터 중앙에 분배하는 비중 또는 금액을 고정했던 것이다. 그 때문에 지방정부는 지역으로부터의 재정수입을 매년 증가시켜 나간다면, 반드시 그것에 비례하여 지출할 수 있는 재원이 증가하게 되었다.

1980년의 개혁과 1985년의 개혁은 모두 재정에서의 지방분권을 강화하는 것이었지만, 지방정부의 반응은 대조적이었다. 1980년부터 1984년에 걸쳐서는 〈그림 4-3〉에서 제시되고 있는 바와 같이, 지방이 재정수입에서 차지하는 비중은 급락했다. 이것은 1980년대 전반에는 국가재정의 상황이 준엄했기에 중앙정부가 지방에 대해서 지출의 삭감을 요구하거나, 중앙이 지방으로부터 돈을 빌렸던 것이 영향을 미쳤다.

국가재정 전반이 준엄한 가운데, 지방정부는 재정수입을 증가시키더라도 생각했던 대로 지출을 할 수 없게 되거나, 중앙에 상납해야 하는 것을 우려했다. 그래서 지방정부는 정규 재정수입은 증가시키지 않고 지방이 자유롭게 활용할 수 있는 예산외 수입을 증가시키거나 또는 산하의 국유기업에 더욱 많은 자금을 유보시켰다 (梶谷懷, 2011a: 38~39).

실제로 이 시기에 예산외 수입이 급속도로 확대되었으며, 이에 대한 GDP 비율은 1978년의 10%에서 1985년에는 17%까지 상승했다(〈그림 4-1〉 참조). 지방정부는 국유기업이 비용으로서 계상할 수 있는 범위를 확대시키거나, 기업 내 복리의 기준을 높이는 것을 인정하거나, 기업의 재무에 대한 감독을 완화하여 기업의 탈세를 너그러이 봐줬다고 한다(關山·姜洪 編, 1990: 192).

그러나 1985년부터 지방정부는 재정수입을 증가시키면 그것에 비례하여 재정지출을 증가시켰다. 그 때문에 1985년부터 1993년까지 지방정부는 재정수입을 매년 급속히 증가시키게 되었으며, 지방의 재정지출도 그것과 비례하여 증가했다(〈그림 4-3〉 참조).

▍ 금융의 발달

중국의 개혁개방 정책을 성공으로 이끌었던 가장 중요한 요인은 전술한 ③은행을 통한 자금의 흐름이 크게 성장하여 경제성장에 필요한 자본이 끊임없이 윤택하게 공급된 것이다. 그 배경에는 노동자 및 농민이 벌어들인 돈을 부지런히 은행에 예금한 점이 있었다. 계획경제 시기에는 국민은 대부분 저금할 여유가 없었으며 가계저축률(=가계저축/가계가처분소득)은 1978년에는 겨우 1.8%였지만 개혁개방 시기에 진입하자 급상승하여 1985년에는 8%, 1990년에는 18%, 1995년에는 28%나 되었다.[3] 2010년 이후에는 다소 내려가는 기미를 보이고 있지만, 2014~2018년의 평균은 15%였다.

　가계저축률을 결정하는 요인은 복잡하다. 일반적으로 소득이 적고 빈곤한 사람들은 저축률이 낮다고 말할 수 있다. 하지만 소득이 올라가면 올라갈수록 저축률이 높아지는 것은 아니다. 저축률의 결정 요인을 고려하는데 우선 고려해야 할 것은 '라이프 싸이클(life cycle) 가설'이다. 즉 사람들이 저축을 하는 가장 중요한 동기로서 노후에 대한 대비라는 것이다. 그렇다면 인간이 일하는 연령기에는 필사적으로 돈을 벌어서 저금을 하고 고령이 되어 퇴직한 이후에는 저금을 조금씩 인출하면서 생활을 하게 된다. 실제로 중국 도시 지역의 소득조사에 의하면, 25~50세의 연령층은 소비액을 상회하는 노동소득을 얻었으며, 그 이하 및 그 이상의 연령층은 소비액 쪽이 많았다(蔡昉, 2019: 88~89).

　국가 전체로서 보면, 생산연령 인구의 비중이 높은 시기에는 저축률이 높아지는 것으로 여겨진다. 개혁개방 시기에 중국의 가계저축률이 상승했던 것도 실로 이 시기에 인구 보너스를 누렸던 것과 관계가 있음이 분명하다(제3장 참조). 따라서 중국에서도 인구의 고령화가 진전되면 가계저축률은 내려갈 것으로 예상된다. 실제로 일본의 가계저축률은 1970년대에는 20%를 넘었지만, 1980년대 이후에는 점차 내려갔으며 2007년도에는 2.3%까지 하락했다(中田良一, 2009). 중국에서 최근 저축률이 저하하는 경향을 보이고 있는 것도 인구 보너스가 끝났다는 것과 관계가 있다고 볼 수 있다.

3　또한 여기에서는 국가 전체의 가계저축 잔고(stock)가 전년보다 어느 정도 증가했는가에 따라 매년 가계저축의 액수를 추계하고 있다. 탕청(唐成)은 가계조사를 이용하여 가계저축을 추정하고 1978년 이전 기준 평균의 13%, 1984년에는 20%대였으며, 1992년에는 30%를 넘었다고 분석하고 있다(唐成, 2005).

가계저축률을 높히는 그 밖의 요인으로서 △경제성장률이 높아진 것의 효과(소득의 신장률이 높으면 소비의 신장이 그것을 따라가지 못하기 때문에 저축률이 올라감), △저축을 촉진하는 정책의 효과, △'한 자녀 정책'의 효과(아이가 1명이므로 노후를 아이에게 의지할 수 없으며 스스로 노후를 대비하여 저축을 하게 됨), △소비자신용의 미발달(주택 및 자가용차 등 커다란 소비를 하기 위한 자금을 대출에 의존하지 않으므로 구입 자금을 저축에 의해 형성함) 등의 요인이 작용했던 것으로 여겨진다(唐成, 2005: 第2章).

저축은 장롱 속에 돈을 넣어 두거나, 귀금속을 모아 두는 방법으로도 가능하지만, 저축을 투자로 연결시키기 위해서는 예금을 수납하여 기업에 대출하는 은행 등의 금융 중개기구의 존재가 필수적이다. 그러한 금융 중개기구가 개혁개방 시기에 크게 발전했다. 계획경제 시기의 중국에서는 은행이라고 하면 중국인민은행 한 곳밖에 없었다. 그런데, 1979년 이후 △농촌 지역에서의 대출을 하는 중국농업은행, △외환을 담당하는 중국은행, △고정자본투자를 담당하는 중국인민건설은행, △기업에 대한 유동자금의 대부를 하는 중국공상은행이 중국인민은행에서 분리되었으며, 이러한 은행은 '4대 국유은행'이라고 불리며 전체 예금의 약 70%를 수납했다(王京濱, 2011: 111). 또한 지방정부 및 국유기업이 은행을 설립하고 아울러 영세한 은행인 신용조합, 금융을 운영하는 향진기업이라고도 말할 수 있는 농촌합작기금회 등 크고 작은 다양한 은행이 설립되어, 국민의 저축을 수납했다. 개혁개방 시기 전반에는 주식 및 투자신탁 등의 금융 운용수단이 아직 적었기에 국민의 저축은 오로지 은행에 예금하는 것으로 향했다.

이리하여 다수의 은행이 탄생했는데, 그러한 것은 중앙 또는 지방의 정부의 강한 영향 아래에 있었다. 1993년까지는 정부가 은행의 융자에 대해서 '대부 틀'을 사용하여 관리했다. 이 제도 아래에서는 은행의 수중에 자금이 있든지 없든지 정부로부터 '대부 틀'을 부여받는다면 은행은 그 범위에서 융자를 할 수 있었다. 이러한 '대출 틀'은 정부가 기업의 투자계획을 승인한다면 그것에 응하여 부여된 것으로, 결국 정부가 하고 싶다고 생각한 투자에는 은행의 자금이 자동으로 제공된 것이다(今井健一·渡邊眞理子, 2006: 第6章, 第7章).

여기에서 말하는 '정부'에는 중앙정부와 지방정부의 양쪽이 포함된다. 국유은행의 지점은 성, 시, 현, 구 등 중국의 행정계층에 대응하도록 설치되어 있으며, 지점의 융자활동 또는 책임자의 인사는 그 지역의 중국인민은행 지점이 관리했기에(田島俊雄, 2000: 88), 은행의 융자에 지방정부가 영향을 미치기 쉬운 상황에 있었다. 지방정부는 일정한 금액 이내의 투자라면 중앙의 눈치를 보지 않고 스스로 결정할 권한을 갖고 있으므로, 그렇게 스스로 결정한 투자계획에 대해서 은행의 지방 지점으로부터 융자를 이끌어낼 수 있었던 것이다.

▌ 투자가로서의 지방정부

이리하여 개혁개방 시기에 재정 또는 예산외 수입, 은행으로부터의 융자를 스스로의 투자계획에 대해서 사용할 수 있게 된 지방정부는 자신의 관할 아래에 있는 국유기업 또는 향진기업에 적극적으로 투자했다. 개혁개방 시기 전반에 지방정부가 선호하며 투자했던 것은 당시 국민에게 보급되고 있는 중이었던 내구소비재의 제조업이었다(關山·姜洪 編, 1990: 190). 그러한 것의 조립공장이라면 비교적 소액의 투자라고 해도 시작할 수 있으며 단기간 내에 생산을 개시하여 이윤을 올릴 수 있기 때문이다. TV, 냉장고, 세탁기, 자전거, 자동차 등의 산업에 지방정부 관할 아래에 있던 다수의 기업이 참여했다.

예를 들어 컬러 TV에 관해서 말하자면, 중앙정부의 전자공업부는 개혁개방 당초에 전국에서 제조사를 3개 회사로 범위를 줄이고 이러한 것에 외국으로부터 생산 라인을 도입할 계획이었지만 전국 대부분의 성, 시, 자치구 정부 및 주요 시의 정부가 자신의 자금을 사용하여 자신의 산하에 있는 라디오 및 흑백 TV 공장에 칼라 TV의 조립 라인을 도입하였으며 TV 제조사의 수는 75개 회사로 늘어났다(丸川知雄, 1999). 냉장고에서도 중앙정부의 경공업부는 1980년 시점에서 제조사의 수를 14개 회사 정도로 삼는 구상을 갖고 있었는데, 1984년 이후 지방정부가 차례로 냉장고 제조사를 설립하였으며 1989년에는 140개 회사로 계산되는 데까지 이르렀다. 지방정부 중에서 가전산업을 관할하고 있는 경공업국뿐만 아니라 소방국 및 공안국 등의 부처까지도 산하에 냉장고 공장을 설립했다(丸川知雄, 1990). 자동차산업에서도 개혁개방 시기 전반에 지방정부에 의한 트럭 등 상용차 제조사의 설립이 이어졌으며 자동차 제조사의 수는 1979년의 55개 회사에서 1991년의 120개 회사로 증가했다. 다만 지방정부가 독자적인 재량으로 움직이는 자금의 규모가 작았기 때문에, 지방정부가 설립한 자동차 제조사의 규모는 대체적으로 작았으며 중국의 자동차 제조사 1개 회사당 평균 생산 대수는 1991년의 단계에서 5900대에 불과했다. 세계의 유력한 자동차 제조사가 연간 수백만 대의 규모로 자동차를 생산하고 있는 것과 비교해보면 큰 차이가 났다.

개혁개방 시기 전반에 지방정부가 왕성하게 산하의 국유기업 및 향진기업에 투자했던 것은 개혁개방 시기의 경제발전을 가져왔던 중요한 요인이다. 중국 국민들은 1980년대부터 1990년대에 걸쳐서 칼라 TV 및 냉장고 등의 가전제품이 중국의 가정에 보급되면서, 물질 방면으로부터 개혁개방의 성과를 실감했는데, 이러한 것의 다수는 지방정부 산하의 국유기업이 생산한 것이었다. 개혁개방 시기의 소득 향상에 의해 내구소비재에 대한 수요가 급증했기에, 그러한 것을 산하의 기업에 생산하게 해서 세수와 상납 이윤을 증가시키고자 하는 지방정부의 행동에는 경제합리성이 존재했다. 진 오이(Jean Oi)는 향진기업 등의 지방정부가 1개의 기업 그룹처럼 산업발전을 추구하는 것을 '지방정부 조합주의(corporatism)'라고 부르며, 이것은 기업을 사유화하는 일 없이 경제발전을 촉진하는 하나의 길로 평가했다(Oi, 1992: 123). 또한 가브리엘라 몬티놀라(Gabriella Montinola) 등은 지방분권화 아래에서 지방정부들이 서로 경쟁하고자 함으로써 중국의 경제발전이 촉진되었다며 중국을 '시장 보전형 연방제(市場保全型聯邦制)'라고 평가했다(Montinola, Qian and Weingast, 1995).

▌지역 간 격차의 확대

그런데 '지방정부 조합주의'에는 심각한 폐해가 있었다. 사업에 대한 투자로 많은 재정수입을 획득한 정부일수록 더욱 많은 재정지출을 할 수 있게 되자, 국내의 '지역 간 격차'가 점차 확대되어 버린 것이다. 하지만 재정의 본래 역할이란 풍요로운 계층 및 지역에 많이 과세하고 빈곤한 계층 및 지역을 돕는 것에 있다는 것은 분명하다. 그러한 재정이 지니고 있는 소득재분배의 기능은 개혁개방 시기 전반에 급속도로 축소되었다(梶谷懷, 2011a: 56~57). 〈그림 4-4〉에서는 1972년에 각 성의 투자율(=투자액/생산액)이 평균과 어느 정도로 괴리되었는지를 검증했는데, 이로부터 변동계수(=표준편차/평균)를 계산해보면 1.1이 된다. 생산액이 큰 연해 지역 및 동북부에서는 투자가 적고, 생산액이 작은 내륙 지역에서는 투자가 많으므로 투자율이 고르지 못한 모습이 컸던 것이다. 그런데 1993년에 결국 각 성의 투자율 변동계수를 계산해보면 0.2가 된다. 즉 각 지역의 투자율은 대단히 평준화되었으며, 각 지역은 각각의 경제규모에 비례하여 투자하게 되었다. 다시 말하자면, 풍요로운 지방일수록 더욱 많은 투자를 하게 되었던 것이다.

그렇게 되었던 것은 개혁개방 정책의 방침과도 관련이 있었다. 개혁개방을 주도했던 최고권력자 덩샤오핑은 "조건이 정비되어 있는 곳부터 먼저 풍요로워져라"라는 '선부론(先富論)'을 제창하며 지역 간 격차를 사실상 용인했다. 하지만 계층 및 지역 간의 격차가 확대되면서 사회의 안정을 위협했다. 특히 내륙의 빈곤 지역은 소수민족이 거주하는 지역과 겹치기 때문에, 격차문제가 민족 간의 대립으로 연결될 수밖에 없었다.

1980년부터 1993년까지 실시된 지방의 재정청부제가 지역 간 격차를 확대하는 방향으로 움직였다는 것은 〈그림 4-5〉에서 볼 수 있다. 1992년 각 성의 1인당 GDP와 1인당 지방 재정지출을 비교하면, 명백히 풍요로운 지역일수록 1인당 지방 재정지출이 많다는 관계가 보인다(양자의 상관계수는 0.69). 지방 재정지출이 가장 많은 상하이시는 가장 적은 충칭시에 비해서 1인당 6배의 지방 재정지출을 하고 있다. 이렇게 되면 빈곤한 지역에서는 빈약한 주민 서비스밖에 제공할 수 없게 된다. 예외는 티베트자치구인데, 티베트자치구의 1인당 GDP는 작지만 지방 재정지출은 상하이와 나란히 많다. 이것은 티베트의 인구밀도가 대단히 낮으며 또한 전체가 고지에 있기 때문에 공공 서비스의 제공에 비용이 들기 때문인 것으로 보인다.

비교를 위해 일본의 도도부현별 1인당 GDP와 1인당 지방 재정지출의 관계를

<그림 4-5> 지방의 경제수준과 재정지출의 관계(1992년)

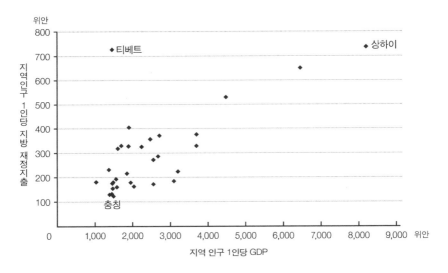

※ 자료: 國家統計局 編(1993)을 이용하여 저자가 계산함.

살펴보면, 일본에서는 소득이 높은 도도부현일수록 지방 재정지출이 많다는 관계는
보이지 않으며, 오히려 소득이 낮은 쪽이 지방 재정지출이 약간 많다(양자의 상관계수
는 −0.13). 또한 지방 재정지출이 가장 많은 시마네현(島根縣)과 가장 작은 사이타마현
(埼玉縣)의 차이는 2.5배에 그치고 있다. 일본에서는 지방교부세 등을 통해서 지방
간의 격차를 완화하도록 재정자금이 배분되고 있다.

▌ 불량채권 문제

'지방정부 조합주의'의 또 한 가지 폐해는 지방정부가 은행에 명령하여 산하의
국유기업에 대해 무모하게 융자를 했기 때문에 1990년대에 들어서 심각한 불량채
권 문제가 발생하게 되었다는 것이다. 이 문제가 처음으로 인식되었던 것은
1989~1990년에 걸친 불황의 시기였다. 그때까지 만들면 만들수록 팔렸던 가전제
품 등이 더는 팔리지 않게 되었다. 제품이 팔리지 않으면, 제조사는 대금 후불(代金後

拂)로 사들였던 부품의 대금을 지불할 수 없게 된다. 그렇게 되면, 이번에는 부품 제조사가 대금 후불로 사들였던 재료의 대금을 지불할 수 없게 된다. 판매 대금이 들어오지 않으면 종업원에게 급료를 지불할 수 없다. 이리하여 연쇄적으로 지불이 정체되는 문제가 일어났다. 기업에 현금이 들어오지 않으므로, 은행으로부터 차입한 대금에 대한 이자도 지불할 수 없다. 은행이 보았을 때, 기업에 대한 융자의 이자를 수취하지 못하는 상태란 그 융자가 불량채권이 되었다는 것을 의미한다.

시장경제 세계에서 기일까지 대금을 지불하지 않는 기업은 실격이다. 일본에서는 기업의 자금 조달이 벽에 부딪히면, 기업이 발행한 수표의 기일이 도래하더라도 지불할 수 없게 되는 상황(이른바 '부도')이 일어난다. 반년 안에 두 차례의 '부도'가 발생하게 되면 그 기업은 모든 은행과의 거래가 정지되고 사실상 도산한다.

하지만 1990년경의 중국에서 이런 엄격한 규칙을 적용할 리가 없었다. 왜냐하면 지방정부가 만든 기업은 국유이고 그 종업원은 도산하지 않는다고 생각하며 취직을 했으므로, 만약 도산 등을 하면 커다란 사회문제가 된다. 부채를 떼어먹더라도 특단의 사회적 제재가 없게 된다면, 채권자와 채무자의 입장이 역전되고 오히려 돈을 대출해준 측이 어쨌든 지불해 달라고 고개를 숙이고 빌린 측에 해당하는 기업이 현금을 대신하여 자사 제품으로 지불하겠다고 말하는 일도 있었다(張連奎, 1993). 대금 지불의 지연 또는 거부가 확대되고 기업 간의 신용관계가 붕괴하며 현금거래가 아니면 물건을 팔지 않게 되어 시장거래가 대단히 비효율적이 되었다. 그래서 1991년부터 정부가 나서서 지불의 지연 연쇄(遲延連鎖)에서의 원천이 되고 있는 기업에 자금을 융통하고 그것을 통해 지불의 지연 연쇄를 해결하고자 했다.

그러나 이것으로는 문제의 근본적인 해결이 되지 못한다는 것은 명백하다. 어떤 기업에서의 제품의 판매가 둔화되면, 다시 지불의 지연 연쇄가 시작될 것이다. 문제 해결을 위해서는 경영이 나쁜 기업은 시장에서 퇴장시키는 수밖에 없지만, 실업이 발생한다. 이 책의 제3장에서 논한 바와 같이, 중국 정부가 실업의 증가를 허용하더라도 효율이 나쁜 기업의 도태에 나섰던 것은 1995년 이후의 일이었다.

중국의 다수 기업이 대금 지불이 어려운 상황에 빠져버렸던 것은 그때까지의 개혁개방 정책 그 자체에도 원인이 있었다. 즉 시장경제화와 기업 간의 경쟁을 촉진하면서도 자본주의를 연상시키는 '자본(이 장의 용어에서는 자기자본과 주식을 의미함)' 이라는 개념을 회피해왔던 것이다. 이 책의 앞부분에서 논한 바와 같이, 시장경제에서의 기업은 자기자본과 주주로부터의 출자에 의해 기초를 공고히 한 뒤에 은행으로부터의 대출을 통해 경영 규모를 확대한다. 부품 및 재료의 제조사로부터 대금 후불로 사들이는 행위도 일종의 부채이다. 자본이 있다면 자사의 제품이 팔리지 않더라도 자본을 조금씩 쓰면서 부채를 갚을 수 있다.

그런데 개혁개방 정책 중에서 자본을 갖지 않은 국유기업이 다수 탄생되었다(今井健一·渡邊眞理子, 2006: 188~189). 본래 국가가 어느 정도의 자금을 출자하여 국유기업의 자본을 만든 뒤에 국유기업이 은행으로부터 자금을 차입해야 하는 부분이다. 하지만 개혁개방 시기 전반에는 자본이라는 개념이 없었으며, 오히려 국유기업이 필요로 하는 자금은 모두 은행으로부터 빌린다면 기업은 이자를 지불할 필요가 있으므로 자금을 효율 좋게 사용하게 될 것이라는 사고방식이 강했다. 이 때문에 1985년부터 국유기업의 자금 조달은 모두 은행으로부터의 차입으로 충당하는 것이 원칙이 되었다. 이렇게 되면, 국유기업은 탄생했을 때부터 무거운 차금을 등에 짊어지며 이자를 계속해서 지불해야 한다. 제품의 판매가 순조로운 동안에는 이자를 지불한 뒤에 이윤도 나며 그 일부를 국가에 상납하는 것도 가능하지만, 판매가 저조해지게 되면 자본의 축적이 없으므로 곧 사들이는 대금을 지불할 수 없게 되고 은행에 대한 이자도 지불할 수 없는 상황에 빠지게 된다.

3. 개혁개방 시기 후반: 시장경제의 제도 구축

▌재정·금융의 대개혁

개혁개방 전반의 말기에 분출되었던 전술한 두 가지 폐해를 해결하는 길은 1994년에 실시된 재정·금융의 대개혁으로 열리게 되었다.

이 해에 재정에 있어서는 '재정청부제'가 철폐되고 다시 계획경제 시기처럼 중앙 정부가 징수하는 세금, 지방정부가 징수하는 세금, 양자가 서로 나누는 세금을 정하 는 '분세제(分稅制)'가 도입되었다. 다만 계획경제 시기에는 중앙정부가 징수하는 세금은 관세 등 한정된 것 밖에 없었지만, 1994년부터는 가장 중요한 세금인 부가 가치세를 중앙정부가 징수하게 되었으며, 그 세수의 75%가 중앙정부의 것으로 간주됨으로써 중앙정부가 재정수입 전체에서 차지하는 비중이 크게 상승했다(〈그림 4-3〉 참조). 또한 종래 정부의 '예산외 수입'으로 간주되었던 국유기업의 내부 유보는 기업 자신의 자금으로 간주되어야 한다며 1993년부터 예산외 수입의 통계로부터 배제되었기 때문에(章銳夫, 1994), 예산외 수입의 액수는 격감했다(〈그림 4-1〉 참조). 이리하여 중앙정부가 지배하는 재정수입이 대폭 증가하고, 그 일부를 경제발전이 뒤처진 지역 또는 소수민족 지역에 배분함으로써 재정을 통한 지역 간 격차의 시정 을 지향하게 되었다.

다만 이러한 개혁에 의해 특히 이제까지 재정수입이 풍부했던 지방에서는 재정지 출이 상대적으로 감소하게 되었으므로, 그러한 지방의 반발에 배려하여 1994년의 개혁 이후 한동안 각 지방의 기존 재정 규모가 크게 바뀌지 않도록 중앙정부로부터 지방에 자금이 배분되었다. 이후 점차 객관적인 기준에 기초하여 재정 기반이 약한 후진 지역에 대한 재정자금 재분배 제도를 정비하고 있다(梶谷懷, 2011b).

2019년 각 성의 1인당 GDP와 1인당 지방 재정지출의 관계를 살펴보면(〈그림 4-6〉 참조). 1992년과 같은 상관관계는 보이지 않게 되었다. 베이징시, 상하이시, 티베트, 칭하이성의 1인당 지방 재정지출이 많은데, 베이징과 상하이는 높은 물가, 티베트와 칭하이성은 광대한 지역으로의 인구의 분산으로 인해 공공 서비스의 비용 이 높기 때문에 재정지출이 많을 것이다. 이 4가지 지역을 제외하면, 다른 27개 지역은 모두 1인당 10,951위안(허베이성)에서 22,463위안(톈진시)의 사이에서 수렴 되고 있으며 풍요로운 지역일수록 재정지출이 많이 경향은 보이지 않는다.

이리하여 1994년의 재정개혁에 의해 1950년대 이후 계속되었던 중앙과 지방 사이의 재정수입을 둘러싼 거듭되는 제도변경의 종지부가 찍혔다. 〈그림 4-3〉에서

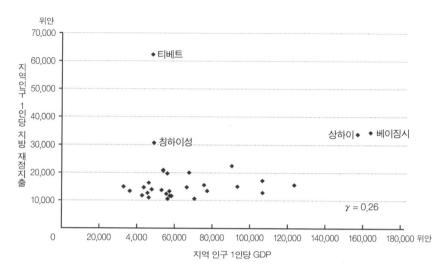

〈그림 4-6〉 지방의 경제수준과 재정지출의 관계(2019년)

지역인구 1인당 지방 재정지출 (위안)

지역 인구 1인당 GDP

티베트

칭하이성

상하이◆ ◆ 베이징시

γ = 0.26

※ 자료: 國家統計局 編(2020)을 이용하여 저자가 계산함.

살펴볼 수 있는 것처럼, 2011년 이후에는 재정지출에서 차지하는 지방의 비중은 85%로 안정되어 있다.

　금융에 관해서는 정부는 은행의 융자에 자유자재로 개입할 수 있는 태세를 고치고, 은행 경영의 자립성을 높이는 개혁을 했다. 우선 1980년대에 성립된 '4대 국유은행', 즉 중국농업은행, 중국건설은행, 중국공상은행, 중국은행은 이제까지는 가령 중국농업은행은 농업이라고 되어 있는 것처럼 각각 전문 분야가 있고 정책적인 금융 업무를 담당해왔는데, 1994년 이후에는 정책금융의 역할은 없어지고 상업은행으로서의 업무를 자유롭게 전개할 수 있게 되었다. 그 대신에 새롭게 국가개발은행, 중국농업발전은행, 중국수출입은행이 설립되어 정책금융을 담당하게 되었다. 또한 종래 은행의 융자는 정부가 배분하는 '대부 틀'에 의해 통제되어 왔던 것을 고치고, 은행이 수납하고 있는 예금의 범위에서 융자를 하는 '자산청부관리'가 실시되었다.

<그림 4-7> 국유 상업은행의 불량채권

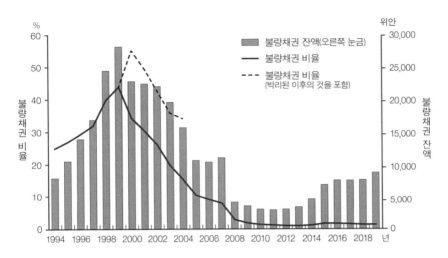

※ 설명: 1994~2004년은 '4대 국유은행' 뿐이고, 2005~2018년은 '4대 국유은행 + 교통은행(交通銀行)'이
며, 2019년은 추가로 '우정저축은행(郵政儲蓄銀行)'이 더해졌다.
※ 자료: 1994~2004년은 施華强(2005), 2005년 이후는 중국은행업감독관리위원회 웹사이트.

이러한 개혁에 의해 4대 국유은행은 1980년대부터 이미 등장했던 주식회사 형태
의 상업은행[교통은행, 상하이푸둥발전은행(上海浦東發展銀行), 중국광다은행(中國光大銀行), 중신
실업은행(中信實業銀行) 등], 1994년 이후 도시 지역의 소규모 금융기관을 합병하여
만들어진 각지의 도시 상업은행[베이징은행, 원저우은행(溫州銀行), 상하이은행 등 다수] 등과
동일한 토대에서 경쟁하게 되었다. 1995년에는 4대 국유은행이 은행업의 총자산
중에서 77.9%를 차지했는데, 다음 항에서 논하는 불량채권의 처리, 또는 지점을
정리하는 등의 구조조정을 행함으로써 그 규모는 상대적으로 축소되었으며 주식회
사 형태의 상업은행 및 도시 상업은행, 그리고 신흥 민영은행 등의 비중이 늘어나고
있다(門闖, 2011; 小原篤次 外 編, 2019: 59-64). 4대 국유은행 및 교통은행으로 구성되는
5가지 '대형 상업은행'이 은행업의 총자산에서 차지하는 비중은 2006년에 55.1%,
2018년 말에는 36.7%로 점차 저하되고 있다.

▎ 불량채권의 처리

위와 같은 제도개혁에 의해 시장경제에 적합한 은행 시스템으로의 전환을 지향했지만 개혁개방 시기 전반의 엉거주춤한 개혁에 의해 은행에 축적되었던 대량의 불량채권이 정부의 어깨를 무겁게 짓누르게 되었다. 그 규모는 1999년의 정점 시기에 2조 8,000억 위안을 넘어 GDP의 31%에 달했다(〈그림 4-7〉 참조). 버블경제 붕괴 이후의 일본도 장기간 불량채권 문제로 고통을 겪었고 그것이 일본의 '잃어버린 20년'을 초래한 중요한 요인 중의 하나로 간주되고 있는데(福田愼一, 2015), 그러한 일본에서도 2001년의 정점 시기에 불량채권의 액수는 GDP의 16%였다.

또한 중국의 은행업에서는 2002년부터 융자의 질을 ①정상, ②요주의, ③서브프라임, ④위험, ⑤손실의 5가지 단계로 나누고, 이중에서 서브프라임(대출을 받은 기업이 자산의 매각 또는 담보물건의 처분에 의해서만 부채를 갚을 수 없게 되어 이는 상태), 위험(대출을 받은 기업의 담보물건의 처분 등을 하더라도 융자의 일부는 회수할 수 없는 상태), 손실(대출을 받은 기업이 파탄 나서 융자를 거의 회수할 수 없는 상태)의 3가지 단계의 것을 불량채권으로 정의하고 있다. 2001년 이전에는 이자의 지불이 늦어지고 있는 것을 불량채권으로 간주했지만, 〈그림 4-7〉은 2002년 이후의 정의를 그 이전에도 소급하여 적용하며 불량채권의 비중을 추정하고 있다(施華强, 2005).

정점 시기의 규모로 비교해보면 중국의 불량채권은 GDP에 대한 비중은 일본의 2배나 되었지만, 그것에 의해 중국경제가 성장하는 기세가 멈춰져 버리는 일은 없었다. 그것은 중국의 불량채권 문제가 경제체제의 이행에 따른 것이며, 그 책임은 정부가 짊어진다는 양해가 처음부터 있었기 때문이다. 〈그림 4-7〉에서 살펴볼 수 있는 것처럼, 1999년에는 4대 국유은행의 불량채권 비율은 44%에나 달했다. 즉 이러한 은행이 기업 등에 대출하고 있는 자금 중에 약 절반부터는 이자가 정상적으로 회수되지 못했기에 이것으로는 예금자의 이자를 지급하는 것도 어려워지므로, 실질적으로는 파산 상태였다고 할 수 있다(施華强, 2010). 만약 일반 은행이 이러한 상태에 있다는 것이 알려진다면, 예금자가 자신의 예금을 인출하고자 은행에 쇄도하는 뱅크런 사태가 발생하여 은행이 파탄날 수밖에 없게 된다.

그런데 4대 국유기업은 뱅크런 사태에 직면하는 일도 없이 계속해서 국민의 예금을 계속해서 흡수했다. 이것은 이러한 은행의 뒤에는 국가가 있으며, 국가는 4대 국유은행을 절대로 파탄나게 하지 않는다는 신념이 사회에서 공유되었기 때문이다.

방대한 불량채권은 다음과 같은 과정으로 처리되었다. 정부가 우선 '금융자산관리회사(AMC)'라고 불리는 불량채권의 담지체가 되는 회사를 4대 국유은행의 각각에 대응하도록 4개 회사를 만들고, 그러한 것이 정부의 채권과 맞바꾸어 4대 국유은행의 불량채권 1조 4,000억 위안 남짓을 부가(簿價, 장부 가격)로 매입했다. 이리하여 4대 국유은행의 장부로부터 1조 4,000억 위안 어치의 불량채권이 사라지고 정부 채권이라는 훌륭한 자산으로 교체되었다. 또한 2004년에 중국은행과 중국건설은행의 불량채권 2,787억 위안, 2005년에는 중국공상은행의 불량채권 7,050억 위안이 각각 AMC에 의해 매입되었다(施華强, 2005). 2008년에도 중국농업은행의 불량채권 8,000억 위안이 장부로부터 사라졌으며 이것은 중국농업은행 자신이 회수해 나아가는 것이 되었다(《21世紀經濟報道》, 2008.10.23.). 이리하여 2008년 말에는 국유상업은행의 불량채권 잔액이 4,209억 위안, 불량채권 비율은 3%까지 삭감되었다 (〈그림 4-7〉 참조).

그 한편으로 중국 정부(재정부)는 1997년부터 2005년까지의 동안에 4대 국유은행에 대해서 9,000억 위안이나 되는 자본을 새롭게 출자했다(施華强, 2010). 이것으로 4대 국유은행의 자본을 증가시키고 상업은행으로서 자립할 수 있는 기반을 정비하고자 했던 것이다.

AMC가 인수한 불량채권은 어떻게 되었는가 하면, 2006년 말까지 1.4조 위안 중에 1,444억 위안에 대해 채무를 짊어지고 있는 기업의 주식으로 전환시켜 AMC가 보유하는 형태가 되었다. 2,359억 위안은 현금 등으로 회수할 수 있었지만, 8,989억 위안은 손실로서 소각되었다(中國銀行業監督管理委員會, 2007). 이것으로 AMC의 정책적 임무는 일단락되었으며 2007년 이후에는 영리 베이스로 불량채권 처리를 하는 회사로 전환되었다. 즉 은행으로부터 불량채권을 경매로 매입하고 채무자로부터 부채를 징수하거나 담보물건을 매각하거나 채권을 주식으로 전환시키거나 채권을 매각하는 등의 방법으로 처리하여 이익을 올리는 것을 지향하고 있다. 4개 회사의 AMC는 불량채권을 싸게 매입하여 처리를 거듭하는 것을 통해서 이익을 올리며 성장하여 2010년 이후에는 주식회사로 전환하여 주식의 상장을 실현했다. AMC는 산하에 은행 또는 증권 업무 등도 보유하고 있는 종합적인 금융회사가 되었다.

〈그림 4-7〉에서 살펴볼 수 있는 것처럼, 국유 상업은행의 불량채권 비율은 2009년 이후 2% 미만까지 내려갔는데, 그럼에도 불량채권이 계속해서 만들어졌기 때문에 중국에서는 불량채권 처리가 비즈니스로서 성립하고 있다. 4개 회사의 AMC 이외에 각 지방 및 각 은행의 산하에도 AMC가 만들어졌다(小原篤次 外 編, 2019: 第6章). 다만 불량채권 처리 비즈니스에 찬물을 끼얹었던 것이 2018년에 발각된 '라이샤오민(賴小民) 사건'이었다. AMC의 하나인 중국화용(中國華融)의 회장이었던 라이샤오민이 뇌물을 받고 엉망으로 융자를 거듭하여 회사에 커다란 손해를 끼쳤던 사건이다. 불량채권 처리를 업무로 하는 AMC가 스스로 많은 불량채권을 만들어냈던 역설적인 사건이었다(李玉敏, 2020).

불량채권이 만들어졌을 때, 우선은 담보물건을 파는 것 등을 통해서 적어도 현금을 되찾는 것이 중요한데, 모든 수단을 다해 보더라도 회수할 수 없을 때에는 채권을 갖고 있는 은행(국유은행의 경우에는 최종적으로는 국가)의 손실로서 소각할 수밖에 없다. 손실이 커지면 은행 자체의 파산으로도 연결될 것이다. 4대 국유은행의 경우에도 1990년대 말에는 파산하더라도 이상하지 않을 정도에 이르는 규모의 불량채권을 갖고 있었지만, 그것을 전부 AMC에 의해 매입시키고 그 위에 국가로부터 새롭게 자본을 주입받는 대단히 관대한 조치가 취해졌다. 4대 국유은행이 정부에 종속되었던 존재로부터 스스로의 경영에 책임을 지는 독립된 사업체로 변모해가는 과도기에서는 이러한 관대한 조치가 취해지는 것도 어쩔 수 없었다.

그러나 4대 국유은행이 상업은행으로 탈피한 이후에는 은행으로 하여금 불량채권은 정부가 구제해줄 것이라는 기대감을 갖게 하지 못하게 만들고 높은 규율을 갖고 융자에 나서도록 촉진시킨 것이 중요하다. 〈그림 4-7〉에서 살펴볼 수 있는 것처럼, 2014년 이후의 불량채권 액수의 증대 및 '라이샤오민 사건(賴小民事件)'은 중국의 금융업계에서 아직 부적절한 융자가 끊이지 않고 있다는 것을 보여주고 있다.

▮ 주식시장의 역할과 문제점

제2절에서 논한 바와 같이, 개혁개방 시기 전반에는 자본의 개념이 없었으며 많은 부채를 짊어지고 있는 기업이 많았다. 이를 방지하기 위해서 기업의 자본을 충실하게 만들 필요가 있는데, 정부로부터의 출자만으로는 한계가 있으므로 국유기업도 주식을 발행하여 국민으로부터의 출자를 바라게 되었다. 개혁개방 시기 후반에는 이 장의 앞부분에서 논했던 자기자본과 주식의 역할이 극적으로 확대되었다.

기업이 발행하는 주식을 거래하는 장으로서 1990년에는 상하이와 선전에 증권거래소가 설립되었다. 상하이 또는 선전의 증권거래소에 주식을 상장하고 있는 기업의 수는 1992년의 53개 회사에서 1995년의 323개 회사, 2000년에는 1,088개 회사로 급속하게 증가했다. 이 무렵까지 증권거래소에 주식을 상장한 기업의 대부분은 국유기업이었다. 주식시장은 주식을 일반 시민들에게 발행함으로써 국유기업의 자본을 증가시키기 위해 만들어졌다고 할 수 있다.

중국의 주식시장은 이리하여 국유기업을 개혁하는 수단으로 자리매김하며 시작되었기 때문에 독특한 제도를 갖게 되었다. 그것은 주식 중에 '유통주'와 '비(非)유통주'라는 구별이 설정되어 있다는 점이다. 국유기업을 주식회사로 바꿀 경우에 국가가 원래 그 기업에 투자하고 있는 금액을 국가의 출자분으로 평가하고 이것을 국유주(國有株)라고 칭했다. 그 위에 증자를 하고 새롭게 발행한 주식을 다른 기업 및 민간인에게 판다. 이러한 개혁에 대해서 중국의 좌파 논객은 국유기업을 점차 민간에 매도하는 것이 되며 사회주의를 무시하는 것이라는 비판을 계속하고 있다. 정부는 이러한 비판을 피하기 위해서 △국유기업이 주식회사로 전환된 이후에도 국가가 계속해서 지배적인 주주에 머물러 있는 것, △국유주 및 공개 이전에 주식을 매입한 법인의 지주는 달리 파는 일이 없는 '비유통주'로 삼는다는 것을 약속했다. 한편 일반 시민들이 증권거래소에서 판매할 수 있는 주식은 '유통주'라고 한다. 〈그림 4-1〉에서 '유통주식 시가총액'이라고 적혀져 있는 것은 이 유통주의 평균 주가와 발행이 완료된 주식의 수를 곱한 액수를 나타내고 있다.

이리하여 두 가지 종류의 주식을 설정함으로써 좌파의 비판을 피하며 주식시장을 시작시킬 수 있었지만 문제도 많았다. 첫째, 국가가 지배 주주인 상태에서는 국유기업을 주식회사로 바꾸더라도 실질상으로는 별로 변화가 없으며 기업 거버넌스 (corporate governance, 주주가 기업경영을 엄격히 감독하는 것_옮긴이)의 개선으로 연결되지 못한다(제6장 참조). 둘째, 만약 국가가 국유기업을 주식회사화한 이후에 지배를 계속할 속셈이라고 하더라도 주식을 70~80%나 보유하고 있을 필요는 없다. 정부는 사회보장의 재원을 확보하기 위해서 국유주의 일부를 매각하는 것을 1999년부터 검토하기 시작했다. 그것을 위해서는 국유주를 유통주로 전환하지 않으면 안 되는데, 유통주가 증가하면 주가가 하락하여 유통주를 보유하고 있는 일반 주주들이 손해를 보게 되므로 커다란 반발이 일어났다(田中信行, 2009).

이 딜레마를 타개하기 위해 고안된 방법이 비유통주를 유통주로 전환시켜 팔 때에는 비유통주의 주주(즉 정부 등)가 유통주의 주주(일반 주주)에 대해서 보상금을 지불하고(또는 무상으로 주식을 나누어주고), 다만 그 금액은 주주들 간에 서로 상의하여 결정한다는 방법이었다(田中信行, 2009; 屠光紹, 2020). 이 방법으로 2000년대 후반에 많은 상장한 기업에서 비유통주가 해소되었다. 발행이 완료된 주식에서 차지하는 비유통주의 비중은 2005년에는 61.8%였던 것이 2018년 말에는 14.8%까지 내려갔다.

상장한 기업의 수는 2010년에는 2,063개 회사, 2019년 말에는 3,777개 회사로 증가했다. 2019년 말 시점에서 상하이와 선전에 상장한 기업의 주식 시가총액은 8.5조 달러였으며, 이것은 일본거래소 그룹(6.2조 달러)을 상회했으며 뉴욕(24.5조 달러), 나스닥(13.0조 달러)에 다음 가는 규모의 주식시장이 되고 있다.

〈그림 4-1〉로부터 주식시장에 상장한 기업의 시가총액이 2019년 말에는 GDP

의 49%가 되었다는 것을 알 수 있으며, 주식시장이 기업의 자금 조달에서 중요한 역할을 수행해왔다는 것을 알 수 있다. 다만 중국의 주식시장은 원래 국유기업 개혁을 목적으로 하여 만들어졌다는 경위로부터 지방정부와 관계가 깊은 국유기업의 상장을 우선시 되었다. 주가는 기업의 실적보다도 정부의 정책에 의해 좌우되며, 일반 투자가들도 기업의 실적을 보는 것보다는 투기적 이익을 노리는 경향이 강하다 (屠光紹, 2020). 그래서 민간기업 중에는 홍콩 및 미국에 주식을 상장하여 자금을 조달하는 기업이 적지 않다.

예를 들면, 중국의 인터넷 소매 최대 기업이자 중국을 대표하는 민간기업인 알리바바그룹은 중국 국내의 주식시장에서의 상장을 하는 일 없이 2014년에 뉴욕, 2019년에 홍콩에 주식을 상장하고 있다. 이 밖에도 인터넷 소매의 징둥(京東), 인터넷 검색 관련 IT기업 바이두(百度), 서우후(搜狐), 왕이(網易), 비즈니스 호텔 체인을 경영하는 화주그룹(華住集團), 인터넷 동영상 관련 기업인 아이치이(愛奇藝) 등의 민간기업이 나스닥(NASDAQ)에 주식을 상장하고 있다. 선진국의 기업이 선진국의 주식시장에서 자금을 조달하여 개도국에 투자하는 것은 흔히 관찰되는 패턴인데, 개도국의 기업이 스스로 선진국의 주식시장으로 나아가 자금을 조달한다는 것은 새로운 국제투자의 패턴으로서 주목된다.

4. 리스크와 재정·금융

▌ 리스크에 대한 대비

1981년의 시점에서 중국인의 평균수명은 68세였는데, 2015년에는 76세가 되었다. 남성의 법정 퇴직연령은 60세이므로 퇴직 이후에 계속해서 16년 동안을 살아나가지 않으면 안 된다. 게다가 고령이 되면 질병으로 인해 입원을 하거나 돌봄이 필요해지는 일도 많다. 고령과 질병은 누구나 직면하는 '리스크'이다. 또한 시장경제화의 진전에 의해 사람들의 소득은 크게 상승했지만, 반면에 기업이 도산하거나 구조조정을 당해 일자리를 잃게 될 리스크도 높아졌다. 계획경제 시기에는 소득이 낮지만 안정적이었지만, 개혁개방 시기에는 높은 소득을 얻었던 사람이더라도 갑자기 실업을 하여 수입이 없는 상태에 빠질 가능성이 있는 사회가 되었다.

인생 속에서 그러한 다양한 리스크에 대해서 준비성이 좋은 사람은 저축을 하거나 민간의 보험에 가입하며 준비를 한다. 하지만 세상에는 준비성이 좋은 사람만 있는 것은 아니다. 또한 좀처럼 일자리를 구하지 못하거나 질병으로 이직을 해야 하는 상황에 내몰리게 되는 등의 일로 저금을 할 여유가 없는 사람도 적지 않다. 아울러 개혁개방 시기 후반의 중국에서는 이 책의 제3장 제7절에서 살펴본 것처럼, 국유기업의 경영 악화에 의해 실업문제가 특정 지역에 집중적으로 나타나고 있다. 그러한 지역에 있는 사람들은 충분한 저금을 할 기회도 없는 상태에서 실업이라는 리스크에 노정되어 버린다.

시장경제화가 진전되고 수명이 늘어나며 소득도 올라간 중국에서는 위와 같은 다양한 리스크에 대해 대처하는 것이 재정과 금융의 과제로서 떠오르고 있다.

돌이켜보면 계획경제 시기와 개혁개방 시기 전반까지의 재정·금융의 주요 과제는 경제성장의 촉진이었다. 즉 성장의 담당자인 기업에 사회의 자금을 집중시키는 것이 재정·금융의 역할이었다.

우선 재정에 대해서 살펴보면, 1978년 시점에서는 중국의 국가 재정지출에서 차지하는 '경제건설비(기업 및 공공시설에 대한 투자, 농업에의 보조, 도시의 정비, 기업의 설비 갱신 및 기술개발 등)'의 비중은 64%에나 달했다. 하지만 그 비중은 1990년에는 44%, 2006년에는 27%로 하락하고 있다. 그 대신에 '사회문교비(교육, 사회보장, 생활보호에 대한 지출)'의 비중은 1978년에는 13% 밖에 차지하지 않았던 것이 1990년에는 24%, 2006년에는 27%로 점차 늘어나고 있다. 특히 사회보장 관계비(사회보장·고용, 의료 및 위생에 대한 지출)는 1990년에는 2%에 불과했던 것이 2007년에는 14.9%, 2019년에는 19.4%로 증가했다(李蓮花, 2020). 사회보장 관계비가 일반회계 세출의 33%를 차지하는 일본의 재정(2018년도)에 비해서 아직 비율은 적지만, 고령화의 진전에 따라 이 비율은 더욱 높아질 가능성이 있다.

다음으로 금융에 대해서 살펴보면, 우선 GDP의 83%에 해당하는 가계저축 잔고의 존재(〈그림 4-1〉 참조) 자체가 모든 종류의 리스크에 대한 사람들의 대비라고 할 수 있다. 그 밖에 사망 및 큰 질병, 교통사고, 화재 등 여간해서는 일어나지 않지만, 정작 발생했을 때에는 커다란 손실을 초래하는 특정 리스크에 대한 대비로서 보험업이 21세기에 들어서면서부터 급속하게 신장되고 있다. 보험의 가입자들이 지불하는 보험료로 형성된 보험회사의 자산 액수는 2002년에는 GDP의 5.3%였던 것이 2018년에는 GDP의 20.3%까지 확대되었다.

▌ 사회보험 제도의 구축

생명보험 및 해외여행보험 등 일반 보험은 리스크의 존재를 자각하고 있는 준비성 좋은 사람들이 자발적으로 가입하는 것인데, 사회 전체를 강제로 가입시킴으로써 준비성이 좋지 않은 사람들에게도 리스크에 대한 대비를 제공하는 틀이 사회보험이다. 사회보험도 일반의 보험업과 마찬가지로 보험금을 지급하는 대상을 특정 리스크에 직면한 사람으로 한정하는 것이 있는데 고령, 질병, 실업 등 누구나 직면할 수 있는 리스크가 지급의 대상이 된다.

중국에서는 계획경제 시기에도 명목적인 사회보험의 틀이 만들어졌는데, 나중에 국가재정으로 사실상 대체되어 버렸다. 도시 지역의 정규 노동자를 대상으로 하는 사회보험이 창설되었던 것은 1951년으로 매우 이른 시기였다(嚴忠勤 編, 1987; 何立新, 2008; 飯島涉·澤田ゆかり, 2010). 그 제도란 기업의 임금 총액 중에 3%를 기업이 보험료로서 기업 내부의 노동조합에 건네고 노동조합이 기업의 종업원의 의료비, 퇴직한 노동자에 대한 연금, 산업재해를 당한 노동자에 대한 보상 및 출산 수당 등을 종업원에게 지불하는 것이었다. 물론 기업에 따라서는 3%의 보험료로는 부족해지는 경우도 있는가 하면 남아도는 경우도 있었는데, 보험료의 30%를 전국총공회(全國總工會, 각 기업에 있는 노동조합의 전국 조직)에 모아서 기업들 간의 과부족을 조정하게 되었다.

그런데 문화대혁명 속에서 노동조합의 기능이 정지되었기 때문에, 기업이 직접 종업원과 퇴직자에 대해서 의료비 및 연금을 지급하게 되었다. 그리고 그 비용은 기업의 영업외 비용으로서 계상되는 것이 인정되었다. 이것에 의해 사회보험이 사실상 국가재정으로 대체되어졌다. 왜냐하면 계획경제 시기에는 기업의 이익이 즉 국가의 재정수입이 되었으므로, 의료비와 연금을 기업의 비용으로서 지출하고 그 액수만큼 이익을 줄이는 것을 인정한다는 것은 곧 의료비와 연금을 국가재정이 부담한다는 것과 같기 때문이다.

그러나 개혁개방 시기 전반에 들어서자 이러한 틀과 개혁의 방침 사이에 모순이 발생하게 되었다. 즉 당시 기업개혁의 방침은 국유기업이 더욱 많은 이윤을 올리도록 장려하는 것이었다. 한편 기업이 종업원의 의료비 및 퇴직자의 연금까지 부담하게 되면, 긴 역사를 지니고 있어 많은 퇴직자 또는 고령의 종업원을 보유하고 있는 기업은 의료비 및 연금의 부담이 무거워지고 이윤이 생겨나지 않게 된다. 한편 역사가 짧고 퇴직자가 아직 없는 기업은 그러한 부담이 적으므로 별로 노력을 하지 않더라도 큰 이윤을 얻게 된다.

그래서 퇴직자의 연금 및 환자의 의료비를 그 사람들이 속해 있는 기업이 아니라, 사회 전체가 부담하는 사회보험 제도를 구축할 필요가 있다는 것이 인식되었다. 도시 지역의 정규 종업원을 대상으로 하는 연금과 의료의 사회보장 제도는 이 책의 제3장에서 논한 국유기업의 대규모 구조조정이 행해졌던 와중인 1997년에 창설되었다. 국유기업의 경영이 악화되고 퇴직자에게 연금을 지불하거나 종업원의 의료비를 부담하는 것도 어려워지는 가운데 기업의 부담을 사회가 대신해서 짊어주는 제도의 구축이 급선무가 되었던 것이다.

이 중에서 연금제도, 정확하게 말해서 '도시노동자기본양로보험'의 제도에서는 고용주가 종업원의 임금 총액 중에 20%(2019년부터는 16%), 종업원은 임금의 8%를 각각 사회보험 기구에 지불한다. 이 연금제도의 특징은 '부과방식'과 '적립방식'이 병용되고 있는 부분에 있다. 즉 고용주가 지불한 보험료는 사회기금에 들어가며, 그것은 고령자에 대한 연금 지불에 사용된다. 이처럼 현역 세대의 지불로 퇴직 세대에 대한 지불이 행해지는 틀을 '부과방식'이라고 부르며, 일본도 이 방식을 취하고 있다. 한편 종업원이 지불한 보험료는 종업원 자신의 개인계좌에 적립되어 가며, 퇴직한 이후에는 개인계좌에 모여 있는 액수를 월액으로 수령할 수 있다. 이처럼 자신이 자신의 장래를 위해 자금을 적립해 나아가는 방식을 '적립방식'이라고 한다. 도시 노동자의 의료보험도 역시 마찬가지로 부과방식과 적립방식을 병용하는 틀이 되고 있다.

▌ 전국민보험으로의 전환

사회보험제도에 국유기업의 대규모 구조조정을 계기로 하여 정비된 것이었기 때문에, 당초에는 도시 지역의 정규 고용자만을 대상으로 했지만, 2000년대 이후 농촌 지역의 주민들 및 도시 지역의 정규 노동자 이외의 사람들을 대상으로 하는 사회보험제도도 정비되었다. 즉 2009년에 농촌을 향한, 2011년에 도시를 향한 주민기본양로보험이 시작되었으며, 2014년에 양자가 일원화되었다(李蓮花, 2020). 임의 가입 제도이기는 하지만, 정부의 재정으로부터 수입의 70% 정도가 보조되고 있으며(澤田ゆかり, 2020), 가령 보험료를 지불하지 않는 사람이더라도 60세를 넘지 않았다면 기초연금을 받게 된다. 그 때문이기도 하여, 가입자 수는 2018년 말 시점에서 5억 2,392만 명으로 앞의 항에서 논했던 도시노동자를 위한 연금보험의 가입자 4억 1,902만 명(퇴직자를 포함)을 상회하고 있다. 양자를 합쳐 가입자는 9억 4,000만 명을 넘으며 국민개보험에 접근하고 있다.

농촌과 도시 지역의 비(非)취업자를 포괄하는 주민기본의료보험제도도 2017년까지 창설되었다. 이것도 가입은 임의이지만, 역시 재정으로부터 수입의 70% 정도를 보조받고 있는 점도 있어, 가입자는 2018년 말에 10억 2,778만 명에 달하고 있다. 도시 노동자를 위한 의료보험과 합치면 의료보험의 가입자는 13억 4,459만 명에 달하며, 국민개보험이 거의 실현되었다. 2000년대까지는 사회보험의 유무가 도시와 농촌의 격차를 상징했지만, 이후 10년 안에 격차가 크게 개선되었던 것이다.

한편으로 연금보험을 둘러싸고 지역 간 격차에 의한 모순이 발생하고 있다(澤田ゆかり, 2020). 사회보험은 각 성의 레벨에서 보험료의 징수와 관리가 행해지고 있는데,

성에 따라 현역 노동자와 퇴직자의 비율은 크게 다르다. 도시노동자기본양로연금의 가입자를 살펴보면 동북부의 3개 성(랴오닝성, 지린성, 헤이룽장성)에서는 현역 노동자 1.4명에 대해서 퇴직자가 1명이 되고 있는 것에 반해서, 광둥성에서는 현역 노동자 6.7명에 대해서 퇴직자 1명이 되고 있으며 퇴직자를 밑받침하는 부담이 크게 다르다. 이러한 부담의 차이로부터 생겨나는 연금기금의 과부족은 중앙정부를 통해서 어느 정도 조정되고 있지만. 애당초 국유기업의 부진으로 인해 불황에 허덕이고 있는 지역에 퇴직자를 밑받침하는 부담이 무겁게 짓누르고 있는 악순환에 빠지고 있다.

제5장 기술:
캐치업, 캐치다운, 그리고 세계의 선두를 향해

핵심어

캐치업
캐치다운
후발의 우위성
중간기술
적정기술
산업혁명
소규모 기술
기술도입
비교우위
자주적 혁신

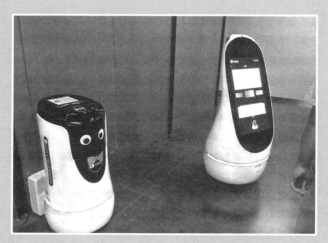

베이징시(北京市)의 로봇 벤처가 선보인 접객용 로봇(2018년)

이 책의 제1장 제4절에서 향후 중국의 경제성장을 전망할 때, 향후 경제성장률 중에 30%는 TFP(총요소생산성)의 상승에 의해 가져오게 될 것이라고 예측했다. 개혁 개방 시기에는 주로 농업에서 제2차·제3차 산업으로 대단히 대규모의 노동자가 이동한 것이 TFP가 상승하게 된 커다란 요인이었지만, 제3장 제9절에서 분석한 바와 같이 이미 농촌의 잉여 노동력은 거의 고갈되고 있기 때문에 향후 이 효과는 별로 기대할 수 없다. 그렇다면 기술의 진보, 노동자의 교육수준 및 숙련의 향상 등의 요소가 TFP를 인상에 중요해진다(World Bank Group et al., 2019).

실제로 중국 정부는 제9차 5개년계획(1996~2000년)의 시기부터 '조방적인 경제성 장에서 집약적인 경제성장 방식으로 전환'을 과제로 내세우게 되었으며, 많은 자본 및 노동력을 투자하는 성장으로부터 기술진보 및 효율의 개선에 의거한 성장으로의 전환을 지향하고 있다. 최근 들어 한층 더 과학기술의 진흥에 주력하고 있으며, 중국으로부터 세계 과학기술의 첨단과 관련된 성과도 생겨나고 있다.

예를 들면, 우주개발의 분야에서 중국은 2003년에 옛 소련, 미국에 이어 세계에 서 세 번째로 자체적인 로켓에 의한 유인우주비행선 '선저우(神舟) 5호' 발사를 성공 시켰다. 이후에도 우주정거장을 발사하는 등 여러 차례 유인우주비행을 성공시키고 있다. 종합적으로 볼 때, 중국의 우주기술은 미국, 러시아, 유럽과의 사이에서는 아직 차이가 있지만, 일본과는 거의 어깨를 나란히 하고 있는 것으로 평가받고 있다(林幸秀, 2019: 191).

또한 슈퍼컴퓨터의 세계에서는 2010년 11월에 중국의 '톈허 1호A(天河1號A)'가 세계 제일의 계산속도를 실현했다. 이후 미국 및 일본이 더욱 고속의 슈퍼컴퓨터를 개발하거나, 중국이 세계 1위의 자리를 탈환하는 것을 반복했는데, 2020년 6월의

랭킹에서는 중국의 '선웨이(神威)·타이후즈광(太湖之光)'이 4위를 차지했다. '톈허 1호 A'는 미국 인텔의 프로세서를 사용했던 것에 반해서, '선웨이·타이후즈광'은 중국 국산의 프로세서 '선웨이(申威)'를 사용했으며 슈퍼컴퓨터를 밑받침하는 IC 기술도 중국이 체득하고 있는 중이라는 것을 보여준다.

2019년에 서비스가 시작된 제5세대 이동통신기술(5G)에서는 세계 표준 필수특허 1만 건 남짓 가운데 중국 기업이 34%를 보유하고 있으며, 국가별로 보더라도 세계에서 가장 많다.

이러한 사례가 보여주는 바와 같이, 중국 과학기술의 첨단 부분에서는 이미 선진국을 캐치업하고 있는 중이며, 서구 및 일본과 세계의 첨단을 놓고 서로 다투는 데까지 이르고 있다.

다만 그러한 측면만을 보아서는 중국에서의 기술발전의 또 한 가지 중요한 측면을 간과해버리게 된다. 그것은 중국의 기업이 자국 및 개도국의 중저소득자(中低所得者)를 위해 선진국의 기술을 환골탈태하여 낮은 소득수준, 독자적인 사회환경, 그리고 사람들의 기호에 적합한 제품 또는 서비스를 만들어내 왔다는 측면이다. 그러한 선진국의 기술과는 다른 길을 향하는 기술도 중국의 기술발전에서의 중요한 측면이며, 오히려 그러한 것 자체가 중국이 아니라면 개발할 수 없는 기술이라는 견해도 있을 수 있다. 이 장에서는 개도국이 선진국의 기술에 캐치업하고자 하며 기술을 도입하거나 개발하는 움직임을 '캐치업형4 기술진보', 중국 등 개도국의 낮은 소득수준, 고유한 수요 및 사회환경에 대응하기 위해 선진국과는 다른 방향으로 기술을 발전시키는 움직임을 '캐치다운5형 기술진보'라고 부른다(丸川知雄, 2013). 이 두 가

---

4 이 책의 저자는 캐치업 공업화란 후발국이 선진국과의 풍요로움의 격차를 매우기 위해 취하는 것으로, 이를 위해 선진국의 기술 및 지식이 필요하다고 논한다. 일반적으로 후발국은 선진국의 기술 중에서도 가장 새롭고 효율적이며 또한 노동절약적인 기술을 받아들이려 한다. 한편 캐치업이라는 개념에는 포함되지 않는 후발국의 기술발전 사례도 또한 적지 않게 보이는데, 이를 누락시켜면 후발국의 기술개발의 중요한 측면을 간과해버리는 것이라고 주장한다. 丸川知雄, "技術のキャッチアップとキャッチダウン", 佐藤幸人 編,『キャッチアップ再考』(アジア經濟研究所, 2012), pp.103~114. _옮긴이

지의 핵심어를 이용하여 청나라 말기부터 오늘날에 이르기까지 중국의 기술진보를
정리해보도록 하겠다.

1. 캐치업과 캐치다운

▌ 후발의 우위성

19세기 말부터 20세기 초에 걸쳐서 활약했던 미국의 경제학자 소스타인 베블런
(Thorstein Veblen)은 공업화의 후발국이었던 독일이 선진국 영국으로부터 최신 기계
를 수입함으로써 급속하게 영국에 캐치업해왔다는 것을 지적했다(Veblen, 1915).
기술이 인간의 기능(능력)이라는 형태로 존재했던 시대와는 달리, 기술이 기계에
체화되었기 때문에 기술 이전이 용이해졌던 것이다. 따라서 인류의 기술진보의
선두에 서서 미개의 황야를 개척하는 선진국보다도 그러한 선두주자로부터 기술
및 기계를 도입하는 후발국 쪽이 더욱 빠른 속도로 기술을 향상시키는 것이 가능하
다. 미국의 경제사학자 알렉산더 거센크론(Alexander Gerschenkron)은 이것을 '후발
의 우위성'이라고 불렀다(Gerschenkron, 1962).

거센크론에 의하면, 후발국의 산업·기업은 선진국의 기술적 축적 가운데로부터

---

5 선진국에서 기술이 개발되어서 선진국에는 시장이 없어 거의 사장되었지만, 후발국(중국 등)에서 큰
산업이나, 큰 시장을 형성한 사례, 선진국의 기술을 부분적으로 받아들여 선진국에는 없던 제품이 개발
되어 큰 시장 및 산업을 형성한 사례, 선진국의 기술보다 더 노동집약적인 생산 방법을 고안한 사례,
선진국 제조사보다 대폭 저렴하지만 기능 및 품질이 열악한 제품이 후발국에서 큰 시장 및 산업을 형
성한 사례 등은 기존 캐치업 범주에 들어가지 않는다. 이런 사례는 후발국이 다른 기술 발전 경로를
걷고 있기 때문이다. 이 책의 저자는 이를 '캐치다운형 기술 발전'이라고 칭하며, 캐치업형 기술발전은
'대규모, 최신, 자본집약적'인 특징을 갖는 반면, 캐치다운형 기술발전은 '소규모, 노동집약적, 낮은 가
격, 기능이 간편하고 낮은 품질"이라는 특징을 갖는다. 저자는 중국의 기술발전에서의 경험으로부터 말
하자면 캐치업은 캐치다운으로 대체되는 것이 아니라 오히려 캐치업의 파생물로서 생겨나고 있는 것으
로 간주하고 있으며, 캐치업과 캐치다운 간의 관계에 대해서 향후 심도 있는 검토가 필요하다고 논하고
있다. _옮긴이

최신 기술을 선택함으로써 선진국의 산업·기업과의 차이를 급속하게 메울 수 있다. 최신 기술이란 대체적으로 자본집약적인 기술이며 그것을 도입하기 위해서는 커다란 투자가 필요해지기 때문에, 후발국에서는 은행 및 국가가 산업에 대한 투자에 깊게 관여하게 된다. 스에히로 아키라(末廣昭)는 거센크론이 제시했던 발전 패턴을 '캐치업형 공업화'라고 명명하고 아시아 각국의 경제발전에 그러한 특징이 보인다는 것을 제시했다(末廣昭, 2000). 이 장에서 말하는 '캐치업형 기술진보'란 기업 및 산업의 레벨에 착안한 표현인데 일본, 중국, 한국 등은 국가가 기업 및 산업의 레벨에서의 캐치업을 강력하게 뒷받침함으로써 선진국과의 소득수준의 차이를 메우는 것, 즉 국가 레벨에서의 캐치업을 지향해왔던 것이다.

▌ 중간기술·적정기술

한편 개도국에 적합한 기술은 선진국에 적합한 기술과는 다른 것이 아닐까 하는 의문이 1970년대에 제기되었다. 그러한 논의를 주도했던 에른스트 슈마허(Ernst Schumacher)에 의하면, 선진국의 최신 기술은 대단히 자본집약적이므로 그 상태 그대로 인도와 같은 개도국에 가져오면 현지의 고용 확대에 공헌하지 못하며 그러한 기술을 다루는 인재도 충분하지 않으므로 제대로 기능하지 못한다. 그렇다고 해서 현지의 기존 기술을 고수하는 것만으로는 경제발전의 전망이 열리지 않는다. 개도국의 발전을 도모하기 위해서는 선진국의 최신 기술과 현지의 기존 기술 사이의 중간 정도의 기술 자체가 가장 유효하다고 하며 슈마허는 그것을 '중간기술(intermediate technology)'이라고 부르고(Schumacher, 1973), 그러한 기술을 만들어 내는 운동을 전개했다.

이러한 슈마허의 주장은 널리 지지를 받았으며 경제협력개발기구(OECD) 개발센터의 1976년 보고서에서는 그 개념을 확장시켜 개도국에 적합한 기술로서 '적정기술(appropriate technology)'을 제창했다. 이것은 개도국의 사회적·문화적 환경에 적합한 기술은 반드시 중간기술 뿐만은 아니며, 첨단기술 중에도 적합한 기술이 있으므로, 더욱 넓은 관점에서 기술의 적정성을 고려해야 한다는 제안이었다. 또한 이 보고서에서는 개도국의 기업 또는 직원들이 주체적으로 혁신(innovation)에 나서는 것의 중요성도 지적했다. 선진국의 기술이라면 개도국 기업은 그것을 습득하는 것조차 분명치 않으므로 개도국의 기업에서도 창조적으로 적용·개량하는 것이 가능한 적정기술을 지향해야 한다고 한다. 또한 유엔공업개발기구(UNIDO)도 1975년부터 개도국에 적합한 '적정공업기술'의 연구와 추진 활동에 착수했다(吉田昌夫, 1985).

중간기술·적정기술이라는 사고방식은 신고전파 경제학에도 익숙하기에 경제이론에서도 이것에 호응했던 논의가 있다. 슈마허는 개도국에 제공되고 있는 기존의 기술이라고 한다면, 노동자 1인당 자본이 1,000파운드의 선진국의 기술이 1파운드의 전통기술 밖에 없으므로 중간기술을 만들어낼 필요가 있다고 주장했는데, 하야미 유지로(速水佑次郎)는 필요한 중간기술은 저절로 유발될 것이라며 낙관적이다. 하야미 유지로는 만약 개도국에서 노동이 상대적으로 풍부하다면 노동을 더욱 많이 사용하고 다른 희소한 생산요소의 사용을 절약하는 기술이 개발되고 채택될 것이라고 한다. 예를 들어, 선진국으로부터 기술도입을 하는 경우라고 하더라도 그 기술을 더욱 노동 사용적·자본절약적으로 수정함으로써 효율을 한층 더 높이고 또한 노동자에 대한 분배율도 끌어올릴 수 있다. 다만 이러한 수정적(修正的)인 개발을 민간기업의 자발성에만 의지해서는 충분하게 적정한 기술이 개발되지 않을 지도 모르기에 정부의 적극적인 지원도 필요하다고 한다(速水佑次郎, 1995).

위에서 살펴본 바와 같이 중간기술·적정기술론은 1970년대부터 1980년대에 걸쳐서 이론적, 실천적으로도 왕성했지만, 1990년대 이후 급속하게 고려되지 않게 되었다. 그것은 한국 및 타이완 등이 선진기술을 받아들임으로써 급속한 공업발전을 실현하고 소득수준에서도 선진국의 수준에 도달하는 한편, 중간기술이 그렇게까지 눈부신 효과를 올리지 못했기 때문일 것이다.

▌ 캐치다운형 기술진보

하지만 최근 들어 인도 및 중국에서의 독특한 기술진보가 주목을 받게 되었다. 세계적으로 주목을 받았던 상품 중의 하나가 인도의 자동차 제조사 타타자동차가

2009년에 발표한 승용차 '나노(nano)'이다. 타타자동차의 회장 라탄 타타(Ratan Tata)는 인도의 길 위에서 가족 4명이 한 대의 오토바이에 타고 있는 광경을 보고 이러한 사람들에게 뭔가 안전한 교통수단을 제공하고 싶다는 생각을 하고 처음부터 판매가격을 10만 루피(2,500달러)로 정하고 그것을 실현하기 위해서 기능을 간소화한 승용차를 개발했다. '나노'는 결국 상업적으로는 성공하지 못했지만, 개도국에서 필요한 것으로 간주되는 기술은 선진국의 지금 기술, 또는 그 '후물림'한 것이 반드시 아니지 않은가 하는 사고를 크게 자극했다.

'나노'는 잊혀졌던 중간기술·적정기술론을 상기시켰는데, 단순한 재현은 아니었다. 그것은 첫째로 개도국(인도)의 기업 측이 이니셔티브를 잡았던 기술개발이었다. 둘째로 중간기술·적정기술은 개도국에 적합한 기술을 모색하는 사회운동이었는데 '나노'는 비즈니스로서 받아들여졌다는 것이다. 이익이 전망되는 비즈니스라면, 사회운동으로서의 중간기술·적정기술보다도 지속가능하다.

이러한 개도국 측으로부터의 새로운 기술발전의 동향을 눈으로 보며 선진국의 기업 중에서도 제품개발의 중점을 개도국에 두어야 한다는 생각이 생겨났다. 예를 들면, 제너럴일렉트릭(GE)의 회장 겸 CEO인 제프리 이멜트(Jeffrey Immelt)는 '역(逆)혁신(reverse innovation)'이라는 개념을 제기했다(Immelt, Govin darajan and Trimble, 2009). 이멜트 등은 종래 선진국 중심의 개발체제를 세계화(globalization)라고 부른다. 이것은 선진국을 향해 개발한 제품을 각국의 사정에 맞추어 수정을 가하면서 세계에 전개시키는 체제를 의미한다. 한편 '역혁신'이란 개도국의 현지법인에 큰 권한을 부여하고 현지의 저소득자를 향한 시장에서 수용되는 가격 또는 사용 환경을 의식한 제품을 개발하며, 그 개발 성과를 거꾸로 선진국 시장에서도 전개하는 것을 지칭한다. 이멜트 등은 신흥국에 중심을 둔 개발체제를 취하지 않는다면 세계경제의 성장을 견인하는 신흥국 시장을 현지 기업에게 빼앗기게 될 뿐만 아니라, 거기에서의 성공을 용수철로 삼아 개도국 기업이 선진국에도 진출해올 가능성이 있다는 위기감을 표명하고 있다.

또한 영국의 《이코노미스트》는 자동차를 간소화하여 저렴하게 만든 '나노', 그리고 GE가 인도의 농촌을 향해 역혁신의 수법으로 개발한 1,000달러의 심전도 측정기 등을 포괄하여 '검약적 혁신(frugal innovation)'이라고 불렀다(Economist, 2010).

이 장에서 '캐치다운형 기술진보'라고 부르는 것은 역혁신 및 검약적 혁신과 문제의식을 함께하는 부분이 있지만, 반드시 동일한 것을 지칭하는 것은 아니다. 우선 '캐치다운형 기술진보'는 개도국 측이 주체적으로 기술을 발전시키는 움직임을 가리키는 것으로, 선진국 기업의 방식인 역혁신과는 실시하는 주체가 다르다. 다만 개도국의 수요(needs)에 입각한 상품 또는 서비스를 개발한다는 목표는 공통되고 있다. 또한 '검약적 혁신'이라고 표현할 경우에, 선진국에 이미 존재하는 자동차 등을 개도국을 향해 저렴하게 하는 것에만 눈을 돌리게 되어버리는데, 캐치다운형 기술진보에는 단순히 저렴하게 하는 기술뿐만 아니라 개도국 고유의 수요 또는 사회환경에 적합한 상품과 서비스의 개발도 포함시키고자 한다. 예를 들면, 중국의 '가전 제조사' 주양그룹(九陽集團)은 중국 시장을 향해 가정용 두유기라는 제품을 개발하여 히트를 쳤는데, 선진국에는 존재하지 않는 이러한 독창적인 제품의 개발도 캐치다운형 기술진보의 범주에 들어간다. 또한 중간기술·적정기술의 논의에서는 '어떻게' 만들 것인가에 초점을 맞추었는데 '무엇을' 만들 것인가에서 개도국의 수요, 소득수준, 사회환경에 맞추어 선진국의 뒤를 쫓는 방향으로 기술을 발전시키는 움직임도 '캐치다운형 기술진보'에 포함된다. 아래의 제2절 이하에서는 중국의 기술 발전을 캐치업과 캐치다운라는 핵심어를 사용하여 정리함으로써 개도국에서의 기술진보가 갖는 의의에 대해서 고찰해보고자 한다.

2. 중국의 산업혁명: 청나라 말기부터 1950년대까지

▮ 서구에 크게 뒤쳐져 있던 청나라

세계 최대의 대국이었던 청나라가 몰락의 길을 걷기 시작했던 기점은 아편전쟁이었다(제1장 참조). 아편전쟁의 패배로 청나라는 군사력의 기반이 되는 공업기술에서 서구에 크게 뒤쳐져 있다는 것을 알게 되었다. 〈사진 1〉과 〈사진 2〉를 살펴보기 바란다. 이것들은 모두 아편전쟁 때 청나라의 군대가 영국군을 포격하는 것에 이용했던 대포인데, 당시 전쟁터였던 광둥성 후면에서 발굴된 것이다. 다만 〈사진 1〉의 대포는 유럽으로부터 수입한 것이며, 〈사진 2〉의 대포는 광둥성 포산에서 제조된 것이다. 양자의 차이는 일반인의 눈에도 명백하다. 외국제 대포의 포신이 얇고 매끄러운 것에 반해서, 중국제의 그것은 다소 두껍고 많은 공동(空洞)이 들어가 있다. 이것은 당시 중국의 주조기술(〈칼럼 6〉 참조)이 서구에 비해서 열악했다는 것을 보여주는 것이며, 두 개의 대포에서 보이는 차이에 나타나는 공업기술의 차이, 즉 이미 산업혁명을 경험했던 영국과 산업혁명이 시작되지 않았던 청나라 사이의 차이가 아편전쟁의 승패를 갈랐다고 할 수 있다.

▮ 영국과 일본의 산업혁명

산업혁명이란 공업의 기계화가 소비재 산업에서 생산재 산업까지 확대되고 이것과 함께 산업자본이 확립되는 시기라고 정의할 수 있다. 영국에서는 면방적업에서 제니 방적기, 뮬 방적기(mule spinning machine)가 도입되었던 1760~1770년대가 산업혁명의 시작이다. 1780년대에는 직포에서 역직기가 발명되었으며, 또한 증기기관을 기계의 동력으로 이용하였다. 철강업에서는 선철을 만드는 프로세스에서 코크스를 사용하는 방법이 1735년에 영국에서 실용화되었으며 18세기 후반부터 고로(高爐)의 대형화가 시작되었다. 또한 1820년대에는 나사 절삭 선반과 평삭반 등의 공작기계가 발명되었다. 공작기계는 이른바 '기계를 만드는 기계'인데, 이러한 기계산업까지 기계화된 1820~1830년대를 통해 산업혁명이 완료된 것으로 볼 수 있다(大石嘉一郎 編, 1975: 14~15).

일본의 경우, 산업혁명의 계기는 막부 말기에 미국의 압력에 의해 개국하면서였다. 1853년에 미국 해군 군함 4척이 도쿄만에 입항하였고, 그로부터 5년 후에는 개항 및 자유무역을 약속한 미일수호통상조약이 체결된다. 관세자주권을 상실하고 보호관세라는 방어책이 없는 상태로 국제무역 속에 내던져진 일본이 개국 당초에

〈사진 1〉　　　　　　　　　　　　〈사진 2〉

수출할 수 있었던 것은 생사와 차 정도였다. 국내의 전통적인 면직물업은 개항과
함께 유입되어 왔던 외국산 면직물의 압박을 받아서, 1874년에는 수입 면포가
국내 수요의 40%를 차지하는 데까지 이르렀다(大石嘉一郞 編, 1975: 120).

　　그러나 이때부터 일본은 급속한 적응력을 발휘한다. 우선 일본의 재래 면직물업
은 인도산 면사를 사용하거나 '플라잉 셔틀'을 도입하여 경쟁력을 높였으며, 1890
년경에는 국내 수요의 80%를 차지하는 데까지 회복했다. 또한 1877년에는 일본에
서 '가라방기(ガラ紡機)'라는 간편한 방적기가 발명되어 일본 내에서 더 많은 면사가
만들어졌다(淸川雪彦, 1995). 1883년에는 증기 동력으로 1만 추 이상의 방적기를
갖춘 근대적 면방적공장인 오사카방적회사(大阪紡績會社)가 설립되었다. 이 성공에
자극을 받아, 1886년부터 차례로 대규모 방적공장이 설립되었으며, 1890년에는
국내의 기계로 제작한 면사 생산량이 면사 수입량을 상회하기에 이르렀다. 면방적
업의 대규모화와 기계화가 진전되었던 1880년대 후반 자체가 일본에서의 산업혁명
의 시작으로 보아도 좋을 것이다(大石嘉一郞 編, 1975: 18, 121~122).

한편 일본의 생사는 메이지 초기까지는 자구리기(座繰り器)라고 하는 목제 톱니바퀴를 이용하여 손으로 돌리는 도구를 사용하여 주로 농가의 부업으로서 소규모로 생산되었다. 메이지 정부는 1872년에 관영 도미오카제사장(富岡製絲場)을 세우고 프랑스의 최신 기계제사 기술을 도입하여 견사의 품질을 높이고자 했다. 하지만 증기기관을 동력원으로 삼아 철제 기계로 완전히 장비하고 300개의 가마를 갖춘 도미오카제사장은 당시 일본의 기업가들이 모방하기에는 너무나도 컸다. 그 때문에 도미오카제사장을 모범으로 삼으면서 일본의 기업가들이 세웠던 제사공장은 규모가 도미오카제사장의 몇 분의 1 이하, 철제 기계를 사용하는 대신에 목제 기계를 사용하고 증기기관이 아닌 수력을 사용하는 것이 일반적이었다. 그중에서도 스와(諏訪) 지방에서는 1877년경부터 10~30개 정도의 가마를 갖춘 소규모였으며 물레방아를 동력으로 삼고 누에고치를 삶는 솥에도 철 대신에 도자기를 사용한 제사공장이 집적되었고, 이러한 것이 저렴한 가격의 생사를 대량생산함으로써 일본은 1906년경에는 결국 중국을 상회하며 세계 1위의 생사 수출국이 되었다(淸川雪彦, 2009; 大石嘉一郎 編, 1975: 52~53, 171~174). 면방적에서의 가라방기의 개발 및 스와 지방의 소형 제사공장처럼, 일본에서는 유럽의 근대 기술을 일본의 상황에 적응시키는 캐치다운형 기술진보가 왕성하게 행해졌다.

1901년에는 관영 야하타제철소가 조업을 개시했고 1905년에는 선반의 생산이 시작되었으며, 이리하여 주요한 생산재인 철강과 공작기계가 국산화되었다. 즉 이 시기에 일본의 산업혁명은 생산재 부문에도 파급되어 완성을 보았다고 할 수 있다(大石嘉一郎 編, 1975: 19~20).

▌ 중국의 산업혁명

위에서 언급한 일본의 사례를 염두에 두면서 중국에서의 근대 공업기술의 도입 과정을 살펴보도록 하겠다. 아편전쟁에 패배한 중국도 일본과 마찬가지로 보호관세라는 방어책이 없는 상태에서 영국산 면직물의 침투를 받게 되었다. 그런데 중국으로 향하는 면직물의 수출은 영국이 기대했던 것처럼 증가하지 않았다. 왜냐하면 농촌의 부업으로서 만들어졌던 면포 쪽이 영국산 면포보다도 서민에게 선호되었기 때문이다. 중국은 면포를 수입하는 것을 대신하여 이미 기계화되었던 인도산 면사를 대량으로 수입하고, 이것을 재료로 삼아 농촌에서 면직물이 왕성하게 만들어지게 되었다.

중국에서의 근대 공업기술의 도입은 1860년대에 청나라의 고관들이 병기공장을 건설했던 것에서 시작된다. 면방적업에서는 지방 총독이었던 리훙장이 민간인의 협력을 얻어 근대 방적기술을 도입한 상하이기기직포국을 1878년에 설립하고, 1890년에 면사를 생산하기 시작했다. 상하이 주변 농촌의 면직물업은 이미 인도산 면사를 사용하기 시작했기에 상하이기기직포국에서 만들어진 기계제 면사도 환영을 받았다. 그 성공에 자극을 받아, 상하이 등에 많은 면방직 제조사가 탄생했다. 또한 청일전쟁 이후의 시모노세키조약(1895년)에서 개항장에서의 외국인의 공장건설이 인정되어지자, 일본 등 외국 자본의 면방적공장도 증가하게 되었다. 1918년에는 국내의 기계제 면사의 생산량이 면사의 수입량을 상회했으며, 또한 이 무렵에는 농촌 가내공업에서 만들어진 수방사(手紡絲)의 비중도 절반을 넘었다(森時彦, 2001; 久保亨·加島潤·木越義則, 2016: 21~25).

면방적업에서의 대규모화·기계화를 갖고 산업혁명의 시작이라고 본다면, 1890년이 중국에서의 산업혁명의 시작이다. 그리고 일본보다 30년 늦었지만, 1920년대까지 국산품에 의한 수입품의 대체 및 기계제 면사에 의한 수방사의 대체가 달성되었기에 면방적업에서는 산업혁명이 완결되었다고 말할 수 있다.

그러나 다른 산업에 눈을 돌려보면, 중화민국 시기(1911~1949년)까지는 산업혁명이 완결되지 않았던 사례가 많다. 면직물업에서는 역시 1890년의 상하이기기직포국의 조업 개시로 중국에 근대적인 역직기가 도입되었는데, 그러한 기계제 직포가 농촌 가내공업으로 영위되었던 수직의 면포를 구축하는 것에는 이르지 않았으며, 1931년의 단계에서도 수직의 면포가 여전히 시장의 61.6%를 차지했다(久保亨·加島潤·木越義則, 2016: 24). 다만 수직이라고 하더라도 1903년경에 일본에서 전해졌던 '철륜기(鐵輪機)'로 기존의 직포보다도 5배 이상으로 생산성이 올라갔다. '철륜기'는 인간이 발로 밟음으로써 동력을 얻는데, 직포의 동작은 자동적으로 행해진다는 것으로, 슈마허가 말하는 중간기술이라고 할 수 있다. 철륜기의 도입에 의해 허베이성의 가오양(高陽), 랴오닝성의 잉커우(營口) 및 펑톈(奉天, 선양) 등이 면직물 산지로서 성장했다(森時彦, 2001: 303~306, 443~444).

❚ 난항을 겪은 산업혁명: 제사업과 철강업

또한 생사는 중국이 원래 세계 최고의 선진국이며, 중국산 견직물은 실크로드를 통해서 중동 및 유럽에 수출되었다. 유럽에서 양잠과 제사 기술이 확대되었던 것은 16세기경으로 여겨지고 있는데, 18세기 중엽에는 유럽의 제사 기술이 중국을 능가하게 되었다. 19세기 유럽에서는 제사에도 증기기관을 이용하였으며, 여전히 전통적인 수공업의 단계에 머물러 있었던 중국 및 일본에 큰 차이를 벌렸다. 그런데 1860년대에 이탈리아 및 프랑스에서 누에의 전염병이 확산되어 생사의 생산이 격감했기 때문에, 유럽은 중국과 일본에 생사 공급을 요구하게 되었다.

당시에 중국에서는 생사를 말아서 빼는 틀을 발로 밟는 방식으로 돌리는 조사기가 널리 사용되었으며 일본보다 생사의 생산성이 높고 고품질이었다. 그 때문에 유럽으로부터의 매입이 증가하고 중국의 생사 수출은 1850년부터 1870년대 전반에 걸쳐 3배 이상으로 늘어났다(大石嘉一郎 編, 1975: 172).

그러한 가운데 1861년에 자딘 매디슨 상회(Jardine, Matheson & Company)의 출자에 의해 상하이에 중국 최초의 근대적인 제사공장이 탄생했다. 이 공장은 철제 가마를 200개 갖추고 증기로 조사기를 돌리며 누에고치를 삶는 유럽식 기술을 도입한 것이었다. 하지만 원료인 누에고치의 매입이 잘 이루어지지 않았기 때문에 공장설비의 가동률이 낮아져 적자가 계속되었으며 10년 후에는 폐쇄되었다. 누에고치의 매입을 맡았던 중국인 상인과의 협력 관계가 구축되지 못했던 것이다(曾田三郎, 1994; 石井摩耶子, 1998).

한편 광둥성 난하이현(南海縣, 현재의 포산시 난하이구)에서는 베트남에서 상업을 영위하여 재산을 모은 난하이현 출신의 기업가 천치위안(陳啓沅)이 1874년에 지창융사창

(繼昌隆絲廠)이라는 제사공장을 개설했다. 해당 회사는 천치위안이 베트남에서 보았던 프랑스의 제사 기술을 도입한 것이며, 200개 가마의 규모로 보일러로부터 누에고치를 삶는 가마에 증기와 열탕을 공급했다. 한편으로 사를 말아서 빼는 틀은 증기기관으로 돌리는 것이 아니라 사람을 발로 밟는 방식으로 회전시켰다. 즉 프랑스의 제사 기술과 중국의 기존 기술을 절충한 것이었다. 지창융사창이 성공했기 때문에, 그것에 덕을 입고자 난하이현과 이웃하고 있는 순더현에서 제사공장의 설립이 연이어졌으며, 1881년에는 14~15개 사에 이르렀다(鈴木智夫, 1992: 419~426).

아울러 상하이에도 1878년에 미국의 러셀 상회(Russell & Company)가 일본의 도미오카제사장의 기술장(技術長)이었던 브루너를 공장장으로 맞이하여 제사공장을 출범시키고 중국 자본 및 외자에 의한 공장의 개설도 계속되어 1882년까지 합계 4개 사, 합계 800개 가마의 규모가 되었다(鈴木智夫, 1992: 323~324). 이리하여 공장의 소형화로 향했던 일본과는 달리, 광둥에서는 400~500개 가마 정도, 상하이에서는 200~250개 가마 정도의 대규모 공장이 확대되었던 것이다. 그런데 중국 제사업의 성장 속도는 일본에 비해서 늦었으며, 1906년에 생사 수출량에서 일본에 추월당했다.

중국에서 제사업이 정체되었던 이유로서 스즈키 도모오(鈴木智夫)가 시사하고 있는 것은 기존 견직물업자들의 저항과 정부 당국의 규제이다(鈴木智夫, 1992). 1881년에는 견직물업자 및 노동자 수천 명이 난하이현의 근대적 제사공장을 습격하는 사건이 발생했다. 난하이현 정부는 이 사건에 놀라서 난하이현 내부의 근대적 제사공장 전체에 대해 폐쇄를 명했고, 천치위안은 마카오로 공장을 이전해야 하는 상황에 내몰렸다. 상하이에서도 1882년에 외국 자본의 제사공장을 금지하는 조치가 이루어졌다. 금지령은 영국 및 미국 정부로부터의 항의로 철회되었지만, 외국 자본에 의한 원료 누에고치의 거래에 대해서 엄격한 규제가 부과되었다. 도미오카제사장을 세워서 제사업의 산업혁명을 추진하고자 했던 일본 정부와는 대조적으로 청나라는 제사업의 산업혁명에 적극적이지 않았다.

기요카와 유키히코(淸川雪彦)는 유럽 기술을 도입한 이후에 중국에서는 일본에서 나타났던 것과 같은 캐치다운형 기술진보가 추진되지 못했던 것에서 산업혁명이 정체된 이유를 찾아내고 있다(淸川雪彦, 2009). 그렇게 된 배경으로서 당시에는 자본가가 공장을 건설하고 경영자에게 임대하는 제도가 일반적이었던 것을 들고 있다. 자본가는 제사 기술에 관한 지식이 없는 상태에서 일반적인 설비를 도입하고 공장을 세워버린다. 경영자는 계약 기간 1년 동안에 공장의 조업을 청부하게 되므로, 주어진 설비를 움직여서 이익의 최대화를 지향할 뿐이며, 설비를 개량하고 중국의 상황에 적응시키려는 의욕도 권한도 없었다.

　산업혁명 완성의 지표(Merkmal)인 철강업에 대해서 살펴보면, 청나라 말기의 1890년에 청나라의 고관인 장즈둥(張之洞)에 의해 국영 한양철창(漢陽鐵廠)이 설립되었으며, 1894년에 선철을 생산하기 시작했다. 이것은 일본 야하타제철소의 생산이 개시되기 7년 전의 일이었다. 고로(철광석과 코크스를 고온에서 용해하여 선철을 만드는 설비, 제1장의 〈칼럼 1〉 참조)의 크기는 선철 1일 생산량 100톤이기 때문에 1일 생산량 160톤(용적 494m³)의 고로 2기를 갖추었던 야하타제철소보다는 작지만 제강, 압연(레일, 강판, 조강)의 공정도 갖추었던 본격적인 일관제철소(一貫製鐵所)였다(波多野善大, 1961: 440).

　그러나 채택한 제강 기술이 현지의 철광석에 맞지 않거나, 코크스로(爐)가 없어 코크스를 영국으로부터 수입하지 않으면 안 되는 등 기술선택이 잘못되었기 때문에, 경영이 궤도에 오르지 못한 상태에서 1925년에는 철강 생산을 중단해버리게 된다. 한편 야하타제철소의 성공으로 철강업의 이륙(take off)에 성공한 일본은 1915년의 '대중국(對中國) 21개조 요구'에 의해 중국 동북부에서의 철광석 채굴권을 획득했다. 이것을 이용하여 만철이 안산제철소를, 오쿠라조(大倉組, 오쿠라재벌)가 번시후매철공사(本溪湖煤鐵公司, 일본명: 혼게이코매철공사_옮긴이)를 설립하고 특히 전자는 야하타제철소에 다음 가는 동아시아 2위의 제철소가 되어 간다. 다만 2개 사 모두에서 생산된 철강 제품의 대부분을 일본에 수출했으며, 중국의 다른 산업과는 거의 관련이 없었다(久保亨·加島潤·木越義則, 2016: 64~68).

또한 산업혁명 완성의 또 한 가지 지표인 공작기계에 대해서는 결국 중화민국 시기에는 국산화가 되지 못했다.

위에서 논한 바와 같이, 중국에서는 산업혁명이 면방적, 면직물, 제사, 철강의 각 산업에서 19세기 말에는 시작되었지만, 근대 기술이 전통 기술을 압도하고 수입 대체를 실현했던 것은 면방적업 뿐이었으며, 철강업 및 공작기계 등의 생산재 산업의 확립에는 실패했다. 즉 산업혁명은 청나라 말기에 시작되었지만 중화민국 시기가 되어서도 완성에 이르지 못했던 것이다.

▌ 중화민국 시기의 기술 발전

다만 중화민국 시기에 돋보일 만한 발전을 보였던 산업도 있다. 우선 화학공업을 들 수 있다. 제1차 세계대전에 의해 유럽으로부터의 화학제품의 수입이 끊어졌던 것이 중국에서 화학공업이 탄생하게 된 계기였다. 비누, 유리, 세제 등 일용적인 화학제품의 원료가 되는 소다회(탄산나트륨)의 국산화에 나섰던 것이 교토제국대학에서 응용화학을 배웠던 기업가 판쉬둥(范旭東)이 설립한 융리화학공업공사(永利化學工業公司)였다. 판쉬둥은 컬럼비아대학에서 화학을 연구했던 허우더방(侯德榜)을 주임 기사로 맞아들이고 기술적으로 어려운 솔베이 공정(Solvay process)을 이용하여 소다회를 1926년에 양산화하는 것에 성공했다. 소다회 제조법으로서는 더욱 간단한 르블랑 공정(Leblanc process)도 있었지만, 그것에는 황산이 대량으로 필요한데 중국에서는 황산의 공급이 충분하지 않았다. 한편 솔베이 공정은 식염을 원료로 삼고 있기 때문에 원료를 입수하기가 쉬웠다.

융리화학을 응용한 솔베이 공정의 습득은 일본보다도 빠르며, 해당 회사의 소다회는 일본에도 수출되었다. 중일전쟁이 격화되어 국민당 정권과 함께 내륙의 쓰촨성으로 이전했을 때에 융리화학은 원료인 소금의 품질이 나쁜 쓰촨성의 상황에 적응하며 소금 염료의 이용 효율을 향상시킬 수 있는 '후씨법(侯氏法)'이라는 독특한 소다 제조법을 개발하였으며, 그 기술은 전후 일본의 소다 제조사에도 채택되었다. 즉 중국의 소다 제조기술은 당시 세계에서도 유수의 레벨에 도달했으며, 그 때문에 중화인민공화국 시대에 들어선 이후에도 소다회는 중국의 주요 수출품 가운데 하나로서 외화 획득에 공헌했다(田島俊雄 編, 2005; 峰毅, 2017).

한편 외자기업 주도로 발전했던 것이 담배산업이다. 중국에서 근대적인 담배산업이 탄생했던 것은 1891년에 상하이에서 영국인이 담배공장을 설립했던 것에서 시작된다. 이 책의 제1장 제2절에서 논한 바와 같이, 이 무렵부터 미국과 영국에서 담배산업의 대합병운동이 시작되고 1902년에 BAT가 성립되었으며 상하이의 담배 공장도 그 자회사가 되었다. BAT는 근대적인 담배공장을 중국 각지에 전개하는 것과 함께 잎담배 농가도 지도하였으며, 1940년대에 이르기까지 중국 시장에서 높은 비중을 유지했다. 그 유산은 중화인민공화국에 계승되었고 지금도 BAT가 사용했던 브랜드 중의 하나인 '하더먼(哈德門)' 담배는 계속해서 생산되고 있다(丸川知雄 外, 2021).

▌ 소련으로부터의 기술이전

중화인민공화국이 성립되고 제1차 5개년계획 시기(1953~1957년)가 시작된 이후부터 중국은 소련의 기술원조 아래에서 캐치업을 지향하게 된다. 소련의 기술원조는 계획경제의 운영방법으로부터 광공업 기술, 농업 기술, 교육, 의료 등 국민경제의 모든 분야에 미쳤으며 소련으로부터 중국으로 파견된 기술자는 약 3000명이었고, 중국의 소련 및 동유럽 유학생도 2만 명 이상이었다.

이 시기에 중국에 의한 캐치업의 주요 수단은 소련 및 동유럽으로부터 종합세트 형태의 광공업 설비를 도입하는 것이었다. 1950~1959년의 기간에 중국은 소련과의 사이에서 304개 항목, 동유럽 국가들과의 사이에서 116개 항목 등 합계 423개 항목의 종합세트 설비의 도입 계약을 체결했다. 그 내역은 기계, 전자, 군사공업이 132개 항목으로 가장 많고 전력공업, 금속공업, 석탄공업 등이 그 뒤를 이었다. 이러한 종합세트 설비는 유상으로 제공받았으며 중국은 합계 27억 달러의 외화를 지출했는데, 종합세트 설비에 부수적으로 광공업, 농림업, 의료 등에 관련된 4,000개 이상의 기술 자료(기계의 설계도 및 생산공정에 관한 자료 등)가 복사비 정도의 저렴한 가격으로 제공되었다. 기계설비가 도입되고 또한 기술 자료가 제공되어 파견된 기술자가 직접 지도를 했기 때문에, 중국은 산업용 기계를 스스로 만들어 낼 수 있는 능력까지 어느 정도 체득하였으며 이제까지 화학 이외에는 거의 공백이었던 중공업의 분야에서 세계의 수준에 단번에 캐치업을 진전시켰던 것이다(陳慧琴, 1997: 12~23). 이 시기에 중국은 철강과 공작기계를 생산하는 기술을 소련으로부터 받아들였으며, 이리하여 1950년대에 이르러 중국의 산업혁명은 결국 완성되었다.

국제정세의 영향에 의해 기술의 도입처가 소련·동유럽에 한정되었다는 한계가 있다고 하더라도, 소련·동유럽으로부터의 하드 및 소프트의 양방에 걸친 기술이전에 의해 중국의 기술 수준은 비약적으로 진보했다고 말할 수 있다. 1950년대에 소련으로부터 이전된 공업기술이 어느 정도의 것이었는지 자동차와 철강의 사례를 살펴보도록 하겠다.

중화민국 시대에는 만주국에서 일본 자본에 의해 자동차가 소량 조립되었던 것을 제외하면 자동차산업은 공백이었다. 제1차 5개년계획 기간에 소련으로부터의 기술이전에 의해 중국 최초의 본격적인 자동차 제조사인 제1자동차제조창(第一汽車製造廠)이 설립되었고, 건설이 개시된 지 3년 후인 1956년에 가동을 개시했다. 이 공장은 적재 중량 4톤의 트럭을 연간 3만 대 규모를 생산할 수 있는 조립 능력을 갖고 있었다. 또한 거기에서 생산된 트럭 '해방(解放)'은 소련에서 1946년에 생산이 시작된 'ZIS150'을 도입한 것이었다(中國汽車工業史編審委員會, 1996; 山岡茂樹, 1996). 즉 '해방'은 그 생산이 개시되었던 1956년의 단계에 소련의 10년 전 제품이었다는 것이 되는데, 원래 트럭은 그다지 기술진보가 빠르지 않으며 소련이 제1자동차제조창의 공장을 설계하고 기계설비를 제공하며 기술자의 파견부터 중국인 종업원의 실습 진행까지 했다는 것을 고려해보면, 소련은 갖고 있는 기술을 아끼지 않고 중국에 제공했다고 할 수 있다.

또한 철강업은 중화민국 시기에 일본에 의해 안산제철소 등이 건설되었다는 것은 전술한 바와 같은데, 제1차 5개년계획 기간에 소련은 안산제철소에 대한 기계설비와 기술의 이전을 실시하여 만주국 시대를 몇 배나 상회하는 규모의 제철소로 성장시켰을 뿐만 아니라, 바오터우와 우한 등 내륙 지역에도 대형 제철소를 건설하기 위한 기술이전을 실시했다. 당시에 고로의 대형화에서 세계의 선두를 달리고 있던 소련의 기술자의 지도 하에 안산제철소에는 용적 1,513㎥의 대형 고로가 1958년에 완성되었다(丸山伸郎, 1988: 139~141). 그런데 일본에서는 1943년부터 1958년까지는 히로하타제철소(廣畑製鐵所)의 1,202㎥의 고로가 최대였으므로 안산제철소의 대형 고로는 히로하타제철소의 그것을 초월하는 것이었다. 하지만 일본에서는 그 이듬해 1959년 9월에 야하타제철소의 1,603㎥의 고로가 가동되기 시작했기 때문에 고로의 대형화가 급속히 진행되어 중국과의 격차를 확대시켰다(飯田賢一, 1979: 351).

3. 계획경제 시기의 캐치다운 시도

▌ 소규모 기술의 시도

제1차 5개년계획 기간에 중국은 소련으로부터 이전받은 중공업의 기술을 충실하게 학습하고자 했다. 하지만 1958년부터의 '대약진' 속에서 중국은 소련의 충실한 학생이 되는 것을 그만두고 다른 방향의 기술 도입을 모색하기 시작했다. 그것에 분노한 소련이 1960년에 기술이전을 중단했던 경위는 이 책의 제2장 제4절에서 논한 바와 같다. 중국이 지향하기 시작했던 새로운 기술의 발전 방향은 소련이 제공한 대규모 생산기술과는 대조적인 소규모 기술이었다.

예를 들면, 제철에서는 1958년에 로의 용적이 50㎥ 이하의 소형 고로가 전국에 수백 만 기나 건설되었다. 자동차산업에서도 제1자동차제조창에 대규모의 조립공장을 이제 막 건설했음에도 1958년부터는 연간 몇 대의 자동차를 조립할 뿐인 소규모의 자동차공장이 전국에 100개 소 이상이나 탄생했다(中國汽車工業史編審委員會, 1996: 47). 또한 기계의 제조에서도 가령 증기 터빈 또는 발전용 물레방아의 회전축 등 본래는 단조 부품을 사용해야 하는 부분을 주조 부품으로 바꾸어버리거나

((칼럼 6) 참조), 경공업 기계에서 강철로 제조한 부품을 사용했던 것을 도자기로 바꾸는 것 등이 '기술혁신'이라는 이름 아래 행해졌다(汪海波 編, 1986: 218).

왜 이러한 일이 일어났던 것일까? 사태의 발단은 1957년에 마오쩌둥이 15년 안에 철강 생산량 등에서 영국을 따라잡겠다고 선언한 것에 있었다(제2장 제5절 참조). 이 목표 그 자체는 철강 생산량을 연간 8% 증가시키면 달성할 수 있는 것이었기에 그다지 무리한 목표는 아니었다. 하지만 1958년에 들어서자 철강 생산량에서 영국을 따라잡는다는 목표가 급격하게 정치성을 띠게 되었으며, 연내에 철강 생산량을 전년의 2배로 삼는다는 목표가 되어버렸다. 이러한 철강 생산의 '대약진'을 달성하기 위해서는 소련이 제공했던 설비를 가동하는 것만으로는 도저히 시간을 맞출 수 없었으므로 지방정부 및 인민공사 등 사회의 모든 힘을 빌릴 필요가 있었다. 지방정부 및 인민공사가 투하할 수 있는 자금은 소액이므로 대단히 소규모의 고로가 만들어지게 되었던 것이다.

철을 만들기 위해서는 그 원료로서 철광석뿐만 아니라 석탄도 필요하며, 석탄은 또한 연료가 되기도 하므로 전국에서 석탄의 채굴이 추진되고 수십 만 개 소의 작은 탄광이 출현했다. 기계공업에 대해서도 마오쩌둥이 '대약진'을 달성하라는 지령을 내렸으며 간편한 기계 및 소규모의 설비가 대량으로 만들어졌다(汪海波·董志凱 外, 1995: 11~21).

앞에서 논한 바와 같이, 소련의 기술을 소규모화·간소화하는 시도는 캐치다운형 기술진보를 지향하는 움직임이었다고 할 수 있다. 하지만 그것은 소련의 자본집약적인 기술을 중국의 조건에 맞추어 보다 노동집약적으로 삼는 등의 경제적인 관점으로부터의 기술선택은 없었다. 왜냐하면 소형 고로에서 만들어진 선철 및 전국 각지의 작은 공장에서 만들어진 자동차는 거의 사용할 수 있는 것이 아니었기에 소련으로부터 도입한 기술과 동일한 가치를 갖는 생산물을 생산할 수 없었던 것이다. 그렇다면 자본을 절약하기는커녕 오히려 자본의 낭비를 초래할 뿐이며, '기술진보'라고는 말할 수 없다.

터빈의 회전축에 주조 부품을 사용하는 등의 '기술혁신'도 회전축처럼 높은 압력

이 가해지는 부품에 구부리는 힘에 약한 주조 부품을 사용하면 꺾여 진다는 기술의 상식을 무시한 것이다. 메이지 시대의 일본에서는 제사업에서의 누에고치를 삶는 솥을 철에서 도기로 바꾸거나, 면방적기의 프레임을 강철에서 나무로 바꾼 '가라방기'가 개발되는 등, 재료를 저렴한 것으로 변경하여 성공한 사례가 있다. 기술의 선진국이 된 현대의 일본에서도 제품의 재료 및 제조 방법 중에서 쓸모없는 것을 삭감하여 비용을 줄이는 것은 VA/VE(value analysis/value engineering)라고 불리며 부단히 추구되고 있다(産能大學VE研究グループ, 1998). 하지만 재료 및 공정의 변경에 의해 제품의 가치를 크게 훼손시켜버리는 것은 그 어떤 의미에 있어서도 '기술진보'는 아니다.

▎ 고립 속에서의 기술진보

1960년에 소련과 결별한 이후 중국은 정치적·경제적으로 고립되는데, 고립에 의한 기술 및 자원의 제약을 캐치다운형 기술진보에 의해 어쨌든 극복하고자 하는 시도가 행해졌다.

그 일례로서 질소비료의 사례를 소개해보도록 하겠다. 질소비료란 식물의 생육에 필요한 질소를 논밭에 보충해주기 위한 물질이다. 1950년대까지 중국에서 일반적인 질소비료는 황산암모늄이었다. 하지만 그 원료인 황산을 제조하기 위해서는 대규모의 투자와 납 또는 스테인리스 강재가 필요했는데, 당시의 중국에는 모두 부족했다. 그래서 작은 공장에서도 생산할 수 있으며 석탄과 물을 원료로 하여 생산하기 쉬운 질소비료로서 '대약진'의 시기에 전국에 생산기술이 확대되었던 것이 탄산수소암모늄이었다. 허우더방(중화민국 시기에 융리화학에서 활약했던 엔지니어) 등에 의해 소형 탄산수소암모늄공장의 설계가 이루어졌는데, 이것은 설비를 용이하게 만들었고 투자액도 적은 규모로 끝났다. 그 때문에 질소비료의 부족으로 고뇌하는 전국의 현정부가 1960년대 중반 이후 차례로 소형 탄산수소암모늄공장을 설립했으며, 1979년에는 전국에 그 수가 1,500개 이상이 되기에 이르렀다(赤木昭夫·佐藤森彦, 1973; 楊光啓·陶濤 編, 1986; 田島俊雄 編, 2005).

그런데 원료가 석탄이라도 탄산수소암모늄의 생산에 필요한 것은 무연탄의 괴탄(塊炭)이라는 희소한 석탄이었기 때문에, 많은 공장이 원료 부족으로 인해 충분히 가동될 수 없었다. 또한 공장의 생산 효율이 나쁘고 석탄 및 전력의 낭비도 현저했다. 아울러 탄산수소암모늄은 불안정한 물질이기 때문에, 논밭에 뿌려질 무렵에는 유효한 성분이 상실되기 일쑤이다(峰毅, 2017). 결국 탄산수소암모늄만으로는 중국의 질소비료에 대한 수요를 충당하기에는 불충분했다. 1970년대 이후에는 화학비료의 수입, 그리고 석유를 원료로 하는 요소(尿素)를 일본 및 서독(당시)으로부터 도입한 대규모의 장치에 의해 생산함으로써 질소비료에 대한 수요가 만족되었다.

또한 자동차에 있어서는 소련의 기술원조에 의해 적재 중량 4톤 트럭의 대량생산이 시작되었지만, 1957년에 정부(제1기계공업부)가 국내에서의 트럭의 사용 상황을 조사해보니 더욱 소형의 트럭도 요구되고 있다는 것이 파악되었다. 그래서 정부는 난징자동차제조창(南京汽車製造廠)에 대해서 소련의 적재 중량 2.5톤 트럭을 모방하여 생산하도록 지시하며 설계도도 제공했다. 난징자동차제조창은 어쨌든 생산을 개시했지만 품질이 나쁘고 사회의 수요에 부응하지 못했다. 그래서 각지의 지방정부가 지역의 수요를 만족시키기 위해서 독자적으로 소형 트럭의 생산에 나서기 시작했다. 베이징시 정부도 시내에서의 마차에 의한 수송을 대체하기 위해서 1965년부터 소형 트럭의 개발을 시작했다. 베이징시는 상하이의 자동차 제조사가 일본의 프린스자동차공업의 적재 중량 1.5톤 트럭을 모방하여 개발했던 트럭의 도면을 입수하고 그 위에 도요타의 트럭도 참고하면서 사용하기 쉽고 수리하기 쉬운 트럭을 지향하며 설계를 추진했다. 이리하여 적재 중량 2톤 트럭 'BJ130'이 1966년에 시제품을 제작하였으며 1973년부터 연간 수천 대 규모의 양산에 들어갔다.

그 무렵, 전국 각지의 지방정부도 마찬가지로 적재 중량 2톤 트럭의 개발과 생산에 착수했는데, 정부(제1기계공업부)는 베이징시에서 생산된 'BJ130'가 그중에서 가장 뛰어나므로 수리 및 부품 교환의 편의를 고려하여 전국의 소형 트럭 제조사는 모두 'BJ130'과 같은 것을 만들어야 한다고 생각했다. 그래서 1975년에 전국의 소형 트럭 제조사 46개 회사를 모아 각지에서 생산하고 있는 적재 중량 2톤 트럭의 엔진 등 주요 단위, 부품 간의 연결 부분의 촌법(寸法), 파손되기 쉬운 부품의 형상, 자동차의 스펙을 모두 'BJ130'에 맞추도록 요구했다. 베이징시측도 도면을 무상으로 제공하는 것뿐만 아니라, 기술자를 각지에 파견하여 각지에서 'BJ130'와 꼭 닮은 트럭을 생산할 수 있도록 원조했다. 그 결과, 1978년에는 'BJ130'형 트럭을 생산하는 자동차 제조사의 수가 실제로 73개 회사에나 달했다(中國汽車工業史編輯部, 1996: 128, 131~132, 139; 田島俊雄·江小涓·丸川知雄, 2003: 23).

'BJ130' 및 그 설계를 복사한 트럭은 1990년대까지 생산이 계속되었으며 근거리의 화물수송 수단으로서 활약을 계속했다. 가격이 대단히 저렴했기 때문에 개혁개방 시기가 되어 외국 제조사의 트럭이 수입되고 또는 기술이전에 의해 들어왔더라도 중국 시장에서는 여전히 경쟁력을 유지할 수 있었다. 'BJ130'은 설계에 일본의 트럭을 참고로 삼았지만, 수리를 하는데 있어서의 편의를 고려하여 각지에 있는 제조사의 설계를 공통으로 한다는 발상은 원래 제품의 설계 사상에는 없었던 것이다. 중국에서의 사정에 맞추어 기술 발전의 방향을 바꾸었다는 점에서 캐치다운형 기술진보의 일종이라고 여겨진다.

4. 서방측으로부터의 기술도입을 통한 캐치업

탄산수소암모늄은 석유화학공장에 의해 요소가 대량생산이 이루어지게 되자, 점차 역할이 줄어들고 1990년대 말에는 요소가 더 많이 사용되었다. 소형 트럭 'BJ130'은 1990년대까지 명맥을 유지했지만, 그것은 해외로부터의 자동차 수입이 제한되었기 때문에 경쟁력을 가졌을 가능성이 있다. 즉 어떤 제품도 중국이 선진국으로부터의 기술도입 및 수입을 스스로 제한했기 때문에 수입의 대체품으로서 개발되었던 것이며, 해외로부터의 수입 또는 기술도입이 가능한 상황이 되면 이러한 경쟁력을 유지하는 것은 어렵다.

경제발전을 추진하기 위해서는 기술의 도입 및 제품의 수입과 관련된 문호를 닫는 것은 상책이 아니다. 실제로 1960년에 소련으로부터의 기술도입이 끊어진 이후에 1962년부터 중국은 일본 및 서독(당시) 등 서방측의 국가로부터의 공장설비의 도입을 시작했다. 하지만 마오쩌둥의 부인 장칭(江靑) 등 선진국으로부터의 기술도입을 비판하며 '자력갱생(=자신의 힘으로 주체적으로 문제를 해결하는 것)'을 주장하는 사람들의 정치력이 '문화대혁명(제2장 〈칼럼 3〉 참조)'의 시기에는 강했기 때문에, 서방측 국가들로부터의 기술도입은 순조로웠다고는 말하기 어려웠다.

　이 시기의 기술도입은 목표로 삼은 산업 분야에 중점이 두어졌으며 대형의 '공장한 세트' 설비를 한꺼번에 구입하는 방식으로 이루어졌다. 그중에서도 많은 외화가 지불되었던 것이 석유화학의 분야이다. 1972년부터 1977년까지 기술도입의 계약액은 39.6억 달러였는데, 그중에 46%가 석유화학의 분야였다(陳慧琴, 1997: 48~51). 석유화학에 중점을 두게 된 배경 중의 하나는 1959년에 발견된 다칭유전(大慶油田)의 생산량이 대단히 컸으며, 중국이 1970년대에 세계 주요 석유 수출국의 대열에 들어갔다는 점이다(神原達 編, 1991). 석유화학의 기술도입은 그 풍부한 석유를 이용하여 화학비료와 합성섬유를 생산하고 농업과 방직업의 증산으로 연결되어 국민의 의식 수준을 끌어올리는 것을 목적으로 삼았다. 이 시기에 도입된 화학비료공장이 1980년 전후에 점차 가동되기 시작함으로써 중국에서의 질소비료의 생산량은 1973년 수준의 2배 이상으로 확대되었으며, 이것은 이 책의 제2장 제6절에서 언급되고 있는 것처럼 1980년대 농업에서의 생산성 상승을 가져왔다.

　석유화학 다음으로 중시되었던 것이 철강업의 기술도입이다. 1950년대 소련으로부터의 기술원조에 의해 대형 고로 등이 도입되었지만, 이후 '대약진'으로 중국이 기술적 퇴행을 하고 있는 동안에 일본 등 서방측 국가들은 설비의 대형화와 자동제어를 추진하여 중국은 크게 뒤쳐져 버렸다. 그 차이를 메우기 위해서 1972년부터 우선 우한강철공사(武漢鋼鐵公司)에 연속주조, 열간압연, 냉간압연, 전자강판(〈칼럼 7〉 참조)의 기계설비가 일본과 서독(당시)으로부터 도입되었으며, 또한 1978년에는 상하이시의 연해 지역에 일본의 신일철(新一鐵)로부터의 전면적인 기술도입에 의해 최신예 기계설비를 갖춘 일관제철소[一貫製鐵所, 바오산강철공사(寶山鋼鐵公司)]를 신설하

제강(제1장의 〈칼럼 1〉 참조)에 의해 만들어진 강은 과거에는 일단 냉각하여 굳힌 뒤에 개재물(介在物)을 많이 포함하고 있는 부분을 잘라내고 이후 다시 가열하여 다양한 형상의 강재로 가공했다. 연속주조(連續鑄造)라는 것은 강을 용해시킨 상태에서 연속주조기라는 장치에 주입하여 개재물을 위쪽으로 부각시켜 제거하면서 아래로부터 강재에 가공하기 쉬운 형태의 강을 이끌어내는 기술이다. 종래의 방법에 비해서 떼어내어 버리는 강이 줄어들며 재가열하는 에너지도 절약할 수 있다.

열간압연(熱間壓延)이란 강을 가열하여 롤로 압연하여 판으로 만드는 것으로, 트럭 및 철도 차량에 사용하는 비교적 두꺼운 강판을 만든다. 냉간압연(冷間壓延)이란 열간압연으로 만들어진 강판을 더욱 상온에서 얇고 균일하게 늘린 것으로 자동차 및 전기기기에 사용하는 강판을 만든다. 전자강판(電磁鋼板)이란 냉간압연에 의해 만들어진 강판의 일종으로 3% 정도의 규소를 추가함으로써 자기 특성을 좋게 하며 모터 등의 철심에 사용된다.

는 프로젝트가 시작되었다. 바오산강철의 제선공장(製銑工場)에 도입된 고로의 용량은 4,063㎥였기에, 1958년에 소련의 기술원조로 1513m3의 고로를 만들었던 이후 정체되었던 중국의 제철기술은 여기에 이르러 다시 세계 수준의 대형 고로를 수중에 넣게 되었던 것이다(丸山伸郎, 1988: 144~151).

그러나 대형의 공업건설을 구입하기 위해서는 선행하는 것, 즉 외화가 필요하다. 그런데 1970년대 말 무렵의 중국에는 대형 공업시설을 차례로 수입하기에 충분한 외화를 수출에 의해 벌어들일 수 있는 힘이 갖추어져 있지 않았다. 기계설비의 수입으로 인해 1978년에는 11억 달러 이상의 무역적자가 발생했으며, 1978년 말 시점에서 중국의 외화준비금은 15.57억 달러가 되어 위기 수준으로까지 줄어들어 버렸다. 이로부터 중국은 대외개방 정책에 나서게 되는데, 그 경위에 대해서는 제7장에서 설명하기로 한다.

5. 외자도입을 통한 캐치업: 승용차 산업의 사례

▌ 기술도입 이전의 승용차 생산기술

기술 방면으로부터 개혁개방 시기를 살펴볼 때, 계획경제 시기와의 커다란 차이점은 외국 자본이 중국에서 사업활동을 전개하는 것으로 중국의 기술 수준의 향상을 가져왔다는 점이다. 외자의 진출에 의해 현저한 기술적 캐치업이 나타난 사례로서 승용차산업의 사례를 소개해보도록 하겠다. 전술한 바와 같이, 상용차(트럭)에 관해서는 소련으로부터의 기술도입이 행해졌지만 자동차산업의 또 한 가지 분야인 승용차에 관한 기술이전은 행해지지 않았다. 그래서 중국의 자동차 제조사는 서구의 승용차를 모방함으로써 어쨌든 승용차를 만들어내고자 했다. 중국 최초의 본격적인 국산 승용차는 제1자동차제조창이 1959년부터 생산하기 시작한 최고 간부용의 고급 승용차 '훙치(紅旗) CA72'이다. 이 승용차는 미국의 크라이슬러가 1955년에 발매했던 'C69'를 모방해서 만들어진 것으로, 1966년에 약간의 개량이 행해진 것 외에는 커다란 모델 변경(model change)이 없었으며 1987년까지 누계 2,000대(연평균 80대)가 만들어진 이후에 생명을 다했다. 생산량이 너무 작았기 때문에, 중국의 승용차산업 기술의 향상에는 특단의 공헌이 없었다.

또한 1964년에는 중급 간부의 공용차 용도로서 상하이자동차제조창(上海汽車製造廠)에 의해 '상하이(上海) SH760'이라는 승용차의 생산이 시작되었다. 이쪽은 독일의 다임러 벤츠가 1956년에 발매했던 '220S'를 본뜬 것으로 가장 많을 때에는 6,000대가 생산되었지만, 역시 커다란 모델 변경은 이루어지지 않은 상태에서 1991년에 생명을 다했다.

이와 같이, 중국은 1950년대 선진국의 승용차를 어쨌든 모방하는 데까지 들어갔지만, 연간 수십 만 대 이상의 규모로 승용차를 생산하는 서구 및 일본의 승용차산업과의 차이는 컸다. 중국의 승용차 생산은 '손으로 만들기'의 영역을 벗어나지 못했으며, 높은 품질의 승용차를 대량생산하는 기술을 체득하지 못했다.

▎ 외형적인 기술 수준의 변천

승용차의 대량생산은 1908년에 미국의 포드가 발매했던 '모델T'와 함께 시작되었는데, 그 외형은 오늘날의 승용차와는 완전히 달랐다. 즉 승용차의 역사는 모델 변경의 역사이기도 했다. 5~10년 정도의 간격으로 승용차의 새로운 모델이 개발될 때마다 주행 성능 및 연료의 이용 효율이 향상되어 왔다. 한편 계획경제 시기 중국의 승용차산업은 대량생산 기술을 확립하지 못했을 뿐만 아니라, 모델 변경을 할 수 있는 개발능력도 체득하지 못했다.

개혁개방 정책이 시작되자, 중국인들은 자국에서 생산되고 있는 승용차가 선진국에서는 이미 박물관에 들어가 있는 것의 대체물이라는 점에 주목하게 되었다. 중국의 승용차 기술이 선진국에 비해서 어느 정도 뒤쳐져 있었는지를 승용차가 개발된 시점에 의해 측정해보겠다. 예를 들면, 중국에서는 1955년에 미국에서 발매된 승용차를 모방하여 '훙치 CA72'가 1959년부터 생산되어졌는데, 중국은 그 해에 선진국의 1955년 기술 수준에 도달했던 것으로 본다. 이것은 공장에서의 생산기술의 수준을 묻지 않는 외형적인 측정 방식에 불과하지만, 개발능력의 변화를 간편하게 살펴볼 수 있다.

〈그림 5-1〉에서는 중국에서 1959년부터 2000년까지의 동안에 생산되었던 대표적인 승용차 9가지 종류를 다루며 각각의 오리지널 모델이 선진국에서 생산되었던 해를 그 승용차의 '기술 수준'이라고 간주하고 9가지 종류의 승용차 중에서 각 년에 중국에서 생산이 행해졌던 승용차 종류의 '기술 수준'의 평균치를 도시한 것이다. 많은 승용차가 생산 개시부터 수년이나 되는 동안에 모델 변경이 행해지지 않았지만, 그중에는 경미한 모델 변경이 이루어진 사례도 있으므로 그 경우에는 승용차의 '기술 수준'이 2년 올라간 것으로 간주하고 있다.

1959년에 '훙치 CA72', 1964년에 '상하이 SH760'의 생산이 시작됨으로써 중국의 승용차산업은 선진국의 1955~1956년 수준에서 시작되었는데, 이후 1983년까지 거의 진보하지 못했다. 그 때문에 선진국과의 차이가 점차 확대되었으며 1983년 중국의 승용차산업은 선진국에 비해서 30년 가까이 뒤쳐져 있었다. 그래서 중국

〈그림 5-1〉 중국 승용차산업에서의 기술 수준의 변천

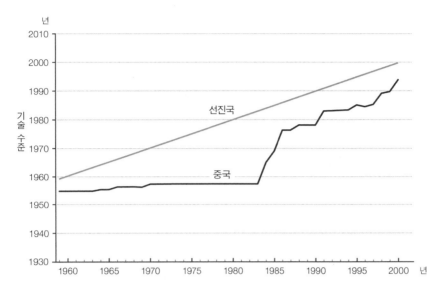

※ 자료: 中國汽車工業史編審委員會(1996), 許進祿 編(2002)을 토대로 하여 저자가 작성함.

정부는 자국 제조사의 힘으로는 캐치업할 가능성이 없다고 판단하고 외국 자동차 제조사의 진출을 호소했다. 1984년에는 미국의 AMC(American Motors Corporation, 이후 크라이슬러에 합병되어 소멸되었음)와의 합자기업이 사륜구동 승용차 '체로키(Cherokee)'의 생산이 개시되었으며, 그 이듬해 1985년에는 독일의 폭스바겐(Volkswagen)과의 합자기업이 1981년에 유럽에서 발매되었던 승용차 '산타나(Santana)'의 생산을 개시했다. 이러한 외자도입에 의해 중국 승용차산업의 기술 수준은 수년 안에 일거에 20년 어치 정도 진보했다.

▌ 외자계 기업 주도에 의한 기술진보

그런데 이후 1997년 사이에 중국과 선진국 간의 차이는 그다지 축소되지 않았다. 이것은 중국 정부가 외자계 자동차 제조사에 대해서 최신 모델을 투입하는 것보다는

제5장 기술: 캐치업, 캐치다운, 그리고 세계의 선두를 향해 213

승용차 부품을 중국에서 국산화하는 것을 추구하는 정책을 취했기 때문이다. 완성된 승용차의 수입에 대해서 높은 관세를 부과하는 것과 함께 수입 제한을 행함으로써 외국의 최신 승용차가 들어오지 않도록 하는 한편으로, 부품의 국산화 비율이 높은 제조사에 대해서는 수입하는 부품에 가해지는 관세율이 낮게 되도록 했다.

이 때문에 예를 들어 '산타나'의 경우에 1981년에 유럽에서 발매된 모델의 생산이 1994년까지 계속되었으며, 그 방면에서는 기술진보가 정체되었다. 하지만 그 동안에 '산타나'의 부품 국산화 비율은 1986년의 3.9%에서 1994년에는 85.8%로까지 올라갔으며, 연간 생산 대수도 13배 이상으로 확대되었다. 즉 외형적인 기술진보는 정체되었는데, 이 기간에 부품의 국산화 및 대량생산 시스템의 도입과 습득이라는 내면적인 기술진보가 일어났던 것이다.

이리하여 1990년대의 동안에 자동차산업의 기반이 형성되었다는 것에 입각하여 1999년 이후 주로 외국 자동차 제조사에 의해 중국의 자동차산업은 새로운 고조를 맞이하게 되었다. 우선 1999년에는 일본의 자동차 제조사 혼다(Honda)가 광저우에 신설한 공장에서 생산하는 차종으로서 전년에 미국에서 이제 막 발매되었던 신형 '어코드(アコード, Accord)'를 투입했다(中國汽車技術研究中心, 1999: 110). 이와 같을 정도로 새로운 모델의 승용차가 중국에서 생산되는 것은 처음 있는 일이었으며, 그 때문이기도 하여 '어코드'는 부유층의 자가용차 또는 공용차로서 히트를 쳤다. 광저우 혼다(廣州ホンダ)는 자동차의 판매에 있어서도 자사 전속의 프랜차이즈 점포가 신차 판매뿐만 아니라 부품 판매, 애프터서비스, 고객정보관리를 담당하는 '4S 점(店)'의 시스템을 중국에서 처음으로 본격적으로 전개하여 중국의 자동차 유통에 혁신을 가져왔다(塩地洋·孫飛舟·西川純平, 2007).

그 이후 세계의 유력한 자동차 제조사가 중국 시장의 공략을 위해서 선진국에서 발매한지 얼마 되지 않은 최신 모델을 중국에서 생산하게 되었으며, 판매에 있어서도 전속의 프랜차이즈 점포를 전개함으로써 최신 모델을 판매하는 태세를 만들고 있다. 한국의 현대자동차와의 합자기업 '베이징 현대(北京現代)'가 2010년 8월에 발표한 '베르나(Verna)'처럼 세계에서 선구적으로 중국에서 생산 판매가 개시되는 모델조차 나타나고 있다. 외자도입을 시작한 때로부터 20년 남짓의 세월이 지나며 이제는 중국 승용차산업의 첨단적인 부분은 완전히 선진국과 같은 수준이 되었다고 할 수 있다.

▮ 자주개발을 추진해야 하는가

애당초 이러한 논의에 대해서 외자의 도입에 의해 캐치업을 도모하는 것은 진정한 의미에서의 캐치업이 아니라 어디까지나 자국 기업의 성장이 중요하다는 견해를 갖고 있는 사람도 있다. 베이징대학의 정치학자 루펑(路風)은 중국 시장의 매력에 의해 외자를 국내에 끌어들이고 중국 국내에서 제품을 생산케 하여 그 부품을 국산화한다는 종래의 캐치업의 방식으로는 핵심인 제품 개발능력을 획득할 수 없으며, 중국의 공장은 겨우 다국적기업의 하청공장으로서의 역할을 담당하게 되는 것에 불과하다면서 자국 기업에 의한 자주적인 개발을 추진해야 한다고 주장한다(路風, 2006). 일본 및 한국의 자동차산업처럼 외자도입에 의존하지 않고 자국 기업의 육성으로 캐치업을 실현한 사례를 고려한다면 이러한 주장도 경청할 만한 가치가 있다.

그러나 중국의 경우에 1950년대부터 30년 동안에 걸쳐 자국 기업에 의한 캐치업을 지향한 끝에, 그럼에도 전혀 성과를 올리지 못했기 때문에 외자도입에 기대를 걸었다는 경위를 무시해서는 안 된다. 또한 중국 정부가 자동차산업 및 전자산업 등의 분야에서 외자가 진출할 때에 반드시 중국의 해당 업종의 주요 기업과 합자기업을 설립할 것을 요구하고 그때의 외자 측 출자 비율은 50% 이하로 한다는 조건을 정하고 있는데, 이것도 합자사업을 통해서 중국의 기업이 외자로부터 기술 및 노하우를 흡수하는 것을 노린 정책이다. 또한 2001년에 중국이 세계무역기구(WTO)에 가입했을 때에 많은 산업에서 외자 측 출자 비율에 대한 규제는 철폐되었지만 자동차산업에 대해서는 출자 비율 규제가 2018년까지 유지되었다. 2018년에 우선 전기자동차에서 외자 단독출자에 의한 진출이 인정되었으며, 미국의 테슬라 모터스(Tesla Motors)가 진출했다. 2022년에는 어떤 차종에서도 외자 단독출자에 의한 진출이 인정되었다. 전술한 내용에 입각해 볼 때, 중국 정부는 자국 기업의 육성을 결코 태만히 했던 것은 아니며 오히려 그러한 노력에도 불구하고 기대했던 것과 같은 형태로는 자국 기업이 육성되지 않았던 것이다.

▌ 신흥 승용차 제조사의 등장

다만 중국 정부가 기대하지 안한 듯한 형태로 자국 기업의 성장이 나타났다. 즉 정부가 전혀 기대하지 않았던 곳에서 신흥 자동차 제조사가 등장하고 단기간 내에 유력한 기업이 되었던 것이다. 정부가 마음에 그렸던 것은 외자와 합자사업을 함께하는 상대인 국유 자동차 제조사가 결국 자립해 나아간다는 시나리오였다. 하지만 국유 자동차 제조사는 자립하기는커녕 외자에 대한 의존을 강화할 뿐이었다. 한편 신흥 승용차 제조사는 정부에 의한 규제의 의표를 찌르는 듯한 형태로 승용차를 만들기 시작하여, 낮은 가격을 무기로 삼아 시장에서의 비중을 급속하게 확대했던 것이다(丸川知雄, 2008; 百本和弘, 2007). 신흥 승용차 제조사의 대표격은 민간기업 지리자동차(吉利汽車), 창청자동차(長城汽車), 지방 국유기업 치루이자동차(奇瑞汽車) 등이다.

〈그림 5-2〉에서 살펴볼 수 있는 것처럼, 중국의 승용차 생산 대수는 2001년에는 77만 대였던 것이 2017년에는 약 2,500만 대까지 늘어났으며 이후 다소 감소되는 기미를 보이고 있다. 그러한 가운데, 신흥 승용차 제조사를 중심으로 하는 중국계 브랜드의 비중도 2001년의 13%에서 2010년에는 31%로까지 신장되었다. 또한 〈그림 5-2〉에는 MPV 및 SUV도 포함하는 광의의 승용차 자료도 제시되고 있는데, 그쪽을 보면 중국계 브랜드의 비중은 2010년에는 46%나 되었다. 이후 중국계 브랜드는 신장세를 놓고 다소 골머리를 썩이고 있지만, 지리자동차 등은 이미 유력한 제조사의 일각을 떠맡고 있으며, 해외에도 진출하고 있다.

신흥 제조사는 중국에 외자계 자동차 제조사 및 그 부품 공급자가 다수 진출하고 있는 상황을 이용하여 승용차 생산에 나섰다. 예를 들면, 어떤 신흥 제조사는 외자계 자동차 제조사에 부품을 납입하고 있는 공급자에게 거의 동일한 부품을 공급 받는 것을 통해 외자계 제조사의 승용차 내부의 설계를 모방했다. 신흥 제조사는 제조가

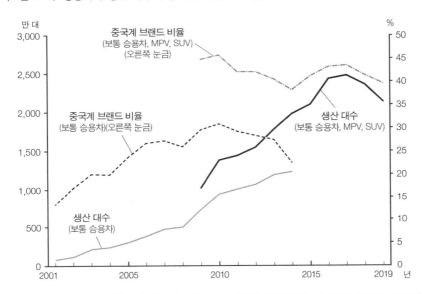

※ 자료: 2004~2006년은 『중국자동차공업연감(中國汽車工業年鑑)』(2007年版),p.4; 2001~2003년, 2007년
은 중국자동차공업정보망(中國汽車工業信息網); 2008~2014년은 중국자동차공업협회(中國汽車工業協
會) 웹사이트; 2009~2019년은 MPV, SUV를 포함한 숫자이며 포럼(Forum) '중국자동차조사월보
(中國自動車調査月報)'를 토대로 하여 저자가 작성함.

어려운 자동차의 엔진은 중국에 진출한 외자계 엔진 제조사로부터 구입하고 자동차
의 외관 설계는 선진국의 디자인회사에 위탁했으며, 외자계 부품 공급자에게는
부품을 공급하는 것뿐만 아니라 부품 주변의 설계까지 도움을 받고 있다. 인재
방면에서도 중국의 외자계 자동차 제조사 및 부품 제조사에서 경험을 축적한 엔지니
어 및 해외의 자동차 제조사에서 일하고 있는 중국인을 스카웃하고 외국인 기술고문
도 고용하고 있다(丸川知雄, 2013). 즉 외자의 도입과 자국 기업의 발전을 서로 대립적
으로 파악하고 있는 전술한 루펑의 주장(路風, 2006)과는 정반대로 바로 다수의 외자
가 중국에 진출하고 있기 때문에 중국의 신흥 승용차 제조사의 캐치업이 가능해지고
있는 것이다. 이러한 현상은 국제경제학에서는 외자로부터의 기술의 '스필오버(spill
over)'라고 불리며 많은 실증연구가 행해지고 있는데, 중국의 자동차산업에서 일어

나고 있는 스필오버는 이제까지의 연구가 상정하지 못했을 정도로 다양한 루트에서 역동적으로 전개되고 있다.

6. 비교 우위의 형성

개혁개방 시기에 외국직접투자가 유입되어 중국 기업의 기술 수준도 향상됨으로써 중국의 새로운 비교우위가 형성되었다. '비교우위'라는 개념은 19세기 영국의 경제학자 데이비드 리카도에게서 발단된 것이다. 지금 A와 B라는 2개의 국가가 있는데, 양국 모두 면포와 와인을 생산할 수 있지만 그 어느 쪽에 있어서도 A국이 생산성이 높다고 하자. 이때 면포와 와인의 양쪽 모두 A국이 생산하여 B국에 수출하면 좋다고 생각되기 일쑤이지만, 만약 양국의 와인의 생산성 차이가 면포의 경우보다도 작다면 B국은 와인을 수출하고 A국은 면포를 수출하는 것이 양국의 이익이 된다는 것을 리카도는 제시했다(Ricardo, 1817). 이 경우에 A국은 면포 생산에, B국은 와인 생산에 비교 우위를 갖고 있다고 한다.

그러면 각국의 비교 우위는 무엇에 의해 결정되는 것일까? 국제경제학에서 '헥셔-올린의 정리(Heckscher-Ohlin theory)'라고 불리는 이론에 의하면, 그것은 각국에 존재하는 자원에 의해 결정된다. 노동력이 상대적으로 풍부한 국가는 노동력을 많이 사용하는 산업(노동집약적 산업)에 비교 우위를 갖고 있으며, 자본이 상대적으로 풍부한 국가는 자본을 많이 사용하는 산업(자본집약적 산업)에 비교 우위를 갖는 것으로 여겨진다. 하지만 만약 노동력이 풍부하더라도 산업의 기술이 결여된다면 노동집약적인 산업에서 비교 우위를 획득하는 것은 불가능하다. 예를 들면, 중국과 인도는 모두 노동력이 대단히 풍부하며 1995년의 시점에서는 1인당 GDP는 중국이 604달러, 인도는 384달러로 별로 큰 차이는 없었다. 그런데 양국의 수출 구조는 크게 다른데, 가령 중국은 '완구, 게임, 운동용품'에 강한 비교 우위를 갖고 있었던 것에 반해서, 인도는 완전히 비교 우위를 갖고 있지는 않았다. '완구, 게임, 운동용품'을 만드는 산업은 노동집약적인데, 그럼에도 플라스틱 성형의 기술이 필요하고 수출 대상국의 안전기준 또는 판로에 관한 지식 등의 노하우에서도 불가결하며, 이러한 기술이 없다면 아무리 노동력이 풍부하더라도 수출산업이 되지 않는다. 중국은 개혁개방 시기의 외자도입을 통해서 기술을 획득함으로써 노동력의 풍부함을 비교 우위로 전화시키는 것이 가능해졌던 것이다.

개혁개방 정책이 시작된 지 얼마 되지 않은 1980년의 시점에서 중국에는 기술이 부족했기 때문에 좀처럼 공업제품에서 비교 우위를 갖는 것이 불가능했다. 당시 중국의 최대 수출품은 섬유제품(수출의 27%), 다음으로 광물연료(석유와 석탄, 수출의 24%)였다. 광물연료는 채굴이 가능하기만 하다면 다른 기술이 특별히 없더라도 수출할 수 있었던 것이며, 섬유제품에서의 중국의 비교 우위는 인위적으로 만들어진 것이었다(제7장 제1절 참조). 중국이 노동집약적인 공업제품에서 비교 우위를 획득했던 것은 중국의 통화인 인민폐의 환율이 대폭 절하되어 외국의 직접투자가 유입되고 위탁가공의 제도도 확대되었던 1987년 이후의 일이다(제7장 제2절 참조). 1980년의 시점에서 중국은 세계의 섬유제품 수출 중에 3.4%를 차지하는데 그쳤고 그것도 무리하게 수출했던 것이지만, 1987년 이후 중국은 섬유제품에 비교 우위를 갖게 되어 세계에서의 이러한 비중은 1987년에 5.9%, 1995년에 11.9%, 2009년에 31.7%로 확대되었다.

외국직접투자의 도입 등에 의해 초래된 기술진보로 원래 존재했던 노동력의 풍부함이라는 자원이 무역상의 비교 우위로 전환되고 2009년에 결국 중국은 세계에서 가장 다액의 수출을 하는 국가가 되었다. 중국의 비교 우위가 1990년대 이후 어떻게 변화하고 현재 어떠한 상황에 있는가에 대해서 '현시비교우위지수(RCA 지수)'를 사용하여 분석해보도록 하겠다. 해당 지수는 어떤 국가가 어떤 산업에서의 수출을 상대적으로 특기로 삼고 있는지 여부를 나타내는 것이다. i국의 j산업의 수출에서의 RCA 지수는 다음과 같이 표시된다.

예를 들면, 중국이 세계의 수출액에서 차지하는 비중은 10%인데, 세계의 PC 수출의 20%를 차지하고 있는 경우에는 중국의 PC 수출에서의 RCA 지수는 2가

〈표 5-1〉 중국의 주요 수출품과 RCA 지수

품목	HS	1995년	2000년	2005년	2010년	2015년	2018년
전기전자기기	85	12.7% 1.0	18.5% 1.2	22.6% 1.6	24.6% 1.9	26.1% 1.9	26.6% 1.8
의류 (니트 이외)	62	9.6% 5.5	7.6% 5.1	4.6% 3.3	3.4% 3.1	3.5% 2.7	2.9% 2.6
일반기계	84	5.8% 0.4	10.8% 0.7	19.6% 1.4	19.6% 1.6	16.0% 1.4	17.2% 1.4
의류(니트)	61	4.7% 4.1	5.4% 4.6	4.1% 3.4	4.2% 3.6	3.7% 2.8	2.9% 2.6
신발 종류	64	4.5% 5.6	4.0% 6.2	2.5% 3.8	2.3% 3.5	2.4% 2.9	1.9% 2.5
완구, 게임, 운동용품	95	3.6% 6.4	3.7% 6.7	2.5% 4.1	1.9% 3.3	1.9% 3.4	2.3% 3.6
광물연료	27	3.6% 0.7	3.2% 0.3	2.3% 0.2	1.7% 0.1	1.2% 0.1	1.9% 0.2
가죽제품, 여행용품	42	3.3% 9.5	2.6% 8.4	1.5% 4.3	1.3% 3.8	1.4% 3.1	1.2% 2.7
철강	72	3.2% 1.2	1.4% 0.7	2.0% 0.7	1.8% 0.7	2.2% 1.1	1.9% 0.9
면(綿)·면직물	52	2.6% 4.0	1.5% 3.2	1.0% 2.2	0.8% 2.2	0.7% 2.2	0.6% 2.0
가구(家具)	94	2.0% 1.7	2.8% 2.2	2.9% 2.4	3.2% 2.9	4.3% 3.1	3.9% 2.9
철강제품	73	1.9% 1.1	2.2% 1.5	2.5% 1.5	2.5% 1.5	2.7% 1.6	2.6% 1.6
정밀기계	90	1.6% 0.6	2.5% 0.8	3.3% 1.0	3.3% 1.0	3.2% 1.0	2.9% 0.9
자동차·이륜차	87	1.1% 0.1	1.8% 0.2	2.2% 0.2	2.4% 0.3	2.8% 0.3	3.0% 0.4

※ 설명: 숫자의 상단은 중국의 수출 전체에서 차지하는 비중, 하단은 RCA 지수임. HS는 HS 분류 번호.
※ 자료: International Trade Centre, United Nations Statistics Division, PC-TAS 및 UNComtrade
　　를 토대로 하여 저자가 작성함.

된다. 수출의 RCA 지수가 1을 넘는 산업은 그 국가가 수출을 상대적으로 특기로 삼고 있는 산업, 즉 비교 우위를 갖고 있는 산업이라고 말할 수 있다.

RCA_{ij} = (i국 j산업의 수출액/세계의 j산업의 수출액)/(j국의 총수출액/세계의 총수출액)

〈표 5-1〉은 HS2 분류(수출품을 전부 97개 종류로 나누는 대체적인 분류)에 기초한 최근 중국의 주요 수출품목에 관해서 1995~2018년의 기간에 각각이 중국의 수출 전체에서 차지하는 비중과 각각의 RCA 지수를 나타내고 있다. 이것을 살펴보면, 이 기간에 중국의 비교 우위가 크게 변동하고 있음을 알 수 있다. 전기전자기기는 일관되게 수출에서 차지하는 비중이 최대였는데, 1995년에는 비교 우위가 있다고 말할 수 없었지만 2000년부터 2010년에 걸쳐서 비교 우위를 높이고 있다. 일반기계도 비교 우위가 무에서 유로 전환되었으며, 가구와 철강제품의 비교 우위가 상승했다. 한편 의류, 신발, 도구·게임·운동용품, 가죽제품·여행용품, 면·면직물에 대해서는 1995년의 단계에서는 대단히 강한 비교우위를 갖고 있었지만, 2018년에는 비교 우위가 크게 내려가고 있다. 종합적으로 말하자면 섬유산업·경공업으로부터 기계 등으로 중국의 비교우위가 이동하고 있는 중이라는 것이 선명하게 확인된다.

7. '자주적 혁신'의 진흥

▌ '자주적 혁신'이란 무엇인가

중국의 기술적인 캐치업은 1950년대부터 1970년대까지 소련 등 선진공업국으로부터의 기계설비와 기술의 도입에 의해, 그리고 1980년대 이후에는 외국직접투자의 도입에 의해 성취되었다. 하지만 21세기에 진입한 이후 중국 정부 및 학자들 사이에서 종래와 같은 외국에 의존하는 캐치업으로는 부족하다는 생각이 점차 강해졌다. 제5절에서 자국 기업에 의한 자주적인 기술개발을 추진해야 한다는 루펑의 주장을 소개했는데, 그 무렵부터 정부의 산업정책 중에서도 마찬가지의 입장이 제기되어졌다.

우선 2004년에 공표된 '자동차산업 발전 정책' 중에는 "자동차 제조사가 연구개발 능력과 혁신 능력을 향상시키고 자주적 지적재산권을 보유한 제품을 적극적으로 개발하는 것을 장려한다"라고 적혀져 있다. 이어서 2006년에 결정된 '제11차 5개년계획(2006~2010년)' 중에는 '자주혁신 능력의 향상'이 경제의 안정적 성장과 나란히 중요한 과제 중의 하나로 간주되었으며, "자주적 지적재산권, 유명 브랜드, 국제경쟁력을 지닌 유력한 기업을 형성하는 것"이 목표가 되었다. 또한 같은 2006년에 제시된 '국가중장기과학기술발전계획강요(2006~2020년)'에서도 "자주혁신 능력의 향상에 바로 과학기술 정책의 중심을 둔다"고 선언되었다.

이와 같이 2004년부터 중국의 중요 정책 중에서 '자주혁신'이라는 용어가 갑자기 등장하게 되었는데, 사실은 그 엄격한 의미는 정의되고 있지 않다. 그것이 중국 국내에서 행해지는 연구개발을 지칭하는 것은 틀림없다고 하더라도, 중국에 진출하고 있는 외자계 기업의 현지법인이 하는 연구개발이 포함되어 있는지 여부가 명확하지 않다. '자동차산업 발전 정책'에 관해서 중국 정부의 당국자가 비공식적으로 한 설명에서는 외자와의 합자기업이 하는 개발도 '자주'에 포함된다고 한다. 실제로 자동차업계에서는 외자계 기업이 중국을 향해 개발한 자동차를 지칭하는 데에 '합판자주(合辦自主)'라는 표현 방식도 이루어지고 있다. 다만 중국 미디어에서의 사용 방식에서는 외자계 기업의 개발은 '자주'에 포함되지 않으며, 중국 기업의 연구개발만을 지칭하는 일이 많다. 아무래도 중국 정부는 '자주'의 정의를 고의로 애매하게 함으로써 자국 기업을 육성한다는 진정한 목표를 추구하는 한편, 기회만 있으면 외자계 기업의 중국에서의 연구개발도 촉진시키고자 하는 노림수가 있는 듯하다.

▌ 활발해지는 연구개발 활동

실제로 21세기에 진입한 이후부터 중국 국내에서의 연구개발 활동이 대단히 활발해지고 있다. 우선 각국의 연구개발 활동의 규모를 측정하기 위해 연구개발비의 액수를 일본, 미국, EU(28개국)과 비교해본 것이 〈그림 5-3〉이다. 2005년에는 중국의 연구개발비는 일본의 5분의 1 이하에 해당하는 수준이었던 것이 2013년에는 일본을 상회하였으며, 이후 점차 격차를 벌리고 있다.

또한 〈그림 5-3〉에서는 각국의 연구개발비를 그 해의 평균 환율에 의해 미국 달러로 환산한 액수를 나타내고 있는데 자료의 출처인 '과학기술지표 2020'에서는

〈그림 5-3〉 연구개발비의 추이

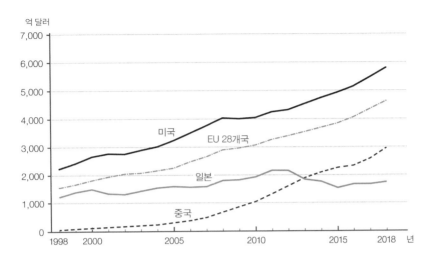

※ 자료: 文部科學省科學技術·學術政策研究所, '科學技術指標2020'을 토대로 하여 저자가 작성함

구매력평가에 의해 환산하고 있으며, 그것에 의하면 중국의 연구개발비는 이미 EU를 상회했으며 미국에 육박해 가고 있다. 실제로 중국에서는 동일한 연구개발비라고 하더라도 물가가 저렴한 만큼 더욱 많은 연구자를 고용할 수 있다. 2018년의 연구자 수는 187만 명으로 미국(143만 명) 및 일본(68만 명)을 크게 상회하고 있다. 한편 연구개발에 이용하는 시험용 기기의 가격은 그 어떤 국가에서도 별로 변함이 없다고 한다면, 오히려 현행의 환율로 환산한 〈그림 5-3〉 쪽이 연구개발의 실태에 입각하고 있다는 견해도 있을 수 있다.

　연구개발 활동의 수준을 측정하는 또 하나의 지표로서 연구개발비의 국내총생산 (GDP)에 대한 비중을 살펴보면, 중국은 2005년에 1.31%로 같은 해의 일본(3.39%) 보다도 상당히 낮았다. 중국 정부는 이 비율을 2015년에는 2.2%, 2020년에는 2.5% 이상으로 끌어올리는 것을 목표로 삼아왔다. 실제로는 2015년과 2020년의 실적은 2.06%와 2.40%로 목표에 도달하지 못했지만, 그럼에도 중국 산업계의 분

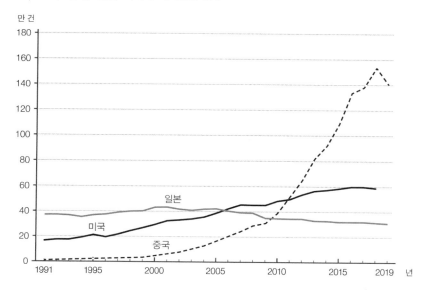

〈그림 5-4〉 중국, 일본, 미국의 특허출원 건수

만 건

※ 자료: [중국] 國家知識産權局; [일본] 特許廳, '特許行政年次報告書'.

위기를 일변시키는 것에는 성공했다.

   그것을 웅변적으로 말해주는 것이 특허출원 건수의 급증이다. 특허란 제품 및 기술의 발명을 했던 사람에게 그 발명의 내용을 공개하는 대신에 일정한 기간 독점적으로 사용하는 권리를 부여하는 것이다. 따라서 특허출원 건수는 한 국가의 발명 활동의 수준을 반영하는 것으로 간주된다. 2000년에 5만 건 정도였던 중국의 출원 건수는 2010년에는 일본을 제쳤으며, 2011년에는 미국을 추월하고 세계 1위가 되었다. 2004년까지는 국외로부터의 출원이 절반 정도를 차지했지만, 이후에는 국내로부터의 출원이 압도적으로 많아졌다(〈그림 5-4〉 참조).

   급증한 특허출원에 대해서 과연 발명으로서의 내실을 수반하고 있는 것인가, 특허출원을 장려하는 정책의 영향 아래에서 보조금을 노리는 출원이 증가하고 있을 뿐인 것은 아닌가 하는 의문도 생긴다. 실제로 중국이 등록한 특허 중에서 5년 이상 유지

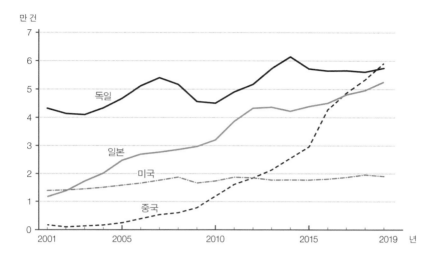

〈그림 5-5〉 특허협력조약(PCT)에 기초한 특허 국제출원

만 건

※ 자료: Intellectual Property Statistics, WIPO에 기초하여 저자가 작성함.

된 것의 비중은 74%였던 것에 반해서, 일본에서는 2014년에 성립한 특허 중에서 2019년 말의 시점에서 현존했던 것은 84%였다. 확실히 중국 쪽이 나중이 되어 유지할 만한 가치가 없다고 판단되는 특허의 비중이 높은 듯하다.

그럼에도 중국의 특허출원에 일정한 내실이 갖추어져 있다는 것은 특허의 국제출원에서의 중국의 약진으로부터 알 수 있다. 특허의 국제출원이란 어떤 국가에 출원하면 특허협력조약에 가맹하고 있는 모든 국가(2020년 시점에서 153개국)에 대해서 특허를 출원한 것으로 간주하는 제도이다(다만 특허를 인정할 것인지 여부에 대한 심사는 각국에서 행해진다). 〈그림 5-5〉에서 살펴볼 수 있는 것처럼, 중국으로부터의 국제출원 건수는 2009년까지는 적었지만, 2010년부터 급속하게 늘어나며 독일, 일본을 제쳤고 2019년에는 미국을 또한 추월하며 세계 1위가 되었다.

이 자료도 결국 출원 건수이므로, 이러한 것이 어느 정도 유효한 발명인지는 알 수 없다. 다만 국제출원은 국내뿐만 아니라 해외에서도 진보성이 있는지 여부가 출원자에게 있어서는 더욱 자신이 있는 발명을 출원하는 것이라고 여겨진다. 중국 기업 중에서는 통신기기 제조사 화웨이(Huawei, 華爲技術)가 2008년에 기업별 국제 출원의 건수에서 세계 1위가 되었으며, 그 이후 매년 1~4위 사이에 들어가 있다. 마찬가지로 통신기기 제조사 ZTE(中興通訊)도 국제출원 건수에서 몇 차례 정도 세계 1위가 되었다. 그 밖에 액정 제조사 BOE(京東方) 또는 스마트폰 제조사 오포(OPPO) 도 최근에 상위에 진입했다.

8. 캐치업과 캐치다운에서 세계의 첨단을 향해: 중국의 이동통신 기술

▌ 이동통신 기술의 '세대(G)'

특허의 국제출원 건수에서 세계 유수의 기업이 된 화웨이, ZTE, OPPO는 모두 이동통신산업의 기업이다. 이 분야에서는 중국이 명백하게 세계의 기술개발에서 최전선에 서 있다. 이것은 중국의 정부와 기업이 1990년대 이후 20여 년에 걸쳐 선진국에 대한 캐치업에 매진해왔던 결과인데, 이 기술 분야에서는 캐치다운형 기술진보도 크게 전개되었다.

이동통신의 기술은 거의 10년마다 하나의 '세대(G: Generation)'가 있으며 세대가 1개 올라갈 때마다 데이터의 통신 속도가 수십 배로 높아져왔다. 오늘날의 휴대전화 및 스마트폰 기술의 기본은 '셀룰러 방식'이라고 하며, 이것은 말단(휴대전화 또는 스마트폰)끼리 직접 전파를 교신하는 것이 아니라, 말단이 수km마다 배치되어 있는 기지국과 교신하는 것이다. 셀룰러 방식을 이용한 이동통신은 1980년 전후에 일본, 미국, 북유럽 등에서 시작되었다. 당초에는 자동차 전화 뿐이었지만, 1980년대 말에는 휴대전화기로서 소지하고 걸어 다닐 수 있는 것으로 진화했다. 아날로그 방식으로 통신을 했던 이 시대의 기술을 '제1세대(1G)'라고 부른다.

1992년부터 제2세대(2G)로의 이행이 시작된다. 2G의 특징은 음성을 디지털 신호(즉 0과 1의 배열)로 변환하여 송수신하는 것이다. 디지털화는 이동통신의 가능성을 크게 확대시켰다. 아날로그 방식의 경우에는 한 사람이 통화하고 있는 동안에는 하나의 주파수를 점유할 필요가 있지만, 디지털화한다면 음성을 단시간의 전기신호로 압축할 수 있기에 여러 사람이 하나의 주파수를 이용할 수 있다. 1G의 단계에서는 주파수 대역의 제약이 있었기 때문에 비즈니스 엘리트 밖에는 휴대전화를 소지할 수 없었지만, 2G 이후에는 전 세계의 사람들이 휴대전화를 한 사람당 한 대씩 소지하는 것도 이론적으로는 가능해졌다. 또한 디지털화에 의해 이메일 또는 그림, 동영상 등도 휴대전화로 송수신할 수 있게 되었다. 5G가 되면 사람뿐만 아니라 모든 것에 이동통신 말단을 이용하여 인터넷에 접속하는 것도 가능해진다.

중국은 1G와 2G에 대해서는 오로지 서구의 기술을 도입하여 사용하는 입장에 있었다. 2G가 도입되었던 1990년대 후반에 중국에서도 휴대전화가 급속하게 보급되었지만, 당시에는 무선기지국 또는 교환국 등의 통신 인프라 설비와 휴대전화기는 오로지 외국 브랜드의 제품에 의해 차지되었다. 중국 정부는 이러한 상황을 어쨌든 타개하고자 하며 우선 휴대전화기의 시장에서 중국 브랜드를 확립하기 위해 정부 계통의 연구기관에서 2G의 휴대전화기를 개발했다(丸川知雄·安本雅典 編, 2010). 1999년에는 그 기술을 국유 제조사 등에 기술이전을 하는 것과 함께, 휴대전화기 생산에 대한 참여를 규제함으로써 국내 제조사가 시장을 확보할 수 있도록 하고자 했다. 이러한 정책도 있었기에 중국 제조사는 국내시장에서의 비중을 점차 확대했는데, 2G 기술의 기본 특허는 서구 기업이 장악하고 있으므로 중국 제조사가 휴대전화 단말을 만들면 만들수록 서구 기업에 특허 사용료가 들어가는 상황에 있었다. 이러한 상황을 타개하기 위해서는 중국 자신이 기본 특허를 장악하고 있는 이동통신 기술을 보유하는 것이 바람직했다.

┃ 자주기술을 향한 격투

때마침 세계 각국의 통신을 관할하고 있는 관청의 모임인 ITU(국제전기통신연합)에서는 제3세대(3G)의 이동통신기술을 둘러싸고 교섭이 행해졌다. 1G와 2G의 시대에는 각국이 채택하고 있는 통신 방식이 제각각이었기 때문에 국제로밍(휴대전화기를 외국에 소지하고 나가서 사용하는 것)이 불편했기에 3G에서는 통신 방식을 세계에서 통일하는 것을 지향했다. 그런데 북미 연합과 일본·유럽 연합이 서로 양보하지 않았기 때문에 통일은 되지 않았고 결국 5가지의 통신 방식을 '세계표준'으로 정한다는 뒤죽박죽의 결과가 되었다. 그리고 그 기회를 틈타 중국도 독자적인 통신 방식인 'TD-SCDMA'를 5가지의 세계표준 중에 살짝 집어넣는 것에 성공했다.

이후 5가지 중에서 2가지는 3G에는 속하지 않는 것으로 간주되었기 때문에, 결국 북미 연합이 추진하는 CDMA2000, 일본·유럽 연합이 추진하는 W-CDMA, 그리고 중국 기술인 TD-SCDMA의 3가지가 세계시장을 무대로 하여 패권을 놓고 경쟁하게 되었다. 중국이 국유기업 다탕전신(大唐電信)을 중심으로 개발을 추진했던 TD-SCDMA에는 독자적인 특징이 있었다. 다른 2가지 방식은 휴대전화기와 기지국 간에 통신을 할 때에 오름(휴대전화기→기지국)과 내림(기지국→휴대전화국)에서 서로 다른 주파수를 이용하는 것에 반해서, TD-SCDMA의 경우에는 오름과 내림에서 동일한 주파수를 사용한다. 오름과 내림의 통신량에 응하여 각각이 점유하는 시간을 조정함으로써 주파수를 더욱 효율 좋게 이용할 수 있는 부분에 특징이 있었다.

TD-SCDMA는 아이디어로서 우수한 것이었지만, 실용화하는 것은 어려웠다. 다른 2가지 방식에 의한 3G 서비스는 일본 등에서 2001~2002년에 시작되었지만, 중국의 TD-SCDMA는 개발에 시간이 걸렸기에 본격적인 서비스 개시는 2009년까지 늦어져 버렸다. 중국 정부는 독자적인 기술을 성공시키기 위해서 최대의 통신사업자인 중국이동(中國移動, China Mobile)에 TD-SCDMA를 사용하도록 강제하거나, 주파수 대역의 할당에서도 우대하는 등 다양한 방책을 강구했다. 하지만 서비스가 개시된 이후 중국 소비자의 반응은 냉담했으며 정점이었던 2014년의 시점에서도 TD-SCDMA를 사용한 서비스에 가입했던 것은 중국의 휴대전화 이용자의 20% 미만에 불과했다. 그리고 '세계표준'으로 인정받았지만, 이것을 실제로 채택했던 것은 세계 중에서 중국이동뿐이었다. 다만 그럭저럭 독자적인 이동통신 기술을 실용화할 수 있다는 점으로부터 본다면, 중국은 TD-SCDMA의 개발에 의해 캐치업을 실현했다.

또한 비즈니스로서 실패했던 것은 중국 기술인 TD-SCDMA 뿐만 아니라, 3G 전체가 기대에 어긋났다고 말할 수 있다. '세대(G)'라는 표현 방식이 보여주는 것처럼, 업계의 인식에서는 낡은 세대의 기술은 새로운 세대의 기술에 의해 쇄신된다고 여겨져 왔다. 실제로 2001년에는 세계의 휴대전화 가입자 중에 1G를 사용했던 것이 6%였고 2G는 94%였는데, 1G는 거의 2G로 치환되었다. 그런데 3G는 이와 같이 지배적인 기술이 되지는 않았다. 왜냐하면 2G가 점차 진화하여 데이터 통신속도가 빨라졌기 때문에 3G의 우위성이 현저해지지 않게 되었기 때문이다. 2G로도 메일은 물론이고 휴대전화를 향한 인터넷의 이용도 가능해졌다. 'TV 전화가 가능하다'는 것이 3G의 당초 사전 선전용 문구였지만, 그것에 매료되는 소비자는 그다지 많지 않았다.

그 때문에 세계 전체에서 보면, 3G의 이용자 수는 가장 많았던 2016년의 시점에서도 세계의 휴대전화 이용자 중에 35%로, 그 시점에서도 2G의 이용자 수(세계의 38%)를 상회하지 못했다. 즉 2G는 최후까지 3G에 길을 양보하지 않았던 것이다. 그 이듬해 2017년에는 4G의 이용자 수가 3G를 상회했으므로 결국 3G는 1개의 '세대'가 되지 못했던 것이다(丸川知雄, 2020c).

2011년 무렵부터 스마트폰이 세계적으로 보급되기 시작했기 때문에, 데이터 통신속도의 신속함에 대한 요구가 높아지고 4G의 서비스에 가입하는 사람이 늘어났다. 2019년 시점에서 세계의 휴대전화 이용자 중에 4G의 이용자가 54%를 차지하고 있으므로 4G는 1개의 '세대'가 되었다고 말할 수 있다.

▌ 기술의 대중화

3G가 1개의 '세대'가 되지 못하는 한편, 2G의 이용자 수는 세계적으로 계속해서 늘어났다. 결국 2G의 가입자 수는 2012년까지 계속 증가했으며 그 시점에서는 44억 명까지 되었다. 중국에서도 2G의 가입자는 2012년이 정점이었으며 그 해에

는 8억 7700만 명이 되었다. 분명하게 기술진보가 신속한 이동통신의 세계에서 기본적으로는 같은 기술이 20년이나 계속해서 사용되고 있었다는 것에 의해 기술의 대중화라고 불러야 하는 상황이 생겨났다.

제5절에서는 1980년대 후반부터 1990년대에 걸쳐서 중국에서 승용차의 외형적인 기술진보가 정체되는 한편으로, 부품의 국산화 등 내면적인 기술진보가 일어났다는 이야기를 했다. 마찬가지의 일이 휴대전화에 있어서도 일어났으며, 기술이 대중 수준으로까지 보급되었다.

그것을 상징하는 것이 '산자이기(山寨機, 게릴라 휴대전화)'라고 불리는 장르의 제품이다. 그것을 만들고 있는 것은 중국의 선전 등에 있는 중소 영세 제조사이며, 무명의 브랜드 또는 짝퉁 브랜드를 붙이고 휴대전화기의 가격이 가장 저렴한 경우에는 1대에 1,000엔 이하였다. 판매처는 당초에 중국의 농촌 지역이었으나 결국 인도 및 아프리카 등 해외가 중심이 되었다. 첨단기술의 틀이라고 말할 수 있는 휴대전화를 중소 영세 제조사도 만들 수 있게 되었던 것은 선전을 중심으로 휴대전화 생산의 다양한 기능에 특화된 전문기업이 세세한 분업을 형성하고 있기 때문이다(丸川知雄, 2013). 즉 휴대전화기의 기획·판매에 특화된 회사를 중심으로 기판 설계와 소프트웨어 개발을 하는 회사, 외관을 디자인하는 회사, 케이스를 제조하는 회사, 그리고 제품의 조립을 하는 회사 등이 분업을 하고 있다. 특히 큰 역할을 하는 것은 휴대전화용 IC를 설계하는 회사[타이완의 미디어테크(MediaTek Inc.) 등]인데, 이것이 기판의 제조수탁회사와 하나가 되어 부품의 장착이 끝난 회로기판과 추천부품 리스트를 팔기 시작했다. 휴대전화 제조사는 추천부품 리스트에 따라 부품을 모아서 조립하면 단기간에 휴대전화를 만들어낸다. 첨단기술 제품인 휴대전화가 영세 제조사도 매우 간단하게 만들 수 있게 되었다는 점에서 궁극적인 캐치다운형 기술진보가 일어났다고 말할 수 있다.

이러한 상황은 사실 휴대전화기의 국내 제조사를 육성하고자 하는 중국 정부의 정책이 의도하지 않은 부산물이었다. 1999년에 중국 정부는 주로 국유 제조사에 휴대전화기의 생산을 허가했는데, 그중에는 사내에서 개발 또는 생산을 할 능력이 충분하지 않은 기업도 적지 않았다. 그래서 국유 제조사로부터 개발 또는 생산의 업무를 수탁하는 민간기업이 증가했다. 이로부터 휴대전화기의 기획·판매와 개발 또는 생산의 사회적 분업이 확대되었다.

게릴라 휴대전화는 2010~2011년경이 최고 전성기였고 그 무렵에는 연간 1억 7,000만 대 이상이 만들어졌는데, 이후에는 쇠퇴했다. 개도국에서도 스마트폰이 인기를 끌게 되고 4G 서비스가 보급되는 가운데, 중소 영세 제조사의 힘으로는 만족할 만한 제품을 만들 수 없게 되었기 때문이다. 게릴라 휴대전화를 배후로부터 밑받침했던 수탁개발·수탁생산의 네트워크는 이후에는 국내의 브랜드 제조사 또는 해외의 기업으로부터 스마트폰의 개발과 생산을 수탁하는 방향으로 전환했다.

▌ 세계의 첨단을 향하여

3G 시대까지는 통신 방식을 둘러싸고 패권 경쟁이 있었지만, 4G가 된 이후부터는 그러한 경쟁은 없어지게 되었다. 왜냐하면 집적회로의 높은 집적도와 안테나 기술의 진화에 의해 2000년대 후반 이후에는 1대의 휴대전화기가 여러 통신 방식에 대응할 수 있게 되었기 때문이다. 그 이전에는 여러 통신 방식에 대응할 수 있는 휴대전화기를 만드는 것은 불가능하지 않더라도 상당한 비용이 들었기 때문에 통신사업자가 1개의 통신 방식을 채택했다면 다른 통신 방식도 사용하는 일은 없었다. 예를 들면, 통신사업자가 3G의 통신 방식으로 W-CDMA를 채택한다면 그것은 다른 2가지의 방식을 사용하지 않는 것을 의미하며, 통신 방식 사이에는 상호 간에 배타적이었던 것이다. 하지만 1대의 휴대전화기가 여러 통신 방식에 대응할 수 있게 된다면, 인구가 집중되어 있고 통신량이 많은 대도시에서는 4G, 통신량이 적은 농촌 지역에서는 3G를 자동적으로 바꾸면서 사용하거나, 또는 여러 4G의 통신 방식을 사용하는 것도 가능하다.

이러한 상황 아래에서는 통신 방식의 사이에서 비중을 둘러싼 경쟁을 하는 것의 의미가 없어지게 되므로, 3G 때에는 서로 양보하지 않았던 일본·유럽 연합과 북미 연합은 4G에서는 LTE-FDD라는 통신 방식을 협력하여 만들어 나가기로 한다.

그런데 중국에서는 중국이동, 다탕통신, 화웨이 등에 의해 LTE-TDD라는 통신 방식이 개발되었다. 이것은 오름과 내림의 통신에 동일한 주파수를 이용하는 TD-SCDMA의 아이디어를 계승하는 것이었다. 중국 정부는 중국이동에 LTE-TDD를 채택하게 하고 4G에 있어서도 패권 경쟁을 계속할 생각이었을 지도 모르지만, 실제로는 LTE-FDD와 LTE-TDD는 보완적으로 이용되는 일도 많다. 예를 들면, 일본의 소프트뱅크(ソフトバンク) 및 도코모(ドコモ)는 양자를 병용하는 것에 의해 광범위하고 고속의 통신을 실현하는 서비스를 전개하고 있다. 또한 4G에서는 국제적인 표준화단체로 각국의 기업이 상담하여 기술표준을 정하게 되었기에 LTE-TDD의 표준화에는 유럽 및 미국의 기업도 참가하였고, 이미 중국의 독자적인 기술이라는 색채는 없다. 2018년 11월 현재, 세계에 710개가 있는 통신사업자 중에 148개가 LTE-TDD를 채택하고 있으며, 중국이동만 채택하는 것에 그치고 있는 TD-SCDMA와는 달리 세계적인 기술이 되었다.

2019년에 한국, 미국, 중국 등에서 5G의 서비스가 시작되었다. 4G 시대에는 스마트폰 및 태블릿으로 인터넷을 자유자재로 조작할 수 있게 되었는데, 5G에서는 스마트폰뿐만 아니라 자동차 또는 기계 등 만물이 이동통신을 통해서 인터넷과 연결되어 자율주행 및 원격의료, 교육 등 다양한 분야에서의 활용이 전망되고 있다.

5G에 있어서는 이미 기술의 패권 경쟁과 같은 것은 없으며, 국제적 표준화단체에서 세계 공통의 기술표준이 정해지고 있다. 다만 5G에서는 몇 가지의 통신 방식을 보완적으로 이용하여 고속성, 저지연성, 다접속을 실현한다. 2019년 4월 시점에서 5G의 표준 필수특허로 간주되는 것은 합계 1만 건 남짓 있었는데, 그중에 화웨이가 보유하고 있는 것이 1554건으로 가장 많았다. ZTE 등 다른 중국 기업이 보유하고 있는 것도 합치면 중국 기업이 전체의 34%를 차지했으며 한국 기업이 25%, 유럽 기업이 22%, 미국 기업이 14%를 차지했고, 일본 기업은 5%를 차지하고 있을 뿐이었다(iPlytics, 2019).

2020년에 세계가 코로나19 감염병의 유행에 의해 경제적 손실을 입는 가운데, 중국 정부는 국내경제의 회복을 위해서 '신형 인프라 건설'을 제기하게 되었으며,

5G의 보급에 주력했다. 그 결과, 2020년 안에 중국의 5G 서비스의 가입자는 2억 명을 넘으며 전 세계에서 압도적인 다수를 차지하고 있다. 이리하여 5G 이동통신에서는 기술의 개발, 스마트폰 및 기지국의 생산, 기술의 응용 등의 전체 방면에서 중국이 세계의 첨단을 걷게 되었다.

중국은 2000년대 전반까지는 휴대전화기를 국산화하거나 이동통신의 방식을 둘러싸고 패권 경쟁에 끼어들기 위해 국가 주도의 캐치업을 지향했다. 하지만 그 의도에 반하여, 2000년대 후반에는 기술의 대중화가 발생하여 캐치다운으로 향했다. 하지만 2010년대가 되자 캐치업을 지향하며 개발했던 기술과, 기술의 대중화에 의해 형성된 생산기반이 서로 결합되며 중국의 이동통신산업은 세계의 첨단을 걷게 되었다.

이 책에서는 이동통신 기술을 다루었지만, 이 밖에도 태양전지 및 광촉매 등 여러 공학의 분야에서 중국의 과학기술 수준이 세계의 첨단을 걷고 있다(倉澤治雄, 2020). 또한 화웨이가 본사를 두고 있는 선전에서는 유전자의 시퀀싱을 전 세계의 연구실로부터 수탁하는 독특한 비즈니스를 고안해 냈던 BGI(華大基因)라는 기업도 있다(林幸秀, 2013). BGI는 코로나19 감염병의 원인 바이러스에 대한 특정 및 검사기기의 개발과 생산에도 큰 역할을 수행했다.

▌ 맺음말

제2절에서 일본의 산업혁명에 대해서 소개했다.

일본이 세계 제일의 생사 수출국이 될 때에 관영 도미오카제사장에 도입했던 프랑스의 기술을 그 상태 그대로 복제하는 것이 아니라, 그것을 소규모화하고 도구의 재료를 바꾸어 비용을 내리고 생사를 저렴하게 만들었음을 논했다. 즉 저임금 노동이 풍부했던 일본의 상황에 맞추어 더욱 자본절약적인 기술로 전환하는 캐치다운을 했던 것이다. 또한 제8절에서 논했던 중국의 이동통신 기술에서는 첨단기술의 덩어리인 휴대전화를 중소기업의 분업으로 만들어버리는 캐치다운형 기술진보가 일어나, 대단히 저렴한 가격의 제품이 만들어졌다. 그러한 기술의 대중화를 거쳐

〈그림 5-6〉 캐치다운에서 세계의 첨단을 향해

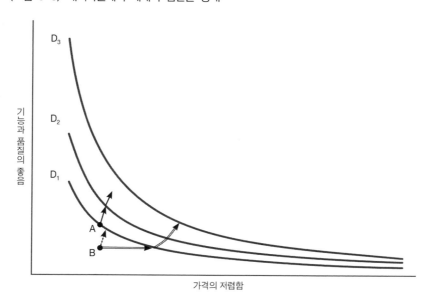

※ 자료: 저자가 작성함.

형성된 생산기반을 토대로 하여 오늘날 중국은 세계의 이동통신 기술의 선두에
서 있다.

　이러한 두 가지의 사례로부터 후발국이 선진국을 기술 방면에서 추월하기 전에는
기술을 자국 또는 시장의 상황에 적합하게 하는 캐치다운의 과정이 있다는 것을
추측할 수 있다. 중국의 사례는 아니지만, 1980년대까지 집적회로의 일종인
DRAM(Dynamic Random Access Memory, 읽고 쓰기를 자유롭게 할 수 있는 기억용 반도체로
컴퓨터에 많이 이용됨)의 분야에서 세계의 상위를 일본 기업이 차지하고 있었음에도,
이후 한국의 삼성전자가 일본 기업들을 제쳤던 것도 기술의 방향을 바꾸었기 때문이
라고 전해진다(湯之上隆, 2009; 吉岡英美, 2010). 그때까지 일본 기업들은 대형 컴퓨터
및 전화교환기 등 장기간 사용되는 기기에서의 사용을 상정하여 내구 년수가 25년
인 DRAM을 만들었던 것에 반해서, 삼성전자는 PC의 시대에 그처럼 긴 내구년수는

필요하지 않다고 보고 '과잉 품질'을 재검토하여 생산 비용을 삭감시켰다.

이 논의를 〈그림 5-6〉을 이용하여 더욱 일반화해 보도록 하겠다. 이 그림에서는 선진 기업 A와 후발 기업 B가 만들고 있는 제품의 기능과 품질 및 가격의 수준을 점으로 나타내고 있다. 그림의 위로 갈수록 기능·품질은 낮지만 가격은 동일하므로 이것으로는 A에게는 적수가 되지 못한다. 그래서 B로서는 기능과 품질에서 뭔가 A를 따라잡고자 기술의 습득에 힘쓴다. 만약 기능과 품질을 따라잡았다고 하더라도 평판을 확립하고 있는 A와 동일한 가격으로는 적수가 되지 못하므로, A의 제품보다도 다소 가격을 낮추는 것을 노린다. 이것이 '캐치업'이며 그림에서는 점선의 화살표로 나타나고 있다.

하지만 만약 B가 기능 및 품질의 방면에서 A를 따라잡지 못하더라도 제품의 가격이 A보다도 대폭 저렴하다면 팔릴 가능성이 있다. 일반적으로는 소비자의 수요에서는 기능·품질과 가격 간에는 트레이드오프 관계가 있으며, 같은 양의 수요 규모를 나타내는 곡선은 그림의 D1처럼 그릴 수 있다. 즉 D1상의 기능·품질과 저렴한 가격을 조합시키는 것을 실현할 수 있었던 기업은 D1상의 어디에 있더라도 동일한 양의 수요를 획득할 수 있다. 특히 B가 타깃으로 삼는 시장이 개도국 시장이라면 기능·품질은 A보다 열악하더라도 가격이 대폭 저렴하다면 수요를 기대할 수 있다. 이것이 '캐치다운'이며 〈그림 5-6〉에서는 이중선의 화살표로 표시되고 있다.

선진 기업 A로부터 본다면 후발 기업 B가 '캐치업'해오는 경우에는 자신의 시장을 빼앗길 것으로 생각하여 경계하지만, '캐치다운'를 하고 있는 경우에는 오히려 자신의 입지에서 멀리 있기 때문에 경쟁상대가 되지 않을 것이라고 생각하며 방심한다.

B가 '캐치다운'에 의해 A와 같은 규모의 수요 D1을 획득할 수 있다고 하자. B도 A와 마찬가지 정도의 판매 규모가 되며, 같은 규모의 이익을 획득하여 기능과 품질의 향상에도 투자할 수 있다. 그 결과, B가 A보다도 먼저 더욱 큰 수요 규모에 대응하는 D2 또는 D3에 도달할 수 있다면 시장의 비중에서 A를 역전할 수 있다.

이중선의 화살표와 같은 '캐치다운'는 더욱 고기능·고품질을 추구하고 있는 선진기업 A로부터 본다면 일반적으로 기술진보가 아니라 '퇴보'로 밖에는 보이지 않을 것이다. 하지만 그것이 수요를 취하는 방향으로의 움직임이라고 한다면 역시 진보인 것이다. B가 '캐치다운'에 의해 큰 수요를 장악하고자 한다면, A도 대항하며 저가격 제품을 만들어 수요를 되찾지 않는다면 반드시 추월당하게 될 것이다.

제6장 국유기업과 산업정책

핵심어

국유기업
국가자본주의
청부제
회사제도
중앙기업
지방 국유기업
민영화
관리체제
국가자본
혼합소유제
개혁
산업정책
전략적 신흥산업
중국 제조 2025
국진민퇴(國進民退)

안산강철회사(鞍山鋼鐵公司)의 고로에서 나오는 선철(1997년)

국유기업은 국가가 계획경제체제를 운영하는데 가장 중요한 도구였다. 하지만 중국은 1992년에 '사회주의 시장경제'를 개혁의 목표로 정했다. 그렇다면 국유기업의 자리매김은 어떻게 되고 있을까?

계획경제 체제 아래에서 만들어졌던 국유기업은 시장경제에 적용하는 것이 어려우며, 국가에게 부담이 되는 일이 많다. 계획경제 아래에서 국유기업은 제품의 생산부터 판매, 고용 및 임금의 결정에 이르기까지 모두 정부의 감독 하에 생산활동을 했다. 생산성을 높일 것을 요구받았지만, 이익을 내는지 여부는 기업의 노력보다 정부가 어떻게 가격을 설정하는가에 달려 있었다. 그러한 국유기업이 시장경제에 방치되면 경영 효율이 악화되고 매출이 떨어져 버린다. 과잉한 인원을 갖고 있고 임금을 지불하는 것도 어려워지며, 고용을 유지하기 위해서 은행으로부터 대출받지만 그것도 변제하지 못하게 된다. 중국의 시장경제 이행이 진전되었던 1990년대 전반에는 많은 국유기업이 이러한 상황에 빠졌으며, 중앙 및 지방의 정부에게 부담이 되었다.

하지만 1990년대 후반에 합계 4,000만 명이나 되는 종업원을 삭감하는 대폭적인 구조조정(제3장 참조)과 불량채권의 처리를 거쳐(제4장 참조), 2,000년대 전반에 국유기업의 경영 상황은 크게 회복되었다. 그러한 상황에 입각하여 중국 정부 내부에서 국유기업을 국가의 전략적 목표를 추구하기 위해 기여할 수 있도록 하자는 야심이 싹트게 되었다.

미국의 정치학자 이안 브레머(Ian Bremmer)는 중국은 국가의 이익을 추구하기 위해서 국유기업을 경제에 관여하는 수단으로서 사용하고 있다면서 중국의 체제를 '국가자본주의'라고 명명했다(Bremmer, 2010). 그리고 '국가자본주의'의 모델이 러시아, 중동, 아프리카에도 확대되고 있는 중이며, 미국 등 서구 자유주의진영의 위협이 되고 있는 중이라고 경고한다. 미국의 정치학자 스테판 할퍼(Stefan Halper)도 마찬가지로 중국을 '국가 주도 자본주의'라고 특징지으며 중국이 대외원조 등을 통해서 이 모델을 아프리카 등에도 확대시키고 있는 중이라고 경고하고 있다(Halper, 2010).

사실은 일본의 중국경제 전문가가 상당히 이전부터 중국의 행방에 대해서 마찬가지의 지적을 했었다. 예를 들면, 고지마 레이이쓰(小島麗逸)는 1997년에 앞으로의 중국은 거대한 국유기업 그룹이 지배하고 국유은행이 자금을 제공하는 '관료금융산업자본주의'로 이행하게 될 것이라고 논했다(小島麗逸, 1997). 또한 우쥔화(吳軍華)는 2008년에 중국의 현황을 관료의 의사와 계획에 의해 만들어진 '관제자본주의'이며 관료와 그 관계자가 그 혜택을 대부분 누리고 있다고 말했다(吳軍華, 2008). 이 책의 집필 시점(2020년)까지의 상황을 보는 한에 있어서, 현재 상황을 어떻게 부를 것인지는 별도로 하고 이러한 논자가 지적한 바와 같이 중국 정부는 국유기업을 전략적으로 이용하는 방향으로 추진하고 있다. 다만 국유기업의 현실을 볼 때, 이러한 방침에 과연 어느 정도의 유효성이 있을 것인지 필자는 의문을 갖고 있다. 현재 상황을 '국가자본주의'라고 부르는 것이 만약 가능하다고 하더라도, 그것이 과연 앞으로 10년이나 20년이나 지속가능한 것이 될까? 이 과제를 고려하기 위해서 이 장에서는 이제까지의 국유기업 개혁의 변천을 더듬어 가면서 중국의 국유기업이 어떠한 문제를 극복하며 오늘날에 이르게 되었는지 살펴보도록 하겠다.

1. 국유기업 개혁의 구상과 한계

▮ 경영자의 권한의 확대

중국의 개혁개방 정책이 시작되었던 당초에 국유기업의 이윤율은 14% 이상으로 대단히 높았다(〈그림 6-1〉 참조). 하지만 국유기업의 경영 효율이 높았던 것은 아니며,

〈그림 6-1〉 총자산 이윤율의 추이

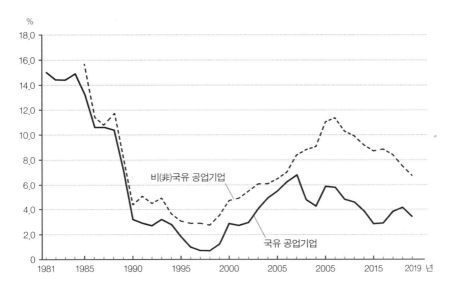

※ 자료: 國家統計局 編(各年版)을 토대로 하여 저자가 작성함.

국유기업이 이익을 내도록 가격이 설정되었을 뿐이었다(제2장 참조). 국유기업 개혁
이 전면적으로 개시되는 기점이 되었던 것은 1984년의 '중국공산당 중앙의 경제체
제 개혁에 관한 결정'인데, 그중에서 국유기업의 나쁜 경영 효율이 단적으로 지적되
었다. 즉 "도시의 기업(국유기업을 지칭함)의 경제 효율은 아직 매우 낮으며 생산, 건설,
유통의 측면에서의 손실과 낭비가 아직 매우 현저하다."

　　당시에 모든 생산요소의 가격이 국유기업에 유리하도록 설정되었다. 우선 노동자
의 임금이 낮게 억제되었다. 국유기업이 사용하는 자금도 1984년까지는 국가재정
으로부터 지출되었기 때문에 자금 비용이 제로였는데, 즉 이자를 지불할 필요가
없었다. 국유기업은 많은 토지를 점유하고 있는데, 그것에 대한 지대를 지불할 필요
도 없었다. 국유기업이 만드는 제품의 시장에서는 다른 생산자와의 경쟁도 적었으
며, 만든 것은 반드시 국가가 정한 가격으로 판매할 수 있었다.

그러한 좋은 조건은 1980년대부터 점차 상실되었다. 제품 시장에서는 농촌의 향진기업 및 다른 국유기업과의 경쟁이 격렬해졌다. 국유기업이 사용하는 자금은 1985년부터 모두 은행으로부터의 융자로 교체되었다(제4장 참조). 이자를 지불하지 않으면 안 되게 되었다. 임금도 1977년부터 1990년까지의 13년 동안에 실질로 8배 이상 상승했다(〈그림 2-2〉 참조).

이러한 환경의 격변에 대해서 국유기업의 경영자주권을 강화해 적응 능력을 높이는 길이 모색되었다. 전술한 1984년의 결정에서는 "기업의 활력을 강화하는 것 자체가 경제체제 개혁의 중심적 과제이다"라고 하였고, 그 때문에 국가가 국유기업을 세세하게 관리하는 것은 그만두고 경영자의 권한을 강화하며 국가의 기업에 대한 소유권으로부터 분리한다는 방향성이 제시되었다.

이러한 '소유권과 경영권의 분리'라는 방침은 과거에 미국의 아돌프 벌(Adolf Berle)과 가디너 민스(Gardiner Means)가 논했던 '소유권과 지배의 분리'라는 용어를 방불케 한다(Berle and Means, 1958). 그들은 미국의 주식회사에서 회사의 자본이 수많은 주주에 의해 분산적으로 소유된 결과, 소유권과 기업의 지배가 일치하지 않게 되고 많은 경우에는 주식을 소유하지 않는 경영자가 회사를 지배하고 있다고 지적했다. 일본에서는 기업 간의 '주식의 상호 보유'에 의해 외부 주주의 힘이 의도적으로 약화됨으로써 경영자 지배가 실현되고 있다고 오쿠무라 히로시(奧村宏)가 지적했다(奧村宏, 1984).

일본 및 미국에서는 경영자 지배를 자본주의의 왜곡으로서 파악했던 것에 반해서, 중국의 논자는 오히려 경영자 지배에서 이상을 찾아냈다(吳家駿, 1994). 중국에서는 소유자(정부)에 의한 과도한 지배 자체가 문제이며, 경영자의 지배력을 강화하는 쪽이 경영 효율이 높아진다고 여겨졌다. 실제로 중국으로부터 본다면 일본의 주식회사 쪽이 줄곧 성공하고 있는 것처럼 보였던 것이다.

일본의 주식회사 모델을 도입하기 위해서는 국유기업에서 국가가 소유하고 있는 주식의 비율을 대폭 인하하고 주주를 분산시키면 좋은데, 생산수단(기업)의 전인민소유[全人民所有, 국가소유(國家所有)]는 사회주의 제도의 근간에 관련된 일이기에 1980

년대에는 그것을 공개적으로 제언하는 것에는 정치적인 리스크가 있었다. 우선은 정부가 기업에 대한 개입을 자제하고 국유기업 경영자의 재량권을 늘려 나아간다는 작은 개혁이 지향되었다.

실제로 행해졌던 개혁의 첫 번째는 임금 및 고용에서의 개혁이다. 이 책의 제3장 제5절에서 살펴본 것처럼, 임금의 평등주의가 고쳐지고 직책 또는 능력에 부응하는 임금 체계와 업적에 부응하는 보너스가 도입되었다. 또한 신규 채용의 노동자와는 유기 노동계약이 체결되었다.

두 번째는 제품의 가격 및 판매처에 관하여 국가의 계획에서 정한 비중을 서서히 줄이고 자유롭게 판매처를 선택할 수 있게 하고 가격도 자유롭게 설정할 수 있는 부분을 증가시켰다(제2장 〈표 2-4〉 참조).

세 번째는 기업과 정부 사이에서의 이윤의 분배 관계의 개혁이다. 계획경제 시대에는 국유기업의 이윤은 모두 정부의 재정수입이 되었지만, 개혁개방이 시작된 지 얼마 되지 않은 1979~1980년의 시기에 일부 국유기업에서 이윤의 일부를 기업에 유보하고 그것을 종업원에게 보너스로서 나누어주거나 기업의 독자적인 재량에 의한 투자에 충당하는 것이 인정되어졌다. 1984년부터는 모든 국유기업에서 이윤의 일부를 유보할 수 있게 되었으며, 목표치를 초월하여 이윤을 확대할 수 있는 경우에는 이윤의 더욱 높은 비율을 유보할 수 있으므로 국유기업이 이윤의 증대에 더욱 열심히 나서게 되었다(浜勝彦, 1987: 第3章).

▎ 청부제의 실시와 한계

국유기업에 이윤의 유보를 인정하는 방침은 기업의 경영자와 종업원에게 일하고자 하는 의욕을 준다는 점에서 특히 효과적이었던 것으로 여겨진다. 그래서 국유기업은 정부에 사전에 정해진 금액의 이윤을 상납한다면, 규정된 상납액을 초월하는 이윤은 기업 내에 유보하고 자유롭게 사용해도 좋다는 취지의 '청부제'가 1987년부터 거의 모든 국유기업에서 채택되었다. 이것은 지방정부와 중앙정부 간에 도입되었던 재정청부제와 유사하며, 기업이 정부에 상납하는 이윤액을 3~5년까지 사전에

1978년 12월에 개혁개방 정책이 시작되기 전후부터 문화대혁명 시대의 마오쩌둥의 개인숭배를 비판하고 민주화를 요구하는 운동이 베이징 등에서 시작되었다. 중국공산당은 공산당 지배의 전복을 도모하는 운동은 용납하지 않는다면서 이러한 운동을 탄압하고 활동가를 투옥시켰다. 1986년부터 경제개혁을 추진하는데 있어서는 정치도 개혁할 필요가 있다는 생각을 지닌 학자 및 정치 지도자가 늘어나기 시작했고, 학자 및 대학생에 의한 민주화운동이 확대되었다. 이러한 운동에 준엄하게 대처하지 않았다는 이유로 공산당 내부의 보수파가 당시 총서기였던 후야오방을 공격했고, 1987년 1월에 후야오방은 총서기에서 사임했다. 하지만 민주화운동은 이후에도 점차 확대되었으며 인플레이션이 격심해졌던 1988년에는 인플레이션 및 정부·당 관료의 부정부패에 대한 불만에 의해 커다란 운동이 되었다. 공산당의 내부에서도 후야오방을 계승하여 총서기가 된 자오쯔양(趙紫陽) 등의 개혁파와 1987년 11월에 당의 원로들에 의해 지지를 받으며 총리 대행이 된 리펑(李鵬) 등 보수파 간의 대립이 격렬해졌다.

1989년 4월에 당내 개혁파의 상징이었던 후야오방이 급사했던 것을 계기로 하여 민주화를 주장하는 대학생들이 베이징시의 톈안먼광장에서 연일 집회 및 시위를 했다. 5월에는 베이징에 계엄령이 내려지는 것이 결정되어 자오쯔양은 실각되고, 6월 3일부터 6월 4일까지에 걸쳐서 군대가 시민과 충돌하면서 톈안먼광장으로부터 학생들을 배제하였으며 그 과정에서 수백 명 이상의 사망자가 나왔다. 이 사건은 '톈안먼 사건'이라고 부르는 일이 많은데, 1976년 4월에 일어났던 톈안먼 사건(당시 권력을 장악했던 '4인방'에 반대하는 시민들이 톈안먼광장에서 1월에 사망한 저우언라이를 추도하는 집회를 열고 무장경찰에 의해 배제되었던 사건)과 구별하기 위해 '6.4 톈안먼 사건'이라고 부르기로 한다. 또한 6.4 톈안먼 사건 이후에 중국의 민주화운동은 봉쇄되었고 민주화도 거의 진전이 없으며 공산당의 일당지배가 오늘날까지 계속되고 있다.

계약해버린다. 상납하는 액수는 매년 5% 정도 증가하는 계약으로 하는 것이 통례이다. 상납해야 할 액수를 초월할 경우, 모두 기업의 것이 되었다. 기업의 정부에 대한 임무는 △계약에 따라 이윤을 상납하는 것, △계획으로 정해진 설비투자를 실시하는 것, △임금 총액을 국가가 규정한 범위에 수렴하는 것으로 간주되었다.

하지만 청부제가 도입된 지 3년째인 1989년에 단속하는 정책의 강화와 6.4 톈안먼 사건(《칼럼 8》 참조)의 영향으로 인해 경기가 급속하게 악화됨으로써 청부제는 그 결함을 노정하며 사실상 파탄이 났다. 국유기업의 이윤율은 〈그림 6-1〉에서 보이는 것처럼 급격하게 저하되었으며, 국유기업으로부터 정부에 대한 이윤 상납액도 1988년부터 1991년까지의 동안에 366억 위안, 257억 위안, 47억 위안, 22억 위안으로 급감했다(財政部綜合計劃司 編, 1992). 청부제 아래에서는 국유기업으로부터 정부에의 이윤 상납액을 매년 증가시키는 계약이 되었음이 분명하지만, 이윤이 감소했기 때문에 계약을 지키지 못하게 되어버렸던 것이다(杜海燕, 1992).

국유기업의 이윤 유보액도 감소했지만, 그 액수는 1988년이 336억 위안이었던 것에 반해서, 1991년에는 214억 위안으로 상납액처럼 급감하지는 않았다. 국유기업은 실제로는 상납액을 증가시켜 나아가는 것을 우선시하고 나머지 잔액을 유보했을 것임이 분명하지만, 실제로는 상납액을 대폭 줄이고 유보액을 어느 정도 확보했다. 즉 이윤의 분배에서 국유기업에 대해 대단히 나쁘지 않은 취급이 이루어졌던 것이다.

이것은 국유기업의 유보 이윤이 종업원의 보너스의 재원이 되었으며, 6.4 톈안먼 사건 직후의 정치적으로 미묘한 시기에 종업원의 수입을 줄이는 조치는 취하기 어려웠다는 정치적 배경이 있다. 또한 원래 청부제 자체에 내재되어 있었던 결함이 이윤의 감소라는 현실 속에서 노정되었다고도 말할 수 있다.

즉 청부제는 이윤이 증가해 간다는 전제하에 제도가 설계되었으며 이윤이 크게 감소하거나 기업이 적자가 되는 것은 상정되지 않았다. 청부제를 획일적인 규정으로 해석한다면, 기업이 만약 적자라고 하더라도 계약했던 대로의 금액을 상납해야 한다는 것이 되는데, 그것을 위해서는 기업이 기계 및 공장 등의 자산을 매각하지 않으면 안 될 것이다. 그렇게 되면 기업이 이익을 벌어들일 힘까지 쇠퇴해버리기 때문에 기업의 소유자인 국가에게 있어서도 손실이다. 자본주의 사회에서의 주식회사의 경우에는 이윤이 감소하거나 적자가 되었을 경우에는 주주에 대한 이익의 배당도 감액되는 것이 통례이며, 경영 악화의 영향은 소유자에게도 미친다. 한편 청부제에서는 소유자인 국가가 경영 악화의 영향을 전혀 받지 않는 제도설계가 되어 있었지만, 실제로 그렇게 운용하는 것은 어려웠다.

이것에 더하여 정부 측이 약속했던 대로 기업에 경영자주권을 부여하지 않고 있다는 문제도 있었다. 1996년에 약 800개의 국유기업을 대상으로 한 설문조사에 의하면, 종업원의 모집·채용에 관해서 자주권이 없다고 응답한 국유기업이 37%, 투자의 결정권이 없다고 응답한 기업이 73~76%, 자산을 처리할 권한이 없다고 응답한 기업이 76%에 달했다(今井健一·渡邊眞理子, 2006: 40). 1994년 여름에 필자를 포함한 그룹이 국유기업의 상황을 조사했을 때, 특히 대형 국유기업에 대해서 지역의 지방정부가 지역으로부터 일정한 인원수 이상의 종업원을 채용하는 것을 의무화하고 있다는 것이 밝혀졌다(上原一慶, 1995: 31).

1989년 이후 한계를 노정했다고 하더라도 그때까지의 기업 개혁이 국유기업의 생산성을 상승시키는 효과를 갖고 있었다는 것은 의심할 바 없다. 〈그림 2-2〉에서 살펴본 것처럼, 1978년 이후 국유 광공업기업의 노동생산성은 상승을 계속했으며, 1992년은 실질로 1977년의 120% 증가(연율 5.4% 상승)되었다. 노동생산성의 상승을 가져온 요인으로서 기계설비의 증가라는 요소는 당연히 있었겠지만, 그 요소를 제외한 총요소생산성(TFP)도 국유기업 769개의 자료를 토대로 하여 계산한 결과에 의하면, 1980년부터 1989년까지 연율 4.5%로 늘어났다고 한다(Groves et al., 1994). 하지만 개혁이 효과를 올리며 생산성이 늘어났던 것은 확실하다고 하더라도, 다른 유형과의 기업 또는 국유기업 간의 경쟁으로 인해 이윤율이 1990년대 후반에는 1%가 되지 않을 정도로까지 저하해버렸으며, 이 상태가 그대로 유지되는 상태에서 국유기업이 존속하는 것은 불가능했다.

2. 회사제도의 도입

▌회사제도의 의의

청부제는 국유기업의 소유자(국가)와 경영자 간의 관계를 규율하는 제도 중의 하나였는데, 이윤이 크게 감소했을 때의 대응이 고려되지 않았던 너무나도 단순한 제도였다. 소유자 측으로부터 볼 때, 경영자와의 관계를 규율하는 제도에는 다음과 같은 두 가지 사항이 요구되어진다. 첫째, 경영자가 소유자에 대해서 배당 및 이윤 상납 등의 형태로 보답하는 것뿐만 아니라 기업의 가치를 늘리는 것에도 노력하는 제도가 되어야 한다. 둘째, 경영이 악화되었을 때에는 경영자를 교체하는 등 응분의 책임을 지게 하는 제도일 필요가 있다.

한편으로 기업의 경영이 막다른 곳에 이르게 되었을 때에 경영자에게만 책임을 지게 하는 것도 한계가 있으며, 소유자도 응분의 책임을 져야 할 필요가 있다. 자본주의의 긴 역사 속에서 형성된 회사제도는 기업의 소유자와 경영자의 관계를 규율하는 제도로서 성숙된 것이다. 1980년대 국유기업 개혁의 모색을 거쳐, 1993년에는 중국에서 회사법이 제정된 이후에는 국유기업에 회사제도를 도입하고 주식회사 또는 유한회사로 개조하는 것으로 개혁의 방향이 정해졌다.

회사제도에 있어서는 기업을 통치하는 제도로서 주주총회가 있으며, 출자자는 주주총회에서의 의결에 따라 이사를 선임·해임한다. 이러한 틀을 통해서 소유자가 경영진을 동기부여하거나, 경영 악화의 책임을 지도록 할 수 있다. 경영 상황의 악화가 길어지고 재건이 어려울 때에 기업은 파산하게 된다. 회사제도 아래에서는 출자자가 출자액의 범위에서 유한책임을 지므로, 국유기업이 많은 부채를 짊어지고 도산했을 경우에도 국가가 그것을 모두 떠맡는 것은 아니다. 그 경우에는 기업에 자금을 대출해준 은행 등도 채권자로서의 책임을 짊어지게 된다. 그렇게 되면, 은행은 국유기업에 대해서 대출해준 자금을 회수할 수 없게 되어 불량채권을 갖게 되는데, 그 문제가 1990년대 후반 이후 어떻게 전개되었는지에 대해서는 이 책의 제4장 제3절에서 논했다.

회사제도를 도입하게 되면 국유기업에 국가 이외의 출자자가 주식을 구입한다는 형태로 출자하는 것이 가능해지며, 그러한 새로운 출자자들도 주주총회에 참가하는 것을 통해서 기업의 경영에 참가할 수 있다. 국유기업에 대한 출자자로서 국가는 주주총회를 통해서 기업의 경영을 감독하게 되지만, 일상의 경영은 이사회에 의한 자주적인 운영에 위임하게 되며 다른 출자자도 주주로서 가담하게 되면 기업 경영의 정부로부터의 자립성이 높아지게 된다(志村治美·奧島孝康 編, 1998: 47~49).

▮ 회사제도의 전개: 안강그룹의 사례

1994년에 중국 정부는 회사제도를 도입한 국유기업 100개를 모델 사례로서 지정했고 동시에 지방정부도 약 2,600개의 지방 국유기업을 모델 사례로서 지정했으며, 이러한 것을 주식회사 또는 유한회사의 형태로 개조하게 되었다. 이후 국유기업을 모체로 하는 주식회사가 차례로 탄생했으며, 상하이와 선전의 증권거래소에 주식을 상장하여 일반 투자가들의 출자도 모집하게 되었다.

국유기업을 주식회사화할 때 기업 전체를 실로 주식회사로 바꾸는 것이 아니라, 일부분만을 떼어내서 그것을 주식회사로 삼는 것이 통례이다. 예를 들면, 안산철강공사처럼(제3장 제6절 참조) 정규 종업원 외에 간접적으로 급료를 지불하고 있는 사람도 포함하면 50만 명에게 급료를 지불하는 국유기업의 경우에 대량의 잉여 인원 및 노후시설, 종업원 주택 등의 비수익성 자산을 안고 있는 상태로 주식회사로 전환하게 되면, 금세 경영이 막다른 길에 이르게 될 우려가 있다. 그래서 1997년에 우선 최신 설비를 갖고 있는 후판공장, 냉간압연공장, 선재공장 등의 3가지만을 분리하여 종업원 4,500명의 작은 주식회사(鞍鋼股份有限公司)를 만들었다(丸川知雄, 1999). 이러한 3가지 공장의 자산은 모체인 안산철강공사가 주식회사에 대해서 현물 출자한 것으로 간주하고 안산철강공사에는 그 출자액에 상응하는 주식이 부여되었다. 그 위에서 자본을 증자하고 증자 분의 주식을 일반 투자가들에게 팔았던 것이다. 이후 2006년에 안산철강공사로부터 주식회사에 대한 증자가 행해지는 것과 함께 제철 및 제강, 열간압연, 심레스파이프, 아연도금강판 등의 공장이 이관되고, 종업원은 그때까지의 6,000명에서 단번에 3만 2,000명이 되었다. 이후에도 코크스 제조 및 철도수송, 에너지 공급 등의 부문도 모회사인 안산철강공사로부터 이관되었는데, 종업원 수는 2019년 말의 시점에 있어서도 3만 명 미만에 머물렀다 (鞍鋼股份有限公司, 2020). 2010년에 국무원이 안산철강공사(http://www. ansteel. cn, 검색일자: 2020.12.11)와 이 책의 제2장 제5절에서 논했던 '삼선 건설'의 중심적 프로젝트였던 쓰촨성의 판즈화강철공사(攀枝花鋼鐵公司)를 서로 통합시키고 양자의 위에 안강그룹공사(鞍鋼集團公司)라는 지주회사를 두었다. 이후 전체의 본사 기능을 이 지

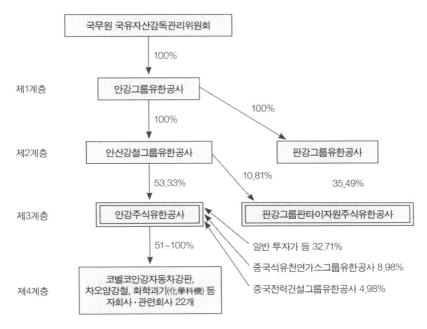

〈그림 6-2〉 안강그룹의 구조

※ 설명: 화살표는 출자 관계, 숫자는 출자 비율을 나타낸다. 이중선은 주식 상장기업을 나타낸다.
※ 자료: 鞍鋼股份有限公司(2020); 안강그룹의 웹사이트(www.ansteel.cn)(검색일자: 2020.12.11.).

주회사 쪽으로 이동시킨 결과, 2020년 시점에서는 〈그림 6-2〉에서 묘사되고 있는 것처럼 4개의 계층으로 구성되는 구조가 되고 있다. 우선 가장 위의 상층에는 국가가 100% 소유하는 안강그룹유한공사가 있다. 여기에는 경영 기획, 인사, 재무 등의 본사 기능이 두어지고 있는 것 외에, 철광산도 여기에 속해 있다. 그 아래의 두 번째 계층에는 안산철강그룹과 판강그룹(攀鋼集團)이 하고 있는데, 전자는 페이퍼 컴퍼니이며 제철소로서의 기능은 세 번째 계층의 주식회사(鞍鋼股份有限公司)로 이동되었다. 주식회사인 안강주식(鞍鋼股份)은 또한 고베제철소(神戸製鐵所)와의 합자기업 등 22개의 자회사 및 관련 회사를 보유하고 있다. 한편 판강그룹 쪽은 두 번째 계층의 쪽에 제철소로서의 기능이 남아 있으며 티탄과 바나듐 등의 자원개발을

〈표 6-1〉 안강그룹의 수입과 이윤의 구조(2019년)

	종업원 수(명)	영업수입(억 위안)	이윤(억 위안)	자산(억 위안)
안강그룹유한회사	126,909	2,171	-14.4	3,296
안강주식(鞍鋼股份)	33,750	1,056 132	17.9 14.2	878 130
판강주식(攀鋼股份)	3,376	983	-46.5	2,288
기타	89,783			

※ 설명: 안강주식, 판강주식에는 각각의 자회사, 관련 회사가 포함되어 있다.
※ 자료: 각 주식회사의 연보(年報),《포춘(Fortune)》의 정보.

담당하는 부분만을 떼어내어 주식회사로 삼고 상장을 했다.

위에서 논한 바와 같이, 안강그룹은 현상에서는 안산의 제철소를 주식회사화한 안강주식, 판즈화의 광산자원을 주식회사화한 판강주식(攀鋼股份), 그리고 첫 번째 계층과 두 번째 계층에 남아 있는 그 밖의 부분이라는 3가지로 나뉘어져 있다. 〈표 6-1〉은 그 주식회사 2개 사의 연보와《포춘》의 정보로부터 나머지 부분의 상황을 산출한 것이다. 이로부터 채산이 맞는 부문이 주식회사로 옮겨지고, '그 이외'의 부분에 채산이 맞지 않는 부문이 남겨져 있다는 것을 알 수 있다. 후자에는 종업원과 자산의 70%가 남아 있는데, 영업수입은 그룹 전체의 절반에 미치지 못하고 있으며 이윤도 마이너스이다. 다시 〈그림 6-2〉를 살펴보면, 경영이 일체화되고 있으며 거의 명칭도 변하지 않고 기업이 모회사와 자회사로서 삼층이나 나뉘었고, 불투명하고 불합리하다고 말하지 않을 수 없다. 안강그룹이 많은 채산이 맞지 않는 부문을 갖고 있고 그것을 간단하게는 해소할 수 없는 가운데, 주식회사화에 의해 외부의 투자를 받아들여 기업 개혁을 추진하고자 했다는 사정은 이해할 수 있지만, 〈그림 6-2〉의 첫 번째 계층부터 세 번째 계층까지는 조속히 하나의 계층으로 통합해야 할 것이다.

▍ 중앙기업의 개혁: Sinopec과 CITIC

중국 최대의 기업인 중국석화그룹공사(中國石化集團公司, Sinopec)도 안강그룹과 마

<표 6-2> 중국석유화학그룹의 수입과 이윤의 구조(2019년)

	종업원 수(명)	영업수입 (억 위안)	이윤 (억 위안)	자산 (억 위안)
중국석유화공그룹유한회사	582,648	30,034	1,009	22,117
중국석화주식(中國石化股份)	402,206	29,662	900	17,551
기타	180,442	372	109	4,566

※ 자료: 중국석유화공그룹유한회사, 중국석화주식의 연보(年報),《포춘(Fortune)》의 정보.

찬가지로 국가가 100% 보유하고 있는 모회사와, 그것이 68.77%의 주식을 보유하고 있는 자회사로 분할되어 있으며, 후자는 홍콩 및 상하이에 주식을 상장하고 있는 구조가 되어 있다. 2006년에는 주식회사의 이익에 의해 모회사를 부양하는 구조였지만(今井健一, 2009: 229~232), 2019년에는 종업원의 70%, 자산의 80%가 주식회사 쪽으로 이동되었다(〈표 6-2〉 참조). 그룹 전체에서 퇴직자가 46만 명이 있는데, 그중에 25만 명의 비용도 주식회사가 부담하고 있다. '그 이외'에 전체 중에 30%의 종업원이 있음에도 영업수입은 전체의 겨우 1%에 불과한 것 등 왜곡된 구조라는 것은 부정할 수 없지만, 그룹 전체로서 커다란 이윤을 올리고 있다는 것으로부터 볼 때 이제는 그룹 전체를 주식회사로 이동시키는 것도 가능한 상황이라고 말할 수 있다.

중앙정부(국무원)의 국유자산감독관리위원회가 관리하는 국유기업, 즉 '중앙기업' 중에서 회사제도의 도입을 향해 가장 대담한 변화를 실현했던 것이 중신그룹(中信集團, CITIC)이다. 원래 1979년에 최고실력자였던 덩샤오핑이 '붉은 자본가'라고 불렸던 룽이런(榮毅仁)을 향해 개혁개방을 위해 '발 벗고 나서달라'고 말했던 것이 계기가 되어 중신그룹이 설립되었다. 외자도입의 중개를 하는 신탁투자회사로서 시작했지만 이후 은행, 신탁투자, 증권, 광산자원 개발, 제조업(제철, 자동차 부품, 대형 기계 등), 건설, 부동산 등으로 전개하는 다각적인 거대기업(conglomerate)으로 성장했다.

이러한 중신그룹도 역시 사업의 일부만을 떼어내서 주식회사로 삼고 국내외의 주식시장에 상장해 왔다. 광산자원 개발, 제철 등의 사업을 떼어내서 중신타이푸(中

信泰富, CITIC Pacific)를 설립하고 홍콩에 상장했던 것 외에 은행, 증권 등의 사업을 주식회사로서 상장해 왔다. 중신타이푸 이외의 사업은 중신그룹의 100% 자회사인 중신주식(中信股份)이 총괄했다. 하지만 2014년에 개혁을 통해 이러한 이중구조를 거의 해소했다. 즉 중신타이푸가 4조 엔에 가까운 증자를 하고 그것을 중신그룹과 일반 투자가들이 인수하여, 그 자금에 의해 중신주식을 흡수하여 합병하고 기업 명칭을 중신주식으로 고쳤던 것이다. 이리하여 중신그룹의 자산 중에 98%, 종업원의 95%가 홍콩에 상장한 기업인 중신주식 아래로 옮겨졌다. 그 이듬해 2015년에는 태국의 거대기업인 CP그룹(Charoen Pokphand Group)과 일본의 종합상사인 이토추(伊藤忠)가 중신주식에 자본 참가를 했다. 그 결과, 중신주식의 주주 구성은 중앙기업인 중신그룹이 58.13%를 보유하고, CP그룹과 이토추가 각각 10%, 일반 투자가가 21.87%를 보유하고 있다(CITIC Group, 2017).

국유기업의 다수가 안강그룹처럼 사업의 일부만을 떼어내서 주식회사화하고 그것을 상장하는 패턴을 취하고 있는데, 그렇게 되면 주식회사가 올린 이익을 모회사 쪽에 흡수당해 주식회사의 경영이 악화되거나 거꾸로 주식회사가 모회사에 불량채권 또는 잉여 인원을 억지로 떠맡기며 겉으로 보기에만 좋은 실적을 만들어낼 우려가 있다. 전자의 경우에는 국가의 이익이 증대하는 한편 일반 주주들이 손실을 입고, 후자의 경우에는 일반 주주들이 이익을 얻지만 국가의 이익이 손실을 입을 가능성이 높다. 그러한 문제를 극복하기 위해서는 국유기업의 사업 전체를 주식회사화할 때 '전체 상장'을 해야 한다는 논의가 2000년대부터 이루어져 왔다(黃淸, 2004). 중신그룹이 아직 형식적으로는 모회사(중신그룹)를 존속시키고 있다고는 하더라도, 거의 '전체 상장'을 실현하고 있으며 또한 주식회사에는 외자 및 일반 투자가들도 출자하고 있고 뒤에서 논하는 '혼합소유제'도 실현하고 있다. 그러한 의미에서 중신그룹은 국유기업 개혁의 선두를 달리고 있다.

대형 국유기업에 회사제도를 도입할 경우 대부분의 사례에서는 국가가 아직 과반의 주식을 소유하고 지배하고 있기에, 주식회사화란 결국 국가의 경제에 대한 영향력을 확대하는 것이 목적이라는 견해가 있다(中屋信彦, 2009). 한편으로 만약 국유기업의 일부를 떼어내어 주식회사화하는 것만으로도 정부에 대한 경영의 자립성을 강화하는 효과가 있다는 견해도 있다(今井健一, 2008). 일반적으로 회사의 주식을 주식시장에 상장하면, 일반 투자가들을 향해 사업 내용 및 그 현황을 연보 등의 형태로 정기적으로 보고할 필요가 생긴다. 중신주식 등 주식을 상장한 국유기업의 연보를 살펴보면, 그중에 경영진은 당연한 일이지만 회사의 이익 증대와 기업 가치의 최대화를 향해 노력하고 있다는 것을 호소하고 있으며 국익을 위해 행동하고 있다고는 적혀져 있지 않다. 물론 주식회사의 경영 상황을 좋게 하는 것은 최대 주주인 국가의 이익에 따르는 것이기도 하지만 주식회사가 되어 일반 투자가들로부터 출자를 받고 있는 이상, 경영진이 회사의 이익보다 국익을 우월하도록 하는 경영을 할 수 없다. 역시 국유기업을 부분적으로라도 주식회사화하면서 정부에 대한 경영의 자립성이 강화되는 효과는 있으며, '전체 상장'이 이루어지게 된다면 더욱 효과가 높아질 것이다.

또 한 가지 지적해두고자 하는 것은 주식회사화가 되면서 국유기업의 경영정보의 공개성이 강화된 점이다. 일반적으로 중국의 국유기업은 경영 업적의 자료를 공개하는 것에 대단히 소극적이다. 그것을 감독하는 입장에 있는 국유자산감독관리위원회도 매우 한정된 통계 자료밖에는 발표하지 않고 있다. 국유기업은 국민의 재산을 떠맡아서 경영하고 있음에도 불구하고 외부에 대한 경영의 투명성이 낮다. 〈표 6-1〉에서 안강그룹의 '그 이외'의 부분이 큰 적자를 내고 있다는 것을 제시했는데 이것도 한정된 자료로부터 추정한 것에 불과하며, 왜 적자가 되고 있는지를 분석할 수 있는 정보는 공표되지 않고 있다. 한편 상장 주식회사가 된다면 재무 및 업적에 관한 상세한 자료를 주주에게 정기적으로 보고하게 되며 그것은 외부로부터도 열람할 수 있다. 중신그룹처럼 국유기업의 '전체 상장'이 실현된다면, 이제까지 불투명했던 국유기업의 경영 실태를 국민이 파악할 수 있게 되어 경영진에 의한 부정 또는 배임 행위가 행해지지 않고 있는지를 감시하는 것에 도움이 될 것이다.

3. 지방 국유기업의 재편과 민영화

앞 절에서는 중앙의 국무원 직속의 국유기업('중앙기업')의 개혁에 대해서 논했는데, 여기에서는 지방정부에 소속되어 있는 국유기업의 개혁에 대해서 살펴보도록 하겠다. 중국은 지방분권의 역사가 길며, 지방정부가 다수의 국유기업을 설립해 왔다(제2장, 제4장 참조). 2000년의 시점에서 당시 19만 개가 있었던 국유기업 중에 92%가 성, 시, 현 등의 지방정부가 관리하는 국유기업('지방 국유기업')이었다. 또한 중국에는 '지방정부의 소유'라는 개념이 없으며 지방정부는 국가기관의 일부로서 국유기업을 관리한다는 원칙이 있기에 '성유기업(省有企業)', '시유기업(市有企業)'이라고는 불리지 않으며 '성이 관리하는 국유기업', '시가 관리하는 국유기업'이라고 일컬어진다.

다만 2001년까지 중앙기업이 납부한 기업소득세(또는 상납 이윤)는 중앙정부의 재정수입이 되었고, 지방 국유기업이 납부한 기업소득세(또는 상납 이윤)는 지방정부의 재정수입이 되었으므로 사실상 각각 기업을 소유하고 있는 것처럼 취급되었다 (Granick, 1990). 하지만 2002년에는 국유기업이 납부한 기업소득세가 중앙기업인지 아니면 지방 국유기업인지 여부를 불문하고 중앙과 지방 간에 5:5(2003년부터는 6:4)의 비율로 나뉘게 되었다(孫勇, 2002). 이 개혁으로 지방 국유기업은 사실상 지방정부의 소유물이라는 감각이 다소 옅어지게 된 것처럼 보인다.

그런데 지방 국유기업은 지방정부의 투자에 의해 설립된 것이므로 일반적으로 소규모이다. 1995년 시점에서 광공업의 중앙기업 중에 대형과 중형의 것이 92%를 차지했는데, 지방 국유기업의 경우에는 33%였으며, 소형의 것이 67%를 차지했다.[6]

---

6 2017년에 정해진 광공업 기업의 규모를 구분하는 기준은 △종업원 수가 1,000명 이상이며 또한 영업수입이 4억 위안 이상의 것이 대형 기업, △종업원 수가 300명 이하이며 또한 영업수입이 2,000만 위안 이상의 것이 중형 기업, △종업원 수가 20명 이상이며 또한 영업수입이 300만 위안 이상인 것이 소형 기업, △그것(소형 기업_옮긴이)보다 작은 것이 미형기업(微型企業)으로 간주되며 두 가지 조건 중에 어느 한 가지를 만족시키지 못할 경우에는 한 단계 아래의 순위가 된다. 1995년의 시점에서는

중형·소형의 국유기업은 1995년 이후 전체적으로 적자에 빠졌지만(今井健一·渡邊眞理子, 2006: 47), 그중에서도 소형의 지방 국유기업은 어려운 상황에 있었다. 이러한 것은 일본의 중소기업과는 달리, 부품 공급자로서 대기업과 분업을 하지 않으며 대기업과 동일한 제품 또는 서비스를 놓고 경합하는 일이 많았기 때문이다.

지방 국유기업은 지방정부에게 부담이 되어 왔다. 이 사태에 따라, 1995년에 중국공산당은 '큰 것은 잡고, 작은 것은 놓는다(抓大放小)', 즉 대형 국유기업에 대한 국가의 지배는 완화하지 않지만, 소형 국유기업에 관해서는 자유롭게 한다는 방침을 결정했다. 그 이후 지방정부가 관리 하에 두고 있는 국유기업의 민영화가 공인되었다.

국유기업의 민영화가 아직 금기시되었던 1991년에 전국에서 선구적으로 비밀리에 민영화를 시작한 곳이 쓰촨성 이빈시 이빈현이다(丸川知雄, 2000). 이빈현 현정부는 당시 66개의 소형 국유기업을 산하에 갖고 있었는데, 1989년 이후 경영이 모두 악화되었다. 1991년에는 그 적자액이 현정부의 재정수입을 상회하는 데까지 확대되었기에, 현정부는 어쩔 수 없이 기업을 민영화했다. 민영화의 방법으로서 가장 많이 채택되었던 것은 기업의 가치를 대폭 할인한 뒤에 종업원에게 소액으로 반복해서 출자게 하여 매수하는 방법이었다. 기업에 남고자 하는 종업원은 반드시 출자해야 했다. 기업을 할인 가격으로 종업원에 파는 것은 종업원에 대한 보상금이라고 설명되었다. 즉 민영화에 의해 국유기업의 종업원이라는 보장받는 신분을 상실한 것에 대한 보상금이라는 의미이다.

종업원이 전원 소액으로 반복해서 출자하는 방법을 취했던 것은 기업의 민영화에 대해서 '사회주의를 후퇴시키고 있다'는 비판을 받게 될 경우에 "이것은 국유기업의 민영화가 아니라 '주식합작제(株式合作制) 기업'으로의 개조이다"라고 변명을 할 수

기업의 고정자산액 또는 생산능력을 기준으로 하여 구분되었지만, 종업원 수로부터 보면 2017년의 기준과 거의 동등한 규모감(規模感)이었다.

있도록 하기 위해서였다. 그런데 '주식합작제 기업'이란 1980년대에 집단소유제 기업의 일종으로서 탄생한 기업 형태이며, 기업의 자본이 집단소유의 부분과 개인이 조금씩 출자한 부분의 양방으로 구성되어 있는 것이다. 결국 이빈현은 '사회주의를 무시하고 있다'는 비판을 받는 일이 없이, 감독 아래에 있었던 66개의 국유기업을 1996년까지 모두 종업원 또는 다른 기업에의 매각 등에 의해 민영화했다.

이빈현이 금기를 범하는 리스크를 안고 시작했던 중소 국유기업을 종업원에게 매각했던 경험은 마찬가지로 지방 국유기업의 부담으로 고통을 겪고 있었던 쓰촨성의 다른 현에도 전해졌다. 중소 국유기업에서의 민영화 수법은 마찬가지로 지방정부가 관리하는 중소 국유기업인 집단소유제 기업에도 응용되었다.

또한 1997년의 중국공산당 제15차 당대회의 결의 중에서 '국유경제의 전략적 조정', 즉 국유기업을 전략적인 부분에 집중해 나아간다는 방침이 천명되는 것과 함께, '비공유경제(非公有經濟. 즉 민간기업)'가 그때까지의 '공유제 경제의 보충'이라는 자리매김으로부터 '사회주의 시장경제의 중요한 구성요소'로 격상되었다. 미묘한 표현의 변경인 것처럼 보이지만, 그 이후 정책에서의 민간기업에 대한 차별이 상당히 철폐되었으며 지방 국유기업의 민영화에 대한 저항감도 옅어진다. 이것을 계기로 하여 지방 국유기업을 민영화하는 움직임이 전국으로 확대되고, 그 수법도 종업원 전체가 소유하는 기업으로 한다는 사회주의 색채를 남기는 방식에서 경영자 개인 또는 외부의 기업가에게 일괄하여 매각한다는 더욱 자본주의적인 방식이 많아지게 되었다.

농촌의 향, 진, 촌 등의 행정기관이 경영하는 향진기업의 민영화는 그것보다 한 걸음 먼저 1990년대 중반에 추진되었다. 장쑤성 남부에서는 1980년대에 진, 촌이 경영하는 향진기업이 발전하여 '쑤난(蘇南) 모델'이라고 칭송을 받는 시기도 있었는데, 1990년대에 들어서자 진, 촌의 행정 간부들이 기업을 경영하는 것의 한계가 나타나게 되었다. 제임스 쿵(James Kung)이 1995년에 장쑤성 우시시 우시현에서 16개의 촌을 조사한 결과, 그중에 12개의 촌에서는 촌영기업(村營企業)의 다수를 경영자 개인에게 매각하여 민영화했다(Kung, 1999). 기업을 매각하기 전에는 우선 진정부로부터 순자산액을 평가받는다. 경영자는 그 금액을 1~3년에 걸쳐서 촌에 지불하는데, 개인의 저금만으로 매입할 수 없는 경우에는 매입 자금을 금융기관으로부터 빌리거나 매입되는 기업의 장래 이익으로부터 변제하는 것이 인정되는 일도 있다. 민영화된 이후에도 기업이 이용하고 있는 토지는 계속해서 촌의 자산이므로, 기업은 촌에 지대와 관리비를 지불하게 되며, 촌이 촌영기업으로부터 이윤의 상납을 받았던 민영화 이전보다도 오히려 촌에 납입되는 액수가 늘어나는 사례도 있었다고 한다.

위에서 논한 바와 같이, 향진기업 또는 지방 국유기업의 민영화의 진전에는 지역 차도 크며, 중국 전체에서 어떻게 되고 있는지에 대해서는 불명확한 점이 많다. 국유기업의 수가 1995년에는 25만 개였던 것이 2008년에는 11만 개로까지 감소했던 것은 민영화의 진전에 의한 것일 지도 모른다(今井健一, 2009: 224). 하지만 이후 국유기업의 수는 증가하는 방향으로 전환되어 2018년에는 20만 3,000개 남짓이 되었다. 국가의 경제활동에 대한 관여가 2008년까지는 약해졌던 것처럼 보이지만, 이후에는 강해졌던 것처럼 보인다.

4. 국유기업을 관리하는 제도

▌ 신구(新舊)가 혼재되어 있었던 기업제도

여기에서 다시 중국 기업의 전체상을 2004년, 2008년, 2018년에 행해진 '경제조사'에 의해 조감해보도록 하겠다(〈표 6-3〉 참조). 중국의 기업은 크게 나누면 1993년에 제정된 회사법에 입각해 설립된 유한회사와 주식회사, 그리고 그 이외의 법률에 기초하여 설립된 비(非)회사법 기업 등이 있다. 후자는 예를 들어 국유기업은 '전인민소유제 공업기업법(全人民所有制工業企業法)'(1988년 제정, 2009년 개정), 집단소유제 기업은 '성진집체소유제기업조례(城鎭集體所有制企業條例)'(1991년 제정, 2011년 개정), 사영기업은 '사영기업잠정조례(私營企業暫定條例)'(1988년 제정, 2018년 폐지) 등의 과거

〈표 6-3〉 기업의 형태별 내역

	2004년 경제조사		2008년 경제조사		2018년 경제조사	
	기업 수	종업원 수 (만 명)	기업 수	종업원 수 (만 명)	기업 수	종업원 수 (만 명)
비(非)회사법 기업	1,660,109	8,511	2,240,732	9,714	1,986,111	4,468
전인민소유제기업(국유기업)	178,751	2,409	142,937	2,202	71,790	581
집단소유제 기업	342,569	1,515	192,248	905	98,337	257
주식합작제 기업	107,021	379	63,957	264	25,056	45
연영기업(連營企業)	16,499	86	11,226	59	6,597	10
사영기업	811,054	1,748	1,531,827	3,053	1,565,674	1,077
기타 내자기업(內資企業)	54,662	106	118,974	237	683	3
외자계 기업	149,553	2,267	179,563	2,994	217,975	2,494
합자기업	54,099	812	54,529	940	51,757	718
합작기업	10,388	154	7,970	117	3,852	44
외자기업	85,066	1,301	117,064	1,937	155,201	1,690
기타 외자계 기업	—	—	—	—	7,165	42
회사법 기업	1,589,233	8,182	2,718,939	12,175	16,582,506	25,360
유한회사	1,454,312	6,806	2,505,732	10,178	16,209,082	23,246
국가단독출자회사	9,725	489	10,648	458	57,544	1,006
사영유한회사	1,099,228	3,304	1,954,499	5,686	13,875,479	15,457
타 유한회사	345,359	3,013	540,585	4,034	2,276,059	6,783
주식회사	134,921	1,376	213,207	1,997	373,424	2,114
사영주식회사	71,826	253	110,097	411	172,472	523
외자계 주식회사	2,230	64	5,784	119	4,018	90
기타 주식회사	60,865	1,059	97,326	1,467	196,934	1,501
자영업	39,316,016	9,422	28,736,900	8,195	62,958,721	14,931

※ 설명: 경제조사는 2013년에도 행해졌는데, 다른 3회와 동일한 기준으로 표를 작성할 수 없기 때문에 여기에서는 다루지 않고 있다.

※ 자료: 國家統計局 編, 『中國經濟普查年鑑2004』; 國務院第2次全國經濟普查領導小組辦公室 編, 『中國經濟普查年鑑2008』(中國統計出版社, 2011); 國務院第4次全國經濟普查領導小組辦公室 編, 『中國經濟普查年鑑2018』(中國統計出版社, 2020).

법률에 기초해서 설립된 기업이다. 회사법이 제정되었던 1993년에는 결국 모든 기업이 이 법률이 정하고 있는 회사 형태로 이행될 것으로 여겨졌지만, 그때로부터 25년이 지난 2018년이 되어서도 국유기업에만 7만 개 이상이 기존의 형태 그대로 이다. 회사 형태로 이행하면, 국유기업이 그때까지 국유지를 무상으로 점유했던 것을 유상으로 토지사용권을 매입하지 않으면 안 되고, 점유하고 있는 토지와 건물의 권리관계가 불명확해지는 등의 사정도 있기에 이행을 늦추는 기업이 적지 않았다 (王璐, 2020).

특히 〈그림 6-2〉의 내용과 관련하여 말하자면, 첫 번째 계층에 위치하고 있는 국유기업은 주식을 상장하여 외부의 자금을 모으고자 하는 동기를 갖고 있지 않기 때문에, 기존 국유기업의 형태에 머물러 있는 것이 많았다. 2016년 말 시점에서 당시 101개가 있었던 중앙기업 중에 69개까지가 기존 형태의 국유기업이었다(任騰飛, 2017). 다만 이후 중앙기업의 첫 번째 계층을 국가가 단독 출자 혹은 과반수 출자하는 유한회사로 전환하는 개혁이 추진되었으며, 2017년 말까지 모두 회사 형태로 이행되었다. 〈그림 6-2〉에서 제시된 안강그룹도 2017년에 국유기업의 안강그룹공사로부터 국가가 100% 소유하는 유한회사인 안강그룹유한공사로 전환되었다. 2020년 11월의 시점에서는 기존 국유기업의 형태에 머물러 있는 것은 약 8,000개였으며, 이러한 것도 가까운 시일 내에 회사 형태로 전환될 것으로 전망된다(王璐, 2020).

외자계 기업에 관해서는 1979년에 '외자'와의 합자기업에 대해서 규정한 '중외합자경영기업법(中外合資經營企業法)'이 실시되는 등, 다른 기업 형태에 선행하여 법체계가 정비되었기 때문에, 그러한 것에 기초하여 '합자기업(=외자 측과 중국 측이 공동출자하여 만든 기업)', '합작기업(=외자 측과 중국 측의 협력 관계가 계약에 의해 정해져 있는 기업)', '외자기업(=외자 측의 단독 출자에 의해 설립된 기업)'의 3가지 종류의 기업이 수많이 탄생했다. 회사법이 제정된 이후에도 외자계 기업에 대해서는 기존의 법률에 기초한 기업 형태가 인정되어 왔다. 하지만 2020년에 '외상투자법(外商投資法)'이 시행되어 3가지 종류의 외자계 기업에 대해서 정해졌던 법률이 폐지되었기 때문에, 외자계 기업도 회사법 또는 파트너십 기업법 등 다른 법률에서 정해져 있는 기업 형태로 이행하게 되었다.

전체적으로 보면, 비회사법 기업이 기업 전체에서 차지하는 비중은 2004년에는 51%, 2008년에는 45%였던 것이 2018년에는 11%로 내려갔다. 국유기업과 외자계 기업에 대해서는 2020년 이후 모두 회사 형태로 이행될 것으로 전망되었기에, 신구의 기업제도가 혼재되어 있는 긴 과도기는 머지않아 끝나게 될 것으로 보인다.

▍ 국유기업의 관리체제에서의 모순과 변혁

2018년 시점에서 중국에는 국유기업(기존 형태의 국유기업과 회사법에 기초한 국가 '단독 출자' 회사 및 국가가 지배주주인 주식회사와 유한회사)이 20만 3,017개 있었다. 이 방대한 수의 기업을 국가라는 단일한 주체가 소유하고 지배하고 있다는 것이 표면상의 원칙인데 전지전능한 신이 아닌 이상, 단일한 주체가 20만 개 이상의 국유기업에 대해 두루 살핀다는 것은 애당초 무리한 이야기다. 실제로는 중앙정부뿐만 아니라 전국에 △31개가 있는 성, 시(직할시_옮긴이), 자치구, △333개가 있는 지급 행정체(시, 지구), △2,844개가 있는 현급 행정체(현, 시, 구)의 각각이 '국가'를 대표하여 국유기업의 관리를 맡고 있다.

계획경제 시기에는 중앙 및 지방의 정부에 업종별로 부처가 설치되었다. 예를 들면, 중앙정부에는 철강업을 관할하는 야금공업부, 기계산업을 관할하는 제1기계공업부, 전자산업을 관할하는 제4기계공업부 등으로 세세하게 나뉘어져 있었으며, 각각이 산하에 국유기업을 따르는 구조가 되었다. 마찬가지로 지방정부에도 산업별로 부처가 설치되어 각 업종의 국유기업을 관리했다.

그러나 시장경제화가 추진되자, 이러한 관리체제의 모순이 명백해졌다. 국유기업 개혁에 의해 기업이 무엇을 생산할지에 대해 자주권을 부여받았으며, 이익을 올리지 못하면 기업이 존속할 수 없게 되었기에 돈을 벌 수 있는 제품으로 전환하고자 했다. 그 결과, 병기 제조사가 오토바이를 만들거나 군용 전자기기 제조사가 TV를 만드는 일이 시작된다.

한편 산업별로 나눠진 부처에게 관할 하에 있는 기업은 세수 등 이권의 원천으로 다른 부처에 속한 기업이 자신이 관할하는 산업에 진입하여 시장의 비중을 빼앗게 되면 곤란해진다. 때문에 각 부처는 관할 하의 기업과 결탁한 이익단체처럼 되어 자신의 관할 하에 있는 기업을 우대하고 다른 기업을 배제하는 정책을 취하게 된다.

이러한 모순을 타개하기 위해 1998년부터 수년 동안에 중앙정부의 산업별 부처가 모두 일소되었다. 2008년 이후에는 산업별 부처가 담당했던 기능은 공업·정보화부 (工業和信息化部)에 통합되었으며, 또한 일부는 업계단체로서 독립했다. 또한 중국선박 그룹유한공사, 중국석유화공그룹공사 등은 원래 행정기관이었던 것이 산하의 국유기 업과 통합되어 기업 그룹으로서 재출발했다. 중국연초총공사(中國煙草總公司)도 전국의 담배 제조사를 통합한 기업그룹이 되었는데, 동시에 잎담배 농업 또는 담배의 판매· 유통을 관리하는 행정기관인 국가연초전매국(國家煙草專賣局)이기도 하다는 두 개의 간판을 내걸고 있는 조직이 되었다(丸川知雄 外, 2021).

지방정부에 있어서도 산업별 부처가 폐지되고 국유기업의 정리와 재편이 행해 졌다. 장쑤성 쑤저우시의 사례를 살펴보도록 하겠다(이하의 내용은 2015년 3월에 쑤저우 시 국유자산감독관리위원회, 촹위안투자그룹유한공사(創元投資集團有限公司) 등에서 했던 인터뷰 조사 내용을 토대로 한 것이다). 쑤저우시는 지구급 행정체인데, 그 경제 규모는 산시성 또는 헤이룽장성을 상회하고 있다. 과거에 쑤저우시 아래에는 철강 제조사 및 TV 제조사 등 500개 이상의 국유기업 및 쑤저우시 시정부와 외국 기업 간의 합자에 의한 제조업 기업들이 있었으며, 그러한 것을 10개의 공업관리 관련 부처 와 4개의 국유기업 그룹을 통해서 관리했다. 1995년에 공업관리 관련 부처를 지주회사로 전환시킨 이후, 국유기업의 매각 또는 민영화를 추진하는 것과 함께 중심 시가지에서 교외의 공업단지로 기업을 이전하는 것을 추진했다. 공업관리 관련 부처가 전환하여 만들어진 지주회사는 2008년에는 촹위안투자발전그룹유한 공사(촹위안그룹)라는 1개 기업으로 집약되었으며, 2015년 현재 이것이 91개의 자회사 및 관련 회사에 출자하고 있다. 그 성립의 경위로부터 촹위안그룹은 잡다한 산업을 커버하고 있는데, 출자 및 철수를 통해서 자동차·부품, 에너지 절약 환경보 호 기기, 송전·변전 등의 3가지 분야에 집약해 나아가는 방침이다. 촹위안그룹은 싱가포르의 국가자본을 국내외의 기업에 투자하는 투자회사 '테마섹(Temasek)'을 상기시킨다. 사실 촹위안그룹은 다수의 직원을 '테마섹'에 파견하여 그 운영 방법을 학습해 왔다.

쑤저우시에 이리하여 500개 이상의 제조업 기업 등을 보유한 상태를 크게 전환시켰으며, 제조업에 관해서는 투자회사 1개를 갖고 있을 뿐이 되었다. 시정부는 이 밖에 구시가의 보전과 관광, 도시개발, 금융, 원림(園林)의 운영, 상하수도, 교통 투자, 농업 발전, 저소득자를 향한 주택, 철도를 담당하는 국유기업 9개를 보유하고 있다. 쑤저우시는 경쟁적인 산업에서는 거의 철수했으며, 정부의 역할은 공공재를 제공하는 것에 한정하고 직접 관리하는 국유기업은 겨우 10개뿐이었다. 다만 쑤저우시 시정부처럼 명확한 방향성을 갖고 정부의 역할을 전환시킨 사례는 꼭 많지는 않은 것으로 여겨진다. 특히 중앙정부 수준에서는 경쟁적인 산업으로부터의 철수와는 거리가 먼 것이 현재 상황이며, 개혁의 방향성도 애매하다.

▎ 국가자본의 소유권을 행사하는 것은 누구인가

1980년대의 국유기업 개혁에서는 '소유권과 경영권의 분리'라는 것이 과제였지만, 회사제도의 도입에 의해 '경영권'에 대해서는 소유자의 대표가 선임하는 이사회가 갖는다는 것으로 일단 마무리를 보았다. 문제는 오히려 국가가 국유기업에 대해서 갖는 '소유권'을 실제로는 누가 행사하는 것인지가 불명확하다는 점에 있다. 지방정부에 있어서는 시정부의 아래에 국유자산감독관리위원회가 설치되고 해당 위원회에 소유권을 행사하는 역할이 집중되어 있다. 예를 들면, 쑤저우시에서는 쑤저우시 국유자산감독관리위원회가 10개의 국유기업의 경영 지표를 감독하고 납세 이후 이익의 20% 전후를 쑤저우시의 재정에 상납케 하여 그것을 사회보장 등에 사용하고 있다.

중앙정부 아래에도 2003년에 국무원 국유자산감독관리위원회(국자위)가 설치되어 중앙기업의 관리를 맡게 되었다. 하지만 국자위는 중앙기업에 대한 국가자본의 소유자로서의 권한을 전체적으로 갖고 있는 것은 아니다. 실제로는 소유자로서의 권한은 공산당 및 국무원 각 부에 분산되어 있는 것이 현재 상황이다. 〈표 6-4〉는 중앙정부에 소속되어 있는 기업에 대해서 정부의 어떤 부처가 어떠한 관리 권한을 행사하고 있는지를 정리하여 제시하고 있다.

〈표 6-4〉 중앙기업의 관리관청

	출자자 기능	수장(top) 인사	2인자 인사	재무	인사
실업계 중앙기업(106개 사) 중국핵공업그룹공사, 중국이동통신그룹공사, 중국제일자동차그룹공사, 중국석유화공그룹공사, 안강그룹공사 등 51개 사	국자위	당 중앙정치국	국자위 당위	재정부	인사부
중국화공그룹공사(中國化工集團公司), 중국중차집단공사(中國中車集團公司), 전신과학기술연구원(電信科學技術研究院) 등 55개 사	국자위	국자위 당위	국자위 당위	재정부	인사부
금융계 중앙기업(27개 사) 국가개발은행(國家開發銀行), 중국공상은행(中國工商銀行) 등 15개 사	재정부	당 중앙정치국	당 중앙조직부	재정부	인사부
중국신다자산관리공사(中國信達資産管理公司), 중국화롱(華融)자산관리공사 등 12개 사	재정부	은감회 당위/ 증감회 당위	은감회 당위/ 증감회 당위	재정부	인사부
문화계 중앙기업(2개 사) 중국출판그룹공사(中國出版集團公司)	재정부	당 중앙정치국	문화부 당위	재정부	인사부
중국대외문화그룹공사	재정부	문화부 당위	문화부 당위	재정부	인사부
행정계 중앙기업(3개 사) 중국철로총공사(中國鐵路總公司)	재정부	당 중앙정치국	당 중앙정치국	재정부	인사부
중국연초총공사(中國煙草總公司)	재정부	당 중앙정치국	당 중앙조직부	재정부	인사부
중앙우정그룹공사(中央郵政集團公司)	재정부	당 중앙정치국	당 중앙조직부	재정부	인사부
중앙 각 부 기업(약 6000개 사)	각 부	각 부 당위	각 부 당위	각 부	각 부

※ 설명: 1. 국자위: 국무원 국유자산감독관리위원회, 당위: 당 위원회, 은감회: 은행보험감독관리위원회, 증감회: 증권감독관리위원회, 인사부: 인력자원·사회보장부(人力資源和社會保障部)
2. 〈그림 6-2〉의 안강그룹의 사례에서 살펴본 것처럼, 개별 중앙기업 아래에 방대한 수의 자회사·손회사(孫會社)가 있기에 그러한 것을 포함하면 2018년 시점에서 중앙기업은 약 4.4만 개, 중앙 각 부의 기업은 1.8만 개가 있었다.
※ 자료: 澎湃新聞(2016)에 토대하여 저자가 작성함.

중앙정부에 소속되어 있는 기업은 크게 나누어서 기업의 재무 및 인사에 관한 지표를 담당하는 부처(재정부와 인력자원·사회보장부)에 직접 보고하는 기업과, 그러한 지표를 소속되어 있는 부처를 통해서 보고하고 있는 기업이 있다. 전자는 '중앙기업'이고, 후자는 각 부처에 소속되어 있는 '중앙 각 부 기업'으로 일컬어지며, 일반적으로 전자 쪽이 대규모이다. 전자 중에서 국자위가 출자자로서의 입장에서 경영 상황을 감독하고 있는 것은 〈표 6-4〉에서 '실업계 중앙기업'으로 분류된

106개(2020년 현재 통합 및 재편을 거쳐 97개로 줄어들었음) 뿐이며, 이러한 것만을 '중앙기업'이라고 부르는 경우도 있다. 금융계 중앙기업은 은행·보험업은 은행보험감독관리위원회가 증권업은 증권감독관리위원회가 직접 관리를 맡고 있으며, 이러한 기업에서 국가자본의 출자자를 대표하는 것은 재정부이다. 또한 문화부가 관할하는 문화계 중앙기업, 그리고 단순히 국유기업이 아니라 행정기관으로서의 측면을 갖고 있는 행정계 중앙기업에 대해서도 재정부가 출자자를 대표한다.

수장 인사를 결정하는 권한은 중앙기업의 행정 순위에 부응하여 어떠한 기관이 갖고 있는지는 서로 다르다. 실업계 중앙기업 중에서 안강그룹공사 등 51개 대기업의 수장(회장, 당 위원회 서기, 또는 총경리)는 행정 순위가 '부부급(副部級)'이기 때문에 이러한 인사는 행정기관의 부장(部長, 장관)·부부장(副部長, 차관)과 마찬가지로 공산당 중앙위원회 정치국이 결정한다(澎湃新聞, 2016). 국자위는 형식상 이러한 51개 기업에서의 지배 주주의 대표자가 되고 있는데, 실제로는 수장의 인사권은 갖고 있지 않으며, 2인자(부회장, 부서기, 또는 부총경리)의 인사권을 갖고 있는 것에 불과하다. 한편 실업계 중앙기업의 다른 55개 사의 수장은 행정 순위가 한 단계 아래이기 때문에 국자위의 당 위원회가 결정할 수 있다.

금융계, 문화계, 행정계의 중앙기업은 애당초 국자위의 관할 외이며 이러한 것에 있어서도 행정 순위가 높은 기업의 수장 인사권은 당 중앙정치국이 갖고 있으며 2인자 인사 및 행정 순위가 낮은 중앙기업의 수장 인사는 행정적으로 관할하는 부문의 당 위원회가 결정한다.

그렇다면 출자자의 또 한 가지 권한인 이익의 분배를 받는 권리에 대해서는 어떠할까? 사실은 1994년부터 2007년까지 국유기업의 경영 상황이 나빴기 때문에, 국유기업으로부터 국가에 대한 이익의 분배가 정지되었다(楊超·謝志華, 2019). 국유기업은 물론 부가가치세 및 기업소득세를 국가에 납부는 했지만 그것은 국유기업에 한정되지 않고 모든 기업의 의무이며 기업은 통상적으로는 그것에 더하여 출자자에 대한 이익의 배당을 행해야 하는 것이다. 국가에 대한 이익 배당이 정지되었던 동안에, 국유기업은 납세 이후의 이익을 모두 사용할 수 있으므로 이익이 과잉하게

〈표 6-5〉 국가재정의 국유자본 경영회계의 수지   (단위: 억 위안)

년도	2012	2013	2014	2015	2016	2017	2018	2019
수입	1,496	1,713	2,008	2,551	2,609	2,581	2,906	3,972
중앙	971	1,058	1,411	1,613	1,430	1,244	1,326	1,636
지방	525	655	597	938	1,179	1,337	1,579	2,336
지출	1,403	1,562	2,014	2,067	2,155	2,015	2,153	2,295
일반회계 조입(繰入)*	46	78	223	230	551	614	885	1,459
일반회계 조입의 국유자본 경영수입에 대한 비중(%)	4	5	11	9	21	24	30	37
국유자본 경영수입의 국유기업의 이윤**에 대한 비중(%)	6	7	8	10	10	8	9	11

※ 설명: * 2012~2015년은 지출의 내수(內數), 2016년은 지출의 외수(外數).
　　　** 국유기업의 이윤에는 금융업의 이윤이 포함되어 있지 않다. 금융업으로부터는 국유자본 경영회
　　　　계에 대한 이윤 상납이 거의 이루어지지 않는다.
※ 자료: 中國財政部豫算司, '全國財政決算'(各年版)을 토대로 하여 저자가 작성함.

투자되거나 경영 목적에 맞지 않는 소비로 돌려졌다(李良艶·陳艶輝, 2020).

　그래서 국무원은 2007년에 국가재정 중에 '국유자본 경영회계'라는 특별회계를
설정하고 국유기업으로부터 국가에 대한 이익의 배당을 거기에 모으도록 했다.
이 제도가 발족한 첫 해인 2007년은 이 제도에 들어온 중앙기업의 수가 아직 한정되
어 있었기 때문에 회계의 수입은 140억 위안에 불과했지만, 이후 이 제도에 참가하
는 기업이 증가함에 따라 〈표 6-5〉처럼 국유자본 경영회계의 규모가 확대되었다.
2013년 가을의 중국공산당 중앙위원회에 행해진 '개혁의 전면적 심화에 관한 결의'
에서는 "국유자본 경영회계의 제도를 개선하고 국유기업의 수익을 공공재정에 상납
하는 비중을 2020년에는 30%로까지 높이고 사회보장과 민생의 개선에 더욱 많이
사용한다"라고 천명하며, 국유기업의 이익을 일반회계에 이월하여 사회보장 등에
지출하는 방침이 정해졌다.

　그러나 재정부가 2016년에 공표한 중앙기업의 국유자본 경영회계에 관한 결정
(財政部, 2016)에서는 이 회계의 자금의 용도로서 △국유기업의 구조조정을 추진하
기 위한 지출, △국유기업의 중점 분야에 대한 투자, △국유기업에 대한 정책적

보조금을 들고 있으며, 요컨대 국유기업으로부터 상납된 이익은 국유기업을 위해 사용한다고 정해졌다. 이것은 전술한 2013년의 공산당 중앙결의에서 제시된 방침과는 다르다. 원래 이 회계의 수입 중에 일반회계에 이월되는 비중이 2019년에는 37%로까지 높아졌던 것(《표 6-5》 참조)은 당의 결의에 따른 움직임이지만, 그럼에도 현황 '국유기업의 수익 중에 30%를 공공재정에 상납한다'는 방침과는 거리가 멀다. 국유기업의 이윤 중에 국유자본 경영회계에 상납되고 있는 비중은 2019년의 단계에서도 11%에 그쳤으며, 그중에 일반회계에 이월되고 있는 것은 37%이다. 즉 국유기업의 이윤 중에 일반회계에 납부되고 있는 것은 겨우 4%(=11%×37%)에 불과하다.

국유자본 경영회계는 〈표 6-4〉에 제시된 실업계 중앙기업 뿐만 아니라, 행정계 중앙기업의 3개 사까지 담당하고 있는데, 금융업은 담당하지 않고 있다(蔣震, 2019). 금융업으로부터 국가에의 이익의 배당은 일반회계 세입 쪽에 이월되고 있는 듯한데, 그 실태는 명확하지 않다.

위에서 논한 바와 같이, 중앙기업에 대한 국가의 소유자로서의 권한은 당·정부의 여러 기관에 분산되어 있으며 국유기업의 수익에 대한 당의 방침도 관철되고 있다고는 말하기 어렵지만, 과연 소유자로서의 통제가 충분하게 효과를 올리고 있는지 여부는 의문시된다. 국가라는 단일한 주체가 통제하기에는 국유기업의 수가 너무나도 많으며, 또한 각 국유기업의 정치적 영향력도 크다는 점이 문제이다.

5. 산업정책의 담당자로서의 국유기업

▌ 국유기업 역할의 한정

개혁개방 정책을 실시한 결과, 중국은 시장경제체제로 이행하고 어떠한 산업에서도 국유기업이 담당하는 경제로부터 국유기업과 민간기업 및 외자계 기업 등 다양한 유형의 기업이 병존하게 되었다. 그러한 가운데 재차 국유기업은 무엇을 위해 존재하는 것인가, 국유기업은 경제 속에서 어떠한 역할을 수행해야 하는가에 대한 질문이 제기되었다. 1995년에 중국 정부는 '큰 것(대기업)을 잡고, 작은 것(소기업)을 놓는다'라는 방침을 제시하고 소기업은 민영화하는 한편, 대규모 국유기업은 그룹화하여 정부의 통제 아래에 두었다.

더욱 계통적인 방침은 1999년에 중국공산당 중앙위원회에서 채택된 '국유기업의 개혁과 발전에 관한 약간의 중요 문제의 결정'에서 제시되었다. 거기에서는 "국가의 경제력을 높이고 국방력과 민족의 응집력을 강화하기 위해서는 국유기업의 발전을 촉진할 필요가 있다"라며 국유기업이 존재하는 이유가 제시되어 있다. 한편으로 국유기업을 모든 산업에 설치하는 것은 합리적인 자원배분이라고는 말할 수 없으므로, 국유기업이 지배적 지위를 유지해야 하는 것은 "국가의 안전에 관련된 산업, 자연 독점의 산업, 중요한 공공재 및 공공 서비스를 제공하는 산업 및 지주산업과 첨단기술산업의 기간산업"이며, 이 밖의 분야에 대해서는 민간기업 등의 발전도 장려해야 한다고 했다. 그런데 '지주산업'이란 경제의 발전을 주도하는 산업이라는 의미이며, 당시 제9차 5개년계획(1996~2000년)에서는 '기계, 전자, 석유화학, 자동차, 건축·건재공업(建材工業)'이 지주산업으로 정해졌다. 당시 중국의 정책 흐름으로부터 본다면 전술한 1997년의 제17차 당대회에서 '국유경제의 전략적 조정'이 제기되었으며 소형 국유기업의 민영화가 공인되어 국유기업의 대폭적인 인원 삭감도 추진되고 있던 와중이었기에, 그 진정한 의도는 국유기업의 역할을 한정하고 경제체제를 서서히 민간 주도로 교체해 나아가는 것에 있는 것으로 받아들여졌다.

그런데 이 결정으로부터 2013년까지 국유기업에 관한 공산당과 정부의 방침은 변화하지 않고 있으며, 국유기업 개혁은 지방정부의 수준에서는 쑤저우시의 사례처럼 크게 진전이 있었지만, 중앙기업에 관해서는 제2절에서 살펴보았던 안강그룹공사처럼 부분적인 주식회사화에 그치는 경우가 많았다. 국유기업이 지배적 지위를 유지해야 한다고 정해진 분야의 다수에서는 민간기업의 참여가 배제되고, 국유기업의 독점이 유지되었다. 예를 들면, 가솔린 등의 석유제품의 생산과 유통에 있어서는

1999년까지 많은 민영 주유소 및 민영 제유공장 등이 존재했지만, 1999년에는 원유의 정제와 유통을 최대 기업이자 중앙에서 관할하는 기업인 중국석화그룹공사(Sinopec)과 중국석유천연가스그룹공사(CNPC)의 2개 사에 한정하는 통지가 나온 이후, 주유소는 이 2개 기업이 차지하게 되었다(加藤弘之·渡邊眞理子·大橋英夫, 2013: 第4章).

▌ 혼합소유제 개혁과 산업정책의 새로운 전개

2013년 가을의 중국공산당 중앙위원회에 의한 '개혁의 전면적 심화에 관한 결의'는 그러한 개혁의 긴 정체를 타파하는 획기적인 내용을 포함했다. 우선 국유자본과 민간자본이 주식을 소유하는 '혼합소유제 경제'를 적극적으로 발전시킨다는 것이 천명되었다. 제2절에서 살펴본 중신주식은 주식시장에 '전체 상장'을 하고 거기에 외국 기업 및 민간인도 출자하게 되었는데, 이것이 중앙기업에서의 '혼합소유제 개혁'의 선례가 되었다. 2017년에는 3대 통신사업자 중의 하나로서 중앙기업이기도 한 중국연통(中國聯通, China Unicom)도 혼합소유제 개혁을 했으며 텐센트 및 알리바바 등의 민간기업도 출자하는 주식회사로 전환했다.

해당 결의에서는 국유기업을 국유자본 투자회사로 개조하고 국가의 전략 목표에 따라 "국가의 안전과 국민경제의 명맥에 관련된 산업 및 중점 영역에 더욱 많이 투자하고 공공 서비스를 제공하며, 선견지명을 갖고 전략적 사업을 발전시키고 생태환경을 보호하며, 과학기술의 진보를 촉진하고 국가의 안전보장에 공헌해야 한다"라고 했다. 1999년에 결정된 방침과 비교해보면, 우선 국유기업의 역할을 '지배'에서 '투자'로 바꾸었다는 큰 차이가 있다. 즉 중점 영역이라고 하더라도 국유기업이 독점할 필요는 없으며, 그 발전을 촉진시키도록 투자하는 역할만이 기대되고 있는 것으로 읽힌다. 또한 '지주산업'에 대한 언급도 없어졌으며 그 대신에 '전략적 산업'을 발전시키는 역할이 국유기업에 부여되고 있다.

이와 같이, 결의에 국유기업의 역할을 중점 분야에 대한 투자에 한정한다는 축소적인 뉘앙스와, 전략적 산업을 발전시키는 산업정책의 담당자로서 국유기업을 활용한다는 확대적인 뉘앙스의 양방이 있었다. 이후의 전개를 살펴보면, 후자의 색채가 강하게 나타났다.

여기에서 말하는 전략적 산업이란, 이 결의의 시점에서는 2010년에 국무원이 정하고 이후 제12차 5개년계획(2011~2015년)에도 포함되었던 '전략적 신흥산업', 즉 에너지 절약·환경보호, 신세대 정보기술, 바이오 기술, 정밀·고성능 기계, 신소재, 신에너지 자동차, 신에너지 등의 7가지 산업을 지칭하는 것이었다.

또한 2015년에는 2025년까지 '세계의 제조강국'의 무리에 진입하는 것을 지향하는 '중국 제조 2025'라는 산업정책이 국무원에 의해 정해졌다. 거기에서는 전략적 산업의 범위가 확대되어 의료기기, 항공우주기기, 로켓, 해양 구조물과 선박, 철도 설비, 전력 설비, 농업기계 등도 추가되었다. '중국 제조 2025'는 이러한 산업에서의 수입대체를 지향하는 것이다(Wübbeke et al., 2016). 그 목표는 "중점 산업에서의 핵심적인 부품과 중요한 기초재료의 '자주보장(自主保障)'의 비중을 2020년에는 40%, 2025년에는 70%로 높인다"라고 표현되어 있다. 이 '자주보장'이라는 용어가 도대체 무엇을 의미하고 그것을 어떻게 계측할 것인가는 '중국 제조 2025' 속에서 밝히지 않고 있다. 그것은 첨단기술 산업에서의 IC 등의 주요 부품에 대한 국산화 비율을 높이는 것으로 해석할 수 있는데, '자주'라는 용어의 중국에서의 사용 방식(제5장 참조)을 고려해보면 국산화의 담당자로서 국유기업만이 상정되고 있는 것으로도 여겨진다.

개도국이 국산화 비율을 높이기 위해서 그 제품의 수입에 부과하는 관세를 높게 설정하거나 수입을 제한하는 것은 역사상 종종 보였다. 하지만 2001년에 세계무역기구의 회원국이 된 중국은 더 이상 이러한 수단을 취하는 것이 허락되지 않는다. 특히 중점산업의 하나인 정보기술에 관해서는 WTO의 정보기술협정(ITA)에 의해 관세가 모두 철폐되어 있다. '중국 제조 2025'의 목표를 실현하기 위해서 정부가 할 수 있는 것은 공적인 연구개발센터를 설립하거나 국유기업 및 투자펀드를 통해서 중점산업에 투자하는 등의 수단에 한정된다.

'중국 제조 2025'가 공표된 당초에 그것이 관세 등 구체적인 수단을 결여하고 있기에, 이른바 원하는 것만을 적어서 나열해 놓은 비전인 것처럼 보였기 때문에 과연 어느 정도의 중요성을 갖고 있는지 확실하지 않았다. 하지만 이후 '중국 제조 2025'의 내용을 구체화하는 다수의 정책 문서가 정부로부터 공표되자, 중국 정부가 이 정책의 실현에 예사롭지 않은 의욕을 갖고 있다는 것이 파악된다. 즉 혁신 촉진 및 인공지능의 응용 등의 정책과제 마다에 7개의 계획, 중점산업별로 11개의 계획, 그리고 중점산업의 제품별로 국산화 비율 목표를 정한 '기술 로드맵'이 작성되어 있다(丸川知雄, 2020a). '기술 로드맵'은 가령 IC에 대해서 국내시장에서 차지하는 국산품의 비중을 2020년에 49%, 2030년에 75%로 늘린다고 되어 있다.

실제로 2014년에 재정부 및 국가개발은행, 중국연초총공사 등의 중앙기업의 출자에 의해 국가IC산업투자기금이 설립되었으며, IC산업의 여러 분야를 담당하는 기업에 대해서 제1기 총액 1,387억 위안, 제2기 총액 2,000억 위안의 출자를 했다. 출자한 곳에는 다수의 민영기업이 포함되어 있지만, 가장 다액의 출자를 받았던 것은 칭화대학 산하의 쯔광그룹(紫光集團, Unigroup)이었다(丸川知雄, 2020b). 쯔광그룹 은 칭화대학의 100% 자회사인 칭화주식(淸華股份)이 51%, 민간의 부동산업자가 49%를 보유하고 있는 혼합소유제 기업으로, 원래 어떤 제품으로 경쟁력을 갖고 있었던 것은 아니다. 그런데 2013년 이후 풍부한 자금을 조달하여 휴대전화의 핵심 IC를 만드는 팹리스(Fabless) 제조사(공장을 가지지 않고 IC의 설계에 특화한 기업)인 잔쉰(展訊, Spreadtrum)을 매수하거나 중국이 수입에 전면적으로 의존하고 있는 DRAM과 플래시 메모리의 공장을 설립하는 등, IC 국산화를 지향하는 산업정책에 따른 경영을 전개하고 있다(佐伯眞也·廣岡延隆·岡田達也, 2020). 그 움직임은 실로 '국책 기업'이라고 하기에 어울리는 것이다.

이와 같이, '중국 제조 2025'는 단순한 '그림의 떡'과 같은 것이 아니라, 중국 정부가 투자펀드와 국유기업을 사용하여 그 실현을 향해 움직이고 있다. 그 때문에 미국이 강한 경계감을 갖게 되었다. 2017년에 미국에서 도널드 트럼프(Donald

Trump) 정권이 발족한 이후, 미국 정부는 중국의 야심을 좌절시키고자 다양한 압력을 가하게 되었다. 2018년 7월에 미국은 통상법 301조를 발동하여 중국의 지적재산권 침해에 대한 제재를 이유로 하여 중국으로부터의 광범위한 수입품에 25%의 관세를 올렸는데, 그 목적 중의 하나는 중국 정부로 하여금 '중국 제조 2025'를 철회하도록 만드는 것이었다. 미국은 또한 중국의 통신기기 제조사 화웨이와 ZTE에 대한 미국산 IC의 수출을 금지하는 것에 의해 압력을 가했는데, 그것이 도리어 중국 국내에서 IC 국산화의 기운을 고조시키는 악순환이 일어났다.

미국이 정보기술 및 IC 제조 설비에서 강한 국제경쟁력을 갖고 있는 현재 상황 아래에서, 미국의 경계심을 쓸데없이 높여서 첨단기술 제품의 중국에 대한 수출 금지를 초래하는 것은 중국의 첨단기술 산업의 발전을 방해한다. 따라서 2018년 하반기부터 중국 정부는 '중국 제조 2025'를 그다지 소리 높여 추진하지 않게 되었다. 2021년에 시작된 제14차 5개년계획(2021~2025년)에서도 '중국 제조 2025'에 대한 언급은 없었으며 제12차 5개년계획에서의 전략적 신흥산업이 부활하여, 그것에 의해 '중국 제조 2025'를 철회시키는 것을 지향하는 미국에 다가서는 자세를 보였다.

다만 국가IC산업투자기금 등 첨단기술 제품의 국산화를 지향하며 움직이기 시작했던 제도가 이것으로 정지된 것으로는 생각되지 않는다. 또한 중앙기업이 산업정책의 도구로서 사용되는 사례가 향후에도 보이게 될 것이다. 실제로 2020년은 코로나19 바이러스의 유행에 의해 침체된 상태에 빠진 경제를 회복시키기 위해서 중국 정부는 '신형 인프라 건설'을 제기했는데, 그 담당자로서 활약했던 것도 중앙기업이었다. 한 가지 목표가 제5세대 이동통신(5G)의 네트워크를 전국의 도시에 확대시키는 것이었는데, 모두 중앙기업인 중국이동, 중국전신, 중국연통 등의 3대 통신사업자가 투자에 매진한 결과, 2020년 말까지 70만 개의 기지국이 전국에 부설되었다. 중국은 5G 서비스의 보급에서 세계에서 가장 급속한 스타트를 끊게 된다.

6. 국유기업의 실력

┃ '500대 글로벌 기업'에 들어간 중국 기업

국유기업 개혁은 장기간 정체된 이후 2013년의 결의에 의해 다시 시동되어 혼합 소유제 기업 및 국유 투자회사로의 전환이 시작되었다. 하지만 이후 '중국 제조 2025'가 시작되어 국유기업에는 산업정책의 담당자라는 역할이 기대되었기 때문에, 국유기업이 차례로 투자회사로 변신하여 물러나는 흐름이 반드시 명료한 것은 아니며, 오히려 국유기업이 강화되고 있는 것이 아닌가 하는 의구심도 생겨나고 있다. 그러한 경계감을 유발하고 있는 것은 실제로 대형 국유기업의 경제력이 거대하기 때문이다. 미국의 《포춘》은 매년 영업수입에 기초하여 세계의 대기업 500개 회사의 순위를 발표하고 있는데, 거기에 진입한 중국 기업(홍콩 기업을 포함)은 2011년에는 69개 회사가 되어 일본을 제치고 세계 2위가 되었으며, 2020년에는 124개 회사가 되어 미국(121개 회사)을 추월하며 세계에가 가장 많아졌다.[7]

124개 기업의 내역을 살펴보면, 실업계 중앙기업이 47개, 금융계 중앙기업이 9개, 행정계 중앙기업이 1개, 지방정부 산하의 국유기업이 32개, 민영기업이 31개, 홍콩 기업이 4개 회사로 구성되어 있다. 2012년의 73개 회사로부터 대폭 증가했지만, 중앙기업은 5개 회사가 증가했을 뿐이며 지방 국유기업이 19개, 민영기업이 28개나 증가했다. 상위 100위권 안에 진입한 것은 여전히 중앙기업이 많지만(〈표 6-6〉 참조), 중국에서의 세계적 대기업의 급증은 주로 지방 국유기업과 민영기업의 약진에 의한 바가 컸다.

---

[7] 한편 2021년에는 중국이 135개 회사가 되어 미국(122개)을 추월하였고, 2022년에도 중국이 136개 회사가 되어 미국(124개 회사)을 추월하는 흐름을 견지했다. _옮긴이

<표 6-6> '세계의 500대 대기업'의 상위 100위에 진입한 중국 기업(《포춘》, 2020)

세계 순위	기업 명칭	영업수입 (100만 달러)	분류	산업
2	중국석화그룹공사(中國石化集團公司)	407,009	중앙실	석유석화
3	국가전망공사(國家電網公司)	383,906	중앙실	송전·배전
4	중국석유천연기그룹공사(中國石油天然氣集團公司)	379,130	중앙실	석유석화
18	중국건축그룹유한공사(中國建築集團有限公司)	205,839	중앙실	건설
21	중국핑안보험그룹주식유한공사 (中國平安保險集團股份有限公司)	184,280	민영	보험
24	중국공상은행(中國工商銀行)	177,069	중앙금	은행
30	중국건설은행(中國建設銀行)	158,884	중앙금	은행
35	중국농업은행(中國農業銀行)	147,313	중앙금	은행
43	중국은행(中國銀行)	135,091	중앙금	은행
45	중국런서우보험그룹공사(中國人壽保險集團公司)	131,244	중앙금	보험
49	화웨이투자홀딩유한공사(華爲投資控股有限公司)	124,316	민영	전자정보
50	중국철도공정그룹유한공사(中國鐵道工程集團有限公司)	123,324	중앙실	건설
52	상하이자동차그룹주식유한공사 (上海汽車集團股份有限公司)	122,071	지방	자동차
54	중국철도건축그룹유한공사(中國鐵道建築集團有限公司)	120,302	중앙실	건설
64	중국해양석유총공사(中國海洋石油總公司)	108,687	중앙실	석유석화
65	중국이동통신그룹공사(中國移動通信集團公司)	108,527	중앙실	전기통신
75	태평양건설그룹(太平洋建設集團)	97,536	민영	건설
78	중국교통건설그룹유한공사(中國交通建設集團有限公司)	95,096	중앙실	건설
79	중국화룬유한공사(中國華潤有限公司)	94,758	중앙실	투자
89	중국제1자동차그룹공사(中國第一汽車集團公司)	89,417	중앙실	자동차
90	중국우정그룹공사(中國郵政集團公司)	89,347	중앙행	우편
91	정웨이국제그룹(定威國際集團)	88,862	민영	비철금속
92	중국오광그룹유한공사(中國五鑛集團有限公司)	88,357	중앙실	광산자원
100	둥펑자동차공사(東風汽車公司)	84,049	중앙실	자동차

※ 설명: 중앙실: 실업계 중앙기업, 중앙금: 금융계 중앙기업, 중앙행: 행정계 중앙기업, 지방: 지방 국유기업,
   민영: 민영기업.
※ 자료: 《포춘》웹사이트 및 각종 정보를 토대로 하여 저자가 작성함.

▌ '국진민퇴'의 검증

정부가 국유기업을 정책의 수행에 활용하고자 하는 생각을 가장 강해지는 것이 불황기이다. 정부는 투자를 장려하는 것을 통해 경기 확대로 연결시켜 나아가고자 하는데, 국유기업을 사용한다면 정부의 의향에 따라 투자를 늘릴 수 있을 것이다.

<그림 6-3> 국유기업 부가가치액에 대한 GDP 비율(추계)

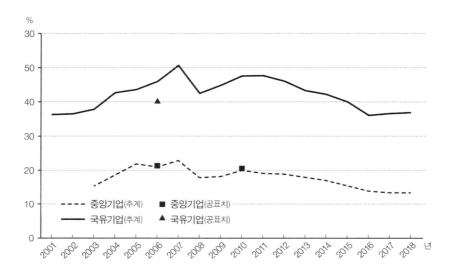

※ 자료: 中國財政年鑑編輯委員會(2019年版, 2002~2009年版); 中國國有資産監督管理年鑑編委會(2007年版, 2011年版)을 토대로 하여 저자가 작성함.

실제로 중국 정부가 그러한 의향을 강하게 가졌던 것이 2008~2009년에 세계경제를 습격했던 '리먼 쇼크' 때였다. 중국 정부는 국유기업의 투자를 확대시켜 기간산업을 대기업을 중심으로 하여 재편하는 것을 노리며, 10가지 산업에 관해서 '산업조정진흥계획'을 제시했다. 그리고 일부 민영기업의 국유기업으로의 합병도 시도되었으며, 중국의 경제학자 중 일부는 이러한 움직임을 '국진민퇴(국유기업의 증진, 민간기업의 후퇴)'라고 부르며 비판했다(加藤弘之·渡邊眞理子·大橋英夫, 2013).

　　그러나 당시 국유기업에 의한 민영기업의 합병에서의 전형적인 사례로서 말해졌던 산둥강철(山東鋼鐵)에 의한 르자오강철(日照鋼鐵)의 합병은 결국 실현되지 않았으며, 철강업에서의 민영 제조사의 세력은 이후 오히려 강해지고 있다. 이 책의 제2장 〈그림 2-4〉에서 살펴본 것처럼, '국진민퇴'가 문제시되었던 2010년경에도 광공업에서의 국유기업의 확대는 일어나지 않은 것 같다(또한 〈그림 2-4〉에서는 2007년 이후 국유기업의 비중이 확대되고 있는 것처럼 보이지만, 통계의 대상이 매년 교체되고 있기 때문에 반드시 그렇다고 결론을 내릴 수는 없다).

그래서 재정부가 장악하고 있는 중앙기업 및 전체 국유기업(모두 금융업은 포함되어 있지 않음)의 이윤과 상납액의 자료로부터 중앙기업과 전체 국유기업의 부가가치액을 추계하고 GDP와 비교해보도록 하겠다. 또한 중앙기업에 대해서는 2006년과 2010년, 전체 국유기업은 2010년에 부가가치액이 공표되었다. 그것과 같은 해의 이윤과 상납액의 비율을 계산하고 그 비율을 이번에는 다른 해의 이윤·납세액으로 곱하여 2001년부터 2018년까지의 부가가치액을 추계했다. 금융업에서의 국유기업의 부가가치액은 금융업의 부가가치액에 금융업에서의 국유기업의 투자 비율을 곱해서 추계했다. 이리하여 도출된 국유기업의 부가가치액의 GDP에 대한 비율을 제시한 것이 〈그림 6-3〉이다. '국진민퇴'가 지적되었던 2009년과 2010년은 확실히 중앙기업 및 국유기업의 GDP 비율은 다소 확대되었지만, 2011년 이후에는 상당히 급속하게 하락하고 있다. 영업수입으로부터 추계하더라도 역시 마찬가지의 결과이다. 2018년의 단계에서 국유기업 전체에서는 GDP의 20% 전후, 중앙기업은 GDP의 7~8%를 차지하고 있는 것으로 추계된다. 위의 검증으로부터 2011년 이후에는 '국진민퇴'는 일어나지 않고 있으며, 중국경제 전체에서 차지하는 국유기업 및 중앙기업의 비중은 감소하는 경향에 있다는 것이 파악된다.

▌ 이동해 가는 '국민경제의 명맥'

실제로 국유기업, 특히 중앙기업은 국민경제의 명맥에 관련된 산업을 맡게 되고, 다양한 우대를 받고 있으면서도 중국경제의 역동성 속에서 천천히 옆으로 물러나고 있는 중이라는 것이 현재의 상황이라고 여겨진다. 그것은 주식 시가총액에서의 중국 기업의 순위를 살펴보면 실감할 수 있다. 주식 시가총액이란 그 때마다의 주가에 주식의 발행수를 곱한 것이며, 주식시장이 그 기업을 어떻게 평가하고 있는지를 살펴보는 지표이다. 2020년 12월 현재 중국 기업의 1위는 텐센트로 7,211억 달러, 알리바바가 7,196억 달러로 근소한 차이로 2위였다.《포춘》의 순위에서 중국

기업의 1위로 간주되었던 중국석화(中國石化)는 주식 시가총액에서는 724억 달러로 텐센트 또는 알리바바의 10분의 1에 불과하다. 금융계 이외의 중앙기업은 주식시장에서는 그다지 높게 평가받지 못하고 있다.

무엇이 '국민경제의 명맥'인가는 기술과 경제의 발전 속에서 변화해 간다. 예를 들면, 전기통신 네트워크는 국민경제의 명맥으로 간주되고 있기에 중국에서는 3개의 중앙기업에 의한 과점이 되고 있다. 하지만 지금 중국인들은 텐센트의 어플인 위챗(WeChat, 微信)을 통해서 통화 또는 메시지 교환을 하는 일이 많으며, 중앙기업이 담당하는 전기통신 네트워크는 말하자면 신호가 통과할 뿐인 배수로와 같은 존재가 되고 있는 중이다.

또한 은행업도 국민경제의 명맥으로 자리매김되어 대형 은행은 모두 중앙기업이지만 최근 들어 중국인들은 알리페이(Alipay, 支付實) 또는 위챗페이(WeChat Pay, 微信支付) 등의 모바일 결제를 왕성하게 이용하고 있으며, 은행계좌는 급료를 납입하는 것으로부터 모바일 결제를 위한 계좌로 자금이 이동할 때까지 일시적으로 보관하는 장소에 불과한 것이 되어 가고 있다. 지금에 이르러서는 각종 공공요금의 지불 또는 송금, 자금의 운용까지 할 수 있는 모바일 결제용 계좌가 오히려 국민경제의 명맥이라고 부르는 것이 어울리는 존재가 되고 있으며, 그것을 운영하는 텐센트와 알리바바가 주식시장에서 높은 평가를 받는 것도 당연한 일로 여겨진다.

무엇이 국민경제의 명맥인가는 시대와 함께 변함에도 불구하고 정부가 명맥이라고 결정한 산업을 국유기업이 담당해야만 한다면, 국유기업은 필연적으로 국민경제의 주역이 되지 못하게 될 것이다.

제7장 외자계 기업과 대외개방 정책

핵심어

외화
외자도입
경제특구
환율
이중무역 체제
유치산업 보호정책
위탁가공
기술이전
스필오버
세계무역기구(WTO)
자유무역시험구(自由貿易試驗區)

선전시(深圳市)에서 위탁가공에 종사하는 전자제품공장 노동자의
모습

일반적으로는 1978년 12월 중국공산당 중앙위원회 전체회의가 대외개방 정책의 시작이라고 일컬어진다. 그렇다면 그 이전의 중국은 폐쇄적인 정책이 취해졌던 것처럼 생각될 지도 모르지만, 사실은 그렇지 않다. 중화인민공화국이 성립되고 그 이듬해 1950년에 한국전쟁이 발발하여 중국은 북한을 돕기 위해 참전했기 때문에, 미국을 포함하는 서방 진영으로부터의 경제봉쇄에 직면하게 되어 서방 국가들과의 경제 관계가 제한됐다. 그 이후 1950년대를 통해서 서방 진영에게 중국이 상대적으로 폐쇄적 국가였다는 것은 틀림없다. 하지만 중국은 동맹국이었던 소련 및 동유럽 국가들과 무역은 활발하게 이루어졌고, 소련 및 동유럽 국가들로부터 경제원조·기술원조도 받았으며 소련과 함께 석유 개발, 비철금속 개발, 항공수송 분야에서 합자회사도 설립했다(汪海波, 1994: 302~303).

그런데 중국이 의지했던 소련과의 관계가 1960년 소련 기술자들이 일제히 철수하면서 끊어졌다. 소련과의 관계가 끊어진 이후, 중국에서는 외국의 기술 및 외국 무역에 의지하지 않는 '자력갱생'이라는 슬로건을 수시로 외치게 되었다. 하지만 실제로는 〈그림 7-1〉에서 볼 수 있는 것처럼, 중국이 외교적으로 고립되어 있었던 1960년대에도 외국과의 무역은 계속되었다. 이 시기에도 오히려 서방측 국가들, 특히 일본의 무역이 많아졌다. 이 책의 제5장에서도 언급한 바와 같이, 1962년부터 중국은 일본 및 서독(당시)에서 공장설비를 도입하기 시작했다. 이후 일본 측은 미국 및 타이완으로부터의 반발, 중국에서 일어난 문화대혁명에 의해 내정이 혼란에 빠지긴 했지만, 일본과 중국의 무역은 점차 확대되었다(岡本三郎, 1971).

그리고 1972년에 일본과 중국의 국교가 회복되자, 점차 중국의 대일본 의존도가 높아졌다. 중국은 일본으로부터 강재 및 화학비료 등 기초적인 공업제품을 수입하

〈그림 7-1〉 수출·수입의 GDP 비율

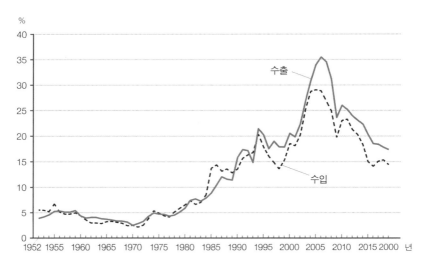

※ 자료: [1989년 이전의 수출입액] 國家統計局綜合司 編(1990); [GDP] 國家統計局國民經濟核算司 編(1997);
　　　[1990년 이후] 國家統計局 編(各年版).

는 것과 함께, 이러한 것을 생산하는 공장설비도 수입했다. 한편 일본은 중국을
석유와 석탄의 공급원으로서 중시했다. 1975년 시점에서 일본과의 무역은 중국의
무역액 전체 중에 25.7%를 차지했으며, 중국에게 일본은 가장 중요한 무역상대국
이었다.

무역액으로부터 본다면 중국의 무역 확대는 1972년에 시작되었으며, 1978년
말에 커다란 전환점이 되었던 것은 아니지만〈그림 7-1〉 참조), 중국 대외정책의 다른
측면에서는 1979년에 커다란 변화가 있었다. 이는 외국자본을 받아들이기 시작했
던 것이다. 외국자본의 수용에는 외국 금융기관으로부터의 차입, 그리고 외국에서
의 채권 발생, 외국인에 의한 주식투자 등의 '간접투자'와 외국 기업이 들어와서
공장 또는 상업시설 등을 경영하는 '직접투자'가 있는데, 중국은 1979년부터 이
양방을 받아들이게 되었던 것이다.

중화인민공화국이 성립된 이후에 외국 자본을 받아들였던 것은 이것이 처음은

〈그림 7-1〉에 제시된 수출액과 수입액의 GDP에 대한 비율은 일반적으로 '수출의존도', '수입의존도'라고 불린다. 하지만 이것은 오해하기 쉬운 표현이므로 〈그림 7-1〉에서 사용하지 않았다. 이 수치는 한 국가의 경제가 어느 정도 개방적인가를 대체적으로 보여주는데, 예를 들어 '수출의존도(=수출액/GDP)'가 30%라고 해서 경제가 수출에 30%나 의존하고 있다고 생각해서는 안 된다. 왜냐하면 수출액은 수출제품의 제조에 필요한 중간재의 가치도 포함한 총액인 것에 반해, GDP는 중간투입을 포함하지 않는 부가가치이며 양자는 본래 비교할 수 없기 때문이다. 만약 한 국가의 수출에 대한 의존도를 측정하고자 한다면, 수출산업 및 수출산업이 유발하는 국내 다른 산업의 부가가치액 합계를 GDP와 비교할 필요가 있다.

예를 들어 동일한 100만 달러의 수출액이라고 하더라도 아래 그림의 A처럼 부품을 수입하여 중국의 공장에서 최종 조립하는 공정만을 담당하고 있는 경우와, B처럼 석유 및 철광석 등의 기초적인 원재료를 수입하고 그것을 중국 안에서 부품 및 재료에 가공하여 최종 제품의 조립까지 담당하는 경우에서는 수출이 국내의 경제에 미치는 영향이 크게 다르다. A는 '전창(轉廠)'이 아닌 위탁가공에 해당하는데, 이 경우에는 100만 달러의 수출을 하더라도 국내에는 10만 달러 밖에 부가가치가 생겨나지 않는다. B는 1970년대까지의 일본의 무역 패턴인데, 이 경우에는 100만 달러의 수출을 하면 70만 달러의 부가가치가 국내에 발생한다. 일본의 1975~1985년 수출의 GDP에 대한 비율은 11~15%이고 1990년 이후의 중국보다 훨씬 낮지만, 비교적 일본에서 엔고 또는 엔저가 될 때마다 일희일비했던 것은 일본의 무역 패턴이 B였기에 수출에 많은 국내산업과 관련되어 있었기 때문이다. 한편 중국의 2000~2008년 수출의 GDP에 대한 비율은 20~35%였는데(〈그림 7-1〉 참조), 이 시기에는 수출에서 차지하는 위탁가공의 비중은 높았으며(〈그림 7-4〉 참조), A의 무역 패턴이기 때문에 수출이 국내의 산업에 미치는 영향은 그렇게 높지 않았던 것이다.

그렇다면 중국의 국내경제에 미치는 영향을 어떻게 측정하면 좋을까? 한 가지 간편한 수단으로서 매년의 GDP 성장률에 대한 순(純)수출의 기여율을 살펴보는 방법이 있다. 리먼 쇼크의 영향을 받았던 2009년과 2010년은 예외적인 것이므로 제외하고, 2000~2008년과 2011~2019년 순수출의 기여율의 절대치를 비교해보면 전자는 평균 6.7%, 후자는 평균 6.3%였다. 수출의 GDP에 대한 비율은 2000~2008년이 평균 28%, 2011~2019년은 평균 21%로 크게 내려가고 있지만, 여기에는 중국의 무역 패턴이 A에서 B로 서서히 전환하고 있다는 것도 영향을 미치고 있으므로, '중국경제가 수출의존형에서 벗어나고 있는 중이다'라고 보는 것은 시기상조이다. 오히려 2000~2008년도 2011~2019년도 수출이 국내경제의 변동에 미치는 영향은 6%대로 조금 줄어들었을 뿐이라고 보는 쪽이 실태에 부합된다.

아니다. 직접투자로는 1950년대에 소련과의 합자회사가 만들어졌으며, 간접투자로는 소련으로부터 광공업 설비를 도입할 때에 자금을 빌리거나 1963년에 일본으로부터 화학섬유의 공장설비를 수입할 때에는 일본수출입은행으로부터 융자를 받았다. 하지만 이것은 모두 일시적인 외자도입으로 끝났던 것이다. 하지만 1979년부터 시작된 외자도입은 오늘날까지 계속되고, 그 규모도 점차 확대되어 외자계 기업은 중국경제의 한 가지 기둥이라고 말할 수 있을 정도로까지 성장했다.

이 장에서는 외자도입을 중심으로 하는 대외개방 정책이 어떻게 전개되었고 중국에 진출했던 외자계 기업이 어떠한 역할을 수행해 왔는지를 살펴본다. 오늘날에는 중국경제 안에 외자계 기업은 매우 다양한 분야에서 다양한 역할을 수행하고 있는데, 중국의 외자도입 정책은 시장경제로의 이행과정 전반이 그러했던 것처럼, 서서히 국가의 문호를 외국 기업에게 개방하는 점진적인 프로세스에서 외자가 진출하는 분야 및 외자의 역할이 조금씩 증가했다. 그런데 개혁개방 정책 이후 30여 년의 경위를 더듬는 것은, 동시에 외자계 기업이 오늘날 수행하고 있는 다양한 역할을 하나씩 하나씩 규명하는 것이기도 하다.

1. 외화 부족의 시대

▮ 외자도입의 발단

중국은 1950년대에는 소련으로부터의 기술도입을 위해 소련으로부터 자금을 빌렸다. 소련에서 빌린 자금을 갚기 위해서 중국은 국내에서 굶주림이 만연하고 있던 때에조차 곡물을 수출하지 않으면 안 되었으며, 자금을 모두 갚은 때는 소련과의 관계가 이미 악화되었던 1965년이었다. 이러한 준엄한 경험에 대한 기억을 넘어서 중국이 다시 외자도입에 나섰던 것은 1977년부터 시작된 경제정책 실패가 계기였다.

중국은 1977년부터 1978년에 걸쳐서 중화학공업을 비약적으로 발전시키고자 일본 등 서방측 국가들로부터 대량의 공장설비를 도입했다. 하지만 급격한 구입 확대에 의해 중국이 보유한 외화가 급감해버렸기에(제5장 제4절 참조), 중국 정부는 어쩔 수 없이 이미 발주했던 공장설비에 대해서도 일본의 구입처 기업에 계약 해제를 요청했다.

그러나 이미 생산을 시작한 설비의 계약을 해제하는 것은 판매자에 해당하는 기업에게 커다란 손실이 되기 때문에, 일본 정부가 중재하여 중국 정부에 대해서 해약을 보류하도록 설득했다. 그 때 일본 정부는 중국정부에 일본수출입은행 및 일본의 민간은행으로부터 자금을 융자하는 방법도 있음을 전했다(小島末夫, 2012). 영국 및 프랑스 정부도 중국에 융자를 제공함으로써 계약 해제를 피하고자 했다(平野勝洋, 1984). 1979년에 중국 정부는 이러한 요청을 받아들여, 일본의 은행 등으로부터 자금을 빌려서 공장설비의 수입을 재개했다. 이것이 곧 서방측 국가들로부터 외자도입의 시작이다.

애초 중국 정부는 단순히 긴급피난 차원의 자금을 빌렸다기보다도 이때부터 폭넓게 외자의 도입에 나섰던 것이다. 마찬가지로 1979년에 중국 정부는 경제특구를 설치해서 외국 기업의 직접투자를 널리 받아들이는 장소로 삼았다. 또한 그때까지 기업에 관한 법률이 전혀 존재하지 않은 가운데, 외자와의 합자기업에 대해서 정한 '중외합자경영기업법'을 가장 먼저 시행했는데, 이는 외자도입에 대한 중국 정부의 기대감을 보여주는 것이라고 할 수 있다. 또한 일본으로부터의 엔 차관 등 외국으로부터의 원조를 받아들이는 것도 시작되었다.

▎외화획득을 위한 모색

외자도입의 계기가 되었던 외화의 급감은 수입에 의존했던 공업제품을 국산화하고자 했던 결과로 일어난 것이었다. 1978년의 시점에서 철강, 화학비료, 화학섬유는 중국의 수입 중에서 35%를 차지했는데(アジア經濟研究所 編, 1982), 1977년부터의 공장설비의 수입은 이러한 국내에서의 생산을 확대함으로써 수입을 줄이는 것, 즉 수입대체 공업화를 지향했다. 그런데 이를 위해 공장설비를 수입하고자 하면 외화가 부족해진다는 딜레마에 직면하게 되었다.

이 딜레마의 타파를 위해서 수출을 확대하여 외화를 획득할 필요가 있었으며,

〈그림 7-2〉 중국의 수출 내역

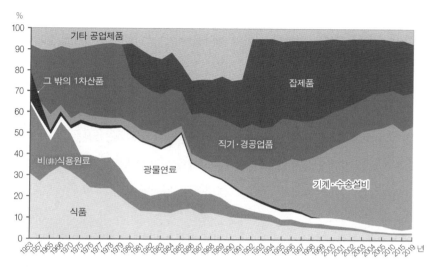

기타 공업제품

그 밖의 1차산품

잡제품

직기·경공업품

비(非)식용원료

광물연료

기계·수송설비

식품

※ 자료: 國家統計局 編(各年版)을 토대로 하여 저자가 작성함.

바로 이것이 1979년부터 1990년대까지의 대외개방 정책에서의 지상명제였다. 1979년부터 중국은 일본 정부로부터 엔 차관을 받아들이는데, 이것도 수출 확대를 도모하기 위해 사용되었다. 그 대상이 되었던 프로젝트 6건 중에 4건은 산둥성과 산시성의 석탄을 수출하기 위한 철도와 항만을 정비하는 것이었다(關山健, 2012). 〈그림 7-2〉에서 살펴볼 수 있는 것처럼, 1980년경의 중국에서 광물연료(석유, 석탄) 는 수출액의 4분의 1 정도를 차지하는 중요한 수출품이었으며 수송 인프라를 정비 한다면 수출의 확대가 전망되었던 것이다. 하지만 중국은 인구가 많기 때문에 결국 국내의 에너지 수요가 늘어나고 광물연료의 수출이 어려워질 것으로 예상되었다. 중기적으로 광물연료의 수출을 대신하는 외화 획득 수단이 필요했다.

광물연료의 수출액이 1985년을 정점으로 하여 그 이후 감소하는 한편, 1950년 대부터 1980년대 후반까지 일관되게 중국의 중요한 수출품이었던 것이 섬유제품이 다. 1980년의 시점에서 섬유(섬유원료, 실·직물, 의복)의 수출은 중국 수출 가운데 27% 를 차지했다. 하지만 1980년대까지 중국의 섬유제품 수출은 다음과 같은 여러 정책적인 노력으로 가능했던 것이다(辻美代, 2000).

첫 번째의 노력은 섬유제품의 원료인 면화의 가격을 인위적으로 낮게 억눌렀던 점이다. 면화의 생산부터 판매까지 정부가 통제함으로써 국유 섬유 제조사에 낮은 가격의 면화가 공급되었다.

두 번째의 노력은 다자간섬유협정(MFA: Multi-Fiber Arrangement)이라고 하는 섬유제품에 관한 세계적인 관리무역의 틀이다. 이 틀 아래에 서구 국가들은 섬유제품 수입에 관해서 국가와 품목별로 수입하는 수량의 상한선을 결정했다. 중국은 1984년에 MFA에 참가하여 서구 국가들로부터 수출하는 수량 틀을 부여받게 되었으며, 그것을 중국 정부는 국유 섬유 제조사에게 나누어 주었다. 수량 틀의 범위라면 다른 국가 또는 기업과의 경쟁에 의해 방해를 받지 않고 수출하는 것이 가능해진다.

세 번째의 노력은 수출 보조금이다. 만약 수량 틀이 있더라도 가격이 너무 높으면 수입국은 제품을 구입하지 않는다. 중국 정부는 국유 섬유 제조사가 확실하게 수량 틀까지의 수출이 가능하도록 수출 보조금을 제공함으로써 섬유제품의 수출 가격을 억제했다.

▎ 환율의 절하

이와 같이, 정부가 다양한 노력을 실시함으로써 국유 섬유 제조사의 수출이 가능해졌는데, 이럴 정도로 무리하지 않으면 안 되었던 것은 인민폐의 달러 등에 대한 환율이 너무 높았다는 것이 한 가지 원인이다.

일반적으로 자국 통화의 환율이 높다는 것은 수출에는 불리하지만 수입에는 유리하다. 중국 인민폐에 대한 달러 환율은 1955년에 1달러=2.46위안으로 결정되었으며 1971년까지 그 수준으로 고정되었는데, 이것은 인민폐의 가치를 과대평가했던 것이다. 예를 들어 1962년에는 1달러 수출에 필요한 비용이 6.65위안에 달했다(Lardy, 1992: 24~29). 이것으로는 1달러 수출할 때마다 수출하는 기업에는 4위안 이상의 적자가 발생하므로 수출하는 기업의 적자를 정부의 보조금으로 메워야 했다.

한편 자국 통화의 환율이 높아지면 해외의 기계·설비 및 화학비료 등 국가가 필요하다고 생각하는 물자를 저렴하게 수입할 수 있다. 다만 동시에 외국산 사치 소비재 등 국가의 경제발전에 도움이 되지 않는 것까지 저렴하게 수입할 수 있게 되므로 외화가 그러한 것의 수입에 돌아가지 않도록 하기 위해서는 정부는 수출산업이 획득한 외화를 정부(중국은행)에 매도하도록 강제하지 않으면 안 된다. 하지만 소비재가 그 어떤 것도 부족했던 1970~1980년대의 중국에서는 중국제 소비재에 대한 잠재적 수요는 컸기에 범법을 해서라도 외화를 공정 환율보다 높게 구입하고 모아서 외국 제품을 수입하는 암시장의 발생을 억제하는 것은 어려웠다. 일반적으로 자국 통화를 인위적으로 과대평가하고 있는 국가에서는 반드시라고 해도 좋을 정도로 암거래 화폐시장이 발생하고, 거기에서는 외화는 공정 환율보다도 높게 거래된다.

개혁개방 이후 중국에서도 많은 외국인이 중국에 오게 되었으며, 수출산업의 수출 의욕을 높이기 위해서 획득한 외화의 일부를 중국은행에 매각하지 않고 수중에 소지하는 것이 가능해지자, 거기로부터 암시장으로 흘러들어가는 외화도 늘어났다. 외화의 부정한 유출을 방지하기 위해서 정부가 공정 환율을 절하해야 하는 상황에 내몰리게 되었다. 〈그림 7-3〉에서 볼 수 있는 것처럼, 인민폐에 대한 달러 환율은 1980년의 1달러=1.5위안에서 1994년의 1달러=8.7위안으로 점점 절하되었다.

하지만 자국 통화의 환율을 절하하더라도 국내의 물가 상승이 격심하면 그것에 의해 절하의 효과가 상쇄되어버려 수출에는 유리하지 않게 된다. 그러한 물가 상승의 영향을 가미하여 실제로 환율이 하락했는지 여부를 조사하는 것이 '실질실효 환율'이다. 이것은 어떤 국가와 그 주요한 무역상대국과의 환율과 물가 상승률을 종합하여 환율이 실질적으로 올라가고 있는가, 아니면 내려가고 있는가를 보는 지표이다. 〈그림 7-3〉의 실질실효 환율의 움직임을 살펴보면, 중국 국내에서 격심한 인플레이션이 발생했던 1987~1989년의 시기에는 상승하고 있다는 것을 알 수 있는데, 그 이외에는 1994년까지 하락을 계속했으며 수출에 유리하도록 조정이 행해졌다는 것을 알 수 있다.

<그림 7-3> 중국 인민폐의 환율

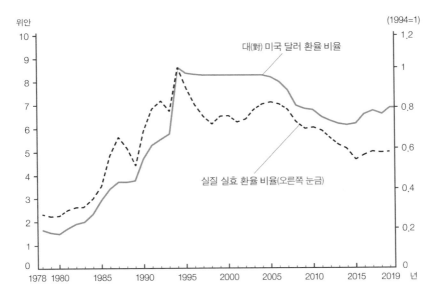

※ 설명: 위로의 이동은 인민폐의 하락을, 아래로의 이동은 인민폐의 상승을 의미한다.
※ 자료: [대(對) 달러 환율] 國家統計局 編(各年版); [실질실효 환율] World Development Indicators
    (1980년 이후); 그 이전은 저자가 추계함.

이리하여 수출에 불리한 환율이라는 문제는 1980~1990년대에 시정되었지만,
중국이 세계에서 으뜸가는 공업제품의 수출대국으로 비약하는데 또 하나의 중요한
제도상의 노력이 있었다. 그것은 바로 아래에서 논하는 '이중무역 체제'이다.

2. 이중무역 체제의 의의

▎유치산업 보호정책의 딜레마

비교우위의 원리에 따른다면 적절한 환율 아래에서는 그 어떤 국가에서도 상대적
으로 생산성이 높은 산업이 수출산업이 되어갈 것임이 분명하다. 하지만 계획경제

아래에서 장기간 국내외에서의 경쟁으로부터 차단되었던 중국의 산업은 생산 효율이 나쁘고 환율을 절하하더라도 경쟁력을 갖지 못할 가능성이 있었다. 국유 섬유 제조사가 수출할 수 있도록 하기 위해서 정부가 다양한 조치를 취해야 했던 것도 환율 탓 때문만이 아니라 국유 섬유 제조사의 생산성이 낮았기 때문이다.

기업의 생산성을 높이기 위해서는 이 책의 제6장에서 논한 바와 같이, 국유기업 개혁을 추진하면서 외국과의 무역도 개방하여 기업에 경쟁의 압력을 가하는 것이 유효하다. 다만 너무나도 급격하게 경쟁 압력을 높이게 되면, 기업이 생산성을 높이기 전에 무너져버릴 지도 모른다. 실제로 러시아는 급격한 경제의 개방과 시장경제화를 추진한 결과, 제조업이 쇠퇴하고 석유 및 천연가스 등 광물자원의 수출에 특화된 모노컬처 경제가 되어버렸다(田畑伸一郎 編, 2008). 중국도 1970년대부터 1980년대 전반에 걸쳐서 석유와 석탄의 수출이 확대되었기 때문에, 나중의 러시아와 마찬가지의 운명을 걷게 될 가능성도 있었다. 그러한 사태를 피하기 위해서는 국내산업에 대한 경쟁 압력을 서서히 강화해 나아가며 적절히 조절하는 것이 필요했다. 즉 이행경제국가에 있어서도 개도국과 마찬가지의 '유치산업 보호정책'이 필요하다.

다만 관세 및 비(非)관세 장벽에 의해 어떤 산업을 보호하게 되면, 그 산업의 제품을 중간재로서 사용하는 다른 산업의 국제경쟁력을 저하시킨다는 문제가 있다. 예를 들면, 재봉틀 제조업을 보호하기 위해서 미싱에 수입관세를 부과하면, 재봉틀이 고가가 되어 미싱을 사용해 의복을 봉제하는 산업의 경쟁력이 상실된다. 의복의 수출을 확대하기 위해서는 미싱을 관세 없이 자유롭게 수입할 수 있도록 하는 쪽이 좋은데, 그렇게 되면 국내의 미싱 제조업이 타격을 받는다.

이러한 딜레마를 극복하는 방책으로서 개도국이 채택한 것이 이중무역 체제이다. 1960년대부터 타이완과 한국 등 아시아의 개도국에서 만들어진 수출가공구(輸出加工區)는 이중무역 체제의 전형적인 사례이다. 수출가공구란 지리적으로 한정된 지역을 외국 기업에 개방하고 관세 및 법인세를 감면해주는 대신에 생산한 제품은 전량 수출하도록 의무화한 지역을 말한다.

타이완 및 한국의 수출가공구에 강하게 자극을 받아 만들어졌던 것이 중국의 경제특구이다. 1979~1980년에 선전, 주하이, 산터우, 샤먼에 경제특구가 설치되었다. 아직 계획경제 체제 아래에 있었던 중국에서 경제특구는 단순히 외자계 기업에 대해 법인세를 낮추고 부품·재료 등에 대한 관세를 면제해줌으로써 수출산업을 육성하는 장이라는 것뿐만 아니라, 부동산개발을 '홍콩 자본'에 위임하거나 국내의 다른 지역에 앞서 선구적으로 토지의 상품화를 추진하는 등 자본주의 실험장으로서의 의미도 포함되어 있었다. 다만 구체제로부터의 격리를 철저히 하기 위해 특히 선전에서는 경제특구 안팎에서의 화물의 출입뿐만 아니라 사람의 출입까지 삼엄하게 관리한 결과, 경제특구 안에서는 임금 등의 생산 비용이 높아졌다. 그 때문에 경제특구는 초기의 무렵에는 수출가공구로서는 충분히 기능하지 못했으며, 선전의 대외무역은 1986년까지는 적자였다.

▎위탁가공의 확대

경제특구보다도 한층 더 효과가 있었던 수출진흥 제도가 '위탁가공'이다. 이것은 1976년 무렵부터 광둥성에서 시작된 것으로, 외국 측이 제공하는 부품·재료를 중국 국내의 공장에서 외국 측의 지시에 따라 가공하는 거래이다. 이 거래를 위해 반입되는 부품 및 재료는 관세가 면제되는데, 가공된 제품은 전량 수출해야 했다. 가공의 보수로서 업무에 종사한 노동자의 수에 상응하여 가공임금이 외화로 중국 측에 지불되었다.

이 제도도 한국 등의 보세가공 공장의 제도를 모방한 것인데, 차이점은 이 제도가 광둥성의 주장 델타 지대에서는 단순한 무역제도에서 점차 직접투자의 한 형태로 변질되었다는 것이다. 즉 위탁가공을 하는 중국 국내의 공장은 명목상으로는 촌에 소속되어 있으며 촌이 표준적인 건물을 준비했지만, 공장의 기계설비는 외국 측으로부터 반입되고 생산관리 및 노무관리도 외국 측이 혼자 도맡았으며 기업의 실태는 외자기업에 가까웠다(黑田篤郎, 2001).

위탁가공이 가장 왕성한 광둥성 둥관시에서 시정부가 그 실태를 파악하기 위해한 통계조사 자료에는 삼래일보(三來—補)[8] 기업('삼래일보'는 위탁가공을 의미함)이라는 항목이 있다(東莞市統計局·東莞市企業調査隊, 2000). 중국에서 공식적으로 인정되고 있는 기업 형태는 이 책의 제6장 〈표 6-3〉에 열거한 것뿐이다. 삼래일보 기업 등에는 법적인 근거가 없는데, 주장 델타 지대에서는 그것이 대단히 커다란 존재였기 때문에 통계에 이러한 항목이 설정된 것이다. 이 통계에 의하면, 1999년 둥관시에서 삼래일보 기업은 둥관시의 공업 부가가치액 중의 30%, 수출액의 49%, 공업 취업자 수의 53%를 차지했다. 삼래일보 기업의 자본 중에 96.2%는 외국 측이 출자한 것이며, 명목상으로는 촌영이더라도 실질적으로는 외자기업이었다는 것을 알 수 있다.

외국 기업에게 합자기업 등 법적 근거가 있는 기업 형태에 의해 중국에 진출하는 것은 정부에 재산을 몰수당하는 등의 리스크를 피하는데 유효하다. 그럼에도 불구하고 왜 외국 기업은 현지법인을 만들이 않고 삼래일보 기업이라는 길을 선택했던 것일까? 그것은 그것이 외국 기업에게 대단히 홀가분한 투자의 형태이기 때문이다. 삼래일보 기업의 경우에 현지법인을 설립하는 절차를 거치지 않고 공장에 기계설비를 반입하면 바로 생산을 시작할 수 있다. 1980년대에는 합자기업 등의 현지법인을 설립하는데 인가를 받는 절차가 번잡했기 때문에(Chen, Chang and Zhang, 1995), 의복의 봉제 및 전자제품의 조립 등 설비투자가 비교적 소액으로 끝나는 산업에서는 외국 기업이 중국에서의 생산 거점을 두는데 위탁가공을 선택하는 일이 많았다.

외국 기업에게 위탁가공은 현지법인의 설립에 따르는 세금 또는 사회보험료, 기타 다양한 비용 또는 벌금 납부 등의 의무를 면할 수 있으며, 철수할 때에도 종업원에 대한 보상 등의 성가신 문제에 휘말릴 우려가 없다는 장점이 있다. 삼래일보 기업의 경우에 가공을 위탁하는 외국 기업 측은 촌에 종업원의 수에 상응하는 수수료를 지불할 뿐이며, 납세 및 사회보험료의 지불 등은 촌에서 처리해준다.

---

8 삼래(三來)는 '來料加工, 來樣加工, 來件裝配'를 일보(一補)는 '補償貿易'을 지칭한다. _옮긴이 주

▌ '전창(轉廠)' 제도의 의의

다만 위탁가공 제도에서는 지원산업(supporting industry)이 형성되기 어렵다는 결점이 있다. 위탁가공 공장의 부근에서 그 공장이 사용하는 부품을 생산했을 경우, 그 부품은 국내에 판매되게 되므로 위탁가공의 제도를 이용할 수 없으며 부품을 만들기 위한 재료의 수입에 관세가 가해진다. 부품 생산에서도 위탁가공 제도를 이용하기 위해서는 만든 제품을 일단 중국 국내외에 수출하고 완성품 공장이 그것을 다시 수입한다면 부품 공장과 완성품 공장의 쌍방이 위탁가공 제도를 이용할 수 있다. 다만 그것을 위해서는 부품을 일단 국경의 바깥으로 반출했다가 다시 반입해야 하는 쓸데없는 수송이 필요하다.

광둥성 남부에서는 위탁가공의 이러한 결점을 극복하는 유연한 제도의 운영이 시도되었다. 그것은 '전창'[또는 '심가공결전(深加工結轉)']이라고 불리는 것으로, 재료를 수입하여 광둥성 안에서 부품을 만들어서, 그것을 제품을 조립하는 광둥성 안의 다른 기업에 판매하고, 거기에서 조립한 제품을 전량 수출한다면 이러한 일련의 거래 전체가 위탁가공으로 취급된다는 제도이다.

다만 '전창'을 인정해버리면 수출산업을 위한 부품을 만든다는 명목에 의해 면세로 수입되었던 재료가 수출산업 이외로 전매될 리스크가 있다. 실제로 1990년대에는 이 제도의 허점을 이용하여 상당한 밀수가 행해졌다. 그래서 중국 정부는 1995년에 '은행보증금대장제도(銀行保證金臺帳制度)'를 도입하여 규제의 강화를 도모했다. 이 제도는 위탁가공을 위해 수입할 경우에 기업이 중국은행에 보증금대장을 개설하고 수입한 부품을 가공하여 수출한 것을 관세로 확인된다면 해당 보증금대장을 말소한다는 제도이다(郭永興, 2011). 많은 경우에 위탁가공 기업은 실제로 보증금을 적립할 필요가 없지만, 법령을 위반한 횟수가 많은 기업 또는 정부가 규제를 강화하고자 하는 품목을 수입할 경우에는 보증금의 적립이 요구되었다.

이리하여 위탁가공 제도를 유연하게 운용하는 '전창' 제도의 덕분에 주장 델타 지대 전체가 사실상의 느슨한 보세가공구가 되었다. 많은 개도국에서는 보세가공 제도 또는 수출가공구는 수입한 부품을 조립할 뿐인 '비지경제(飛地經濟)'를 형성하는

<그림 7-4> 위탁가공과 외자계 기업이 중국의 수출에서 차지하는 비중

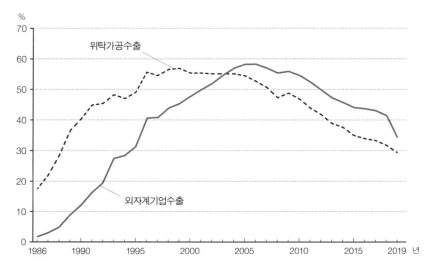

※ 자료: [1986~1992년] 中國對外經濟貿易白皮書編委會(各年版); [1993년 이후] 中國海關統計를 토대로 하여
　　　저자가 작성함.

일이 많은데, 주장 델타 지대에서는 전기제품, 의류, 잡화 관련 산업이라는 두터운
산업집적이 형성되었던 것이다. 위탁가공에 의한 수출이 중국의 수출 전체에서
차지하는 비중은 1980년대 후반부터 점차 상승하였으며, 1996년부터 2007년까지
는 줄곧 절반 이상을 차지했다(<그림 7-4> 참조. 또한 위탁가공 수출의 담당자는 주장 델타
지대에서는 삼래일보 기업인 경우가 많은데 다른 영역에서는 외자계 기업 또는 국유기업 등이 위탁가
공에 종사하고 있다. <그림 7-4>에서 외자계 기업에 의한 수출과 위탁가공 수출을 합계해보면 때로
100%를 넘는 것은 외자계 기업도 위탁가공 수출을 하는 일이 있기 때문이다).

❙ 위탁가공의 공헌과 한계

위탁가공의 특징은 중국에서 부품·재료를 가공하여 부가된 가치만큼 외화로 가공
임금을 얻게 되기 때문에 거의 확실한 외화의 수취 초과가 있다는 것이다. <그림
7-4>에서 살펴볼 수 있는 것처럼 외자계 기업도 수출 확대에 공헌하고 있지만, 외자

〈그림 7-5〉 중국의 평균 관세율과 관세 부담률

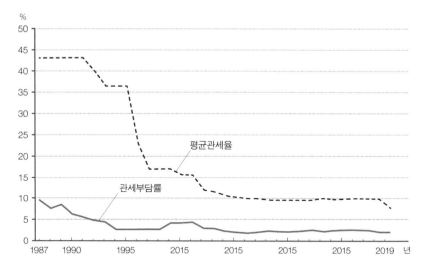

※ 자료: 大橋英夫(2003), pp.99~100, pp.106~107; [2006년 이후의 평균 MFN 관세율] WTO, World Tari
ff Profiles; [1990년 이후의 관세 부담률] 國家統計局 編(2020)을 토대로 하여 저자가 계산함.

계 기업의 수출입을 살펴보면 1997년까지는 수입이 수출을 상회하는 적자였다. 한편
위탁가공은 1980년대에는 외국 측이 공장에 반입한 기계설비를 중국 측이 분할하여
지불하며 매입하는 틀이 되고 있는 일이 많았기에 1988년까지는 수입액이 수출액을
상회했지만, 이후에는 외국 측이 기계설비를 무상으로 임대하는 일이 많아져 1989년
이후에는 일관되게 수출이 수입을 상회하는 흑자이다.

1980년대까지 무역적자로 고뇌했던 중국이 1990년대 이후에는 1993년을 예외
로 하면 줄곧 무역흑자를 유지할 수 있었던 것은 위탁가공으로 흑자를 보았던 것에
크게 공헌하고 있다. 주장 델타 지대는 의복, PC, 사무기기, 여행용품, 완구 등의
세계적인 생산기지가 되었으며 실로 '세계의 공장' 중국의 중심지가 되었다.

위탁가공이 커다란 확대를 보였던 것에 의해, 1980년대 후반부터 1990년대까지
의 중국경제는 높은 관세와 수입 수량 규제에 의해 '보호받는 국내산업의 세계'와
관세 제로의 '개방적인 수출산업의 세계'라는 이중구조를 노정하기에 이르렀다

(Naughton, 1996). 그 상황을 단적으로 보여주는 것이 평균 관세율과 관세 부담률(관세 수입/수입액) 사이의 큰 괴리이다. 1991년의 시점에서 살펴보면, 평균 관세율은 43.1%였지만 위탁가공을 위한 수입 또는 외자계 기업의 설립 시의 설비수입 등 다양한 면세의 틀에서의 수입이 많기 때문에, 관세 부담률은 5.5%에 불과했다(〈그림 7-5 참조〉).

그런데 인도도 수출가공구 등의 제도를 갖고 있으므로 관세 부담률이 평균 관세율을 하회하는 상황에 있지만, 중국처럼 큰 괴리는 없다. 그것은 이중무역 체제가 중국처럼 이용되지 않고 있기 때문이다. 또한 러시아는 관세 자체를 1992년에 대폭 내렸기 때문에 이중무역 체제를 만들 수 있는 여지도 없으며, 따라서 관세 부담률과 평균 관세율 사이에는 거의 괴리가 없다(金野雄五·丸川知雄, 2013).

중국은 이중무역 체제에 의해 높은 관세에 의한 강력한 보호정책과 위탁가공 제도에 의한 개방을 동시에 실현할 수 있었다. 그것이 가능했던 이유는 넓은 국토가 영향을 미치고 있는 것처럼 여겨진다. 광둥성에서는 법률상 근거가 없는 삼래일보 기업이 한 가지 기업의 사례라고 말할 수 있을 정도로 폭넓게 인정되고 있으며 '전창'도 가능한데, 다른 지방에서는 그렇지 않다. 광둥성이 계획경제의 중심지였던 화북 또는 동북으로부터 멀리 떨어져 있던 변경의 땅이기 때문에 제도의 유연한 운용이 가능해졌다고 할 수 있다. 지리적인 거리가 크며 국내시장의 통합도 그다지 진전되지 않은 대국이기 때문에, 관세 제로로 수입품이 왕성하게 들어오는 '광둥성 남부'와 계획경제의 색채가 농후한 '북방의 국유기업 세계'라는 이중경제가 성립되었던 것이다.

2006년 이후 위탁가공이 중국의 수출에서 차지하는 비중은 하락하기 시작했다 (〈그림 7-4〉 참조). 중국은 1994년 이후 무역흑자가 확실히 정착되었으며 21세기에 들어선 이후부터는 흑자가 너무 많은 것에 의해 서구와의 무역마찰이 발생하게 되었다. 중국 정부는 2004년 이후 다짜고짜 수출을 촉진하는 정책을 전환하기 시작했다. 그 이전에는 수출을 촉진하기 위해서 수출할 때에 부품 또는 재료에 부과된 부가가치세를 환급하는 정책을 취했는데, 2004년 이후 수출품에 따라서는 환급을 하지 않거나 환부하는 비중을 내리게 되었다. 위탁가공에 관해서도 보증금을 적립하지 않더라도 좋은 품목의 범위를 좁히는 등의 규제를 강화했다(郭永興, 2011). 또한 2008년 무렵부터 광둥성의 지방정부가 삼래일보 기업에 대해서 법적 근거가 명확한 외자기업으로 개조하도록 촉구하게 되었다. 외자기업이 된다면 국내에 제품을 판매할 수 있게 되어, 외국으로의 수출이 어려워지게 되더라도 기업으로서 계속해서 살아남을 수 있기 때문이다(楊政華, 2012). 2019년의 단계에서 위탁가공이 수출에서 차지하는 비중은 29%로까지 내려갔으며, 위탁가공은 역사적 역할을 거의 마치고 있는 중이라고 말해도 좋을 것이다.

3. 외자에 기대되었던 역할

▮ 기술이전에 대한 기대

중국 정부가 외자도입에 나섰던 동기 가운데 하나는 외자계 기업에 수출 확대를 통해서 중국에게 부족했던 외화를 획득하는 것이었다. 이 방면에서는 앞의 항에서 살펴본 것처럼 오히려 위탁가공이 커다란 공헌을 했으며, 외자계 기업의 공헌은 그것에 미치지 못했지만, 1997년 이후에는 외자계 기업도 무역흑자를 가져오게 되었다. 외자계 기업이 중국의 수출 확대에 공헌했다는 것은 〈그림 7-4〉로부터도 명백한데, 각 성별 수출액과 직접투자 도입 간 관계를 조사한 연구에 의하면(Zhang and Song, 2001), 직접투자가 1% 증가하면 수출이 0.29% 증가하는 관계를 관찰할 수 있었다고 한다.

한편 많은 개도국이 외자를 도입하는 또 하나의 중요한 동기는 국내의 자금 부족을 메우기 위한 것인데, 중국의 경우에는 이 책의 제4장에서 논한 바와 같이, 1980년대 전반에 저축률이 상승하여 국내에서 상당한 자금을 조달할 수 있는 상황이 되었기 때문에 결과적으로는 외자에 크게 의존하는 일은 없었다. 국내의 고정자본투자에 대한 외자의 비중을 살펴보면 1980년대는 5%, 1990년대는 9%, 2000년대는 3%였다. 저축률이 상승했다고는 하더라도 1980년대에는 중국은 아직 저축이 부족한 상황에 있었기에 가령 5%라고 하더라도 자금 부족을 메운다는 의미가 있었지만, 1990년대 후반부터는 저축이 투자를 상회하고 있으므로 외자가 자금 부족을 메우는 의의가 저하되었다.

중국이 당초부터 외국의 직접투자에 가장 강하게 기대했던 것은 기술이전이었다. 대외개방 정책이 개시된 직후인 1979년에 제정된 합자기업법에서는 "외국의 합자 파트너가 투자하는 기술과 설비는 반드시 우리나라(중화인민공화국)의 수요에 적합한 선진적 기술·설비가 아니면 안 된다. 만약 고의로 뒤처진 기술·설비를 도입하여 속이거나 손실을 초래했을 경우에는 손실을 보상하지 않으면 안 된다"라고 적혀져 있으며, '선진기술'을 중국에 가져오는 것은 외자의 의무로 간주되었다. 이 책의 제5장에서 언급했던 적정기술론의 입장으로부터 논하자면, 선진국에서 보았을 때 뒤처진 기술이라고 하더라도 개도국의 상황에는 적합할 가능성도 있으므로 이 조문을 보았던 외국 기업은 기술의 선진성을 중시해야 할 것인가, 아니면 손실이 나지 않는 것을 중시해야 할 것인가를 놓고 곤혹스러웠을 것이다. 입법자의 의도는 명백히 전자에 있으며, 선진국과의 기술격차를 조금이라도 줄이는 역할을 외국 기업에게 기대했던 것이다.

▍ 외국 측과 중국 측의 엇갈린 기대

하지만 이러한 중국 측의 기대와 외국 기업 측의 중국에 대한 기대 사이에는 커다란 차이가 있었다. 외국 기업은 중국을 저임금의 노동력이 풍부한 수출 거점으로 삼거나 또는 잠재적인 거대 시장으로 기대했다. 일본, 한국, 타이완 등에서는 임금이 높아서 성립하지 않게 된 노동집약적인 생산활동을 중국으로 이동시키려고 했기에 이전하는 기술이 반드시 선진기술은 아니었다. 한편 중국을 시장으로서 기대하고 있던 외자는 수출을 하지 않게 될 것이다. 하지만 외화 부족에 고뇌하고 있던 중국 정부는 1980년대 외자계 기업에게 '외화수지 균형'을 취하는 것, 즉 부품 및 자재의 수입, 외국인 종업원에 대한 급여의 지불 등에 필요한 외화를 수출

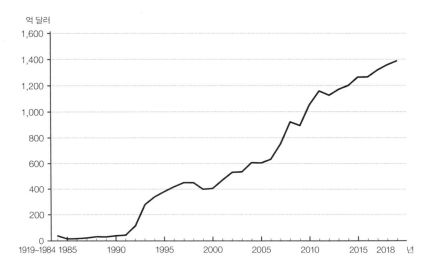

〈그림 7-6〉 직접투자 도입액(실행 베이스)

억 달러

1,600

1,400

1,200

1,000

800

600

400

200

0

1919~1984 1985   1990   1995   2000   2005   2010   2015 2018   년

※ 자료: 國家統計局 編(各年版).

등 스스로의 노력으로 획득하는 것을 추구했다(上原—慶, 1987). 이와 같이 중국 정부
는 외자계 기업에 대해서 '선진기술을 가져오고 수출도 하라'는 과도한 기대를 품었
기 때문에, 그것에 부응하는 외국 기업은 적었고 1991년까지 직접투자의 도입은
저조했다(〈그림 7-4〉 참조). 중국을 수출 거점으로 삼고자 했던 외국 기업은 더욱
홀가분한 위탁가공 쪽으로 흘러들어 갔다.

그래서 1986년에 중국 정부는 '외국투자 장려에 관한 규정'을 공표하고 '제품수
출 기업'과 '선진기술 기업'에 중점을 두며 우대조치를 지시하게 되었다. 요컨대,
수출과 수출 양쪽 모두가 아니라 이 둘 중의 어느 한쪽에 공헌해준다면 좋다는
것이었다.

또한 같은 규정 중에서는 외자계 기업들 간에 외화의 과도한 부족을 조정하는
것이 인정되었다. 예를 들면, 외국인이 자주 숙박하는 호텔처럼 외화의 항시적인
잉여가 생겨나는 외자계 기업으로부터 중국 국내에 판매하는 제품을 만들기 위해

부품을 수입할 필요가 있는 외자계 기업으로 외화를 파는 것이 가능해졌다. 이러한 거래를 하는 '외화조정 시장'이 전국의 각 도시에 설치되었다(大橋英夫, 2003: 47~51).

외화조정 시장이 만들어짐으로써 중국의 국내시장을 노리는 외국 기업도 중국에 대한 투자가 용이한 상황이 되었다. 또한 1994년에는 공식 환율이 대폭 절하되어 외화조정 시장의 환율로 통일되었으며 국내 기업은 수입을 위해 필요한 외화를 은행에서 자유롭게 구입할 수 있게 되었으므로, 1980년대 이후 외자계 기업을 계속해서 고뇌하게 만들었던 '외화수지 균형 문제'가 사실상 해결되었다. 1993년 무렵부터 직접투자의 도입액이 급증했던 배경에는 이러한 사정이 있었다(〈그림 7-6〉 참조).

4. 기술이전에 대한 한층 더해진 기대

▌ '시장으로 기술을 획득한다'

1993년 이후 중국의 국내시장을 노리며 많은 외국 기업이 진출해왔기 때문에 국내 기업이 외자계 기업과의 경쟁에 노정되었다. 때마침 국유기업이 심각한 경영 상황에 있었기 때문에(제6장 참조), 문호개방에 대해서 국내 기업으로부터 불만의 목소리가 높아졌다. 그러한 비판에 대해서 중국 정부가 개방을 계속하는 이유로서 내세웠던 것이 '시장(의 개방)으로 기술을 획득한다'는 방침이었다. 이러한 방침은 1980년대의 외자도입 정책 중에서도 나타나고 있는데 폭넓게 전개되어졌던 것은 1992년부터이다. 예를 들어, 1994년에 제정된 '1990년대 국가 산업정책 강요'에서 지주산업(제6장 제5절 참조)을 진흥하는데 "중요한 기술 및 설비를 획득하기 위해서 국내 시장의 일부를 조건부로 개방하는 것을 인정한다"라고 설명하고 있다. 애당초 실제로는 중요한 기술을 제공했던 외국 기업에게만 국내시장을 개방한다는 엄격한 운용이 이루지는 일은 적었으며(夏梁·趙凌雲, 2012), 국내시장의 개방을 정당화하는 논리로서 이 용어가 사용되었다.

다만 이 방침이 상당히 엄격하게 운용되었던 산업도 존재한다. 그것은 자동차산업인데 1994년에 공포된 '자동차공업 산업정책' 중에서 외국 자동차 제조사는 중국의 자동차 제조사와의 합자기업으로, 또한 외자 측의 출자 비율이 50% 이하라는 조건 밖에는 진출이 인정되지 않았으며, 세계의 1990년대 수준의 자동차를 생산하고 또한 합자기업 중에 연구개발기구를 설치하여 자동차의 모델 변경을 할 수 있도록 태세를 갖추는 것이 요구되었다. 또한 합자기업에서 생산하는 승용차의 부품 국산화는 최저라고 해도 40% 이상이 요구되었다. 이 시기에는 중국 자동차시장의 장래성에 대한 기대가 높아졌으며, 세계의 유력한 자동차 제조사가 일제히 중국에 진출할 의향을 표명했음에도 불구하고, 이러한 준엄한 규제로 인해 1994년부터 1997년까지의 동안에 중국으로 진출하는 것이 인정되었던 기업은 미국의 제너럴모터스(GM) 뿐이었다.

GM이 선택받는 결정타가 되었던 것은 GM이 중국 측과 합자로 신차 개발을 담당하는 기술센터를 설립하는 것에 동의했다는 점이다(李春利, 2005). 자동차 제조사에게 신차 개발의 기술은 경쟁력의 근간과 관련되는 부분이며, 그것을 기술의 유출이 우려되는 합자기업에 위임한다는 것은 과감한 결단이다. 한편 중국 측의 입장에서 본다면, '시장으로 기술을 획득한다'는 전략이 멋지게 성공한 사례라고 할 수 있다.

▎ 개발능력의 이전

하지만 중국 정부는 이것만으로 만족하지 못했다. 2004년에 공표된 '자동차산업 발전 정책'에서는 자동차 제조사가 연구개발 능력을 보유하고 '자주적 지적재산권'을 갖는 제품을 적극적으로 개발해야 한다고 정해졌던 것이다. 이 정책으로부터는 외자로부터 자립한 중국의 자동차 제조사를 육성하고자 하는 뉘앙스가 읽혀지는데, 중국 정부 관계자가 외자와의 합자회사에서 개발한 신차도 '자주적 지적재산권'을 갖는 것으로 인정된다고 발언했기 때문에, 일본의 혼다 및 닛산(日産)은 현지에서 중국 전용 브랜드의 자동차를 개발했다.

위에서 논한 바와 같이, 자동차산업에서는 중국시장의 매력을 지렛대로 삼아 외국 자동차 제조사로부터 부품 생산 및 신차 개발기술에 이르기까지 철저하게 기술을 이전시키고자 하는 정책이 계속되었다. 실제로 2009년 이후 중국은 세계 최대의 자동차 생산국이 되었으며, 자동차 부품부터 자동차용 강판 등의 재료에 이르기까지 대체적으로 국내에서 생산되어졌으며, 외자계 자동차 제조사의 일부 신차 개발도 중국에서 행해지고 있다. 그런데 중국 정부의 관계자 중에는 이것에 대해서도 아직 불만을 갖고 있는 사람이 있으며, 중국 정부의 전(前) 간부로부터 "합자기업은 아편이다"라는 발언까지 튀어나오고 있다(曹婷, 2012). 이 발언은 외자와의 합자에 의해 기술을 흡수하여 자립하는 것을 기대하고 있는 중국의 국유 자동차 제조사가, 실제로는 합자기업으로부터의 배당을 얻는 것에 만족하며 자주적인 기술의 획득에 땀을 흘리며 노력하지 않고 있음을 비판한 것이다.

❘ 스필오버 효과

위에서 언급한 전 간부가 지적하고 있는 현실은 그것을 어떻게 평가할 것인가는 별도로 하고, 확실히 존재한다. 다만 이 책의 제5장 제5절에서 지적한 바와 같이, 외자계 자동차 제조사로부터 다양한 경로를 통해서 정부가 예상하지 못하는 형태로 기술의 스필오버가 일어나고 그것에 의해 신흥 자동차 제조사가 성장하고 있다는 것도 또한 사실이다.

외자계 기업으로부터의 스필오버가 국가 전체 또는 산업 전체로서 어떠한 효과를 미치고 있는가에 관해서는 몇 가지의 실증연구가 있다. 1995년에 실시된 공업조사의 자료를 사용하여 직접투자가 투입됨으로써 생산성에 어떠한 효과가 나타나고 있는지를 검증한 연구에 의하면(Chuang and Hsu, 2004), 직접투자가 투입됨으로써 해당 지역 및 산업의 생산성이 상승하는 효과가 있었다는 것을 확인하고 있다. 다만 이것으로는 진입한 외자계 기업 그 자체가 생산을 증가시키는 효과도 포함되어 있기에, 외자계 기업으로부터 그 이외의 기업으로의 스필오버만을 순수하게 추출하여 계측하고 있는 것은 아니다. 한편 1995~1999년의 전자산업과 섬유산업에 대해서 조사한 연구에 의하면(Hu and Jefferson, 2002), 전자산업에서는 직접투자가 투입됨으로써 비(非)외자계 기업의 생산성이 오히려 내려갔으며, 이것은 외자계 기업이 진입하여 비외자계 기업과 경쟁하고 그 시장을 빼앗아버렸기 때문이 아닌가 하고 추측한다. 또한 2001~2003년의 성별·산업별 공업생산에 관한 자료로부터 외국자본의 유입이 생산에 미치는 효과를 계측한 연구에 의하면(Ran, Voon and Li, 2007), 외자의 유입이 적은 중서부의 성, 또는 외자가 투입되지 않은 산업에서는 외자의 유입이 마이너스의 효과를 미쳤다고 한다.

다만 이러한 실증연구가 한결같이 안고 있는 문제는 스필오버가 발생하는 범위를 그 어떤 근거도 없는 상태에서 선험적으로 한정하고 있다는 점이다. 위에서 언급한 Chuang and Hsu(2004)와 Ran, Voon and Li(2007)의 경우에는 성과 두 자릿수(2桁) 산업 분류(=식품, 음료, 섬유, 의약 등의 대체적인 분류)별로 자료를 나누어 분석하고 있으므로 스필오버가 발생하는 범위를 성 내부 및 두 자릿수 산업 분류 중에서만 발생하는 것으로 전제한 것이 되며, Hu and Jefferson(2002)의 경우에는 네 자릿수(4桁) 산업 분류(전선 케이블, 광섬유, 절연제품, 전지 등의 세세한 분류)로 자료를 나누어 분석하고 있으므로 스필오버가 발생하는 범위를 네 자릿수 산업 분류 중에서 상정하게 된다.

그러나 외자계 기업으로부터 현지기업으로의 스필오버의 경로로서 가장 있을 수 있는 것은 자동차 및 가전제품 등의 완성품을 생산하는 외자계 기업으로부터 그 부품 조달처인 현지기업에 대한 기술지도라는 경로이다(方勇, 2011). 외자계 기업이 같은 시장에서 경합하고 있는 현지기업에 기술을 가르쳐줄 동기는 전혀 없지만, 부품 제조사에 대해서는 적극적으로 기술을 공개함으로써 더욱 저렴하고 품질이 좋은 부품을 조달할 수 있도록 하려는 동기가 있다. 이러한 부품 거래는 가령 냉장고 제조업과 플라스틱 제조업 등에서처럼 산업을 넘나드는 형태로 일어난다. 스필오버가 동일한 산업 중에서만 발생한다는 전제는 현실에서 동떨어져 있는 것이다.

같은 산업 중에서 스필오버가 생기는 패턴으로서는 외자계 기업의 엔지니어가 중국계의 신흥기업에 스카웃되는 사례가 종종 보인다. 이 경우에 엔지니어는 성을 넘어서 이동하는 일도 많다. 따라서 같은 성 내부에서만 스필오버가 생긴다는 전제도 또한 현실에서 괴리되어 있는 것이다.

중국 신흥기업의 기술 획득 프로세스를 조사해보면(제5장 참조), 외자계 기업으로부터 다양한 경로로 기술의 스필오버가 생겨나고 있는 것처럼 보인다. 위에서 소개한 통계 자료를 사용한 분석은 스필오버가 발생하는 범위를 선험적으로 가정하고 있기 때문에, 오히려 실태를 오독하게 될 가능성이 있다.

5. 세계무역기구(WTO) 체제 아래에서의 외자도입

▌ 서비스업의 개방

1986년에 중국은 '관세와 무역에 관한 일반협정(GATT)'에 대한 가입을 신청했다. 당시에 중국의 평균 관세율은 40%를 넘었으며 수출입에 관한 규제도 많았던 가운데, 자유무역을 지향하는 GATT에 가맹하기 위해서는 철저한 개혁이 필요했다. 1990년대에 들어서자 중국은 〈그림 7-5〉에서 살펴본 것처럼 관세를 내리기 시작했으며, GATT 가입에 조금 근접했을 때, 1995년에 GATT가 세계무역기구로 발전적으로 개조되자, 가입 교섭은 더욱 지연되었다. 결국 2001년 12월에 중국은 GATT 가입을 신청했던 때로부터 15년째에 이르러 결국 WTO에 대한 가입이 인정되었다. 이것은 중국의 대외개방 정책의 완성이라고도 말할 수 있는 획기적인 사건이다.

WTO 가입 과정에서 중국의 무역정책은 많은 수정을 해야 하는 상황에 내몰리게 되었다. 예를 들면, 자동차 제조사에 대해서 승용차의 부품 국산화 비율을 40% 이상으로 할 것을 요구하거나 외자계 기업이 스스로 외화수지 균형을 취하도록 요구하는 것은 모두 WTO 협정에 위반되는 것이다(海老名誠·伊藤信悟·馬成三, 2000). WTO는 '내국민 대우'가 원칙이며 관세 이외의 방법에 의해 수입품을 국산품에 비해서 불리하게 하는 것은 위반이 된다(中川淳司, 2013).

또한 WTO에서는 금융, 보험, 통신, 운수, 유통 등의 서비스업에 대한 개방도 중요한 주제가 되고 있다. 중국은 그때까지 공업에의 외자도입에는 열심이었지만, 서비스업의 대외개방에는 소극적이었다. 그 때문에 서구 국가들은 중국의 WTO 가입을 교섭할 때에 특히 금융 및 유통 등 서비스 분야에서의 개방을 압박했으며, 중국 정부는 WTO 가입을 실현하기 위해서라면 '하는 수가 없다'라며 개방을 수락했다. 예를 들면, 은행업에서는 가입 후 5년 이내에 외국 은행에 완전한 시장 접근을 인정하기로 약속했다. 중국은 약속했던 대로 외국 은행의 진출을 인정했지만, 2019년 말 현재 외자계 은행의 총자산은 중국의 은행 전체 중에서 1.6%를 차지하는 것에 불과하며 그 존재감은 작다.

한편 직접투자의 도입이 중국의 일상생활에도 커다란 변화를 가져왔던 것은 소매업이다. WTO에 가입하기 이전에 중국 정부는 주요 도시에 1, 2개 사에 제한하여 외자가 소매업에 진출하는 것을 인정하는 방침을 취했다(黃磷, 2003). 1990년대까지 중국의 소매업을 지배했던 것은 국유 백화점이었는데, 그 서비스의 낮은 수준과 나쁜 경영 효율은 명백했다. 외자계 소매업의 진출을 인정했던 것은 그러한 것이 선진적인 소매 서비스의 본보기로서 작용하여 국유 백화점의 변화를 자극하는 역할을 기대했기 때문이다. 한편으로 진출하는 수를 제한했던 것은 외자계 소매업이 기존 국유 백화점의 시장을 빼앗게 될 것을 우려했기 때문으로 보인다.

WTO에 가입한 이후, 중국 정부가 외자계 소매업에 대한 출자 비율의 제한 및 지리적 제한을 단계적으로 철폐하자, 프랑스 자본의 까르푸, 미국 자본의 월마트, 타이완계 다룬파(大潤發) 등의 대형 슈퍼마켓이 급속하게 전국에 점포망을 확대시켰다. 2019년에는 중국의 소매 체인의 매출 순위에서 다룬파가 4위(486개 점포), 월마트가 7위(442개 점포)가 되었다(中國連鎖經營協會, 2020). 또한 베이징 및 상하이 등의 대도시에서는 패밀리마트, 로손, 세븐일레븐 등 일본의 편의점 체인의 진출도 진행되어 도시의 생활에 침투했다. 과거의 국유 백화점은 확실히 존재감이 희미해졌다.

다만 2019년에 가전 양판점으로부터 대두하게 된 민영 소매기업인 쑤닝그룹(蘇寧易購集團)이 '까르푸 중국'의 주식 80%를 취득했다. 중국의 소매업계는 외자계 기업에 의해 서비스를 쇄신하는 시대에서 그 노하우를 습득한 현지의 민영 소매업에 의한 반격의 시대를 맞이하고 있다.

▍ WTO 가입의 영향

중국의 각 산업은 WTO 가입을 전전긍긍하며 맞이했다. 이제까지 두터운 보호 아래에 있었던 각 산업은 외국 기업에의 시장개방을 견뎌낼 수 없을 것이라고 여겨 졌다. 실제로 국유 백화점처럼 존재감이 희미해지게 된 분야도 있는데, 타격을 받을 것으로 생각되었지만 거꾸로 급성장을 하게 된 산업도 있다. 그중의 하나가 자동차 산업이다. 1998년의 시점에서 중국은 승용차의 수입에 대해서 100%나 되는 관세를 부과하고, 게다가 수입 수량도 제한했던 것을 WTO 가입 당시에는 관세를 43.8%, 2006년에는 25%로까지 관세를 내리고(배기량 3리터 이하의 경우), 수량 제한도 철폐하기로 약속했다. 이러한 자유화에 의해 2005년의 수입액은 WTO 가입이 실현되지 않는 경우와 비교해서 2배 이상 증가하고 국내의 생산액과 취업자는 15% 정도 감소할 것으로 예측되었다(李善同 外, 2000).

그런데 실제로 뚜껑을 열어보니, 자동차의 생산 대수는 2001년의 207만 대에서 2005년의 571만 대로 2.4배나 증가했다. 이후에도 중국의 자동차산업은 약속했던 대로 약진을 계속했으며, 2009년부터 세계 1위가 되었다. 중국은 약속했던 대로 관세를 인하했는데, 국내의 판매 대수에서 차지하는 수입품의 비중은 3~6% 정도에 그쳤으며 국내시장이 수입품에 의해 석권되는 것과 같은 상황은 일어나지 않았다.

왜 예상을 뒤집는 발전이 이루어지게 되었던 것일까? 그것은 WTO 가입이 자동차의 수요와 공급의 쌍방을 자극하는 효과를 갖고 있기 때문이다. WTO 가입 이전의 중국의 자동차산업 정책은 공급 측의 사정 밖에는 고려하지 않았다. 승용차 생산에 참여하는 기업에 중점을 두고 각각의 생산 규모를 확대시켜 비용을 인하함으로써 경쟁력을 높이도록 했다. 하지만 참여의 제한에 의해 가격이 높은 상태를 유지하고 수요가 억제되었기 때문에, 1990년대의 기간 동안에 중국 자동차산업의 성장은 예측을 대폭 밑돌았다. 그런데 WTO 가입에 의해 수입품이 저렴해지면서 국내의 자동차 제조사에게 경쟁 압력이 가해졌고 국내산 자동차의 가격도 내려갔다. 게다가 이제까지 참여하는 것이 허락되지 않았던 외국 자동차 제조사가 참여 제한의 정책이 느슨해진 것을 계기로 하여 중국에 공장을 설립함으로써 국내에서의 경쟁도 격화되었으며, 이것도 가격 하락에 박차를 가하여 공급 측도 그것에 자극을 받아 더욱 증산을 하게 되는 좋은 환경에 의해 2002년 이후의 급성장이 일어났던 것이다.

▎ 중국의 GDP에서의 외자계 기업의 비중

WTO 가입 이후의 18년 동안(2002~2019년) 중국에 유입된 직접투자는 1조 8952억 달러이며, 같은 기간에 일본이 받아들인 직접투자액(1493억 달러)의 13배에 해당한다. 인구 규모의 차이를 고려하더라도 중국은 직접투자에 대단히 개방적이었다는 것을 알 수 있다. 이럴 정도로 대량으로 유입된 외국 자본은 중국경제 안에서 어느 정도의 무게를 차지하고 있는 것일까?

공업에 대해서는 자료가 풍부하지만, 문제는 서비스업에 관한 자료가 적다는 점이다. 어떤 연구는 직접투자액과 부가가치액의 비율이 공업(제조업, 광업, 전력·가스·수도 등)과 공업 이외에서 동일하다는 가정 하에 추계를 하여, 2004년에는 외자계 기업이 GDP에서 차지하는 비중이 22.4%였다고 추계하고 있다(Whalley and Xin, 2010). 다소 억지스러운 방법이라는 것은 부정할 수 없지만, 이 추계 수법을 빌려서 최근까지 외자계 기업의 비중을 조사해보도록 하겠다. 즉 다음과 같은 방식으로 추정할 것이다.

외자계 기업의 GDP 비중(%) = (①공업 부가가치 총액에서 차지하는 외자계 공업기업의 비중) × (②GDP에서 차지하는 공업의 비중) ÷ (③직접투자 도입액에서 차지하는 공업 직접투자의 비중)

<그림 7-7> 외자계 기업의 부가가치액이 GDP에서 차지하는 비중(추계)

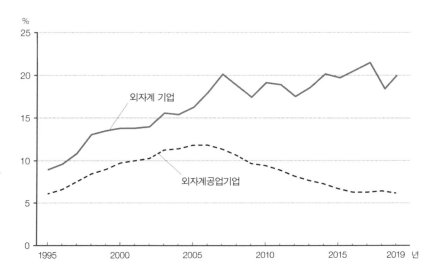

※ 자료: 國家統計局 編(各年版)의 자료에 토대하여 Whalley and Xin(2010)의 수법에 의해 저자가 추계함.

    다만 외자계 공업기업의 부가가치 총액의 자료는 2008년 이후 얻을 수 없으므로 공업생산액으로부터 부가가치액을 추정하고 있다. 즉 2007년까지 10년 동안의 실적을 살펴보면, 외자계 공업기업의 부가가치액 비중은 생산액 비중의 87% 전후의 수준에서 거의 안정되고 있으므로, 2008년 이후의 생산액 비중에 87%를 곱하는 것을 통해 부가가치액 비중을 추계했다.

    이러한 추정 작업에 기초하여 작성한 <그림 7-7>로부터는 다음과 같은 것을 읽을 수 있다. 첫째, 2007년까지는 외자계 기업의 중국경제 내 비중은 매년 확대되었다. 또한 2005년까지는 외국의 직접투자 중에서 70% 이상이 공업에 대한 투자였다. 둘째, 2006년 이후 외국의 직접투자 중에서 서비스업이 차지하는 비중이 높으며, 2019년에는 70%를 차지하는 수준까지 되었다. 또한 이 시기에는 외자계 공업기업의 중국 GDP에서 차지하는 비중이 계속 내려가고 있다. 셋째, 외자계 공업기업은 쇠퇴하는 경향에 있지만, 외자계 서비스산업이 확대되고 있기 때문에 2007년 이후 전체적으로 외자계 기업은 중국 GDP의 20% 전후에서 추이하고 있다.

이 책의 제6장에서는 국유기업이 GDP에서 차지하는 비율을 추정했는데, 국유기업은 20% 미만이었다. 그것은 외자계 기업이 중국경제에서 국유기업과 동등하거나 또는 약간 그것을 상회하는 정도의 비중을 차지하고 있다는 것을 의미한다. 다만 통계의 분류에서 외국 자본이 25% 이상 투입되어 있다면, 가령 국유자본이 과반수라고 하더라도 그 기업은 외국계 기업으로서 취급된다는 것은 염두에 둘 필요가 있다.

▌ 자유무역시험구

중국은 WTO에 가입하고, 가입 당시에 시장개방의 약속을 이후 실현함으로써 중국의 경제개방에서 캐치업은 종료되고, 보통의 자유무역 국가가 되었다고 말할 수 있다. 그러한 기반 위에서 중국 정부는 2013년부터 자유무역시험구를 설립하는 것에 의해 더욱 경제개방에 나섰다. 우선 2013년 9월에는 상하이 자유무역시험구가 설립되었으며, 이후 4차례의 확대를 거쳐 2019년 8월까지 광둥성, 톈진시, 푸젠성, 랴오닝성, 저장성, 허난성, 후베이성, 충칭시, 쓰촨성, 산시성, 하이난성, 산둥성, 허베이성, 장쑤성, 광시자치구, 윈난성, 헤이룽장성에서 자유무역시험구가 설립되었다. 각각 $120 km^2$ 정도의 지역을 구획하고 화물이 그 역내에 머무르는 한에 있어서는 면세로 하는 것이다. 하이난성(하이난다오)에 대해서는 섬 전체가 자유무역시험구가 되었다.

자유무역시험구는 단순한 '수출기지'라기보다는 개혁의 실험장으로 자리매김했다(王旭陽·肖金成·張燕燕, 2020). 우선 외국 자본의 투자에 대해서는 네거티브 리스트 방식, 즉 리스트에 게재되어 있는 분야 이외의 투자는 모두 받아들인다는 방침을 취하고 있다. 상하이의 경우에 2013년에 발족했을 당시에는 네거티브 리스트에 190개의 분야가 기재되어 있었는데, 2020년 시점에서는 담배의 도·소매 등 30개의 분야에서 투자금지 또는 중국 측이 과반수를 지배하는 등의 조건이 붙어 있을 뿐이다. 또한 자유무역시험구에서는 무역 및 투자의 원활화, 금융의 개방 등 제도 방면에서의 혁신과 규제 완화를 실험하고 그것을 전국으로 확대한다는 역할도 기대되고 있다. 2018년 말까지 자유무역시험구로부터 전국에 보급하는 것이 가능한 202개 항목의 제도혁신 관련 실례가 생겨났다(杜國臣·徐哲瀟·尹政平, 2020).

2019년에는 전국의 자유무역시험구를 합계하면 수출입 총액의 14.6%, 외국 직접투자액의 15.2%를 차지하는 데까지 성장했다. 원래 자유무역시험구는 신규의 투자를 흡수하기보다는 이미 중국에 있는 다국적기업의 본부를 가까운 곳으로 끌어당겼을 뿐이라는 평가도 있다(王旭陽·肖金成·張燕燕, 2020). 확실히 자유무역시험구의 확장에 의해 중국의 무역이 자유무역으로 크게 전환되었다고 한다면, 관세 부담률이 내려갈 것임이 분명하지만 〈그림 7-5〉에서 살펴볼 수 있는 것처럼 2012년의 2.43%에서 2019년의 2.20%로 약간 내려갔을 뿐이다. 다만 자유무역시험구는 현재의 시점(2020년)에서 아직 확장되고 있는 중이기에 그 효과를 평가하는 것은 시기상조라고 할 수 있다.

❙ 맺음말

1970년대 말에 '자력갱생'의 방침을 전환시키는 것으로부터 시작된 중국의 외자도입은 40년 동안에 커다란 비약을 이룩했다. 중국은 미국에 다음 가는 세계 2위의 직접투자 도입국이 되었으며 인구 1인당 도입액에서도 일본을 상회하고 있다. WTO에 가입한 이후, 외자계 기업은 공업 이외에 서비스업에도 침투했으며 중국의 기술적 캐치업을 진전시키는 것과 동시에 중국인의 일상생활까지 변화시켰다. 외자계 기업은 이제는 중국 GDP의 20% 전후를 만들어내고 있는 것으로 추계된다.

그러나 이제까지 순조롭게 전개되어왔던 세계화와 중국의 대외개방 정책이 역회전하게 되었을 때의 가공할 모습을 엿볼 수 있게 하는 사건이 2012년 이후 종종 발생하고 있다. 2012년에 일본 정부가 센카쿠열도[尖閣列島, 중국명: 댜오위다오(釣魚島)_옮긴이]의 국유화를 발표했을 때, 그것에 반발한 중국의 군중이 몇 군데의 도시에서 주민들이 일본계 기업의 공장 및 상점을 습격·파괴하고, 일본 제품에 대한 불매운동이 전개되었다. 신변의 위험을 느낀 일본계 기업의 일본인 주재원들은 가족을 일본에 돌려보내는 등 대응조치를 취해야 하는 상황에 내몰렸다. 일본인 주재원들은 중국 측의 열성적인 유치에 의해 이끌려 중국에 진출했지만, 정작 중일 관계가 악화되면 거꾸로 흡사 방대한 수의 인질이 되어버리는 것처럼 공격의 대상이 되어버렸다. 2017년에는 한국과 중국 사이에 한국에서의 미군의 사드(THAAD, 종말단계고도도방어미사일) 배치를 둘러싸고 분쟁이 발생했다. 한국 측은 북한의 미사일 위협에 대비하기 위해서라고 설명했지만, 중국 정부는 중국에 대한 위협을 높이고 있다며 맹렬하게 반발했다. 그리고 한국으로의 단체여행의 금지, 한국 제품 및 한국제 콘텐츠의 보이콧 등을 내용으로 하는 운동이 확대되었다. 특히 사드의 배치에 자사의 골프장을 제공했던 롯데그룹에 대해서는 가혹한 보복이 행해졌다. 롯데그룹은 중국에서 소매점 '롯데마트'를 112개 점포를 열며 전개했는데, 방화 관련 대비가 불충분하다는 구실로 인해 폐쇄하라는 명령을 받았으며 결국 사업을 매각해야 하는 상황에 내몰리게 되었다.

한편 중국 기업도 2017년에 미국에서 트럼프 정권이 탄생하게 되자, 미국 정부로부터의 공격에 직면했다. 수많은 중국기업이 미국시장에 진출하거나 미국의 주식시장에 주식을 상장하여 자금을 조달하거나, 미국 기업으로부터 기계 및 부품을 구입하고 있다. 미국과의 폭넓은 경제 관계는 개혁개방 시기 중국의 경제발전을 밑받침했던 중요한 요소이다. 그런데 트럼프 정권이 성립된 이후 미국 정부는 안보상의 위협이라는 구실을 내세우며 화웨이 등 특정한 중국 기업을 타깃으로 삼고 미국 기업으로부터의 기계, 부품 및 소프트웨어의 구입을 금지하거나 미국시장으로부터 화웨이 등의 통신기기를 배제하거나, 주식시장으로부터 중국 기업을 추방하는 등의 공격을 계속하고 있다. 민생 용품 및 민간용 서비스를 제공하는 중국 기업이 왜 미국의 안보에 위협을 초래하는가에 대한 설명이 이루어지지 않은 상태에서 일본 등의 동맹국에게도 동조하라는 압력이 가해졌다. 미국을 중요한 시장으로 삼거나 미국 기업으로부터의 기계, 부품 및 소프트웨어의 공급에 의존했던 중국 기업에게 있어서는 아픈 곳을 가격당한 모양새인데, 매출 및 시장 비중의 감소는 불가피하며 경우에 따라서는 기업의 매각 또는 도산에 이르게 될 가능성도 있다.

원래 WTO의 전신인 '관세와 무역에 관한 일반협정'이 성립되었던 것은 대공황 이후 경제의 블록화가 전쟁의 도화선이 되었다는 것에 대한 반성으로부터였다(中川淳司, 2013). 각국이 무역과 직접투자를 통해서 깊게 연계되고 상호의존 관계를 구축하는 것은 국제평화를 유지하는 커다란 동기가 된다. 두 국가 간의 대립도 그것이 무역 및 직접투자의 분야에 미치게 될 때에는 WTO라는 다국가 간 틀 속에서 자유무역 일반의 문제가 된다. 가령 특정한 국가에 대해서 불만이 있다고 하더라도 그 국가와의 무역·투자 관계를 인질로 삼는 것과 같은 행동은 세계의 자유무역 질서를 위협하는 행위이므로 신중해야 한다. 이러한 행동은 세계로부터 견제를 받아야 하며, WTO가 그러한 행위를 효과적으로 억제할 수 있도록 하는 기능을 강화하지 않으면 안 된다.

제8장 민간기업과 산업집적

원저우시(溫州市)의 가죽신 재료 시장(2016년)

민간기업은 이 책의 제6장에서 다루었던 국유기업, 그리고 제7장에서 논했던 외자계 기업에 비해서 더욱 큰 역할을 중국경제에서 수행하고 있다. 우선 그것을 제시해보도록 하겠다.

　이 책의 제6장 제6절에서는 국유기업이 중국의 GDP에서 차지하는 비중을 추계했는데 2018년에는 18.5%였다. 또한 제7장 제5절에서는 외자계 기업이 중국의 GDP에서 차지하는 비중도 추계했는데 2018년에는 18.4%였다. 이 밖에 여러 공적 기관, 즉 중앙 및 지방의 정부, 소학교에서 대학에 이르기까지의 공적교육기관, 병원 등이 GDP의 10.7%를 만들어냈다. 아울러 제1차 산업이 GDP의 7.3%를 만들어냈다. 이상을 합하면 55.0%가 되며, 나머지 45.0%는 제2차·제3차 산업의 민간기업이 만들어냈다는 것이 된다. 이처럼 민간기업은 중국경제에서 국유기업과 외자계 기업을 합계한 것보다도 큰 역할을 수행하고 있는 것으로 보이는데, 이 책 이외에 중국경제 관련 교과서에서는 한 장을 할애하여 다루어졌던 바가 없다. 그것은 중국 민간기업의 대다수가 중소기업이고 대단히 다수이면서 또한 다양하기에, 그 전모를 파악하는 것이 쉽지 않았기 때문이다. 민간기업이 수행하고 있는 역할을 측정하고자 하더라도 국유기업, 외자계 기업을 제외한 '기타 기업'으로서 밖에 계산할 수 없는 부분에 민간기업을 파악하기 어려운 점이 나타나고 있다.

　다만 민간기업이 왕성한 저장성 및 광둥성에 가보면 민간기업이 지역경제에서 하나의 층으로서 커다란 덩어리를 형성하고 있다는 것을 알 수 있다. 이러한 지역에는 일정한 지역에 같은 업종의 민간기업이 다수 모여 있는 산업집적이 수많이 있다. 거기에 모여 있는 민간기업은 대체적으로 비슷한 역사를 갖고 있으며 하나의 유형으로서 파악할 수 있다. 중국 민간기업의 특징은 산업집적에 착안함으로써 부각된다.

그래서 이 장의 전반에서는 중국 민간기업 전체의 발전 상황 및 민간기업에 대한 정책을 검토한다. 그리고 후반에서는 민간기업이 만들어내고 있는 산업집적의 사례를 몇 가지 검토하고 산업집적이 민간기업의 요람이 되고 있다는 것을 밝힌다.

1. 민간기업의 확대

▌ 광공업에서의 민간기업의 확대

중국경제 중에서 민간기업이 차지하는 비중은 어떻게 변화하고 있을까? 여기에서는 자료가 비교적 풍부한 광공업에 대해서 살펴보도록 하겠다. 이용하는 것은 중국의 경제 자료 중에서 가장 망라한 조사가 행해지고 있는 '경제조사(공식 명칭은 전국경제보사(全國經濟普查)_옮긴이)'이다. 이 조사는 2004년에 제1차 조사가 행해진 이후 4~5년에 1회씩 실시되고 있다. 그 특징은 중국에 2,200만 호 가까이 있는 모든 법인을 조사하는 것이다. 그중에 광공업 기업은 345만 호가 있는데, 매년 조사가 이루어지는 것은 그 10분의 1에 머물고 있으며 4~5년에 한 차례 실시되는 경제조사에 의해서 비로소 그 전모를 알 수 있다.

〈표 8-1〉에서는 경제조사를 토대로 하여 광공업의 기업 수, 자산액, 영업수입, 종업원 수에서 차지하는 국유기업, 외자계 기업, 민간기업 및 소기업의 비중이 제시되고 있다. 여기에서 국유기업은 국가가 지배적인 주주인 기업이라는 의미로 구체적으로는 국가가 주식의 과반수 이상을 보유하고 있거나 또는 과반수가 아니더라도 상대적으로 다수의 주식을 소유하고 있는 기업을 말한다. 외자계 기업은 일반적으로 외국 자본이 주식의 25% 이상을 보유하고 있는 기업이다. 그리고 전체의 숫자로부터 국유기업과 외자계 기업을 뺀 나머지를 민간기업으로 간주하고 있다. 따라서 민간기업 중에도 국가가 주식의 일부를 보유하고 있는 기업, 또는 외국 자본이 25% 미만의 주식을 갖고 있는 기업도 포함된다. 소기업은 2004년과 2008년의 조사에서는 영업수입이 500만 위안 미만의 기업, 2013년과 2018년의 조사에서는

<표 8-1> 광공업에서의 국유·외자·민간의 비중(경제조사 결과)　　　　　　　　　(단위: %)

년도	기업 수				자산액			
	국유	외자	민간	소기업	국유	외자	민간	소기업
2004	3	4	12	80	46	23	21	11
2008	1	4	17	78	40	24	28	9
2013	1	2	12	85	33	18	32	17
2018	1	1	9	89	33	16	34	17

년도	영업수입				종업원 수			
	국유	외자	민간	소기업	국유	외자	민간	소기업
2004	33	30	29	9	21	19	31	29
2008	28	27	38	7	15	21	37	26
2013	23	21	47	9	13	18	38	30
2018	25	20	45	11	13	16	43	27

※ 설명: '소기업'이란 2004년과 2008년에는 영업수입이 500만 위안 이하, 2013년과 2018년에는 2000만 위안 이하.
※ 자료: 國務院全國經濟普査領導小組辦公室 編(2006, 2011, 2015, 2020)의 자료를 토대로 하여 저자가 작성함.

영업수입이 2,000만 위안 미만의 기업이다. 그중에 국유기업, 외자계 기업, 민간기업이 어느 정도의 비중으로 들어가 있는지는 합산되어 있기 때문에 알 수 없다. 다만 2018년의 경우에 소기업 전체의 자본 중 개인이 보유하고 있는 비중이 58%, 법인이 보유하고 있는 비중이 19%, 외자가 보유하고 있는 비중이 13%, 국가가 보유하고 있는 비중이 6%였다. 개별 기업 중 국가가 과반수를 보유한 기업 또는 외자가 25% 이상 갖고 있는 기업도 있을 수 있지만, 그 숫자는 명백히 적기 때문에, 여기에서는 소기업은 모두 민간기업이라고 가정하며 논의를 진행하도록 하겠다.

　　그렇게 하면 기업 수에서 압도적인 다수는 민간기업(〈표 8-1〉의 민간기업 + 소기업)이며 그 비중은 2004년의 93%에서 2018년에는 98%로 높아졌다. 자산액에서는 국유기업이 아직 큰 비중을 차지하고 있으며, 민간기업의 비중은 2018년 시점에서 51%에 그쳤다. 영업수입은 민간기업이 2018년 시점에서 56%를 차지했는데, 2013년부터 2018년에 걸쳐서 국유기업이 약간 만회했다. 종업원 수에서는 민간기업이 2018년에 71%를 차지했다.

〈표 8-2〉 국유기업이 지배적인 산업('취업자 수'의 비중)(단위: %)

	국유	집단	민간	외자	기타
석유·천연가스 채굴업	98	0	1	1	0
철도수송업	96	2	2	0	0
담배제품 제조업	95	2	3	0	0
파이프라인 수송업	85	1	8	2	4
항공운수업	81	2	10	1	7
신문·출판업	29	1	16	0	3
전력·열생산 공급업(熱生産供給業)	75	3	19	2	2
석탄채굴업·선탄업(選炭業)	72	3	22	1	3

※ 자료: 國務院全國經濟普查領導小組辦公室 編(2020)의 자료를 토대로 하여 저자가 작성함.

▌ 업종별 상황

다음으로 제2차·제3차 산업의 업종별로 민간기업 및 국유기업이 어느 정도의 비중을 차지하고 있는지를 살펴보도록 하겠다. 여기에서는 2018년에 실시된 경제 조사의 자료를 사용하고 있으며, 각종 기업이 각 산업의 취업자 수에서 차지하는 비중을 제시하고 있다. 또한 여기에서는 소기업을 포함한 1,857만 호의 기업 법인이 기업의 지배주주에 따라 분류되어 있다.

우선 〈표 8-2〉는 국유기업(국가가 지배주주인 기업)이 지배적인 산업을 나타내고 있다. 석유·천연가스 채굴업, 철도수송업, 담배제품 제조업은 국유기업이 거의 독점하고 있다. 파이프라인 수송업 이하는 국유기업이 지배적이기는 하지만, 민간기업도 어느 정도 참여하고 있다. 국유기업이 50% 이상을 차지하고 있는 것은 〈표 8-2〉에 적힌 산업을 포함해 전부 13개 업종이다.

한편 〈표 8-3〉은 민간기업이 취업자 수의 80% 이상을 차지하는 산업을 나타낸다. 제조업 중에서도 특히 경공업의 분야 및 각종 서비스업에서 민간기업이 압도적인 비중을 차지하고 있다. 제2차·제3차 산업이 모두 86개 업종으로 나뉘어져 있는 가운데 68개 업종에서는 민간기업의 취업자가 전체의 50% 이상을 차지하고 있다. 그중에는 철강업, 화학공업, 자동차 제조업 등 과거에 국유기업이 주요 담당자

〈표 8-3〉 민간기업이 우위에 있는 산업('취업자 수'의 비중)　　　　　　　　　（단위: %）

	국유	집단	민간	외자	기타
목재가공·목죽등제품 제조업(木竹籐製品製造業)	1	1	94	3	2
건축장식·기타 건설업	3	1	92	0	4
오락업	3	1	91	1	4
교육산업	3	2	89	1	4
주민 서비스업	3	2	89	1	5
리스업	5	1	89	2	4
과학기술 서비스업	5	1	86	3	5
가구 제조업(家具製造業)	0	0	85	11	3
문화예술업(文化藝術業)	11	1	83	5	4
도매업	7	1	83	5	4
비금속광물 제품업(非金屬鑛物製品業)	6	1	83	5	4
방직업	2	1	83	11	3
비금속광채굴업(非金屬鑛採掘業)	10	3	83	1	4
자원 리이클업	5	5	82	4	4
소매업	5	2	82	5	6
의료위생(醫療衛生)	6	2	82	2	8
금속제품업(金屬製品業)	3	2	82	10	3
농부식품가공업(農副食品加工業)	4	2	81	8	5
스포츠	5	1	81	7	7
가옥건설업(家屋建設業)	10	5	80	0	5
설비거부업(設備据付業)	10	5	80	1	4

※ 자료: 國務院全國經濟普査領導小組辦公室 編(2020)의 자료를 토대로 하여 저자가 작성함.

였던 산업도 다수 포함되어 있다. 국유기업이 완전히 퇴출된 산업이 가구 제조업 밖에 없다는 것은 그 나름대로 매우 흥미롭지만, 80%의 업종에서 이미 민간기업이 최대의 고용주가 되고 있다는 것에 주목하고자 한다. 또한 외자계 기업이 취업자의 50% 이상을 차지하는 산업은 하나도 없지만, 다만 전자기기 제조업 한 가지만은 외자계 기업의 취업자 비중은 44%로 민간기업 및 국유기업보다 많다.

〈표 8-2〉와 〈표 8-3〉의 토대가 된 2018년의 경제조사에 의하면, 제2차·제3차 산업의 기업에서 일하는 2억 9828만 명 중에 민간기업이 73%, 국유기업이 13%, 외자계 기업이 8%, 기타 기업이 5%, 집단소유제 기업이 2%를 차지하고 있다.

2. 근절에서 용인으로

▌ 민간기업의 '사회주의 개조'

이와 같이 2018년 단계에서 중국의 제2차·제3차 산업 중에 80%의 업종이 민간기업 주도가 되었으며, 취업자의 70% 이상이 민간기업에 취직해 전체적으로 볼 때 중국경제는 이미 민간 주도가 되고 있다고 할 수 있다. 하지만 여기까지 이르는 길은 평탄하지 않았다. 중국이 사회주의를 표방하는 국가인 이상, 자본가가 경영하는 민간기업 등은 존재해서는 안 된다는 이데올로기가 강했기 때문이다.

중국공산당이 정권을 장악하고 중화인민공화국이 성립되기 이전의 중화민국 시대에는 물론 다수의 민간기업이 중국에서 활동했다. 중화민국 시대의 경제는 지금의 중국과 마찬가지로 국유기업, 민간기업, 외자계 기업이 정립되어 있는 상태에 있었다. 일본의 중국에 대한 침략의 움직임이 강해졌던 1930년대에 국민당 정부는 대항력을 높이기 위해서 수많은 국유기업을 설립했으며, 중일전쟁 종식 이후에는 일본계 기업도 접수하여 국유기업은 갈수록 비대해졌다(제2장 참조). 한편 민간기업의 활동범위는 섬유산업, 식품공업 등 경공업과 화학공업 및 서비스산업이었다.

중화인민공화국이 성립되자, 공산당 정권은 국민당 정권이 구축했던 국유기업을 이어받고 동시에, 접수한 외자계 기업의 다수를 국유기업으로 개조했다. 민간기업에 대해서는 건국 당초에는 정권을 밑받침하는 '민족자본가'라고 부르며 존중하며 전쟁과 혁명으로 고통을 겪었던 국민경제를 회복하는 원동력이 되는 것을 기대했다. 중화인민공화국이 성립된 1949년에서의 공업 생산액의 72%는 사영기업과 자영업이 차지했으며, 이러한 민간기업의 회복이 없이는 경제의 부흥은 없었을 것이기 때문이다.

그러나 건국된 지 4년째인 1953년에 중국공산당은 사회주의로의 전환을 결정하고 이에 따라 민간기업은 서서히 사멸되어야 하는 것으로 간주되었다(제2장 제3절 참조). 민간기업에 대한 '공사합영'이 실시되었으며, 경영의 실권이 경영자로부터 정부의 관료로 이동하였고 최후에 국유화되었다. 또한 영세한 자영업자들은 그룹으로 정리되어 집단에서 사업을 하도록 조직되었고 집단소유제 기업으로 조직되었다. 이리하여 1958년에는 중국에서 사영기업도 자영업도 무릇 민간기업적인 것은 근절되어졌으며 민간기업의 '사회주의 개조'가 완성되었다.

하지만 중국의 사회주의경제를 구성하는 국유기업과 집단소유제 기업이 사람들이 원하는 재화 또는 서비스를 충분히 제공한 것은 아니며, 중국공산당은 실업을 완전히 박멸했다고 선언했지만, 충분한 일자리가 없는 사람들도 있었다. 그러한 사람들이 음식 등의 서비스를 제공하거나 부업으로 물건을 만들어 돈을 벌고자하는 움직임이 1960년대부터 팽배하게 넘쳐났던 것이다. 농촌의 인민공사 또는 생산대대가 운영하는 기업은 '사대기업(社隊企業)'이라고 불렸는데, 사대기업의 명목을 빌려서 숨어 있는 민간기업이 적지 않게 존재했다. 문화대혁명의 종반인 1975년에 중국 정부가 만든 '공식 통계'에 의하면, 그 당시 자영업자는 24만 명이 있었으며 도시 지역의 취업자 중에 0.3%를 차지했다. '숨어 있는 자영업자' 또는 '숨어 있는 민간기업'은 더 많이 존재했던 것으로 추측된다.

▌ 민간기업의 부활

1978년 말에 개혁개방 정책이 시작되자, 그때까지 남의 눈을 피하는 존재였던 민간기업이 공개적으로 활동할 수 있게 되었다. 처음 인정되었던 것은 종업원이 7명 이내의 자영업이다. 당시에 중국 정부가 자영업을 인정했던 것은 민간의 활력을 부분적으로 살리는 새로운 경제체제를 만들기 위한 것과 동시에, 조금이라도 고용을 확대시키고자 하는 절실한 동기에 기초해서였다. 이 책의 제3장에서 논한 바와 같이 문화대혁명 시기 동안에 농촌 지역으로 보냈던 청년들이 1978년 이후 도시로 귀환했기때문에 실업문제가 심각해졌던 것이다. 정부로서는 귀환자가 취업할 수 있는 일자리확보에 주력하는 한편으로 자영업의 창업도 지원했다. 그 무렵에는 은행도 자영업에 대해서 적극적으로 창업 자금을 융자해주었다(Huang, 2008).

그와 같은 경위에 의해 탄생한 민간기업의 대표적인 사례로서 2019년에는 중국의 의류산업에서 매출액 2위인 야거얼(雅戈爾, Youngor) 그룹을 들 수 있다. 야거얼의 전신은 닝보시 교외의 진정부가 농촌에서의 노동으로부터 귀환했던 청년들 54명에게 취업할 일자리를 제공하기 위해서 1979년에 설립한 공장이었다. 정부로부터는 창업을 돕기 위해 2만 위안이 보조되었는데, 작업장으로서 제공된 것은 강당의 지하실이었으며 미싱 및 재단 가위 등의 도구는 종업원이 각자 소지하고 왔다. 명목상으로는 진영기업이었지만 경영은 종업원들에게 맡겨졌다. 재료인 천을 랴오닝성의 국유기업과 교섭해서 매입하고 상하이의 국유기업을 향해 상대방 브랜드로 의복을 제봉하여 제공하는 것 등을 통해서 야거얼은 계획경제의 틈바구니를 누비고 나아가듯이 성장했다. 1986년부터는 자사 브랜드를 갖고 있는 의류 제조사로서 성장하기 시작했으며, 1993년에는 종업원 등이 출자하는 주식회사로 전환되었다(任斌武, 1997; 陳萬豊, 2004).

개혁개방 정책이 시작되었을 무렵, 여러 일용품이 부족했으며 국유의 상점 및 음식점의 서비스는 대체적으로 나빴기 때문에 자영업자 및 민간기업이 기회를 잡을 수 있는 틈새도 존재했다. 1986년에는 종업원 7명 이내라는 자영업자의 한도를 초월하여 발전한 기업은 사영기업으로서 그 존재가 법적으로 인정되어졌다. 하지만 실제로 1990년대 중반 정도까지는 민간기업은 언제 다시 '공사합영'과 같은 움직임이 일어나지 않을까 하는 우려를 하면서 경영을 하는 상황에 있었다.

실제로 1982년에는 자영업이 왕성했던 원저우시 웨칭현(樂淸縣)에서 8명의 민간기업가가 적발되는 '팔대왕 사건(八大王事件)'이 일어났다. 그 전년에는 중국 정부가 자재의 부정 유출 및 투기를 엄중하게 단속하는 방침을 제기했다. 민간기업은 국유기업으로부터 남은 자재 등을 불하받아 그것을 사용하여 상품을 만드는 일이 많았는데, 그러한 행위가 계획경제 체제의 질서를 혼란스럽게 만드는 '경제범죄'로 간주되어, 기업가들이 체포 투옥되었던 것이다(吳曉波, 2007; 高娜, 2008). 2년 후에 이 사건은 누명이었다고 하며 형벌의 집행이 취소되었지만, 먼 훗날까지 민간기업가라는 것의 리스크를 인상짓게 만드는 사건이었다.

1989년 6.4 톈안먼 사건(〈칼럼 8〉 참조) 이후에도 민간기업에 대한 정치적인 역풍이 강해졌으며 해외로 피난을 떠났던 기업가도 있는가 하면, 기업의 존속을 위해서 자신의 회사를 지방정부에 기부해버린 기업가도 있었다. 또한 실질적으로는 오너 경영자가 출자하여 만들었던 순전히 민영기업이면서도 등기상으로는 집단소유제 기업으로 간주되는 기업도 적지 않았다. 이러한 기업은 '붉은 모자를 쓴 기업'이라고 불렸다. 즉 '자본주의적이다'라고 지탄을 받지 않도록 사회주의적인 기업의 모습을 위장했던 것이다.

민간기업이 결국 주변의 시선을 꺼리지 않고 활동할 수 있게 되었던 것은 이 책의 제6장 제3절에서 언급했던 1997년의 중국공산당 제15차 당대회 이후의 일이다. 해당 당대회에서 '비(非)공유경제', 즉 민간기업이 사회주의경제의 '중요한 구성 요소'로 격상됨으로써 민간기업의 면목이 좁아지는 상황이 다시 도래하지 않는 것이 확정되었다. 그때까지 집단소유제 기업 등을 위장하고 있었던 민간기업은 결국 이때에 '붉은 모자'를 버리고 등기상으로도 사영기업 등으로 전환되었다.

3. 제약에서 참여 촉진으로

▌ 민간기업에 대한 제약

1997년의 제15차 당대회 이후, 민간기업의 존재 자체가 부정당할 걱정은 없어졌다. 하지만 그 시점에서도 민간기업은 여전히 적지 않은 산업으로부터 배제되었다.

예를 들면, 승용차는 정부로부터의 허가를 받지 않으면 공장의 신설을 할 수 없는데 2001년까지는 국유기업이 혹은 국유기업이 외국의 자동차 제조사와 만든 합자기업에 대해서만 생산허가가 내려졌다. 민간기업의 지리자동차는 1994년에 오토바이 생산에 진출한 이후, 승용차 제조사로 전환하는 것을 노렸는데, 성실하게 신청을 하더라도 인가될 가능성이 없었기에 1997년에 쓰촨성의 국유기업과 합자기업을 설립했다. 이 국유기업은 '소형 버스'를 만드는 허가증을 갖고 있었기에 지리자동차는 이 허가증을 이용하여 승용차의 형태를 한 자동차를 '소형 버스'라는 명목으로 생산하게 되었다(百本和弘, 2007). 2001년이 되어 결국 지리자동차가 만든 자동차는 정식으로 승용차로서 인가되었다. 지리자동차는 이후 스웨덴의 볼보(Volvo)가 보유한 승용차 부문을 매수하는 등 성장을 계속했으며 2019년에는 중국 국내에서 연간 139만 대의 승용차를 생산하는 중견 제조사가 되었다.

휴대전화기의 생산도 인가제에 의해 민간기업의 참여가 제한되었던 분야이다. 1992년에 젊은 기술자들이 닝보시 교외의 진에 출자를 받아 보다오공사(波導公司)라는 휴대용 무선 호출기(휴대전화 보급되기 전에 사용되었던 무선통신 기기, 한국어로 '삐삐'로 불렸다) 제조사를 설립했다. 보다오공사는 중국 2위가 되는 성공을 거두었지만, 휴대용 무선 호출기가 가까운 장래에 휴대전화로 교체될 것이라고 보고 1998년에 휴대전화 제조사로의 탈바꿈을 결정했다. 그런데 휴대전화는 향진기업의 참여가 인정될 가능성이 낮았으므로 보다오공사는 닝보시 시정부 산하의 국유기업에 자본의 45%를 확보함으로써 국유기업으로 전환했다(丸川知雄, 2004b).

이것으로 보다오공사는 휴대전화의 생산에 참여하는 것에 성공했으며, 참여하게 되자 기존의 국유기업을 추월하며 급성장을 보였고 2003년에는 중국시장에서 외국 브랜드를 제압하여 1위의 비중을 획득했다. 이후 2007년에 휴대전화 생산의 인가제가 폐지되고 수많은 민간기업이 참여하게 되었다. 격렬한 경쟁 속에서 보다오공사는 급속하게 쇠퇴했지만, 오늘날 세계의 스마트폰 상위 10위에 항상 오르는 화웨이, 샤오미(小米), 비보(Vivo), 오포(OPPO) 등은 모두 참여가 자유화된 이후에 참여했던 민간기업이다.

▌ 공산당과의 관계

중국의 민간기업이 중국의 산업과 사회 속에서 걸맞은 지위를 얻기 위해 생산 및 영업의 허가를 받는 것 이외에 또 하나의 중요한 것은 중국공산당과 양호한 관계를 유지하는 일이다. 중국공산당은 중국 사회의 구석구석 뿌리를 뻗치고 있으며 기업, 정부기관 및 학교 등 당원이 3명 이상 있는 곳에는 반드시 당 지부(黨支部)가 존재한다. 외자계 기업이라고 하더라도 예외는 아니며, 외자계 기업에도 당 지부의 책임자가 공회(노동조합) 주석 등의 명목으로 경영에 관여하는 일이 많다. 민간기업에서도 어느 정도의 규모가 되면 반드시 당 지부가 존재한다. 당 지부는 노동자의 처우 개선을 요구하고 경영 측과 대립하는 것이 아니라, 기업의 경영이 당과 정부의 정책에 따르고 있는지 여부를 감독하거나, 당의 방침을 종업원에게 전하는 것이 역할이므로 반드시 경영진에게 방해가 되는 존재는 아니다. 하지만 정권당의 지부가 기업 내에 존재한다는 것은 당 지부가 필연적으로 큰 권력을 갖는다는 것을 의미하며, 당 지부의 책임자의 권력이 때로는 사장의 그것을 상회하기도 한다. 민간기업에게 있어서의 커다란 고뇌는 자본가인 사장은 공산당에 입당할 수 없었기 때문에 사장 이외의 누군가가 당 지부의 책임자가 되어 제2의 권력이 기업 속에서 생겨나 버리는 일이었다. 필자가 과거에 방문했던 민간기업에서는 제2의 권력이 발생하는 것을 방지하기 위해 사장의 부친에게 당 지부의 책임자를 맡도록 하였다.

이러한 민간기업의 고뇌를 해결했던 것이 당시 장쩌민(江澤民) 총서기가 2000년에 제기했던 '3개 대표'라는 방침이다. 장쩌민은 중국공산당은 "선진적인 사회생산력의 발전 요구, 선진적 문화의 전진하는 방향, 넓은 인민의 근본적 이익을 대표한다"라고 논하며 종래의 '노동자계급의 전위'라고 하는 공산당의 자체 정의를 사실상 확대했다. 그 이후 민간기업의 경영자에게도 당원이 되는 문호가 열려졌다. 이것에 의해 민간기업 중에서 사장이 당의 지도적인 직책을 겸임하는 것이 가능해졌으며, 이중권력의 발생을 방지할 수 있게 되었다. 인터넷기업 알리바바의 창업자로서 중국에서 제1의 자산가라고도 간주되는 마윈(馬雲, Jack Ma)도 공산당원이다. 중국 최대의 자본가를 또한 편입시킬 정도로 당이 변모했다고도 말할 수 있으며, 신흥세력인 민간기업도 당이 정치적으로 지배하고 있다고도 말할 수 있다.

▌ 민간기업의 참여 촉진

이리하여 민간기업의 발전을 방해하는 정책·제도상의 문제는 2000년 무렵까지 상당히 해결되었지만, 그럼에도 민간기업의 진출을 방해하는 규제는 여러 업종에 남아 있었다. 그래서 중국 정부는 2005년과 2010년에 두 차례 걸쳐 민간기업의 참여를 장려한다는 내용의 통지를 했다. 그중에서는 대학, 도서관 및 병원 등 중국에서는 공적인 기관이 담당해왔던 분야도 민간자본에 개방한다고 했다. 또한 전력, 전기통신, 철도, 항공, 석유 등의 자연적인 독점산업에도 민간기업이 자본참여를 할 수 있게 되었다. 다만 이러한 산업에서의 민간기업의 역할은 자본의 참여까지였으며, 민간기업이 독점기업이 되는 것은 허락되지 않는다. 〈표 8-2〉에서 살펴본 것처럼, 2018년의 시점에서도 석유·천연가스 채굴업과 철도수송업에서 민간기업의 비중은 대단히 낮으며, 민간기업의 자본참여가 허락되고 있더라도 별로 참가가 진전되지 않고 있는 것이 현재의 상황이다. 또한 전매제가 도입되어 있는 담배산업에는 민간기업의 참여는 인정되지 않고 있다.

2015년부터는 민간기업이 참여해도 좋은 산업을 열거하는 것이 아니라, 거꾸로 국유기업과 민간기업을 불문하고 참여가 규제되는 분야를 열거함으로써 그것 이외의 분야는 자유화하는 '네거티브 리스트 방식'에 의한 규제가 시작되었다. 2020년판 네거티브 리스트에 의하면, 제조업의 경우에는 식품, 화장품, 자동차 등 19개 종류의 산업에서 안전성 등의 방면으로부터 심사를 받아 인가를 획득할 필요가 있다는 것이 제시되고 있다. 정부가 과연 국유기업과 민간기업을 차별하지 않고 인가제를 운용하고 있는가라는 문제는 남지만, 자연적인 독점산업을 제외하면 민간기업을 차별하는 제도는 존재하지 않게 되었다.

4. 민간기업의 활발함에 관한 국제 및 지역 간의 비교

▌ 창업에 관한 국제 비교

중국의 법인기업의 수는 2004년 '경제조사'에서는 325만 개였는데, 2008년에 496만 개, 2018년에 1,857만 개로 계속해서 증가하고 있다. 일본의 법인기업 수는 2017년에 279만 개였으므로 인구당 기업 수에서는 아직 일본 쪽이 많지만, 중국도 급속하게 민간기업 중심의 경제가 되고 있다는 것을 이 수치가 뒷받침한다(국유기업의 수는 2004년 26만 개, 2008년 22만 개, 2018년 24만 개로 증가한 것은 오로지 민간기업이었다).

<그림 8-1> 성인 가운데 조기(早期) 기업가의 비중

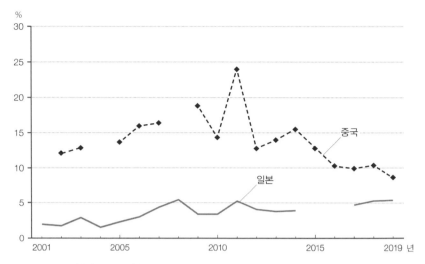

※ 자료: GEM 웹사이트(https://www.gemconsortium.org)의 자료를 토대로 하여 저자가 작성함.

이 책에서 다루어왔던 중국의 여러 산업을 살펴보더라도 1980년대부터 오늘날에 이르기까지 점차 새로운 기업이 나타나서 신흥기업이 기존 대기업의 비중을 상회하는 '하극상'이 반복되어졌다. 이러한 상황을 감안해 볼 때, 중국에서 창업활동이 왕성해진 것으로 여겨지는데 과연 국제적으로 보더라도 그렇게 말할 수 있을까?

그것을 검증하는데 편리한 자료가 '글로벌 기업가정신 모니터(GEM: Global Entrepreneurship Monitor)'라고 하는 국제적인 연구 프로젝트의 조사이다. 이 조사는 세계의 수십 개 국가에서 각각 성인 2,000명 이상을 대상으로 설문조사를 하고 앞으로 창업하고자 하는 사람 및 창업한지 3년 반 이내의 사람을 '조기(早期) 기업가'라고 부르며 그 비중을 산출하고 있다. <그림 8-1>에서는 조사대상 중에서 조기 기업가가 차지하는 비중에 대해 중국과 일본을 서로 비교하고 있다. 광대한 중국에서 고작 2,000명 남짓을 대상으로 조사했기에 통계적인 유의성에는 의문이 남지만, 2011년 무렵까지는 증가하는 경향에 있었고 그 이후에는 감소하는 경향을 보이고 있는 흐름은 중국 경제성장률의 추세와도 일치하고 있다. 해당 조사에서 중국은 2011년에 조기 기업가의 비중이 24.0%에나 달했으며 이 해에 조사가 행해졌던 54개국 중에서 가장 높았지만, 그 해는 예외적인 것이었다. 2019년에는 8.7%로 50개국 중에서 35위를 차지하며 그다지 높은 편이 아니게 되었다. 한편 일본은 조기 기업가의 비중이 조사 대상국 중에서는 가장 낮은 부류에 속했는데, 완만하게 상승하는 경향이 관찰되었으며 2019년에는 중국과의 차이가 상당히 축소되었다.

위에서 논한 바와 같이, 2011년에 실시된 조사에서는 중국의 조기 기업가의 비중이 24.0%였던 것에 반해서, 실제로 기업의 오너인 비율은 12.7%였으며 창업 의욕이 활발한 비중에는 실제로 기업으로서 정착되지 않고 있다. 즉 많은 기업이 세워지더라도 곧 사라져버리는 '다산다사(多産多死)'의 상황에 있었던 것으로 보인다. 그것이 2019년의 조사에서는 조기 기업가의 비중이 8.7%였던 것에 반해서, 실제로 오너인 비중은 9.3%가 되어 비즈니스가 더욱 길게 지속되어졌다.

중국의 조기 기업가에게 일관되게 보이는 특징으로서 생계를 유지할 수 있는 다른 수단을 발견하는 것이 어렵기 때문에 창업하는 사람이 많다는 점을 들 수 있다. 창업을 하는 이유로서 그러한 생계유지를 위한 동기가 있었다고 응답한 조기 기업가의 비중은 2019년의 조사에서는 65.8%였으며 일본의 32.7%를 대폭 상회했다. 한편 부자가 되고 싶다는 치부 동기에 기초하여 창업을 했다고 응답한 조기 기업가의 비중은 중국의 경우에는 48.4%로 일본(48.5%)과 거의 동일했다. 중국에서는 이 책의 제3장에서 지적했던 호적에 기초한 노동시장의 분단이 아직까지 완전하게 불식되었다고는 말할 수 없으며, 그 때문에 생계유지 차원의 동기로부터 창업을 하는 사람의 비중이 높은 것이다.

▌ 민간기업의 발전에서의 지역 차이

창업이 생계유지 차원의 동기에 기초한 사례가 많기 때문에, 인구밀도가 높지만 국유기업 및 농업 등 다른 취업 기회가 부족한 지역에서 창업이 활발해지는 경향이 있다. 또한 친족 또는 친구 등 가까운 곳에 기업가가 있으면, 그 사람으로부터 자극

〈그림 8-2〉 인구 1만 명 당 민간기업의 수(2018년)

※ 자료: 國務院全國經濟普查領導小組辦公室 編(2020)의 자료를 토대로 하여 저자가 작성함.

을 받거나 또한 그러한 기업가로부터 창업에 대한 조언 또는 원조를 받음으로써 창업이 촉진되는 측면도 있다. 이러한 점으로부터 지역에 따라 창업에 대한 적극성에 큰 차이가 있으며, 그것이 민간기업의 발전에서의 지역차가 되어 나타나고 있다.

실제로 '인구 1만 명 당' 몇 개의 민간기업이 있는지를 지역별로 비교해보면〈그림 8-2〉참조), 지역에 따라 큰 차이가 있다. 중국 전체에서는 인구 1만 명 당 125개의 민간기업이 있지만, 베이징시는 407개로 가장 많다. 그 다음으로 저장성(232개), 광둥성(231개), 장쑤성(220개)이 뒤를 잇고 있다. 베이징시는 수도이기 때문이라는 이유로 회사를 두는 기업이 많은 것으로 여겨지는데 저장성, 광둥성, 장쑤성은 제5절과 제6절에서 살펴보게 되는 것처럼, 산업집적이 많은 지역이며 지역사회 속에서 서로 영향을 주고받으며 창업이 촉진되고 있다.

한편 인구 1만 명 당 민간기업의 수가 가장 적은 것은 지린성(45개), 헤이룽장성 (47개), 간쑤성(49개)이다. 이러한 지역은 인구에 비해서 농지가 광대하며(인구당 경지 면적은 헤이룽장성이 0.4ha로 전국 1위, 지린성은 전국 3위, 간쑤성은 전국 5위임), 과거에는 비교적 많은 국유기업이 설립되었다. 그 때문에 생계유지 차원의 동기에 기초한 창업이 그다지 활발하지 않게 되었을 것으로 여겨진다.

그러나 최근 들어 이러한 지역에서는 경제의 침체가 계속되고 있다. 2019년의 인구 1인당 역내 총생산을 살펴보면 간쑤성은 전국에서 최하위였고 헤이룽장성은 두 번째로 낮았으며, 지린성은 네 번째로 낮았다. 민간기업이 활발하지 않기 때문에 소득수준이 올라가지 않고 있으며, 그 때문에 비즈니스 기회가 생겨나지 않고 있기 에 갈수록 창업이 활발해지지 않게 되는 악순환에 빠져 있을 가능성이 있다.

5. 원저우(溫州)에서의 산업집적의 발생

▍ 산업집적의 발생

제2절에서 1982년에 저장성 원저우시에서 민간기업가가 체포·투옥되는 사건이 있었음을 논했다. 원저우시에서는 체포될 리스크를 무릅쓰면서 열심히 창업을 했던 것이다. 원저우는 해협을 끼고 타이완과 마주하고 있는 장소였기 때문에 국유기업 의 입지가 적고 1980년의 단계에서는 농업 인구가 인구의 90%를 차지했다. 한편으 로 평지가 적고 인구 1인당 경지면적은 겨우 3아르(a) 정도 밖에 되지 않았다. 농업 외에는 취업 자리가 거의 없지만 농업만으로는 먹고 살 수 없기 때문에 기업활동이 엄금되었던 문화대혁명 시대부터 원저우 사람들은 전국에서 행상을 하거나 '사대기 업(인민공사 또는 생산대대가 운영하는 기업)'의 명의를 사용하여 창업을 했다.

1970년을 전후하여 어딘가에서 석유화학 공장에 사용하는 밸브의 수요가 있는 듯하다는 정보가 원저우에 전해지자, 원저우시의 어우베이진(甌北鎭)과 융중진(永中 鎭)에서 수많은 사대기업이 밸브를 만들었다. 두 진의 밸브 제조는 대단히 활발했으며 1976년 시점에는 1069개의 밸브공장이 설립되기에 이르렀다(兪雄·兪光, 1995).

마찬가지의 현상은 원저우시의 다른 지역에서도 일어났다. 예를 들면, 류스진(柳市鎭)에서는 1972년에 어떤 사대기업이 전자 스위치의 생산을 개시했다(黃毅·羅衛東, 2002). 그로부터 수년 후에는 류스진에서 스위치를 제조하는 기업의 수가 수백 개 회사에 달했다. 이러한 두 가지의 사례를 보더라도 원저우 사람들이 민간기업의 존재가 허락되지 않았던 시기에서조차 대단히 적극적으로 창업을 했다는 것을 알 수 있다. 원저우의 기업가들이 갖고 있는 특징으로서 그 대다수가 농촌 출신이라는 점을 들 수 있다. 농촌사회에서는 이웃집이 어떤 사업에서 성공했기 때문에 나도 모방한다는 형태로 한 가지 산업이 확대되어 간다. 원저우 출신의 기업들로부터 이야기를 들어보니, 그들이 뭔가 돈을 버는 사업을 발견하게 되면 그 정보를 숨기지 않고 주변의 사람들에게 적극적으로 가르치는 듯 했다. 다만 원저우 사람들은 학교에서 기술을 배워서 생산을 시작했던 것이 아니라 이웃집을 모방하는 것으로부터 시작하므로, 열악한 품질의 것이 대량으로 만들어지게 된다. 그 때문에 원저우의 산업집적으로부터 만들어진 공업제품은 조악품(粗惡品), 모방품이라는 이유로 종종 정부가 단속하는 대상이 되었다.

그러나 악평 및 단속 아래에서도 원저우 사람들은 창업을 단념하지 않았다. 단속의 강화와 격렬한 경쟁 속에서 많은 기업이 퇴출되는 한편으로, 몇 개의 기업은 살아남으며 경쟁력을 확보했다. 오늘날까지 어우베이진과 융중진은 중국 최대의 밸브와 펌프 산업집적으로 성장했으며, 류스진에는 중국에서 최대의 스위치 및 브레이커의 제조사가 모여 있다. 원저우에는 이 밖에도 가죽신, 의류, 배지, 인쇄, 인조가죽, 피혁, 부직포, 자동차 부품, 라이터, 볼펜, 볼트·너트, 안경 등의 산업집적이 있으며 각 산업의 대기업도 배출하고 있다.

원저우시는 총인구가 930만 명(2019년 기준)이며 면적이 일본의 아키타현(秋田縣)과 비슷한 규모이다. 원저우시는 297개의 진(및 진과 동급의 지방정부인 향 및 가도)으로 나뉘어져 있는데, 원저우의 산업집적의 다수는 1개의 진에 있으며 스위치·브레이커 및 밸브·펌프 등 커다란 산업집적은 3개에서 4개 정도의 진에 걸쳐져 있다.

▎ 산업집적의 구조

원저우의 산업집적은 단순히 제조업자가 모여 있는 것뿐만 아니라, 많은 경우에 그 중심에는 제품을 판매하는 도매시장이 있다. 도매시장은 그 산업직접에서 생산된 제품을 전국의 시장으로 갖고 가는 상인들에게 판매하는 장소이다. 또한 그 산업집적에서 필요로 하는 부품 및 재료를 조달하기 위한 도매시장도 있다. 예를 들어, 원저우시 중심부에 해당하는 루청구(鹿城區)에는 가죽신의 산업집적이 있는데, 루청구 안에는 가죽신 재료의 시장도 있으며 피혁 및 구두창 등을 조달할 수 있다(이 장의 맨 앞 쪽 사진 참조). 대형 제조사가 되면, 도매시장에는 의존하지 않으며 독자적인 판매 네트워크를 갖추고 재료도 공급자로부터 집적 매입하게 되는데, 소기업은 제품을 판매하거나 재료를 조달하기 위해서 도매시장이 반드시 필요하다. 이러한 시장이 있다면 누구라도 간단하게 가죽신 생산에 참여할 수 있을 것이다.

원저우 사람들은 공장을 스스로 설립하기 위해 열심일 뿐만 아니라 상업에도 열심이다. 문화대혁명 때도 원저우 사람들은 행상인으로서 전국을 돌아다녔다. 원저우의 산업집적의 다수는 그러한 행상인들이 모은 정보가 계기가 되어 생겨난 것이다. 산업집적의 중심에 있는 도매시장이 지역의 산업과 전국에 흩어져 있는 상인들을 서로 연결시키는 플랫폼으로서 기능하고 있다(Ding, 2012).

원저우 사람들은 중소기업의 집적, 시장을 매개로 한 공업과 상업의 결합이라는 발전 패턴을 이민을 통해서 중국 각지 또는 해외에도 확대시키고 있다. 2010년의 인구조사에 의하면, 원저우시에 호적을 갖고 있는 785만 명 중에 127만 명의 사람들이 원저우시 이외의 장소에 거주하고 있었다. 이주한 곳에서도 원저우 사람들은 모여서 살며 공동체를 형성하고 있는 경우가 많다.

예를 들면, 베이징시의 교외에는 1980년대에 원저우에서 온 이주자들에 의해 '저장촌(浙江村)'이라는 마을이 만들어졌다. 이주자들은 농가 앞마당에 벽돌을 쌓아 작업장을 겸하는 주거지를 세우고 가죽·의류의 봉제업을 운영했다(王春光, 1995). 이 마을에 있는 수백 개 회사의 가내공장에서 봉제된 가죽·의류는 인접해 있는 시장에서 판매되었는데, 거기에서 가게를 경영했던 것도 원저우 사람들이었다. 저장촌의 주민은 정점이었을 때에 7만 명이 있었던 것으로 말해지는데, 베이징시 시정부가 수차례에 걸쳐 저장촌을 단속하는 일도 있었기에 2000년에는 이 지역으로부터 원저우 사람들은 거의 없어지게 되었다. 1990년대에는 저장촌과 유사한 원저우 사람들이 모여 사는 거주지가 시안, 톈진, 선양 등에도 출현하게 되었으며, 또한 파리, 모스크바, 두바이에도 있었다고 한다. 2000년대에는 선전시에서 게릴라 휴대전화(제5장 제8절 참조)를 생산하는 데에 다수의 원저우 사람들이 종사했다.

이와 같이 원저우 사람들은 집단적으로 거주하며 제조와 판매의 집적을 만들어내는 패턴을 처음에는 원저우시의 교외 농촌에서 보였고, 1990년대 이후에는 중국의 몇 군데 대도시 또는 해외의 도시에서 반복하고 있다. 이러한 발전 패턴의 전개에는 공통성이 있는데, 그것은 다음과 같은 프로세스를 밟는 일이 많다.

우선 공동체 안에서 누군가가 새로운 비즈니스에 성공한다. 그렇게 되면 그 이웃집의 사람들이 동일한 사업에 종사함으로써 그의 성공을 모방한다. 예를 들면, 국유 가죽신 제조사에서 근무했던 사람이 1979년에 퇴직하여 출신지인 셴장진(仙降鎭)으로 돌아와 그곳에서 폐기된 플라스틱을 녹여서 구두창을 만들거나 그것과 갑혁(甲革, 상급 가죽)을 서로 연결하여 고정시킨 플라스틱 신발을 만들기 시작했다. 물품이 부족했던 시대였기에 제품은 잘 팔렸으며 그들은 한밑천을 잡았는데, 그렇게 되자 그 이웃 사람들이 그를 모방하여 플라스틱 신발을 만들기 시작했다. 그로부터 5년 후인 1984년에는 셴장진의 플라스틱 신발 제조사는 1,500개가 되었고 8,000명이 거기에서 일했다. 대단히 다수의 신규 참여의 결과, 경쟁이 격화되는 것과 함께 조악품도 늘어나 악평이 높아졌다. 악평으로 의해 수요가 감소하고 이윤율이 하락한다. 그렇게 되자, 공동체 안에서 누군가가 이제까지의 사업과는 조금 다른 사업을 시작한다. 그것이 성공하자 주변의 사람들이 모방하기 시작한다. 예를 들면, 사터우진(沙頭鎭)에서는 1984년에 셴장진으로부터 플라스틱 신발을 만드는 기술을 전해져 제조사가 증가했지만, 플라스틱 신발의 이윤율 저하에 직면하여 일부 기업이 고무신을 생산하는 것으로 전환하였고 그것이 성공하자마자 사터우진의 신발 제조사가 모두 고무신 생산으로 전환하게 된다.

위와 같은 혁신과 모방의 반복이 이루어졌기 때문에 원저우에는 대단히 다양한 산업집적이 생겨났다. 원저우 사람들은 본고장 원저우뿐만 아니라 각지에서 유수한 집적을 만들어냈다. 원저우대학(溫州大學)의 장이리(張一力)에 의하면, 원래 단추 및 잠바의 산업집적으로 유명했던 차오터우진(橋頭鎭)으로부터는 5,000명 이상이 광둥성으로 이주하여 거기에서 의류 및 가죽제품의 국제적 브랜드의 대리상을 운영하였으며, 화단진(花旦鎭) 출신자의 다수는 중국 각지에서 슈퍼마켓을 경영하고 있다고 한다(張一力·倪婧·余向前, 2011).

이런 발전 패턴은 원저우 사람들이 지니고 있는 대단히 강한 기업가 정신의 산물인데, 중국 민간기업의 발전에서의 전형적인 패턴을 보여주고 있다. 즉 창업가들은 창업할 때에 대단히 한정된 자금과 인적 자본 밖에 갖고 있지 않으며 주변 사람의 성공을 모방하면서 스스로 사업을 시작한다. 원저우에는 창업에 대한 장애물을 낮추는 여러 조건도 있다. 우선 원저우에는 제품을 판매하고 재료를 조달하는 도매시장이 있으므로 물건을 만드는 방법에는 어느 정도 소질이 있지만 판매에 대해서는 알지 못하는 사람들, 또는 그 반대 경우의 사람들에게도 간단하게 사업이 진흥된다. 또한 중국경제가 급성장하고 있는 때에는 신규로 참가한 기업에서도 확대되는 시장의 파이 가운데 일부를 획득할 수 있는 가능성이 있으므로 창업이 용이해진다. 이러한 조건이 모두 갖추어진 경우에는 사업을 시작하는 것에 대한 장애물이 대단히 낮아지게 된다. 즉 자금 또는 기술이 없더라도 그 누구나 자본가가 되는 '대중자본주의'의 상황이 생겨나고 창업이 대단히 활발해지는 것이다(丸川知雄, 2013).

다만 2010년대에 중국의 경제성장이 둔화하기 시작하자 시장의 획득이 이전처럼 용이해지지 않게 되었다. 〈그림 8-1〉에서 살펴본 것처럼, 조기 기업가의 비중이 감소하고 있는 것도 그 영향에 의한 것으로 여겨진다.

이와 같이 중국에서의 창업에 대한 열의는 2010년대에 내려가는 경향에 있지만, 정부의 정책 방면에서는 오히려 최근 들어 창업의 촉진이 본격적으로 추진되고 있다. 즉 2014년에 중국 정부는 '대중창업 만중혁신(大衆創業 萬衆革新)'이라는 슬로건을 내세우며 대중에 의한 창업과 그것에 의한 혁신의 추진에 주력하게 되었던 것이다.

그 이전에 산업정책의 주제는 각 산업에서 대기업에 대한 집중도를 높이는 것이었으며, 품질 및 생산성이 열등한 중소기업은 도태되어야 할 대상으로 밖에는 달리 간주되지 않았다. 하지만 2014년 이후 '소미기업(小微企業)'의 진흥이 정책과제가 되고 있다. 또한 중국에서의 기업의 분류 기준은 광공업의 경우에 '소기업(小企業)'은 종업원 수 300명 미만, '미기업(微企業)'은 종업원 20명 미만으로 되어 있으므로 '소미기업'은 일본에서 말하는 중소기업과 같은 것으로 봐도 좋다.

첨단기술 산업에서의 창업을 촉진하기 위해 중국의 각 도시에서는 '공유오피스(coworking space, 衆創空間)'이라고 불리는 공유사무실·작업장이 부동산회사, 대학·연구기관, 인터넷기업 등에 의해 만들어졌으며, 이것으로부터 창업하고자 하는 사람들에게 비교적 저렴한 임대료로 제공되고 있다. 거기에서는 창업을 촉진하기 위한 행사, 또는 투자 및 융자의 중개 등의 서비스가 제공되고 있으며, 유망한 창업가에 대한 지방정부의 보조금도 제공되고 있다(伊藤亞聖, 2019).

6. 각지의 산업집적

원저우에서 관찰되는 것과 같은, 이웃 사람들 사이에서 지식, 기술 및 비결이 교환되는 것을 통해서 산업집적이 형성되고 발전해 나아가는 메커니즘은 19세기 말에 영국의 경제학자 알프레드 마셜(Alfred Marshall)이 지적했던 것이다(Marshall, 1920). 하지만 중국에서는 민간기업의 산업집적에는 모방품 또는 조악품이라는 등의 부정적인 이미지가 붙게 되었으며 정부는 적극적으로 지원을 하지 않았다. 하지만 21세기에 들어선 이후부터 서구에서 클러스터 관련 논의가 활발하게 전개되는 것에 자극을 받아, 중국에서도 산업집적의 의의를 재검토하는 기운이 고조되었다(王緝慈, 2001). 2014년에 정부가 제기했던 '대중 창업, 만중 혁신'은 그러한 산업집적에 대한 관점의 전환을 정책에 정착시킨 것이다.

돌이켜보면 원저우뿐만 아니라 중국의 여러 지역에 산업집적이 존재했다. 제화나 라이터, 안경 등 비교적 구조가 간단하며 소규모 기업에서도 만들 수 있는 제품의 집적은 저장성이나 광둥성 등을 중심으로 각지에 존재한다. 또한 자동차 조립공장과 그 주위의 부품 공급자처럼 대규모의 기업들이 연대하는 산업집적도 상하이시, 광저우시 등에 존재한다. 베이징의 중관촌(中關村)이라고 불리는 문교지구(文敎地區)에는 PC 관련 기업, 소프트웨어 회사, 판매점 등이 집적되어 있으며 또한 대학으로부터 파생된 여러 분야의 벤처기업도 있으며 복합적인 산업직접을 이룬다.

여기에서는 이러한 3가지 유형의 산업집적 중에서 첫 번째의 유형, 즉 원저우에서 관찰되는 산업집적이 중국 전체에서 어디에 어느 정도 있는지를 검증한다. 이러한 유형은 '산지형 산업집적'이라고 불리며(橋本壽朗, 1997; 中小企業廳, 1998), 일본에서는 후쿠이현 사바에시(鯖江市)의 안경 산업 또는 니가타현 쓰바메시(燕市)의 금속양식기(金屬洋食器) 산업 등이 전형적이다. 그 특징은 비교적 좁은 지역에 동종 업종의 중소기업이 다수 모여 있다는 것이다.

중국의 진(및 진과 동급의 행정체인 향 및 가도)은 면적이 50km² 전후, 인구가 수만 명 규모로 전술한 사바에시 또는 쓰바메시를 한층 작게 한 듯한 규모인 것이 많다. 많은 산지형 산업집적은 1개 진 또는 인접해 있는 2, 3개의 진에 존재한다. 여기에서는 2004년의 '경제조사'를 이용하여 산업집적을 발견해 나아간다. 미시건대학의 중국자료센터(China Data Center)에서는 이 조사에서 조사되었던 기업법인의 자료를 업종별·우편번호별로 집계하여 '중국 2004년 경제조사(China 2004 Economic Census Data with ZIP Maps)'로서 제공하고 있다. 우편번호의 지역 마다 진의 이름이 붙여져 있으며, 우편번호는 대체적으로 1개 진과 대응하고 있는 듯하다. 그래서 1개의 우편번호가 포괄하는 지역을 1개의 진으로 간주하고, 거기에 1개 종류의 기업이 몇 개 회사가 있는지를 세어보았다. 업종의 분류는 2002년에 개정된 '국민경제 산업분류'의 네 자릿수 분류에 따르고 있다. 이 산업 분류는 국제표준 산업분류(ISIC/Rev.3)을 참고하여 만들어진 것이며 제1차, 제2차·제3차 산업을 합쳐 889개 업종으로 분류되어 있다. 네 자릿수 분류라고 하면, 예를 들어 양식기 제조업 및 안경 제조업이 각각 1개의 업종으로서 산입됐다.

〈그림 8-3〉 중국에서의 산업집적의 분포(제조업)

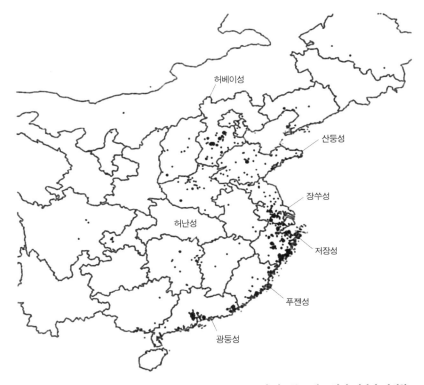

자료: China 2004 Economic Census Data with ZIP Maps의 자료를 토대로 하여 저자가 작성함.

　그리고 1개 업종의 기업이 일정한 수를 초월한 경우에 그곳을 해당 업종의 산업집적으로 삼는다. 이러한 일정한 수는 업종 전체의 기업 수에 응하여 변화되는데, 예를 들어 전국에서의 동종 업종의 기업 수가 300개라고 할 경우에 전국의 5%(15개) 이상이 1개의 진에 모여 있다면 그곳을 산업집적이라고 보고, 전국의 기업 수가 1만 개가 있을 경우에는 1.03%(103개) 이상 모여 있는 것을 산업집적으로 간주한다. 더욱 상세한 내용은 마루카와 도모(丸川知雄, 2019)를 참조하기 바란다.

　이러한 방법에 의해 분석된 산업집적의 수는 제조업 632개 소(所), 서비스업 320개 소, 광업 23개 소, 기타 4개 소였다. 〈그림 8-3〉은 제조업의 산업집적 632개

소를 중국의 지도상에 점으로 표시한 것이다. 그중에서도 가장 많은 것이 저장성 (186개 소)이며 저장성 중에서는 원저우시(57개 소), 그 북쪽에 인접해 있는 타이저우시(台州市, 36개 소), 닝보시(27개 소)가 특히 많다. 성 레벨에서는 저장성에 이어서 장쑤성(107개 소), 광둥성(86개 소), 산둥성(54개 소), 허베이성(49개 소), 허난성(37개 소), 푸젠성(34개 소)이 많다. 한편 서부 및 동북부에는 1개도 산업집적이 없는 성도 있으며, 어떤 경우에도 대단히 적다.

〈표 8-4〉는 632개 소의 산업집적 중에 1개의 우편번호 지역에 1개 업종의 기업 수가 400개를 넘는 것을 정리하여 일람표로 만들었다. 여기에서 제시되고 있는 것은 각 산업에서 큰 영향력과 긴 역사를 갖고 있는데, 여기에서는 3가지만을 소개해보도록 하겠다.

단일한 산업집적에서 규모가 가장 큰 것은 원저우시 웨칭시의 류스진, 바이스가도(白石街道), 베이바이샹진(北白象鎭)에 걸쳐 있는 배전 스위치, 제어판 등의 산업집적이다. 인접해 있는 진 또는 업종의 기업을 합계하면 전부 합쳐 1,700개 이상에 달하는 커다란 산업집적이 되고 있다. 이것은 앞의 항에서 논했던 1972년에 류스진에서 탄생했던 전자 스위치의 제조사를 그 발단으로 삼고 있으며, 1980년대에는 다수의 중소기업들이 모였지만 1990년에 정부가 생산허가증을 갖고 있지 않은 조제사를 시장으로부터 쫓아내는 정책을 강화한 것을 계기로 하여 정타이그룹(正泰集團), 더리시그룹(德力西集團) 등 대형기업으로의 집중이 진전되었다. 허가증을 갖고 있지 않은 중소 제조사는 이러한 대형 조제사의 브랜드와 허가증을 이용하기 위해 합자기업을 만드는 것 등을 통해 대형의 그룹에 들어갔으며, 대형 제조사가 급속하게 확대되었다(丸川知雄, 2004a).

중국의 동북 지역에서 최대의 것은 허베이성 바오딩시 가오양현(高陽縣)의 면·화학섬유·직물산업이다. 이 산업은 해당 현의 중심에 있는 가오양진을 포함해 현 내부의 넓은 지역에 펼쳐져 있으며, 현 전체에서 직물업에 종사하는 사람은 12만 명에 달하는 것으로 알려져 있다. 가오양현에서의 직물생산은 긴 역사가 있는데, 특히 20세기 초에 가오양현의 기업가들에 의해 일본에서 개발된 '발로 밟는 방식'의

<표 8-4> 기업 수(企業數) 400개 이상의 산업집적

업종	기업 수	소재지
배전 스위치·제어판	928	저장성 원저우시 웨칭시(樂淸市) 류스진(柳市鎭)·바이스가도(白石街道)
직물의료	904	푸젠성 취안저우시(泉州市) 스스시(石獅市) 후빈가도(湖濱街道)
자동차 부품	890	저장성 타이저우시(台州市) 위환현(玉環縣) 주강진(珠港鎭)
가죽신	839	푸젠성 취안저우시 진장시(晋江市) 천다이진(陳埭鎭)
면·화학섬유제품	818	허베이성 바오딩시(保定市) 가오양현(高陽縣) 가오양진(高陽鎭)
볼트·스프링	642	허베이성 한단시(邯鄲市) 융녠현(永年縣) 허후이진(合會鎭)
면·화학섬유방직가공	546	장쑤성 창저우시(常州市) 우진시(武進市) 후탕진(湖塘鎭)
직물의료	526	푸젠성 취안저우시 진장시 잉린진(英林鎭)
견방직	505	장쑤성 쑤저우시(蘇州市) 우장시(吳江市) 성쩌진(盛澤鎭)
칼·가위	501	광둥성 양장시(陽江市) 장청구(江城區) 난언가도(南恩街道)
직물의료	459	광둥성 광저우시(廣州市) 쩡청시(增城市) 신탕진(新塘鎭)
면·화학섬유방직가공	458	충칭시(重慶市) 사핑바구(沙坪壩區) 후이룽바진(回龍壩鎭)
플라스틱 판관형재	450	산둥성 옌타이시(煙台市) 라이저우시(萊州市) 루왕진(路旺鎭)
포장품 인쇄	427	저장성 원저우시 창난현(蒼南縣) 룽강진(龍港鎭)
전자 부품	421	저장성 원저우시 웨칭시 훙차오진(虹橋鎭)
일용 플라스틱 제품	419	저장성 타이저우시 황옌구(黃岩區) 관진(關鎭)
포장품 인쇄	407	광둥성 차오저우시(潮州市) 차오안현(潮安縣) 안부진(庵埠鎭)
자동차 부품	402	저장성 원저우시 루이안시(瑞安市) 탕하진(塘下鎭)

※ 자료: China 2004 Economic Census Data with ZIP Maps의 자료를 토대로 하여 저자가 작성함.

목철혼제직기(木鐵混制織機)를 이용한 면직물업이 확대되었다. 중화인민공화국이 성립된 이후에는 국유화·공유화가 행해졌으며 섬유산업의 전통은 수건 공장 또는 날염 공장에 계승되었다. 1980년 이후에는 과거 산지로서의 위상을 되찾으려는 것처럼 직물업이 크게 발전했다(Grove, 2006).

광둥성에서 최대의 산업집적은 양장시(陽江市)의 도물(刀物) 산업이다. 그 기원은 남북조 시대에 소급될 정도로 일컬어지며, 그것이 전국적으로 알려지게 된 것은 1920년대의 일이었다. 1950년대에 도물업자(刀物業者)들은 집단소유제 기업으로 조직되었으며, 나중에 국유기업에 통합되었다. 개혁개방 시기에 진입하자 국유기업으로부터 인재가 떨어져 나와 독립적인 민영 도물 제조사를 창업하였으며, 결국 국유기업은 도태되고 다수의 민영 도물 제조사에 의한 산업집적이 형성되었다(丸川知雄, 2009).

▌맺음말

　제2차·제3차 산업 중에 80%의 업종은 민간 주도로 되어 있으며, 취업자의 73%가 민간기업에 취업했다. 하지만 중국은 국유기업이 중심인 경제라고 간주되곤한다. 그것은 중국을 대표하고 다른 기업에도 영향을 미치는 민간기업이 존재하지않았던 것도 영향을 미치고 있다. 이 장에서 살펴본 것처럼, 민간기업의 중요성은전체 수로부터 국유기업 또는 외자계 기업 등 다른 유형의 기업을 제외한 '기타'로밖에 부각되지 않는다. 각 산업 중에서도 주요 기업은 국유기업 또는 외자계 기업이차지한 가운데, 민간기업은 기타 다수의 마이너 기업이라는 인식이 많았다.

　그러나 이런 민간기업의 이미지는 크게 변화하고 있다. 이 책의 제5장에서 살펴본 것처럼, 이제는 중국을 대표하는 첨단기술 기업은 통신에서는 화웨이기술(華爲技術), 생명과학에서는 BGI 등의 민간기업이다. 또한 주식 상장기업 중에서 시가총액이 최대인 것은 텐센트, 다음으로 알리바바이며 이들도 민간기업이다. 바이두, 알리바바, 텐센트, 그리고 화웨이는 BATH라고도 약칭되며, 미국의 GAFA(구글, 애플, 페이스북, 아마존)와 나란히 일컬어지고 있다. BATH는 신흥 벤처기업에 투자하고육성하며 첨단기술 산업의 성장을 촉진하는 역할을 담당하고 있다.

　중국 정부가 2009~2010년에 구글과 페이스북 등을 중국시장에서 쫓아낸 일도있기에 커뮤니케이션 도구로서의 위챗, 인터넷 검색 분야의 바이두, 인터넷 상거래분야의 알리바바, 모바일 결제 분야의 텐센트 및 알리바바는 각각의 분야에서 대단히 높은 비중을 갖게 되었다. 이러한 기업은 가령 알리바바에 출점한 소매업자에대해서 타사의 사이트로의 출점을 인정하지 않는 등의 독점적 행위도 두드러졌다. 2020년 12월 중국공산당의 경제정책에 관한 회의에서 '반(反)독점의 강화와 자본의무질서한 확장의 방지'가 주제 중의 하나가 되었던 것은 민간기업의 과도한 독점적행위에 제동을 걸려는 의향을 보여준다. 다만 21세기의 인프라라고도 말해지는인터넷 및 모바일 분야를 민간기업이 차지하고 있는 상황에 대해서 '국유화'가 아니라 '반독점'이라는 방향에서 메스를 가하게 된다면, 경제가 민간 주도로 발전해가는 추세에는 변함이 없을 것이다.

종장 '고소득 국가' 시대의 과제

핵심어

지속가능성
자본주의
소득격차
사회주의
자본축적 메커니즘
남북문제
천연자원의 저주
일대일로(一帶一路)
이산화탄소
고소득국가

간쑤성(甘肅省)에 사막화를 막기 위해 심어진 관목(2019년)

2020년에 중국 및 세계는 코로나19 바이러스라는 새로운 위협에 노정되어 많은 사망자가 나왔으며 경제도 침체에 빠졌다. 중국은 이 코로나19 바이러스와 최초로 대결했기 때문에 1~2월에 우한에서 많은 희생자가 나왔는데 우한을 봉쇄하고 거기에 전국의 의료자원을 투입하는 철저한 봉쇄 시책이 효과를 거두며 4월에는 거의 정상적인 일상을 회복했다. 1~3월에는 GDP 성장률이 전년 동기 대비 마이너스 6.8%로 크게 하락한 경제가 V자로 회복하였으며 2020년 전체에서는 2.3%로 주요국 중에서는 유일하게 플러스 성장을 실현했다.[9] 이 책의 제1장에서는 중국이 2024년에는 세계은행의 분류에서의 고소득국가가 될 것이라고 예측했는데, 코로나19 재난의 영향을 가미하더라도 이 예측을 바꿀 필요는 없다고 생각한다.[10]

하지만 앞으로 10~20년의 중국 및 그것을 둘러싼 세계는 여전히 불안으로 가득차 있다. 중국에 대한 세계의 우려는 ①중국경제의 성장이 지속가능한 것인가, ②지구환경이 과연 중국의 경제성장을 밑받침할 수 있는가, ③중국은 미국을 포함한 세계와 안정적인 관계를 지속할 수 있는가 등의 3가지 사항으로 집약될 수 있다. 여기에서는 이러한 우려에 대해서 간략하게 검토해보도록 하겠다.

---

9 아울러 2021년 중국의 GDP는 114조 3,670억 위안으로 전년(2020년) 대비 8.1% 증가했으며, 2022년 중국의 GDP는 121조 207억 위안으로 전년(2021년) 대비 3% 성장했다. _옮긴이

10 이와 관련된 저자의 가장 최근 연구로는 다음을 참조하기 바란다. 丸川知雄 外 共編, 『高所得時代の中國經濟を読み解く』(東京大學出版會, 2022). _옮긴이

1. 중국경제의 지속가능성과 소득격차 문제

▎ 지속가능성을 고려하는 틀

중국경제의 전체상을 규명하는 것을 지향하는 부류의 책에 비해서 이 책의 특징은 경제의 공급 측에 중점을 두며 분석하는 것에 있다. 즉 중국을 여러 재화 및 서비스를 만들어내는 거대한 기계(machine)로 간주하고 그 연료라고도 할 수 있는 생산요소(노동, 자본, 기술)의 공급 능력을 검토하며, 아울러 기계를 구동하는 엔진이라고도 할 수 있는 기업(국유기업, 외자계 기업, 민간기업)의 상황을 검토했다.

한 국가의 GDP는 그 국가의 경제가 지닌 공급 능력을 장기간에 걸쳐 초월할 수 없으므로 공급 측을 살펴보면 그 국가가 지닌 잠재적인 성장의 가능성을 알 수 있다. 하지만 공급 능력이 있더라도 만들어낸 재화 및 서비스에 대한 수요가 없으면 능력을 충분히 발휘할 수 없다.

다만 세계경제에 미치는 영향이 작은 나라의 경우라면, 국내의 수요가 충분하지 않은 것을 걱정할 필요는 별로 없다. 국내의 수요가 충분히 없더라도 넓은 세계경제 속에서 반드시 판매할 곳을 발견할 수 있기 때문이다. 개혁개방 시기의 중국도 공급 능력의 배출구를 외국으로의 수출에서 찾음으로써 경제성장을 계속해왔다. 하지만 2008~2009년의 '리먼 쇼크'가 발단이 된 세계 동시불황에 의해 중국도 수출의 대폭적인 감소의 피해를 입었다. 이 책의 제7장 〈그림 7-1〉은 그 시기를 계기로 하여 중국이 수출에 대한 의존을 저하시키고 있다는 것을 보여주고 있다.

이것은 즉 중국이 국내수요 주도의 경제성장 패턴으로 전환되었다는 것을 의미하는데, 그렇게 되면 국내수요가 과연 지속적으로 성장할 것인지 여부가 문제로 부각된다.

이 책의 전체 내용을 정리하는 것을 겸하여 중국경제의 지속가능성 고려에 필요할 요소를 도식화하여 정리한 것이 〈그림 9-1〉이다.

이 책에서 다룬 것은 주로 〈그림 9-1〉의 왼쪽에 있는 여러 요소이다.

이 책의 제3장에서 다루었던 노동공급은 경제성장을 규정하는 중요한 요소이다.

〈그림 9-1〉 중국의 성장과 변동을 분석하는 틀

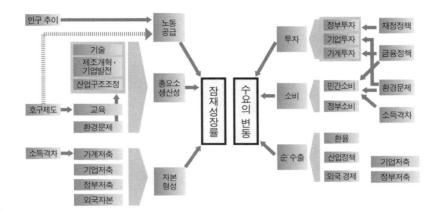

※ 자료: 袁志剛·余宇新(2012)으로부터 힌트를 얻어 저자가 작성함

그것인 인구에 의해 제약을 받는데, 중국의 경우에는 노동시장 제도 및 호적제도의 영향도 크다.

　총요소생산성은 향후 중국의 경제성장에서 가장 중요한 요소가 된다. 기술의 발전(제5장)이 총요소생산성을 끌어올리는 중요한 요인이 되는데, 국유기업의 개혁(제6장), 외자계 기업의 진출과 거기로부터의 기술의 스필오버(제7장), 그리고 민간기업의 발전(제8장) 등의 제도개혁 및 기업 발전도 중요한 요인이다. 또한 농업으로부터 제2차·제3차 산업으로의 노동이동, 그리고 사양산업인 국유기업의 구조조정 등을 통한 산업구조 조정도 총요소생산성을 끌어올린다. 교육의 보급에 의한 자본형성은 가계, 기업, 정부의 저축에 의해 제약을 받는데(제4장 참조), 외국 자본의 유입은 그 제약을 완화시키는 것에 도움이 된다.

　〈그림 9-1〉의 오른쪽, 즉 수요 측에 대해서는 이 책의 제7장에서 중국이 환율의 인하, 외자의 도입, 이중무역 체제의 채택 등에 의해 수출을 확대해 왔다는 것을

밝혔다. 아래에서는 오른쪽의 나머지 두 가지 요소, 즉 투자와 소비의 관계에 대해서 부감적으로 논의해보도록 하겠다.

▌ 자본주의와 사회주의

근대 이후의 경제발전이란 재화와 서비스의 생산에 기계를 도입하는 프로세스였다. 인간 및 가축의 육체를 사용하는 작업을 내구성 있는 기계에 의한 작업으로 치환화하는 과정이 즉 근대 산업의 발전이며, 그 프로세스는 지금에 와서는 인간의 뇌를 사용하는 작업도 컴퓨터 및 인공지능으로 치환되는 것으로까지 나아가고 있다. 기계화가 진행되는 것과 함께, 기계가 설치된 공장, 기계에 전기, 열 및 물을 공급하는 시설, 기계화된 공장으로부터 대량으로 만들어내는 재화를 보관·수송하는 시설 등도 만들어진다. 이러한 모든 것을 지칭하여 '자본'이라고 부르는데, 그 특징은 일정한 세월 동안 계속해서 사용되고 있다는 것이다. 근대 이후의 경제발전이란 투자에 의해 자본이 점차 축적되는 프로세스라고 말할 수 있다.

자본주의란 개인의 치부 동기를 동력으로 삼아 자본축적을 진행해 나아가는 사회의 틀이다. 사람은 부자가 되기 위해 투자를 하여 기업을 만들고, 부자가 되더라도 돈을 모두 소비하는 것이 아니라 갈수록 큰 분자가 되기 위해 더욱 기업에 투자한다. 하지만 누구나가 기업가로서 성공할 수 있는 것은 아니므로, 자본주의는 필연적으로 소득격차를 초래한다. 치부 동기가 강하고 재능도 있으며 운도 좋은 자본가는 부자가 되고, 자본가 아래에서 노동자로서 고용되는 것 외에는 살아가는 것 외에는 다른 방도가 없는 사람들 간의 소득격차가 갈수록 커져 간다.

카를 마르크스(Karl Marx)와 프리드리히 엥겔스(Friedrich Engels)는 이러한 체제는 지속불가능하다고 생각했다. 한편으로 자본가가 치부 동기에 사로잡혀 자본을 축적하게 되므로, 사회의 생산력은 점차 높아진다. 하지만 다른 한편으로 많은 노동자들은 착취당하며 가난하기 때문에 높아진 생산력에 의해 생산된 재화를 충분히 소비할 수 없게 된다. 이 모순은 주기적인 공황에 의해 기업이 도산하고 생산력의 일부가 파괴됨으로써 일시적으로는 해결되지만, 그때마다 소수의 자본가 아래에 자본이

집중되고 최후에는 자본주의라는 체제 자체가 지속불가능해진다고 그들은 논했다(エンゲルス, 1883).

그러나 자본주의는 마르크스와 엥겔스가 지속불가능하다고 보았을 때로부터 오늘날까지 150년 이상 존속하고 있다. 그것은 자본축적이 진행되는 가운데 노동력이 부족한 국면이 출현하고 임금인상을 요구하는 노동운동이 고조되며 임금이 상승하고, 더 나아가서는 국가가 복지정책을 통해서 고령자 및 저소득자에게 소득을 재분배함으로써 투자와 소비의 균형이 회복되었기 때문이다. 그중에서도 제2차 세계대전 이후에 선진국 사이에서는 생산성의 상승, 임금의 상승, 대중소비의 확대가 균형 좋게 진행되는 체제[일명 포드주의(Fordism)]가 형성되었으며, 그것이 자본주의를 연명시키는 데에 공헌했다(リピエッツ, 1987: 第2章).

한편 마르크스와 엥겔스의 이론에 기초하여 구축된 사회주의는 자본가의 치부동기를 대신하여 사회 전체, 즉 국가의 힘으로 자본축적을 추진하는 틀이었다. 중국의 계획경제 아래에서는 노동자 및 농민은 빠듯하게 생존을 유지하는 수준으로 착취당했고 국가 아래로 강력하게 자금이 집중되며 자본축적이 진행되었다(제2장 참조). 하지만 이 체제는 다음과 같은 두 가지의 이유로 인해 지속·불가능했다. 첫째, 노동자와 농민의 생활수준이 장기간 향상되지 못했으며 포드주의가 파급된 주변의 자본주의 세계(일본, 한국, 타이완, 홍콩)와의 차이가 벌어질 뿐이었다. 둘째, 자본주의국가와 달리 사람들의 생활 향상에 도움이 되지 않는 자본, 즉 군사공업 및 내륙 지역의 중공업만이 축적되었다는 점이다.

개혁개방 시기의 초기에 이러한 두 가지 문제에 대한 대책이 행해졌다. 첫 번째의 문제에 대해서는 노동자와 농민의 수입을 늘리기 위해 임금과 가격이 조정되었으며, 이것에 의해 투자와 소비의 적정한 균형을 회복시키고자 했다(제4장 참조). 두 번째 문제에 대해서는 1979년부터 1981년까지의 단기간이기는 했지만, 경공업과 섬유공업에 대해서 원료·연료, 투자, 외화의 계획 배분을 우선시하는 정책이 취해졌다(江小涓, 1996; 辻美代, 2000). 그것과 나란히 중요했던 것은 사람들이 치부 동기에 기초해 창업을 하고 자본가가 되는 것이 허용되어졌다는 점이다.

▌ 과잉투자

그 이후 중국에서는 자본축적의 두 가지 메커니즘이 계속해서 돌아가고 있다. 한편으로는 많은 때에는 중국 성인 중의 10% 이상이 자본가가 되고자 창업을 했다(제8장 참조). 다른 한편으로는 국가가 GDP의 20%에 가까운 금액을 징세 등을 통해서 집중시키고 인프라 등에 투자하고 있다(제4장 참조). 또한 1990년대 후반의 혹독한 고용 삭감을 거쳐 수익성을 회복한 국유기업들도 적극적으로 투자를 하고 있다(제6장 참조).

이리하여 중국에서는 자본주의적인 자본축적 메커니즘과 사회주의적인 자본축적 메커니즘(국가와 국유기업)의 두 바퀴에 의해 자본축적을 추진해왔다. GDP에서 차지하는 투자(자본 형성)의 비중은 1979년~2000년의 시기에도 평균 36%로 높았는데, 21세기에 진입하자 한층 더 상승하여 2003년 이후에는 줄곧 40%를 상회하고 있다. 중국 정부는 투자의 비율이 너무 높다는 문제의식을 갖고 제11차 5개년계획(2006~2010년)에서 "국내 수요, 그중에서도 소비 수요를 중시하고 소비와 투자, 내수와 외수(外需)가 협조하여 경제를 견인하는 구조로 전환한다"라고 천명했다.

그런데 2008~2009년의 '리먼 쇼크'로 중국의 수출이 크게 감소하자, 그 충격의 영향을 완화시키기 위해 중국 정부는 4조 위안의 공공투자를 실시함으로써 경제의 회복을 도모했다. 중앙정부는 철도, 공항 및 도로 등의 인프라뿐만 아니라 특히 저소득자를 향한 저렴한 주택을 대량으로 건설함으로써 국민의 소비 확대로 연결되도록 하는 공공투자를 지향했다. 또한 지방정부도 지방경제를 진흥시켜 경기의 회복을 도모하기 위해서라며 산하에 다수의 투자회사(이른바 '융자 플랫폼')를 설립하고 그것이 발행하는 사채(社債)를 은행에 인수시키는 것 등을 통해 자금을 이끌어내고 주택 및 공공시설 등의 도시개발을 추진했다(梶谷懷, 2011a). GDP에서 차지하는 투자의 비중은 2010~2013년 사이에 48%가 되며 소비의 비중에 접근했다. 자본이 과잉하게 축적되어 투자의 효율이 저하되어졌다(梶谷懷, 2018).

투자확대는 동시에 금융기관으로부터의 채무의 확대를 초래했다. 금융기관을 제외한 기업과 개인의 채무는 2011년 말의 145%에서 2016년 초의 202%로 급속하게 높아졌다(BIS, 2020). 채무의 급속한 확대에 위기감을 갖게 된 중국 정부는 2015년 말에 채무 확대를 억제하는 방침을 취하였으며, 그 무렵부터 투자의 신장률이 내려갔다. GDP에서 차지하는 투자의 비중도 2019년에는 43%로 내려갔다.

▮ 소득격차

중국의 GDP에서 차지하는 투자의 비중이 높은 것, 환언하자면 소비의 비중이 낮은 것은 소득격차 탓이기도 하다. 즉 마르크스와 엥겔스가 자본주의의 '죽음에 이르는 병'으로 보았던 소득격차 및 과잉자본축적이라는 문제에 중국도 드러나고 있는 것이다. 왜냐하면 중국의 현재 경제체제를 장기간 유지하기 위해서는 소득격차를 완화시키려는 노력이 필요하게 될 것이기 때문이다.

일반적으로 한 국가의 소득격차를 측정하는 지표로 지니 계수(Gini coefficient)라는 것이 있다. 완전히 평등한 상태가 0, 완전히 불평등(즉 한 국가의 소득이 한 사람에게 집중되어 있는 것)한 상태를 1로 삼는다. 중국의 지니 계수는 1985년의 0.331에서 2003년에는 0.479로 불평등화의 길을 걸어왔다〈표 9-1〉 참조). 이후 더욱 불평등화가 진전되어 2008년에는 0.491이 되었다. 이것은 같은 해의 한국(0.314), 미국(0.378), 러시아(0.428) 및 2009년의 일본(0.321)보다 불평등하며 멕시코(0.489) 및 브라질(0.536) 등 중남미 국가들의 수준에 가깝다(UNU-WIDER, 2020).

그러나 이 2008년을 정점으로 하여 이후에는 소득격차가 다소 축소되는 경향을 보이고 있으며, 2015년에는 0.462까지 내려갔다. 이후에는 같은 수준에서 보합세를 유지하고 있다.[11]

이러한 소득격차의 추이는 중국의 소득격차를 초래한 최대의 요인인 도시와 농촌의 소득격차의 움직임과 대응되고 있다. 도시와 농촌의 1인당 소득의 비율은 2000년에는 도시가 농촌의 2.74배였던 것이 2007년에는 3.14배로까지 확대되었지만,

---

11 중국의 2020년 지니 계수는 0.468, 2021년 지니 계수는 0.466이었다. _옮긴이 주

〈표 9-1〉 중국의 가계소득에서의 지니 계수

년도	지니 계수	년도	지니 계수	년도	지니 계수
1985	0.331	2006	0.487	2013	0.473
1990	0.357	2007	0.484	2014	0.469
1998	0.403	2008	0.491	2015	0.462
2001	0.448	2009	0.490	2016	0.465
2003	0.479	2010	0.481	2017	0.467
2004	0.473	2011	0.477	2018	0.468
2005	0.485	2012	0.474	2019	0.465

※ 설명: 2001년만 지출 베이스(base), 그 밖의 것은 소득 베이스.
※ 자료: [1985, 1990, 1998년] World Bank Poverty Monitoring Database(2002); [2001년] World Bank, World Development Indicators(2004); [2003~2012년] 國家統計局長記者會見記錄(2013年1月18→), 中國國家統計局 웹사이트; [2013~2019년] CEIC.

이후에는 감소하는 방향으로 전환되었으며 2019년에는 2.64배가 되었다.

소득격차가 2008년 이후 축소되는 경향에 있다는 것은 〈표 9-1〉에 제시된 국가통계국의 통계뿐만 아니라, 국가통계국의 조사 샘플 중에 일부를 이용하여 수입 중에서 귀속가임(歸屬家賃)을 넣는 등 독자적인 집계를 했던 중국소득분배과제조(CHIP)의 연구에서도 마찬가지의 결론이 나왔다(李實 外, 2017). 후자에 의하면, 지니 계수는 2007년의 0.486에서 2013년의 0.433으로 상당히 대폭 내려가고 있다.

애당초 인터넷기업의 창업자 또는 때때로 적발되는 부패한 정치가가 방대한 소득을 획득하고 있는 것을 살펴보면, 소득격차가 축소되는 경향에 있다는 것이 사실일까 하며 의문시하는 사람도 있을 것이다. 매우 소수 밖에 없는 큰 부자는 국가통계국의 샘플로부터 누락되어 있을 가능성이 높으며, 만약 부유층이 조사의 대상이 되었다고 하더라도 그들은 조사 관련 정보가 당국에 누설되어 과세되는 것을 우려하여 실제 소득을 정직하게 응답하지 않을 가능성이 있다. 그래서 《포브스(Forbes)》 등에서 공개되고 있는 부자들의 소득 관련 정보를 이용하여 부유층의 소득 및 수치를 추계해보면, 2007년부터 2013년까지에 걸쳐 지니 계수가 오히려 상승하고 있을 가능성도 지적할 수 있다(羅楚亮·史泰麗·李實, 2017).

그러나 2007년 이후 노동시장의 변화 및 정책의 동향으로부터 소득격차가 축소되고 있을 가능성도 충분히 고려된다. 첫째, 이 책의 제3장에서 살펴본 것처럼 농촌의 잉여 노동력이 고갈된 것을 배경으로 하여 농촌으로부터의 이주노동자의 임금이 급상승하고 있으며 도시의 노동자의 임금과의 격차도 서서히 축소되고 있는 중이다. 둘째, 2004년부터 식량을 생산하는 농가에 보조금이 지급되고 있으며(제3장 참조), 2007년 이후 사회보험제도가 농촌을 카버하게 되는 등(제4장 참조), 농촌에 대한 보조가 두터워지고 있다. 셋째, 2000년에 '서부대개발(西部大開發)정책'이 시작되어 재정지출에서도 지역차가 축소되는 등(제4장 참조), 정부의 재정지출에서 지역격차의 축소에 중점이 두어져왔다. 위와 같은 점으로부터 볼 때, 중국에서 소득격차가 축소되더라도 불가사의한 일은 아니다. 이것은 또한 '쿠즈네츠의 역U자 가설', 즉 소득수준이 상승하는 것과 함께 소득격차가 최초의 동안에는 확대하지만 결국 축소로 전환된다는 경험칙과도 합치하는 것이다(中兼和津次, 2012).

중국 정부가 특히 주력해왔던 것은 농촌의 빈곤을 삭감시키는 것이었다. 2006년에 농업세를 완전히 폐지하는 한편, 농촌의 빈곤한 세대에 대한 최저 생활보장을 위한 지급이 행해지게 되었다(宝劍久俊·佐藤宏, 2017). 시진핑 정권이 된 이후부터 2020년까지 농촌의 빈곤인구(貧困人口)를 일소하는 것을 지향하며 정책이 추진된 결과, 2021년 1월에 국가통계국은 중국의 농촌으로부터 빈곤이 일소되었다고 발표했다(國家統計局, 2021). 여기에서 말하는 빈곤인구란 정부가 결정한 빈곤 라인 이하의 소득 밖에 없는 사람들을 지칭한다(鮮祖德·王萍萍·吳偉, 2016). 그 라인은 '두 가지 일에 곤궁하지 않고, 세 가지 보장을 얻는(兩不愁, 三報障)' 수준, 즉 식사와 의복에 곤궁하지 않고 의무교육·기본의료·주택의 안전이 만족되는 수준이다. 식사에 관해서는 한 사람이 1일에 2,100kcal와 60g 전후의 단백질을 섭취할 수 있고 엥겔지수는 53.5%로 간주되고 있다. 2010년 가격으로 한 사람이 1년에 2,300위안의 수입에 의해 l 기준에 달하는 것으로 여겨지는데, 고지와 한랭한 지역에서는 기준이 1.1배가 된다. 이 기준으로 측정하면 1978년의 농촌 빈곤인구는 7억 7,039만 명으로 그 당시 농촌 인구의 실로 97.5%가 빈곤했지만, 그것이 2020년에는 완전히 제로가 되었다는 것이다.

위에서 논한 바와 같이 도시와 농촌, 연해 지역과 내륙 지역의 격차는 정책의 작용도 있었기에 축소되어 왔지만, 최근 들어 새로운 '남북문제(南北問題)'가 떠오르게 되었다. 그 문제는 2015년과 2019년의 각 성의 1인당 GDP를 비교해보면 부각된다. 이 4년 동안에 중국 전체에서는 1인당 GDP가 명목 베이스로(즉 물가의 변화에 의한 영향을 가미하지 않는다는 의미) 41% 증가했으며, 중국의 대부분의 지역에서도 마찬가지로 증가했다. 그런데 헤이룽장성, 지린성, 랴오닝성, 내몽골자치구, 톈진시 등의 5개 지역에서는 이 4년 동안에 1인당 GDP 명목 베이스로 5~16% 감소했다. 이 기간에 2016년에 랴오닝성이 실질 2.5%의 마이너스 성장을 기록한 것 외에, 마이너스 성장에 빠진 지역은 없다. 그렇다면 왜 1인당 GDP가 감소했는가 하면, 이러한 지역에서는 모두 그 이전에 지방 GDP의 부풀리기가 행해졌기 때문이다.

2016~2019년 동안에 매년 계속해서 부풀려졌던 만큼을 정정하였기에 이러한 5개 지역의 GDP는 명목 수준으로 감소했다. 그 결과, 톈진시는 2015년 1인당 GDP가 전국의 31개 성·시·자치구에서 1위에서 7위로 후퇴했으며, 내몽골은 6위에서 11위로, 랴오닝성은 9위에서 15위로, 지린성은 12위에서 28위로, 헤이룽장성은 21위에서 30위로 내려갔다. 이제까지 중국의 가장 빈곤한 지역이라고 하면 서남부의 구이저우성, 윈난성, 티베트자치구라고 여겨졌는데, 통계를 수정한 결과에 의해 사실은 동북부의 지린성과 헤이룽장성 쪽이 더 빈곤하다는 것이 명백해졌다. 게다가 5개 지역은 수정을 거친 이후 GDP의 실질 성장률도 저조했다. 통계의 분식(粉飾)을 제거하고 살펴보면, 빈곤하며 정체되어 있는 동북부와 풍요롭고 성장하는 남부라는 양극으로 분화하고 있다는 현실이 드러났다. 이 문제가 향후 어떻게 추이할 것인지, 어떠한 정책이 취해질 것인지 주목된다.

2. 중국경제의 세계적 영향

▌ 수출 대국화의 영향

이 책의 제1장에서는 2030년대에 중국이 미국을 추월하고 세계 1위의 경제대국이 될 것이라고 예측했다. 타국에게 중요한 것은 계산하는데 중국의 경제 규모가 미국보다 클 것인지 여부보다는 무역과 투자에서 어느 쪽이 더욱 중요한가 하는 점일 것이다. 그 방면에서는 중국이 2021년 시점에서 이미 세계 1위의 경제대국이 되고 있다. 무역액을 살펴보면, 2013년 이후(2016년을 예외로 하면) 중국이 미국을 상회하는 상황이 계속되고 있기 때문이다. 2018년의 무역 자료를 살펴보면, 통계를 얻을 수 있는 세계 201개 국가·지역 중에 일본을 포함해 139개 국가·지역은 중국과의 무역액 쪽이 미국과의 무역액보다 많았다. 즉 이러한 국가·지역에게 이미 중국 쪽이 '경제대국'인 것이다.

2018년의 경우에 중국은 수출이 2.5조 달러, 수입이 2.1조 달러였으며, 미국은 수출이 1.7조 달러, 수입이 2.6조 달러로 중국은 큰 폭의 무역흑자, 미국은 큰 폭의 무역적자를 기록했다. 중국의 수출 가운데 95%는 공업제품이며, 방대한 공업 제품의 수출은 각국에서 제조업의 쇠퇴를 초래하고 있다. 예를 들면, 남아프리카공화국에서는 1990년부터 2010년까지의 동안에 제조업의 취업자 수가 35만 명이 감소했는데, 그중에 10만 명 분은 의복, 신발, 가구 등의 중국 제품에 대한 수입을 확대했던 것이 원인이라고 한다(Jenkins and Edwards, 2012). 또한 미국에서는 1999~2011년 동안에 중국으로부터의 수입 증가가 원인이 되어 제조업의 고용이 200만~240만 명이 상실되었다는 추계도 있다(大橋英夫, 2020). 중국 제품의 수입 및 소매에 의해 생겨나는 고용, 그리고 저렴한 중국 제품이 공급되는 것에 의해 소비자의 실질소득이 증대하고 소비가 확대되어 생겨나는 고용 등도 고려한다면, 중국으로부터의 수입에 의해 미국에서 전체적으로 고용이 상실되었는지 여부는 의문스럽다. 다만 제조업이 중요 산업인 지역에서 고용이 상실되고 지역경제가 쇠퇴하며 그러한 지역에 거주하는 사람들이 2016년의 대통령선거에서 중국으로부터의 수입에 대한 관세의 대폭 인상을 공약으로 내걸었던 트럼프 후보에게 투표하는 현상이 나타났던 것처럼 보인다. 즉 중국의 수출대국화가 트럼프를 대통령의 지위에 오르게 했으며, 트럼프 대통령은 실제로 2018년 7월부터 중국으로부터의 수입품에 대한 25%의 추가 관세를 부과하는 등 격렬한 대중 무역전쟁이 시작되었다. 트럼프 정권은 2020년에 끝났지만, 2021년 봄의 시점에서 미중 무역전쟁은 아직 종결되지 않고 있다. 중국이 공업제품의 수출대국으로 계속해서 존재하는 한, 실업 또는 불황과 중국으로부터의 수입이 서로 결부되어 중국을 공격할 때에 드러날 리스크는 미국에 한정하지 않고 전 세계에 지속적으로 존재하게 될 것이다. 중국은 미국을 포함한 무역상대국과의 안정적인 관계를 구축하기 위해 부심하지 않을 수 없다.

▌ 수입 대국화의 영향

미국도 공업제품의 수출대국이지만 이제까지 세계경제의 중심이 되어왔던 이유 중의 하나는, 미국이 수입대국이기도 했기에 타국에 수출 확대의 기회를 제공해왔다는 사정이 있다고 할 수 있다. 그것을 모방하여 중국 정부는 국제수입박람회를 2018년부터 매년 개최하게 되었다.

다만 중국의 수입 또한 문제를 내포하고 있다. 중국의 수입은 1차 생산품의 비율이 높은 것이 특징이며 2019년은 그 비율이 35%로 미국의 수입에서의 1차 생산품의 비율(16%)보다 대폭 높았다. 중국의 수입에 관한 우려는 중국시장에 대한 의존도를 급속하게 높여가고 있는 국가가 적지 않다는 점이다. 〈표 9-2〉에는 수출 전체에서 차지하는 중국을 향한 수출의 비중이 30%를 넘고 있는 21개 국가·지역을 열거한 것이다. 이러한 국가들의 특징은 수출이 중국에 집중되어 있을 뿐만 아니라, 그것이 원유, 천연가스, 석탄, 철광석, 동광석(銅鑛石) 등 특정한 1개 품목에 집중되어 있다는 것, 그리고 21세기에 들어서면서부터 중국에 대한 의존도가 급속하게 높아지고 있다는 것이다.

중국시장에 대한 의존도가 높은 국가는 중국 국내에서의 경기변동에 의해 커다란

<表 9-2> 중국으로 향하는 수출의 비율이 높은 국가·지역과 그 주요 수출품목   (단위: %)

| | 2000 | 2005 | 2010 | 2015 | 2018 | 주요 수출품목 | | | |
						제1위 품목(비중)		제2위 품목(비중)	
세계	3	6	9	9	10	—		—	—
남수단				100	94	석유	100		
몽골	49	52	85	83	89	석탄	51	동광	32
솔로몬제도	13	45	64	63	68	목재	87		
투르크메니스탄	0	0	22	59	62	천연가스	8		
콩고	10	35	25	28	59	원유	95		
북한2)	3	36	55	81	58	석탄	52	의복	25
앙골라	23	35	40	42	58	원유	97		
홍콩특별행정구	34	45	52	56	55	금	25	동설	15
콩고민주공화국	0	9	42	40	48	코발트	60	정제동	15
기니	2	0	2	1	44	알루미늄광	100		
에리트레아	0	2	7	32	44	아연광	67	동광	33
오만	31	26	29	40	40	원유	92		
뉴칼레도니아	0	6	4	33	37	페로니켈	63	산화니켈	29
예멘	20	42	30	40	36	원유	98		
호주	5	12	25	32	35	철광	43	천연가스 11 석탄 10	
칠레	5	12	24	26	34	동광	36	정제동	32
미얀마	6	7	3	39	33	천연가스	23	기타	21
라오스	2	4	27	34	33	동광	29	기타 20 주석광 15	
적도기니	25	22	6	17	33	원유	63	천연가스 21 목재 11	
모리타니아	1	16	40	34	32	철광	64	동광	25
가봉	8	5	7	11	30	원유	65	망간광	24

※ 설명: 1. 주요 수출품목의 숫자는 중국의 그 국가로부터의 총수입액에서 차지하는 비중.
      2. 북한의 수출은 2017년 이후 격감하고 있다. 주요 품목의 항목에서는 2015년의 주요 품목을 나
         타내고 있다.
※ 자료: 중국에의 수출 비율은 UNCTADStat, 중국에의 주요 수출품목은 UNComtrade의 중국 측 수입
      통계.

영향을 받게 될 것이다. 예를 들면, 중국 철강업의 동향에 의해 철광석의 가격이
격심하게 변동하며 철광석을 수출하는 국가의 경제 전체가 크게 동요하게 된다.
또한 인도네시아, 브라질, 남아프리카공화국 등 공업이 발달하고 있지만 1차 생산
품의 수출도 많이 하는 국가들에서는 중국을 향한 1차 생산품의 수출이 확대된
결과, 수출에서의 1차 생산품의 비율이 오히려 높아지는 경향도 관찰된다(丸川知雄,
2018).

개도국이 1차 생산품의 수출에 특화하고 모노컬쳐 경제가 되는 것의 폐해는 제1차 세계대전 이후부터 종종 지적되어 왔다. 라울 프레비시(Raul Prebisch)와 한스 싱어(Hans Singer)는 1950년에 1차 생산품의 공업제품에 대한 교역조건이 악화하는 경향이 있기에 1차 생산품의 수출에 특화하는 것은 장기적으로는 불리하다고 결론을 내렸다(Prebisch, 1950; Singer 1950). 이후 1970년대에 원유가격이 급등하여 산유국이 부유해졌기 때문에 이 논의는 일단 잊혀졌지만, 2001년에 제프리 삭스와 앤드루 워너(Andrew Warner)는 1차 생산품 수출국은 장기적으로 볼 때 경제성장률이 낮다는 것을 제시하며 이 현상을 '천연자원의 저주'라고 불렀다(Sachs and Warner, 2001). 위에서 소개한 그 어떤 논의도 개도국의 장기적인 성장을 위해서는 1차 생산품에 대한 의존으로부터 벗어나고 공업화하는 것을 권고하고 있다. 중국도 이 책의 제7장에서 살펴본 것처럼 1980년대 전반에는 석유와 석탄의 수출에 상당히 의존했는데, 이후 공업제품의 수출국으로 전환함으로써 오늘날의 발전이 있는 것을 고려해보면 그러한 중국이 1차 생산품 수출국의 역할을 타국에 강제하는 구조가 되고 있는 것은 문제가 아닐까 한다.

▎ 경제대국으로서의 책임

중국은 수출대국·수입대국으로서 타국에 커다란 영향을 미치고 있으며, 그 영향은 반드시 긍정적인 것만은 아니다. 중국은 자국 경제의 거대화에 의해 일어나는 영향에 대한 책임을 떠맡을 필요가 있다. 예를 들면, 중국 제품의 수입에 의해 고용에 영향을 미치고 있는 국가에 대해서는 투자를 통해 고용 기회를 창출하거나, 중국에 대한 1차 생산품 수출에 의해 모노컬쳐화하고 있는 국가에는 공업화를 뒷받침하는 원조 등의 협력을 해야 한다.

중국의 시진핑 국가주석이 2013년에 제창했던 '일대일로' 구상, 즉 '실크로드 경제벨트와 21세기 해상 실크로드'를 함께 건설하는 구상은 중국이 투자와 원조를 통해서 타국의 발전을 추진한다는 의사를 보여주는 것이었다(伊藤亞聖, 2018). 당초에는 유라시아 대륙을 육상과 해상의 루트로 연계하기 위해 '연선국가(沿線國家)'에서의 항만, 철도 및 철로 등의 인프라 건설을 중국으로부터의 투자 및 원조에 의해 추진한다는 내용이었다. 하지만 이후 '일대일로' 구상의 대상은 전 세계로 확대되고 그 내용도 인프라 건설뿐만 아니라 발전소의 건설로부터 의료·위생에서의 협력, 문화교류 등도 포함되어 갔다. 중국은 그러한 광범위한 협력을 추진한다는 내용의 '일대일로' 각서를 각국과 교환하고 있다. 2021년 1월 말 현재의 시점에서 아프리카 46개국, 아시아 37개국, 유럽 27개국, 태평양 11개국, 남미 8개국, 중미·카리브해 11개국과 각서를 체결했다(中國一帶一路網, 2021).

대상국이 세계로 확대되고 협력의 내용도 확대됨으로써 '일대일로'가 무엇인지는 오히려 애매해졌다. 각서를 교환한 상대인 140개국을 살펴보면, 다음과 같은 것을 지적할 수 있다. 첫째, '일대일로' 각서의 상대국에는 GDP 세계 1위 미국, 3위 일본, 4위 독일, 5위 인도 등 GDP가 큰 국가가 포함되어 있지 않다. 상대국 중에서 GDP가 최대인 것은 이탈리아(8위)이며 그것에 다음 가는 것이 러시아(11위), 한국(12위)이다. 즉 경제대국인 중국이 경제소국에게 협력의 손을 내민다는 구도가 되고 있다. 둘째, '일대일로' 구상은 TPP(환태평양경제동반자협정)에 대항하기 위해 제시된 것이라고도 말해지는데, TPP와의 결정적인 차이점은 '일대일로'가 중국과 대상국의 양국 간 관계의 묶음에 불과하며 대상국 상호 간의 경제 연대를 배려하고 있지는 않다. 140개국과 각서를 교환했다고 해서 그러한 것이 전체적으로 '광역경제권'을 형성한다는 전개는 지금의 틀을 전제로 한다면 우선 고려되지 않는다.

이러한 점으로부터 볼 때, '일대일로'는 EU 또는 TP와 같은 블록을 형성하는 것이 아니므로 과도하게 경계할 필요는 없다. '일대일로' 각서에는 투자, 원조 및 문화교류를 포함한 넓은 의미에서의 '경제협력'을 추진하겠다는 의향을 보여주는 것 이상의 실질적인 의미는 없는 것처럼 보인다. 중국은 더욱 국제적으로 통용되는 용어에 의해 사진의 의도를 설명하려는 노력을 해야 할 것이다.

▌이산화탄소 배출 대국으로서의 책임

중국의 경제대국화는 동시에 이산화탄소의 배출이 확대되는 프로세스이기도 했다. 국제에너지기구(IEA)의 추계에 의하면, 중국은 2006년에 미국을 제치고 세계 최대의 이산화탄소 배출국이 되었으며, 2018년 시점에서 중국은 세계 전체의 이산화탄소 배출량 중에 28%를 차지하는 데에 이르렀다(IEA, 2021). 1997년에는 기후변화협약 제3차 당사국총회(COP₃)에서 주요국에 의한 온실효과 가스 삭감의 목표를 정한 교토의정서(京都議定書)가 채택되었는데, 그 시점에서는 중국은 아직 개도국이라는 이유를 내세우며 배출 삭감의 목표를 정하지 않았다. 이후 2011년에 제정된 제12차 5개년계획(2011~2015년) 중에서 중국 정부는 처음으로 이산화탄소 배출의 억제에 관한 목표를 정했다. 그것은 GDP 1단위당 이산화탄소 배출량을 2015년에는 2010년에 비해 17% 삭감한다는 목표였다. 실제로는 GDP는 이 5년 동안에 1.46배 확대되었는데, 이산화탄소 배출량의 증가는 1.16배에 그쳤기 때문에 GDP 1단위당 배출량은 20% 삭감되었다.

2015년에는 기후변화협약 제21차 당사국총회(COP21)가 개최되었고, 이때에는 중국과 인도도 참가하여 세계 각국이 2030년의 배출 목표를 정한 파리협정이 체결되었다. 중국이 약속했던 것은 2030년의 GDP 1단위당 이산화탄소 배출량을 2005년에 비해서 60~65%를 삭감한다는 것이었다. 다만 2030년 중국의 GDP는 2005년의 5배 이상으로 확대될 것으로 전망되므로, 만약 이 목표가 실현되더라도 중국의 배출량은 2배 이상으로 확대될 것이다.

제13차 5개년계획(2016~2020년)에서는 GDP 1단위당 이산화탄소 배출량을 18% 삭감하는 것을 목표로 삼았다. 이 5년 동안의 GDP 성장률은 연평균 6.5%를 지향하고 있으므로 그것을 전제로 한다면, 이산화탄소 배출량은 연간 2.4% 미만의 성장률에 머무를 필요가 있다. 2019년까지의 실적에서는 연 1.9%의 성장률에 머물고 있으므로 5개년계획의 목표도 실현할 수 있을 것으로 보인다. 다만 일본 등 선진국이 이미 이산화탄소 배출량을 감소시키는 국면에 들어가고 있는 점을 고려해보면, 세계 1위의 배출국인 중국에게는 더욱 높은 목표의 설정이 요구될 것이다.

중국은 이산화탄소의 배출 삭감에 도움이 되는 재생가능에너지의 도입에 대해서는 이미 다대한 노력을 경주해왔다. 예를 들면, 풍력발전의 설비 용량을 살펴보면 2018년 말에 중국은 211기가와트(GW)로 미국(97GW), 독일(60GW), 일본(3.6GW)과 큰 격차를 벌리며 세계 1위를 차지했으며, 태양광발전의 설비 용량도 2018년 말에는 175GW로 역시 미국(62GW), 일본(56GW), 독일(45GW)에 큰 격차를 벌리며 세계 1위를 차지했다. 또한 전기자동차의 판매 대수에서는 중국이 세계의 절반 이상을 차지하고 있으며, 2019년에는 중국 승용차의 신차 판매 대수 가운데 10%가 전기자동차였다. 다만 이러한 일련의 노력도 석탄이라는 이산화탄소 배출량이 많은 자원에 1차 에너지 공급의 약 70%를 의존하고 있는 현실에 의해 상쇄되어 버리고 있다. 탈(脫)석탄화의 과정을 가속화하는 것 자체가 중국의 이산화탄소 배출을 삭감하기 위해서 필요한데, 그것은 에너지 비용의 상승을 수반하기 때문에 경제성장을 둔화시킬 가능성이 있다.

▌ 맺음말

이 책을 집필하고 있는 현재의 시점에서 중국은 고소득국가에 진입하는 것을 목전에 두고 있다. 독자들이 이 책을 손에 들게 될 무렵에는 이미 고소득국가가 되어 있을 지도 모른다. 고소득국가가 되고 머지않아 세계 최대의 GDP를 보유한 중국은 세계경제의 안정적 발전을 위해서 큰 책임을 져야할 것이다. 1차 생산품에 의존하는 개도국의 문제, 그리고 이산화탄소의 배출 확대에 의한 지구환경의 문제에 중국이 어떠한 건설적인 역할을 수행할 것인지 질문을 받게 될 것이다.

제2차 세계대전 이후, 경제적으로는 돌출되며 초강대국이 되었던 미국은 세계의 경제적 번영과 안정을 밑받침하는 기반으로서의 GATT/WTO 및 IMF 등을 밑받침하거나, 거대한 시장으로서 개도국으로부터의 수입에 문호를 여는 등 커다란 역할을 수행해왔다. 중국이 그러한 역할을 점차 분담해 나아가게 될 것이지만, 주역의 교체되는 내용 및 페이스를 둘러싸고 미국과 보조를 맞추지 않으면 커다란 국제마찰로 발전할 우려가 있다. 미국의 트럼프 정권은 WTO의 기능을 절반은 마비시키거나 세계보건기구 및 파리협정으로부터 이탈하는 등 초강대국으로서의 책임을 거의 방기했는데, 그것도 주역의 교체라는 커다란 흐름이 가져온 파문이었다.[12]

다만 공산주의 진영과 자유주의 진영이 세계에서 진영 싸움을 거듭했던 동서냉전 시대와 비교해보면 지금은 '중국 블록'이라는 것은 애당초 존재하지 않으며 평화의 유지, 무역을 통한 번영의 유지, 지구환경 문제에 대한 대처 등의 기본선은 미국과 중국의 입장에 큰 격차가 없다. 중국이 고소득국가를 향하여 경제성장을 계속하는 것은 세계가 직면한 여러 문제에 대해서 대처하는 수단을 더욱 풍부하게 하는 것이며, 그것이 필연적으로 세계를 위기에 빠뜨리게 되는 것은 아니라는 점을 마지막으로 강조하고자 한다.[13]

---

12 도널드 트럼프 정권에서 조 바이든(Joe Biden) 정권으로 전환되는 과도기의 미중 무역전쟁을 포함한 미중 관계에 대한 기본적인 논의는 다음을 참조하기 바란다. 가와시마 신·모리 사토루 공편, 이용빈 옮김, 『美中 신냉전?: 코로나19 이후의 국제관계』(한울엠플러스, 2021). _옮긴이 주

13 이와 같은 논점에 입각하여 이 책의 저자가 공저 형태로 출간한 최근의 연구 성과로는 다음을 참조하기 바란다. Radhika Desai, ed., *International Economic Governance in a Multipolar World*(Routledge, 2022). _옮긴이

맺으며

유히카쿠(有斐閣)의 시바타 마모루(柴田守) 씨에게 이 책의 집필을 권유받아 집필방침을 결정한 것이 2006년이었다. 몇 번이나 쓰기 시작했다가 좌절하다 최종적으로 쓰기 시작한 것이 2011년 동일본 대지진 재난이 발생한 직후였다. 그로부터 햇수로 2년에 걸쳐 집필을 마치고 2013년 7월에 이 책의 초판을 간행했다.

초판에서는 중국의 경제성장을 견인하고 있는 것은 공업이기 때문에 그 공업력을 규명하는 것에 주안점을 두었다. 실제로 예상했던 대로 중국의 공업은 갈수록 거대화되었는데, 그 결과 초판을 집필했던 시점에서는 그다지 예기하지 못한 두 가지의 중대한 변화가 발생했다.

첫째, 공업에 노동력을 풍부하게 공급해왔던 농촌에서 잉여 노동력이 고갈되어졌다는 점이다. 그 결과, 농촌에서는 대규모의 농업 경영체가 출현하고 있다. 중국은 이른바 '루이스 전환점'을 지나가고 있는 중이며, 농업 섹터와 자본주의 섹터가 융합되기 시작하고 있다. 공업에 대해서 수동적으로 노동력을 제공할 뿐이었던 농업이 자본주의적인 농업으로 변모하며 새로운 성장산업이 되려 하고 있는 것이다. 신판에서는 그러한 현황을 보고하기 위해서 제3장의 제목과 내용을 모두 대폭 변경했다.

둘째, 중국의 경제력이 강해지게 됨에 따라 미국이 중국에 대해서 강렬한 라이벌 의식을 갖게 되었다는 점이다. 중국의 정치체제는 미국 및 일본과는 다른 공산당 일당지배 아래에 있는데, 그러한 이질적인 국가가 강대한 경제력을 갖기 시작하고 있는 것에 미국을 포함한 자유민주주의 국가들은 강한 경계심을 갖고 있다. 미중관계는 향후 상당히 장기간에 걸쳐서 불안정한 상태가 계속될 우려가 있다. 경제의 방면으로부터 이 문제를 어떻게 고려해야 할 것인지는 신판의 종장에서 다루고 있는데, 중국이 갈수록 부상하는 가운데 세계가 안정을 향해 나아갈 것인지, 아니면 불안정을 향해 나아갈 것인지는 예측하기 어렵다.

'현대 중국경제'는 발전하고 있는 중인 주제이다. 연구대상 자체가 발전을 하고 있는 중이기 때문이다. 만약 10년 후에 이 책을 다시 집필할 기회가 있다면, 오늘날에는 아직 충분히 중요성이 파악되지 않고 있는 새로운 분야에 대해서 1개의 장을 설정할 필요가 있을 지도 모른다.

또한 현재와 과거의 일에 관한 지식 및 자료도 점차로 늘어나고 있다. 중국에서는 언론과 보도의 자유가 보장되고 있지 않기에 현재의 정책의 배후에서의 의견 또는 이해대립 등의 사안은 좀처럼 알 수 없다. 특히 제6장에서 다룬 국유기업에 관해서는 최근 공개되는 자료가 오히려 줄어든 측면도 있으며, 현황을 객관적으로 파악하는 것은 어렵다. 하지만 시간이 경과하는 가운데 과거에는 입수하지 못했던 정보 또는 자료가 여러 루트로부터 자연스럽게 드러나는 일이 있다. 예를 들면, 제2장에서 다룬 '삼선 건설'은 그것이 실시되었던 시기에는 비밀로 간주되었지만 1980년대부터 관련 정보가 나오기 시작하였고 2010년대에 이르기까지 자료가 계속 늘어났다.

그런데 이 책의 내용은 부단히 갱신되어야 하는 것이다. 만약 독자가 이 책의 기술 중에서 현황과 다른 점을 발견했을 경우에는 부디 거기로부터 새로운 현대 중국경제론을 발전시켜 주시기를 부탁드린다. 필자로서도 지적을 받게 된다면 정정하고자 한다.

아울러 이 책의 아래의 장은 필자가 지금까지 발표해왔던 논고에 일부 의거하고 있다.

제3장 Tomoo Marukawa, "Regional Unemployment Disparities in China", *Economic Systems*, Vol.41. No.2(2017).

제5장 Tomoo Marukawa, "'Catch-Down' Innovation in Developing Countries", in Yukihito Sato and Hajime Sato, eds., *Varieties and Alternatives of Catching-up Asian Development in the Context of the*

21st Century(Palgrave MacMillan, 2016); 丸川知雄, "移動通信技術の發展と中國の台頭",《比較經濟體制研究》第26號(2020).

제6장 Tomoo Marukawa, "The Evolution of China's Industrial Policy and 'Made in China 2025'", in Arthur Ding and Jagannath Panda, eds., *Chinese Politics and Foreign Policy under Xi Jinping: The Future of Political Trajectory*(Routledge, 2020).

제8장 丸川知雄, "中國北方地域の産業集積",《社會科學研究》第70卷 제2號(2019).

종장 Tomoo Marukawa, "The Economic Nexus Between China and Emerging Economies", *Journal of Contemporary East Asian Studies*, Vol.6, No.1(2017).

이 책을 간행하는데 많은 분들로부터 지원을 받았다. 필자가 2012년 이후 책임자를 맡고 있는 도쿄대학 현대중국연구거점의 멤버 모든 분들로부터 수많은 연구회 등의 장을 통해서 많은 지식을 얻게 되었다. 특히 해당 거점을 밑받침해 왔던 이토 아세이(伊藤亞聖), 고노 다다시(河野正), 야마우라 유카(山浦由佳) 씨에게 많은 신세를 졌다.

또한 초판에 이어 끈기 있게 원고를 기다려 주셨던 유히카쿠의 시바타 마모루 씨, 하세가와 에리(長谷川繪里) 씨에게는 깊은 감사의 말씀을 전해드리고자 한다. 모쪼록 초판에 이어 이 신판도 널리 읽히게 되기를 바란다.

옮긴이 후기

2013년의 이 책 초판 서문에서 저자가 지적하고 있는 바와 같이, 2008년 미국의 증권회사 '리먼 브라더스'의 파탄이 발단이 된 경제위기, 그리고 2011년 그리스의 재정 악화를 계기로 하는 유럽경제의 동요는 세계에 깊고 무거운 그림자를 드리우며 중국도 2009년에는 수출액이 전년 대비 16% 감소하는 등, 세계 불황의 큰 파도에 부딪혔다. 중국경제의 성장은 수출에 깊게 의존하고 있어 수출 감소의 악영향을 강하게 받은 것처럼 보였지만 중국 정부의 필사적인 경기 회복 방책으로 2009년에도 결국 GDP 성장률은 9.2%라는 대단히 높은 수치를 기록했다.

그리고 이 책의 저자는 중국의 GDP가 일본을 제치고 미국 다음으로 세계 2위가 된 2010년에는 GDP가 미국의 40%였지만 급속하게 미국과의 차이를 줄여 2020년에는 70%가 되었으며, 경제성장률은 향후 한동안 미국을 상회해 "2030년 무렵에는 미국을 제치고 세계 최대의 경제대국이 될 것이다"라고 전망했다. 이러한 전망은 미국의 지속적인 금리인상으로 인위적인 환율 변동의 영향을 강하게 받는 달러를 기준으로 환산할 경우, 최근의 중국경제 성장에 대한 여러 전망과 미중 양국의 경제 흐름에 대한 추정에서 그 시기가 뒤로 미루어질 것으로 예측되지만, 이 책의 저자가 지적한 바와 같이 구매력평가로 측정할 경우, 중국의 GDP는 2017년에 미국을 상회했으며 2023년에는 이미 미국보다 27% 높은 수준에 도달했다.

무엇보다 중국의 GDP 규모가 일본을 제치고 세계 2위를 2010년 이후 계속해서 유지하고 있는 반면, 일본의 GDP 규모는 2023년에 독일에 밀리며 4위를 차지했으며, 국제통화기금은 2025년 일본이 인도에도 밀려 세계 5위로 밀려날 것으로 예상했다. 또한 골드만삭스는 2050년 일본의 GDP 순위가 6위, 2075년에는 12위까지 떨어질 것으로 내다봤다. 아울러 2023년 한국의 경제성장률은 GDP 규모에서 4위로 떨어진 일본에 25년 만에 뒤졌다(한국경제신문, 2024.2.15). '리먼 쇼크'와 '코로나 쇼크' 이후에도 중국경제는 GDP 규모에서 세계 2위를 지속적으로 유지하고 있다는 것, 즉 중국이 '규모의 경제'를 지속적으로 유지하고 있다는 점을 간과해서는 안 되며, 이러한 흐름은 국제무대에서의 글로벌 사우스(Global South)의 약진과 함께 앞으로도 상당한 기간 동안 지속될 것으로 전망되고 있다는 점이 중요하다.

2024년 7월 15일부터 7월 18일까지 개최된 중국공산당 제20기 3중전회에서 시진핑 총서기는 중요 강화(重要講話)를 통해 '더욱 전면적으로 개혁을 심화하며 중국 식 현대화를 추진하는 것에 관한 중국공산당중앙의 결정(中共中央關於進一步全面深化改 革, 推進中國式現代化的決定)을 심의하고 채택했다.

이에 따르면 개혁의 한층 더 전면적인 심화를 목표로 2035년까지 높은 수준의 사회주의시장경제 체제를 완전히 확립하고 국가통치 시스템 및 통치 능력의 현대 화, 사회주의 현대화를 실현시키는 것을 제시했다. 구체적으로 ①높은 수준의 사회 주의시장경제 체제의 구축, ②전체 과정에서의 인민민주(人民民主)의 발전, ③사회주 의 문화강국의 건설, ④국민의 생활수준 향상, ⑤'아름다운 중국'의 건설, ⑥높은 수준의 '평안한 중국'의 건설, ⑦중국공산당의 지도력과 장기적 정권 운영 능력의 향상 등의 7가지 분야에 주력하며 2029년 중국 건국 80주년의 시기까지 해당 '결정'에서 제시한 개혁의 임무를 달성할 것이라고 천명했다(新華網, 2024.7.18).

이 책은 이러한 맥락에서 성장의 원동력이 된 공업력에 대한 분석을 중심으로 중국경제를 해설하여 호평 받은 2013년의 초판을 전면 개정한 신판으로 중국이 성장을 하게 된 원동력이 된 공업을 중심으로, 공업력의 원천인 노동, 자본, 기술의 현황과 장래를 분석하고 다양한 유형의 기업을 해설하고 있다. 또한 중국 농업의 변모, 강대해진 중국의 경제력을 경계하는 미국의 모습, 중국경제의 거대화가 타국 에 미치는 영향은 물론 '중국경제의 과거, 현재, 미래'를 유기적으로 파악하며 중국 경제의 향후 발전 궤적을 심도 있게 파악할 수 있는 훌륭한 책이다.

이 책이 가진 의의로는 중국경제에 대한 중장기 전망이 여러 가지 관점에서 교차하 는 가운데 중국경제의 거시적인 추세와 미시적인 흐름에 대한 학술적 필요성, 서구 국가에서 이루어지는 중국경제 연구와 담론이 인종적·문화적 편견에 치우칠 수 있는 단점을 지니고 있는 반면, 이 책의 저자는 일본 학계를 대표하는 중국경제 분야의 권위자로서 상대적으로 객관적·중립적인 위치에 있다는 점을 들 수 있다. 이 책의 '한국어판을 출간하며'에서 지적했던 것처럼 현재와 미래의 중국을 관찰하는데 있어서 지금까지 서구에서 축적해 온 근대화 이론과 그 판단 기준만으로는 불충분하며 자칫 심각한 왜곡을 초래할 수 있다는 점을 강조하고자 한다.[1] 다시 말해, 중국경제를 관찰할 때에 과학기술 연구 분야에서의 대약진을 포함해 지속적인 정반합을 일으키고 있는 유동적인 '운동체(運動體)로서의 중국'[2]을 시야에 넣어둘 필요가 있는 것이다.

역자는 그동안 중국 서부대개발, 중부굴기, 동부발전 및 동북진흥, 즉 중국경제의 동서남북 문제[3]와 관련된 여러 국제학술회의에 참석하여 제프리 삭스(Jeffrey Sachs) 하버드대학 교수, 야오양(姚洋) 베이징대학(北京大學) 교수, 우윙티에(Woo Wing Thye) 캘리포니아대학 데이비스(UCD) 교수 등의 강의를 듣고 토론을 하며 중국경제의 흐름을 현장에서 느껴볼 수 있었다. 그 중에서도 특히 서부대개발 등의 관련 회의에 참석하여 많은 교훈을 얻을 수 있도록 도와주셨던 중국 시베이대학(西北大學), 쓰촨대학(四川大學), 란저우대학(蘭州大學)의 교수들을 포함한 양안사지(兩岸四地, 중국타이완홍콩마카오)의 모든 관계자 분들에게 이 지면을 빌어 감사의 말씀을 전해드리고자 한다. 궁극적으로 서부대개발을 포함한 중국의 여러 경제정책[4]은 중국의 동부와 서부의 조화로운 상호연동(東西和協), 중국의 남부와 북부의 적극적인 상호협력(南北合作) 속

---

1 朱建榮, 『江澤民の中國: 內側から見た'ポスト鄧小平'時代』(中公新書, 1994), p.130; 森谷正規, 『中國經濟 眞の實力』(文春新書, 2003); 岡本隆司, 『中國の論理』(中公新書, 2016); 遠藤譽, 『習近平 三期目の狙いと新チャイナ·セブン』(PHP新書, 2022); Aaron Friedberg, *Getting China Wrong*(Polity Press, 2022); Bethany Allen, *Beijing Rules: How China Weaponized Its Economy to Confront the World*(HarperCollins, 2023); Condoleezza Rice, "The Perils of Isolationism", *Foreign Affairs*(August 20, 2024).

2 川島眞, 『中國のフロンティア: 搖れ動く境界から考える』(岩波新書, 2013), pp.207~208.

3 游仲勳, 『中國經濟をみる眼』(有斐閣新書, 1983), pp.115~118.

4 石原享一, 『習近平の中國經濟: 富強と效率と公正のトリレンマ』(ちくま新書, 2019), pp.55~57.

에서 실현될 수 있을 것이며, 이것은 이른바 '두 가지 대국(兩個大局)'을 돌파하는 것과 직결되어 있다.[5]

이번에 이 책을 옮기면서 세 가지 측면을 중시했다. 우선 첫째, 일반 독자들이 쉽게 이해할 수 있도록 생소한 용어와 지명 등에는 한자를 비롯한 해당 언어를 병기하여 정확성을 추구했다. 둘째, 이 책의 본문 내용 중에서 설명이 필요한 항목에는 '옮긴이 주'를 추가했다. 셋째, 부연 설명이 필요한 경우에는 독자들의 이해를 돕고자 부기하여 정확성을 기하고자 했다.

이 책이 세상에 나올 수 있도록 물심양면으로 지원해주신 한울엠플러스(주)의 김종수 사장님, 그리고 신속한 출간을 위한 제반 작업에 모든 노력을 다해주신 모든 분들에게 진심으로 감사의 말씀을 드리고자 한다. 모쪼록 이 책을 통해 독자분들께서 장기적·심층적인 관점에서 '중국경제'의 과거와 현재, 그리고 미래 흐름을 입체적으로 파악할 수 있기를 바라며, 이 책이 미래의 역동적인 '한반도 시대'를 조망하고 대비하는 데 조금이라도 도움이 되기를 진심으로 기원한다.

2024년 8월
이용빈

---

5 拙稿, "Towards a Harmonious Western China: A Critical Review on *xibu dakaifa* and the Border Trade", *Journal of Middle Eastern and Islamic Studies(in Asia)*, Vol.3(September 2009), p.70; 丁可, "中國の双循環戰略", 川島眞·21世紀政策研究所 編著, 『習近平政権の國內統治と世界戰略』(勁草書房, 2022), 第4章; 王彩萍, "推動高質量發展要保持歷史耐心", 《人民日報》(2024.7. 17).

〈일본어〉

赤木昭夫·佐藤森彦. 1975.『中國の技術創造』, 中央公論社.

淺岡善治. 2017. "ソヴィエト政權と農民: '勞農同盟'理念とネップの運命", 松戶淸裕·淺岡善治·池田嘉郎·宇山智彦·中嶋毅·松井康浩 編,『ロシア革命とソ連の世紀1: 世界戰爭から革命へ』, 岩波書店.

アジア經濟研究所 編. 1982.『中國の貿易: 1978年』(アジア經濟研究所統計資料シリーズ第36集), アジア經濟研究所.

天兒慧. 2004.『巨龍の胎動: 毛澤東VS鄧小平』(中國の歷史11), 講談社.

飯島涉·澤田ゆかり. 2010.『高まる生活リスク: 社會保障と醫療』(叢書·中國的問題群10), 岩波書店.*

飯田賢一. 1979.『日本鐵鋼技術史』, 東洋經濟新報社.

池上彰英. 2009. "農業問題の轉換と農業保護政策の展開", 池上彰英·宝劍久俊 編,『中國農村改革と農業産業化』(アジ研選書No.18 現代中國分析シリーズ3), アジア經濟研究所.

_____. 2012.『中國の食糧流通システム』, 御茶の水書房.

石井明. 1990. "中ソ關係: 巡した紛爭サイクル", 岡部達味 編,『中國をめぐる國際環境』(岩波講座現代中國 第6卷), 岩波書店.

石井摩耶子. 1998.『近代中國とイギリス資本: 19世紀後半のジャーディン·マセソン商會を中心に』, 東京大學出版會.

石島紀之. 1978. "國民黨政權の對日抗戰力: 重工業建設を中心に", 野澤豊·田中正俊 編集代表,『講座中國近現代史 第6卷 抗日戰爭』, 東京大學出版會.

石原享一. 1991. "中國の二重價格", 石原享一 編,『中國經濟の多重構造』, アジア經濟研究所.

ナズール·イスラム/戴二彪. 2009. "全要素生産性成長率の推定: 第二アプローチの應用", ナズール·イスラム/小島麗逸 編,『中國の再興と抱える課題』, 勁草書房.

伊藤亞聖. 2018. "中國·新興國ネクサスと'一帶一路'構想", 末廣昭·田島俊雄·丸川知雄 編,『中國·新興國ネクサス: 新たな世界經濟環境』, 東京大學出版會.

_____. 2019. "コワーキングスペース: 中國'衆創空間'の事例", 木村公一郎 編,『東アジアのイノベーション: 企業成長を支え, 起業を生む'エコシステム'』, 作品社.

---

* 해당 책의 한국어판은 다음과 같다. 이이지마 와타루·사와다 유카리 공저, 이용빈 옮김,『중국의 사회보장과 의료: 변화하는 사회와 증가하는 리스크』(한울출판사, 2014). _옮긴이

今井健一. 2008. "'持株會社天國'としての中國: 市場經濟化のなかの國有持株會社の役割", 下谷政弘 編, 『東アジアの持株會社』, ミネルヴァ書房.

_____. 2009. "國有資本のプレゼンスと經營支配の變革", ナズール・イスラム/小島麗逸 編, 『中國の再興と抱える課題』, 勁草書房.

今井健一・渡邊眞理子. 2006. 『企業の成長と金融制度』(シリーズ現代中國經濟4), 名古屋大學出版會.

岩田弘. 1964. 『世界資本主義: その歷史的展開とマルクス經濟學』, 未來社.

上垣彰. 2017. "社會主義的工業化: 理念・實績・評價", 松戶清裕・淺岡善治・池田嘉郎・宇山智彦・中嶋毅・松井康浩 編, 『ロシア革命とソ連の世紀2: スターリニズムという文明』, 岩波書店.

上原一慶. 1987. 『中國の經濟改革と開放政策: 開放體制下の社會主義』, 青木書店.

_____. 1995. "中國國有企業改革の現狀: 行政・企業關係を中心に", 丸山伸郎 編, 『アジア社會主義諸國の體制轉換と經濟協力の課題: 國有企業民營化のゆくえ』, アジア經濟研究所.

_____. 2009. 『民衆にとっての社會主義: 失業問題からみた中國の過去, 現在, そして行方』, 青木書店.

宇野重昭・小林弘二・矢吹晋. 1986. 『現代中國の歷史 1949~1985: 毛澤東時代から鄧小平時代へ』, 有斐閣.

海老名誠・伊藤信悟・馬成三. 2000. 『WTO加盟で中國經濟が變わる』, 東洋經濟新報社.

袁堂軍. 2010. 『中國の經濟發展と資源分配 1860-2004』, 東京大學出版會.

エンゲルス 著. 大內兵衛 譯. 1946. 『空想より科學へ: 社會主義の發展』, 岩波書店(F. Engels. 1883. *Die Entwichlung des Sozialismus von der Utopie zur Wissenshaft*).

王京濱. 2011. "金融制度の變遷: 銀行業と株式市場を中心に", 中兼和津次 編, 『改革開放以後の經濟制度・政策の變遷とその平價』(NIHU現代中國早稻田大學據點 WICCS研究シリーズ4), 早稻田大學現代中國研究所.

大石嘉一郎 編. 1975. 『日本産業革命の研究: 確立期日本資本主義の再生産構造(上)』, 東京大學出版會.

大泉啓一郎. 2007. 『老いてゆくアジア: 繁築の構圖が變わるとき』, 中央公論新社.

大島一二. 2008. "農業", 『中國總覽 2007~2008年度』, ぎょうせい.

_____. 2011. "持續可能な農業の構築に關わる企業の取り組み: 山東省'朝日綠源'の事例", 《アジ研ワールドトレンド》第193號.

大橋英夫. 2003. 『經濟の國際化』(シリーズ現代中國經濟5), 名古屋大學出版會.

_____. 2020. 『チャイナ・ショックの經濟學: 米中貿易戰爭の檢證』, 勁草書房.

岡本三郎. 1971. 『日中貿易論』, 東洋經濟新報社.

岡本隆司. 2013. "明清: 傳統經濟の形成と變遷(15~19世紀)", 岡本隆司 編, 『中國經濟史』, 名古屋大學出版會.

奧村宏. 1984. 『法人資本主義: '會社本位'の體系』, 御茶の水書房.

小原篤次・神宮健・伊藤博・門闖 編. 2019. 『中国の金融經濟を學ぶ: 加速するモバイル決濟と國際化する人民元』, ミネルヴァ書房.

何立新. 2008. 『中國の公的年金制度改革: 體制移行期の制度的・實證的分析』, 東京大學出版會.

郭永興. 2011. "中國委託加工貿易の制度變革(1979~2008)", 《アジア經濟》第52卷 第8號.

梶谷懷. 2011a. 『現代中國の財政金融システム: グローバル化と中央・地方關係の經濟學』, 名古屋大學出版會.

_____. 2011b. "財政制度改革と中央-地方關係", 加藤弘之·上原一慶 編,『現代中國經濟論』(シリーズ·現代の世界經濟2), ミネルヴァ書房.

_____. 2018.『中國經濟講義: 統計の信賴性から成長のゆくえまで』, 中央公論新社.

梶谷懷·加島潤. 2013. "近現代: 國民國家形成の試みと經濟發展(20世紀~現代)", 岡本隆司 編,『中國經濟史』, 名古屋大學出版會.

加島潤. 2012.『中國計劃經濟財政の研究: 省·直轄市·自治區統計から』(現代中國研究據點シリーズ No.10), 東京大學社會科學研究所.

_____. 2018.『社會主義體制下の上海經濟: 計劃經濟と公有化のインパクト』, 東京大學出版會.

加藤弘之. 1997.『中國の經濟發展と市場化: 改革·開放時代の檢證』, 名古屋大學出版會.

加藤弘之·渡邊眞理子·大橋英夫. 2013.『21世紀の中國 經濟篇 國家資本主義の光と影』, 朝日新聞出版.

神原達 編. 1991.『中國の石油産業』, アジア經濟研究所.

木崎翠. 1995.『現代中國の國有企業: 内部構造からの試論』(現代中國研究叢書32), アジア政經學會.

清川雪彦. 1984. "日本織物業における力織變化の進展をめぐって",《政經研究》第35卷 第2號.

_____. 1995.『日本の經濟發展と技術普及』, 東洋經濟新報社.

_____. 2009.『近代製絲技術とアジア: 技術導入の比較經濟史』, 名古屋大學出版會.

久保亨. 1995.『中國經濟100年のあゆみ: 統計資料で見る中國近現代經濟史(第2版)』, 創研出版.

_____. 2009.『20世紀中國經濟史の探求』, 信州大學人文學部.

_____. 2011.『社會主義への挑戰 1945-1971』(シリーズ中國近現代史④), 岩波書店.

久保亨·加島潤·木越義則. 2016.『統計でみる中國近現代經濟史』, 東京大學出版會.

久保亨·土田哲夫·高田幸男·井上久士. 2008.『現代中國の歴史: 兩岸三地100年のあゆみ』, 東京大學出版會.

倉澤治雄. 2020.『中國, 科學技術覇權への野望: 宇宙·原發·ファーウェイ』, 中央公論新社.

栗林純夫. 1991. "中國の二重經濟發展",《アジア研究》第37卷 第3號.

ポール·R·グレゴリー/ロバート·C·スチュアート 著. 吉田靖彦 譯. 1987.『ソ連經濟: 構造と展望(第3版)』, 教育社.

黒田篤郎. 2001.『メイド·イン·チャイナ』, 東洋經濟新報社.

嚴善平. 2009.『農村から都市へ: 1億3000萬人の農民大移動』(叢書·中國的問題群7), 岩波書店.

吳軍華. 2008.『中國 靜かなる革命: 官製資本主義の終焉と民主化へのグランドビジョン』, 日本經濟新聞社.

黃磷. 2003. "流通業", 丸川知雄 編,『中國産業ハンドブック 2003-2004年版』, 蒼蒼社.

小島末夫. 2012. "プラント契約問題", 服部健治·丸川知雄 編,『日中關係史 1972-2012 II 經濟』, 東京大學出版會.

小島麗逸. 1997.『現代中國の經濟』, 岩波書店.

小島麗逸 編. 1988.『中國の經濟改革』, 勁草書房.

樹中毅. 2005. "レニーン主義からファシズムへ: 蔣介石と獨裁政治モデル",《アジア研究》第51卷 第1號.

金野雄五·丸川知雄. 2013. "對外開放の政策と結果", 上垣彰·田畑伸一郎 編,『ユーラシア地域大國の持續的經濟發展』, ミネルヴァ書房.

蔡昉 著. 丸川知雄 監譯. 伊藤亞聖·藤井大輔·三竝康平 譯. 2019.『現代中國經濟入門: 人口ボーナスか
　　ら改革ボーナスへ』, 東京大學出版會.

佐伯眞也·廣岡延隆·岡田達也. 2020. "米中半導體ウォーズ: 踏み繪迫られる日本の針路",《日經ビジ
　　ネス》(11月2日).

坂本和一. 2005.『鐵はいかにしてつくれてきたか: 八幡製鐵所の技術と組織 1901~1970年』, 法律
　　文化社.

佐川英治. 2013. "田制", 岡本隆司 編,『中國經濟史』, 名古屋大學出版會.

佐藤昌一郎. 2003.『官營八幡製鐵所の研究』, 八朔社.

澤田ゆかり. 2020. "福祉と經濟", 上村泰裕 編,『新·世界の社會福祉 第7卷 東アジア』, 旬報社.

産能大學VE研究グループ 著. 土屋裕 監修. 1998.『新·VEの基本: 價値分析の考え方と實踐プロセ
　　ス』, 産業能率大學出版部.

塩地洋·孫飛舟·西川純平. 2007.『轉換期の中國自動車流通』, 蒼蒼社.

志田仁完. 2017. "ヤミ經濟: 計劃經濟のなかの'市場經濟'", 松戶淸裕·淺岡善治·池田嘉郎·宇山智彦·
　　中嶋毅·松井康浩 編,『ロシア革命とソ連の世紀3: 冷戰と平和共存』, 岩波書店.

斯波義信. 1997a. "北宋の社會經濟", 松丸道雄·池田溫·斯波義信·神田信夫·濱下武志 編,『世界史大系
　　中國史3 五代~宋』, 山川出版社.

_____. 1997b. "元の社會經濟", 松丸道雄·池田溫·斯波義信·神田信夫·濱下武志 編,『世界史大系
　　中國史3 五代~宋』, 山川出版社.

志村治美·奧島孝康 編. 1998.『中國會社法入門: 進む企業改革と經營近代化』, 日本經濟新聞社.

末廣昭. 2000.『キャッチアップ型工業化論: アジア經濟の軌跡と展望』, 名古屋大學出版會.

末廣昭·田島俊雄·丸川知雄 編. 2018.『中國·新興國ネクサス: 新たな世界經濟循環』, 東京大學出版會.

鈴木智夫. 1992.『洋務運動の研究: 19世紀後半の中國における工業化と外交の革新についての考
　　察』, 汲古書院.

鈴木義一. 2017. "社會刷新の思想としての計劃化: ロシアにおけるその形成過程と思想的源流", 松
　　戶淸裕·淺岡善治·池田嘉郎·宇山智彦·中嶋毅·松井康浩 編,『ロシア革命とソ連の世紀1: 世界
　　戰爭から革命へ』, 岩波書店.

栖原學. 2014. "近代經濟成長の挫折: ソ連工業の興隆と低迷",《比較經濟研究》第51卷 第1號.

關山健. 2012. "對中ODAの開始", 服部健治·丸川知雄 編,『日中關係史 1972-2012 II 經濟』, 東京大學
　　出版會.

曾田三郎. 1994.『中國近代製絲業史の研究』(汲古叢書3), 汲古書院.

園田茂人·新保敦子. 2010.『教育は不平等を克復できるか』(叢書·中國的問題群8), 岩波書店.

高橋弘臣. 2013. "紙幣", 岡本隆司 編,『中國經濟史』, 名古屋大學出版會.

武田友加. 2011.『現代ロシアの貧困研究』, 東京大學出版會.

田島俊雄. 1990. "中國の經濟變動: 大躍進·小躍進と經濟改革",《アジア經濟》第31卷 第4號.

_____. 1998. "中國·台灣2つの開發體制: 共産黨と國民黨", 東京大學社會科學研究所 編,『20世紀
　　システム4 開發主義』, 東京大學出版會.

_____. 2000. "中國の財政金融制度改革: 屬地的經濟システムの形成と變容", 中兼和津次 編,『現
　　代中國の構造變動2 經濟: 構造變動と市場化』, 東京大學出版會.

田島俊雄 編. 2005.『20世紀の中國化學工業: 永利化學·天原電化とその時代』(東京大學社會科學研究所 シリーズNo.17), 東京大學社會科學研究所.

田島俊雄·江小涓·丸川知雄. 2003.『中國の體制轉換と産業發展』(社會科學研究所全所的プロジェクト 研究No.6), 東京大學社會科學研究所.

田中信行. 2009. "中國株の急落と株式會社の改革",《中國研究月報》第63卷 第3號.

田畑伸一郎 編. 2008.『石油·ガスとロシア經濟』(スラブ·ユーラシア叢書3), 北海島大學出版會.

中小企業廳. 1998.『平成10年版 中小企業白書』, 中小企業廳.

張一力·倪婧·余向前 著. 丸川知雄 譯. 2011. "地域的な企業家クラスターの形成メカニズムの分析: 溫州の商人集團に基づく研究",《社會科學研究》第63卷 第2號.

辻美代. 2000. "纖維産業: 輸出振興政策の歸結", 丸川知雄 編,『移行期中國の産業政策』, アジア經濟研究所.

フランク·ディケーター 著. 中川治子 譯. 2011.『毛澤東の大饑饉: 史上最も悲慘で破壞的な人災 1958-1962』, 草思社.

唐成. 2005.『中國の貯蓄と金融: 家計·企業·政府の實證分析』, 慶應義塾大學出版會.

內藤二郎. 2011. "財政體制改革の再檢證と平價", 中兼和津次 編,『改革開放以後の經濟制度·政策の變遷と その平價』(NIHU現代中國早稻田大學據點 WICCS研究シリーズ4), 早稻田大學現代中國研究所.

中兼和津次. 1992.『中國經濟論: 農工關係の政治經濟學』, 東京大學出版會.

_____. 1999.『中國經濟發展論』, 有斐閣.

_____. 2010.『體制移行の政治經濟學: なぜ社會主義國は資本主義に向かって脫走するのか』, 名古屋大學出版會.

_____. 2012.『開發經濟學と現代中國』, 名古屋大學出版會.

中川淳司. 2013.『WTO: 貿易自由化を超えて』, 岩波書店.

中田良一. 2009. "日本の家計貯蓄率の長期的な動向と今後の展望",《季刊政策·經營研究》Vol.1.

中屋信彦. 2009. "中國における株式會社: '社會主義市場經濟'と株式會社", 細川孝·櫻井徹 編,『轉換期 の株式會社: 擴大する影響力と改革課題』, ミネルヴァ書房.

橋本壽朗. 1997. "'日本型産業集積'再生の可能性", 清成忠男·橋本壽朗 編,『日本型産業集積の未來像: '城下町型'から'オープン·コミュニティー型'へ』, 日本經濟新聞社.

波多野善大. 1961.『中國近代工業史の研究』, 東洋史研究會.

浜勝彦. 1987.『鄧小平時代の中國經濟』, 亞紀書房.

_____. 1995.『中國: 鄧小平の近代化戰略』, アジア經濟研究所.

濱下武志. 2002. "政治", 松丸道雄·池田溫·斯波義信·神田信夫·濱下武志 編,『世界史大系 中國史5 清 末~現在』, 山川出版社.

濱島敦俊. 1999a. "明代前期の社會と經濟", "商業化: 明代後期の社會と經濟", 松丸道雄·池田溫·斯波 義信·神田信夫·濱下武志 編,『世界史大系 中國史4 明~清』, 山川出版社.

_____. 1999b. "漢民族の擴大: 清代前期の社會と經濟", 松丸道雄·池田溫·斯波義信·神田信夫·濱 下武志 編,『世界史大系 中國史4 明~清』, 山川出版社.

浜野潔·井奧成彦·中村宗悅·岸田眞·永江雅和·牛島利明. 2009.『日本經濟史 1600-2000: 歷史に讀む 現代』, 慶應義塾大學出版會.

林幸秀. 2013.『科學技術大國 中國: 有人宇宙飛行から原子力, iPS細胞まで』, 中央公論新社.

_____. 2019.『中國の宇宙開發: 中國は米國やロシアにどの程度近づいたか』, アドスリー.

速水佑次郎. 1995.『開發經濟學: 諸國民の貧困と富』, 創文社.

原田忠夫 編. 1995.『中國における生産財流通: 商品と機構』, アジア經濟研究所.

范丹. 2019. "中國農業經營における勞働力利用: 四川省の現地調査に基づいて", 《社會科學研究》第70卷 第2號.

日臺健雄. 2017. "農業集團化: コルホーズ體制下の農民と市場", 松戸清裕·淺岡善治·池田嘉郎·宇山智彦·中嶋毅·松井康浩 編, 『ロシア革命とソ連の世紀2: スターリニズムという文明』, 岩波書店.

平野勝洋. 1984. "國際收支動向と外資利用", 石川滋 總括主查, 『中國經濟の中長期展望』, 日中經濟協會.

福田慎一. 2015.『'失われた20年'を超えて』, NTT出版.

古澤賢治. 1993.『中國經濟の歷史的展開: 原蓄路線から改革·開放路線へ』, ミネルヴァ書房.

古松崇志. 2013. "宋遼金~元: 北方からの衝擊と經濟重心の南遷(10~14世紀)", 岡本隆司 編, 『中國經濟史』, 名古屋大學出版會.

宝劍久俊. 2017.『産業化する中國農業: 食料問題からアグリビジネスへ』, 名古屋大學出版會.

方勇 著. 丸川知雄 譯. 2011. "産業集積, 外資向け下請と地場企業の技術進步: 昆山の外資向け下請産業群の事例", 《社會科學研究》第63卷 第2號.

O·B·ボリーソフ/B·T·コロスコフ 著, 滝沢一郎 訳. 1979.『ソ連と中國: 友好と敵対の関係史(上)』, サイマル出版會.

松井康浩. 2017. "スターリン體制の確立と膨張", 松戸清裕·淺岡善治·池田嘉郎·宇山智彦·中嶋毅·松井康浩 編, 『ロシア革命とソ連の世紀2: スターリニズムという文明』, 岩波書店.

松村史穂. 2011. "1960年代半ばの中國における食糧買い付け政策と農工關係", 《アジア經濟》第52卷 第11號.

丸川知雄. 1990. "家電産業の産業政策", 『中國の産業構造と經濟發展戰略』, 日中經濟協會.

_____. 1993. "中國の'三線建設(I·II)", 《アジア經濟》第34卷 第2, 3號.

_____. 1999.『市場發生のダイナミクス: 移行期の中國經濟』, アジア經濟研究所

_____. 2000. "中小公有企業の民營化: 四川省のケース", 《中國研究月報》第626號.

_____. 2002.『勞働市場の地殻變動』, 名古屋大學出版會.

_____. 2003. "中國自動車産業のサプライヤー·システム: 歷史的分析", 《アジア經濟》第44卷 第5, 6號.

_____. 2004a. "溫州産業集積の進化プロセス", 《三田學會雜誌》第96卷 第4號.

_____. 2004b. "波導公司", 國際貿易投資研究所, 『中國の成長企業: 中國の地場企業の現狀と今後の見通し』, 日本貿易振興機構.

_____. 2007.『現代中國の産業: 勃興する中國企業の強さと脆さ』, 中央公論新社.

_____. 2008. "奇瑞と吉利: 中國系自動車メーカーの海外展開", 丸川知雄·中川涼司 編, 『中國發·多國籍企業』, 同友館.

_____. 2009. "廣東省のステンレス食器産業集積", 丸川知雄 編, 『中國の産業集積の探求』(現代中國研究據點 研究シリーズNo.4), 東京大学社會科學研究所.

_____. 2010. "中國經濟は轉換點を迎えたのか?: 四川省農村調查からの示唆", 《大原社會問題研究所雜誌》第616號.

_____. 2013. 『チャイニーズ・ドリーム: 大衆資本主義が世界を變える』, 筑摩書房.

_____. 2018. "中國との貿易が新興國經濟に與えるインパクト", 末廣昭・田島俊雄・丸川知雄 編, 『中國・新興國ネクサス: 新たな世界經濟循環』, 東京大學出版會.

_____. 2019. "中國北方地域の産業政策", 《社會科學研究》第70卷 第2號.

_____. 2020a. "中國の産業政策の展開と'中國製造2025'", 《比較經濟研究》第57卷 第1號.

_____. 2020b. "中國は米中貿易戰爭を乘り越えられるか?", 《世界經濟評論》第64卷 第3號.

_____. 2020c. "移動通信技術の發展と中國の擡頭", 《比較經濟體制研究》第26號.

_____. 2021. "計劃經濟下の中國における孤立社會: '上海小三線'における生産と生活", 《アジア研究》第67卷.

丸川知雄・安本雅典 編. 2010. 『携帶電話産業の進化プロセス: 日本はなぜ孤立したのか』, 有斐閣.

丸川知雄・李海訓・徐一睿・河野正. 2021. 『タバコ産業の政治經濟學: 世界的展開と中國の現狀』, 昭和堂.

丸橋充拓. 2013. "魏晉南北朝~隋唐五代: 南北分立から南北分業へ(3~10世紀)", 岡本隆司 編, 『中國經濟史』, 名古屋大學出版會.

丸山伸郎. 1988. 『中國の工業化と生産技術進步』, アジア經濟研究所.

南亮進. 1970. 『日本經濟の轉換點: 勞働の過剩から不足へ』, 創文社.

_____. 1990. 『中國の經濟發展: 日本との比較』, 東洋經濟新報社.

南亮進・本台進. 1999. "企業改革と分配率の變動", 南亮進・牧野文夫 編, 『大國への試練: 轉換期の中國經濟』, 日本評論社.

南亮進・馬欣欣. 2009. "中國經濟の轉換點: 日本との比較", 《アジア經濟》第50卷 第12號.

峰毅. 2017. 『中國工業化の歷史: 化學の視點から』, 日本僑報社.

宮宅潔. 2013. "先史時代~秦漢: 古代帝國の形成と分解(~3世紀)", 岡本隆司 編, 『中國經濟史』, 名古屋大學出版會.

毛里和子. 1989. 『中國とソ連』, 岩波書店.

百本和弘. 2007. "奇瑞汽車・吉利汽車", 天野倫文・大木博巳 編, 『中國企業の國際化戰略: '走出去'政策と主要7社の新興市場開拓』, ジェトロ.

森時彦. 2001. 『中國近代綿業史の研究』, 京都大學學術出版會.

門闖. 2011. 『中國都市商業銀行の成立と經營』, 日本經濟評論社.

山岡茂樹. 1996. 『開放中國のクルマたち: その技術と技術體制』, 日本經濟評論社.

山田七繪. 2020. 『現代中國の農村發展と資源管理: 村による集團所有と經營』, 東京大學出版會.

湯之上隆. 2009. 『日本'半導體'敗戰』, 光文社.

吉岡英美. 2010. 『韓國の工業化と半導體産業: 世界市場におけるサムスン電子の發展』, 有斐閣.

吉田昌夫. 1985. "中間・適正技術論の系譜とその現代アフリカにおける妥當性", 《アジア經濟》第26卷 第5號.

李春利. 2005. "自動車: 國有・外資・民營企業の鼎立", 丸川知雄・高山勇一 編, 『グローバル競爭時代の中國自動車産業(新版)』, 蒼蒼社.

李蓮花. 2020. "(中國)制度の概要", 上村泰裕 編,『新·世界の社會福祉 第7卷 東アジア』, 旬報社.

A·リピエッツ 著. 若森章孝·井上泰夫 譯. 1987.『奇跡と幻影: 世界の危機とNICS』, 新評論(Lipietz, A. 1985. Mirages et miracles: Problèmes de l'industrialisation dans le tiers monde).

レーニン 著. "共産主義内の'左翼主義'小兒病", ソ同盟共産黨中央委員會付屬マルクス=エンゲルス =レーニン研究所 編, マルクス=レーニン主義研究所 譯. 1959.『レーニン全集 第31卷』, 大月書店.

若林敬子. 1994.『中國 人口超大國のゆくえ』, 岩波書店.

渡辺利夫. 1991. "中國に生成する新しい發展メカニズム", 渡辺利夫 編,『中國の經濟改革と新發展 メカニズム』, 東洋經濟新報社.

〈중국어〉

安徽省地方志編纂委員會 編. 1998.『安徽省志·財政志』, 方志出版社.

鞍鋼股份有限公司. 2020.『2019年度報告』.

宝劍久俊·佐藤宏. 2017. "中國農村公共政策與收入差距的長期趨勢(1988-2013年)", 李實·岳希明·史 泰麗·佐藤宏 外,『中國收入分配格局的最新變化: 中國居民收入分配研究Ⅴ』, 中國財政經濟出版社.

蔡昉. 2008.『劉易斯轉折點: 中國經濟發展新階段』, 社會科學文獻出版社.

財政部. 2016. "中央國有資本經營豫算管理暫行辦法", 財政部(1月15日).

財政部綜合計劃司 編. 1992.『中國財政統計』, 科學出版社.

曹婷. 2012. "合資是鴉片還是補品?",《中國汽車報》(9月10日).

陳慧琴. 1997.『技術引進與技術進步研究』, 經濟管理出版社.

陳萬豊. 2004. "衣者大鰐, 國之經典: 雅戈爾服裝企業的成長之路",《寧波通訊》第10期.

程連昇. 2002.『中國反失業政策研究(1950~2000)』, 社會科學文獻出版社.

東莞市統計局·東莞市企業調查隊. 2000.『東莞市外商投資企業暨全部工業資料匯編』, 中國統計出版社.

杜國臣·徐哲瀟·尹政平. 2020. "我國自貿試驗區建設的總體態勢及未來重點發展方向",《中國汽車報》第2 期.

杜海燕. 1992. "全國工業企業兩輪承包比較分析",《改革》第5期.

高娜. 2008. "從'八大王'到'溫州模式'",《觀察與思考》第17期.

顧洪章 編. 1997.『中國知識青年上山下鄉始末』, 中國檢察出版社.

關山·姜洪 編. 1990.『塊塊經濟學: 中國地方政府經濟行爲分析』, 海洋出版社.

國家計劃委員會統計組. 1973.『國民經濟統計年報(1972)』, 國家計劃委員會.

_____. 1976.『國民經濟統計年報(1975)上·下』, 國家計劃委員會.

國家計委價格管理司 編. 1996.『價格與收費管理文件匯編』, 中國物價出版社.

國家統計局 編. 各年度版.『中國統計年鑑』, 中國統計出版社.

國家統計局. 2021. "中國統計局局長就2020年全年國民經濟運行情況答記者問", 國家統計局웹사이트(1 月18日).

國家統計局國民經濟核算司 編. 1997.『中國國內生産總値核算歷史資料 1952-1995』, 東北財經大學出版社.

國家統計局國民經濟核算司 編. 2007.『中國國內生産總値核算歷史資料 1952-2004』, 國家統計出版社.

國家統計局國民經濟綜合統計司 編. 2010.『新中國60年統計資料匯編』, 國家統計出版社.

國家統計局人口和就業統計司 外 編. 各年度版.『中國勞動統計年鑑』, 國家統計出版社.

國家統計局人口和就業統計司 外 編. 2007.『2005年全國1%人口抽樣調查資料』, 國家統計出版社.

國家統計局綜合司 編. 1990.『全國各省, 自治區, 直轄市歷史統計資料匯編(1949~1989)』, 國家統計出版社.

國務院全國經濟普查領導小組辦公室 編. 2006.『中國經濟普查年鑑 2004』, 國家統計出版社.

國務院全國經濟普查領導小組辦公室 編. 2011.『中國經濟普查年鑑 2008』, 國家統計出版社.

國務院全國經濟普查領導小組辦公室 編. 2015.『中國經濟普查年鑑 2013』, 國家統計出版社.

國務院全國經濟普查領導小組辦公室 編. 2020.『中國經濟普查年鑑 2018』, 國家統計出版社.

國務院人口普查辦公室·國家統計局人口和就業統計司 編. 2012.『中國2010年人口普查資料』, 國家統計出版社.

國務院人口普查辦公室·國家統計局人口和社會科技統計司 編. 2002.『中國2000年人口普查資料』, 國家統計出版社.

國務院人口普查辦公室·國家統計局人口和社會科技統計司 編. 2003.『中國2000年人口普查分縣資料』, 國家統計出版社.

國務院人口普查辦公室·國家統計局人口和社會科技統計司 編. 2012.『中國2010年人口普查分縣資料』, 國家統計出版社.

國務院人口普查辦公室·國家統計局人口統計司 編. 1985.『中國1982年人口普查資料』, 國家統計出版社.

國務院人口普查辦公室·國家統計局人口統計司 編. 1993.『中國1990年人口普查資料』, 國家統計出版社.

何光 編. 1990.『當代中國的勞動力管理』, 中國社會科學出版社.

黃清. 2004. "國有企業整體上市研究",《管理世界》第2期.

黃毅·羅衛東. 2002. "規模經濟, 聯合兼併與企業家創新: 溫州樂清柳市鎮電器産業案例研究", 史晉川·金祥榮·趙偉·羅衛東 編,『制度變遷與經濟發展: 溫州模式研究』, 浙江大學出版社.

江小涓. 1996.『經濟轉軌時期的産業政策』, 上海三聯書店·上海人民出版社.

蔣震. 2019. "深化國資國企改革的思考和建議",《財政監督》第14期.

李良艷·陳艷輝. 2020. "國有資本經營豫算制度: 歷史演變, 動機和實施績效",《中國經貿導刊》第29期.

李善同·王直·翟凡·徐林. 2000.『WTO: 中國與世界』, 中國發展出版社.

李實·岳希明·史泰麗·佐藤宏. 2017. "導言", 李實·岳希明·史泰麗·佐藤宏 外,『中國收入分配格局的最新變化: 中國居民收入分配研究V』, 中國財政經濟出版社.

李玉敏. 2020. "四大AMC改革探路",《21世紀經濟報道》(5月18日).

林毅夫·蔡昉·李周. 1994.『中國的奇跡: 發展戰略與經濟改革』, 上海三聯書店·上海人民出版社.

路風. 2006.『走向自主創新: 尋求中國力量的源泉』, 廣西師範大學出版社.

路遇·騰澤之. 2000.『中國人口通史(下)』, 山東人民出版社.

羅楚亮·史泰麗·李實. 2017. "中國收入不平等的總體狀況(2007~2013年)", 李實·岳希明·史泰麗·佐藤宏 外,『中國收入分配格局的最新變化: 中國居民收入分配研究V』, 中國財政經濟出版社.

澎湃新聞. 2016. "一文看懂138家央企級別和管理(最全面最詳細版)",《澎湃新聞》(5月3日) https://www.thepaper.cn/newsDetail_forward_1464250).

全國人口抽樣調查辦公室 編. 1997.『1995年全國1%人口抽樣調查資料』, 中國統計出版社.

任斌武. 1997. "中國有個雅戈爾",《人民文學》第3期.

任騰飛. 2017. "國企公司制改革全面提速",《國資報告》(12月29日).

深圳市統計局 編. 各年度版.『深圳統計年鑑』, 中國統計出版社.

施華強. 2005. "國有商業銀行帳面不良貸款, 調整因素和嚴重程度: 1994-2004",《金融研究》第12期.

_____. 2010. "銀行重組, 金融穩定和軟豫算約束",《金融評論》第1期.

宋光茂·曲和磊. 1997.「中國的國有企業改革與銀行研究」, 中國經濟改革研究基金會國民經濟研究所 Working Paper 1997·008.

孫勇. 2002. "企業所得稅政策大調整",《資本市場》第3期.

屠光紹. 2020. "市場化是中國資本市場改革發展的核心主線",《21世紀經濟報道》(6月12日)

汪海波 編. 1986.『新中國工業經濟史』, 經濟管理出版社.

汪海波. 1994.『新中國工業經濟史(1949.10-1957)』, 經濟管理出版社.

汪海波·董志凱 外. 1995.『新中國工業經濟史(1958~1965)』, 經濟管理出版社.

王春光. 1995.『社會流動和社會重構: 京城'浙江村'研究』, 浙江人民出版社.

王緝慈. 2001.『創新的空間: 企業集群與區域發展』, 北京大學出版社.

王璐. 2020. "國企公司制改革打響攻堅收官之戰",《經濟參考報》(11月28日).

王旭陽·肖金成·張燕燕. 2020. "我國自貿試驗區發展態勢, 制約因素與未來展望",《改革》第3期.

吳家駿. 1994.『日本的股份公司與中國的企業改革』, 經濟管理出版社.

吳曉波. 2007.『激蕩30年: 中國企業 1978-2008』, 中信出版社·浙江人民出版社.

夏梁·趙凌雲. 2012. "'以市場換技術'方針的歷史演變",《當代中國史研究》2.

鮮祖德·王萍萍·吳偉. 2016. "中國農村貧困標準與貧困監測",《統計研究》第9期.

許進祿 編. 2002.『中國汽車市場年鑑2002』, 中國商業出版社.

薛暮橋. 1983.『中國社會主義經濟問題研究(修訂版)』, 人民出版社.

嚴忠勤 編. 1987.『當代中國的職工工資福利和社會保險』, 中國社會科學出版社.

楊超·謝志華. 2019. "國有資本經營豫算與一般公共豫算和社保基金豫算的銜接模式",《地方財政研究》第10期.

楊光啓·陶濤 編. 1986.『當代中國的化學工業』, 中國社會科學出版社.

楊政華. 2012. "淺析三來一補企業轉型的必要性",《中國外資》第271期.

冶金工業部發展規劃司. 各年度版.『中國鐵鋼統計』.

于立·姜春海·宇左. 2008.『資源枯渴型城市產業轉型問題研究』, 中國社會科學出版社.

于立·孟韜·姜春海. 2004.『資源枯渴型國有企業退出問題研究』, 經濟管理出版社.

俞雄·俞光. 1995.『溫州工業簡史』, 上海社會科學院出版社.

袁志剛·余宇新. 2012. "中國經濟長期增長趨勢與短期波動", 胡永泰·陸銘·Jeffrey Sachs·陳劍 編,『跨越'中等收入陷穽': 展望中國經濟增長的持續性』, 格致出版社·上海人民出版社.

張連奎. 1993.『跳出'三角債'的怪圈』, 海洋出版社.

章銳夫. 1994. "新體制下豫外資金管理問題",《湖南社會科學》第5期.

中國財政年鑑編輯委員會. 各年度版.『中國財政年鑑』, 中國財政雜誌社.

中國對外經濟貿易白皮書編委會. 各年度版.『中國對外經濟貿易白皮書』, 中國對外經濟貿易出版社.

中國國有資產監督管理年金編委會. 各年度版.『中國國有資產監督管理年鑑』, 中國經濟出版社.

中國連鎖經營協會. 2020. "2019年中國連鎖百强"(http://www.ccfa.org.cn/protal/cn/ indexx. jsp)

中國汽車工業史編輯部. 1996.『中國汽車工業專業史 1901-1990』, 人民交通出版社.

中國汽車工業史編審委員會. 1996.『中國汽車工業史 1901-1990』, 人民交通出版社.

中國汽車技術研究中心. 1999.『中國汽車工業年鑑 1999』, 中國汽車工業年鑑編輯部.

中國汽車貿易指南編委會. 1991.『中國汽車貿易指南』, 經濟日報出版社.

中國一帶一路網. 2021. "已同中國簽訂共建'一帶一路'合作文件的國家一覽", 中國一帶一路網
(https://www.yidaiyilu.gov.com)

中國銀行業監督管理委員會. 2007.『2006年報』, 中國銀行業監督管理委員會.

周黎安. 2007. "中國地方官員的晉昇錦標賽模式研究",《經濟研究》第7期.

周太和 編. 1984.『當代中國的經濟體制改革』, 中國社會科學出版社.

〈영어〉

Berle, A.A. and G.C. Means. 1932. *The Modern Corporation and Private Property*, *Harcourt*(北島忠男 譯. 1958.『近代株式會社と私有財産』, 文雅堂書店).

BIS(Bank for International Settlements). 2020. *Credit to the Non-Financial sector*, Updated 7 December.

Bremmer, I. 2010. *The End of the Free Market: Who Wins the War Between States and Corporations?*, New York: Portfolio.

Brown, L.R. 1994. "Who Will Feed China?", *World Watch*, Vol.7, No.5.

Chen, C., L. Chang and Y. Zhang. 1995. "The Role of Foreign Direct Investment in China's Post 1978 Economic Development", *World Development*, Vol.23, No.4.

Chuang Y.-C. and P.-F. Hsu. 2004. "FDI, Trade, and Spillover Efficiency: Evidence from China's Manufacturing Sector", *Applied Economic*s, Vol.36, No.10.

CITIC Group. 2017. "Introduction to CITIC Group", presentation material.

Cox, H. 2000. *The Global Cigarette: Origins and Evolution of British American Tobacco 1880-1945*, Oxford: Oxford University Press(山崎廣明·鈴木俊夫 監修. たばこ總合研究センター 譯. 2002.『グローバル・シガレット: 多國籍企業BATの經營史 1880-1945』, 産愛書院).

Deane, P. 1965. *The First Industrial Revolution*, Cambridge: Cambridge University Press(石井摩耶子·宮川淑 譯. 1973.『イギリス産業革命分析』, 社會思想社).

Ding, Ke. 2012. *Market Platforms, Industrial Clusters and Small Business Dynamics: Socialized Markets in China*, Cheltenham: Edward Elgar.

Easterly, W. 2005. "A Modest Proposal. Book Review on Jeffrey D. Sachs, The End of Poverty", *Washington Post*(March 13).

Economist. 2010. "The World Turned Upside Down: Special Report on Innovation in Emerging Markets", *Economist*(April 17).

Eeckhout, J. and B. Jovanovic. 2007. "Occupational Choice and Development", *NBER Working Paper*, No.13686, Cambridge, MA: National Bureau of Economic Research.

Ellman, M. 1989. *Socialist Planning*, 2nd ed., Cambridge: Cambridge University Press.

Gerschenkron, A. 1962. *Economic Backwardness in Historical Perspective*, Cambridge: Belknap Press of Harvard University Press.

Gill, I. and H. Kharas. 2007. *An East Asian Renaissance: Ideas for Economic Growth*, Washington DC: World Bank.

Granick, D. 1990. *Chinese State Enterprises: A Regional Property Rights Analysis*, Chicago: University of Chicago Press.

Crove, L. 2006. *A Chinese Economic Revolution: Rural Entrepreneurship in the Twentieth Century*, Lanham: Rowman and Littlefield Publishers.

Groves, T., Y. Hong, J. McMillan and B. Naughton. 1994. "Autonomy and Incentives in Chinese State Enterprises", *Quarterly Journal of Economics*, Vol.109, No.1.

Halper, S. 2010. *The Beijing Consensus: How China's Authoritarian Model Will Dominate the Twenty-First Century*, New York: Basic Books.

Hu, A.G.Z. and G.H. Jefferson. 2002. "FDI Impact and Spillover: Evidence from China's Electronic and Textile Industries", *World Economy*, Vol.25, No.8.

Huang, Y. 2008. *Capitalism with Chinese Characteristics: Entrepreneurship and the State*, Cambridge: Cambridge University Press.

IMF. 2019. *World Economic Outlook*, International Monetary Fund.

Immelt, J.R., V. Govindarajan and C. Trimble. 2009. "How GE is Disrupting Itself", *Harvard Business Review*(October).

International Energy Agency(IEA). 2021. *CO2 Emissions from Feul Combustions 2021 Highlights*, 2021 Edition, IEA.

iPlytics. 2019. "Who is Leading the 5G Paten Race?"(April).

Ishihara, K. 1993. *China's Conversion to a Market Economy*, Tokyo: Institution of Developing Economies.

Jenkins, R. and L. Edwards. 2012. "Chinese Competition and the Restructuring of South African Manufacturing", *DEV Research Briefing*, No.4(University of East Anglia).

Kung, J.K. 1999. "The Evolution of Property Rights in Village Enterprises: The Case of Wuxi County", in J.C. Oi and A.G. Walder, eds., *Property Rights and Economic Reform in China*, Stanford, CA: Stanford University Press.

Lardy, N.R. 1992. *Foreign Trade and Economic Reform in China: 1978-1990*, Cambridge: Cambridge University Press.

Lewis, A.W. 1954. "Economic Development with Unlimited Supplies of Labor", *Manchester School*, Vol.22, No.2.

Lin, J.Y. 1992. "Rural Reforms and Agricultural Growth in China", *American Economic Review*, Vol.82, No.1.

Lipton, D. and J.D. Sachs. 1990. "Creating a Market Economy in Eastern Europe: The Case of Poland", *Brookings Papers on Economic Activity*, No.1.

Maddison, A. 2007. *Chinese Economic Performance in the Long Run*, Second Edition, Revised and Updated: 960-2030 AD, Paris: OECD.

Mankiw, N.G., D. Romer and D.N. Weil. 1992. "A Contribution to the Empirics of Economic Growth", *Quarterly Journal of Economics*, Vol.107, No.2.

Marshall, A. 1920. *Principles of Economics*, 8th ed., London: Macmillan.

Marukawa, T. 2017. "Regional Unemployment Disparities in China", *Economic Systems*, Vol.41, No.2.

Montinola, G., Y. Qian and B.R. Weingast. 1995. "Federalism, Chinese Style: The Political Basis for Economic Success in China", *World Politics*, Vol.48, No.1.

Murphy, K.M., A. Shleifer and R.W. Vishny. 1992. "The Transition to a Market Economy: Pitfalls of Partial Reform", *Quarterly Journal of Economics*, Vol.107, No.3.

Naughton, B. 1995. *Growing out of the Plan: Chinese Economic Reform, 1978-1990*, Cambridge: Cambridge University Press.

_____. 1996. "China's Emergence and Prospects as a Trading Nation", *Brookings Papers on Economic Activity*, No.2.

_____. 2007. *The Chinese Economy: Transitions and Growth*, Cambridge, MA: MIT Press.

OECD. 2020. *Real GDP long-term forecast(indicator)*, doi:10.1787/d927bc18-en.

Oi, J.C. 1992. "Fiscal Reform and the Economic Foundations of Local State Corporatism in China", *World Politics*, Vol.45, No.1.

Popper, K.R. 1957. *The Property of Historicism*, London: Routledge & Kegan Paul(久野收·市井三郎 譯. 1961.『歴史主義の貧困: 社會科學の方法と實踐』, 中央公論社).

Prebisch, R. 1950. *The Economic Development of Latin America and its Principal Problems*, New York: United Nations.

Ran, J., J.P. Voon and G. Li. 2007. "How Does FDI Affect China? Evidence from Industries and Provinces", *Journal of Comparative Economics*, Vol.35, No.4.

Rawski, T.G. 2001. "What a Happening to China's GDP Statistics", *China Economic Review*, Vol.12, No.4.

Ricardo, D. 1951. *On the Principles of Political Economy and Taxation*, Cambridge: Cambridge University Press(原著 1817).

Sachs, J.D. and A.M. Warner. 2001. "The Curse of Natural Resources", *European Economic Review*, Vol.45, No.4-6.

Sachs, J. and W.T. Woo. 1994. "Reform in China and Russia", *Economic Policy*, Vol.9, No.18.

Schumacher, E.F. 1973. *Small is Beautiful: A Study of Economics as if People Mattered*, London: Blond and Briggs(齋藤志郎 譯. 1976.『人間復興の經濟』, 佑學社).

Singer, H.W. 1950. "The Distribution of Gains between Investing and Borrowing Countries", *American Economic Review*, Vol.40, No.2.

Todaro, M.P. 1969. "A Model of Labor Migration and Urban Unemployment in Less Developed Countries", *American Economic Review*, Vol.59, No.1.

United Nations, Department of Economic and Social Affairs, Population Division. 2019. *World Population Prospects 2019*, Online Edition, Rev. 1.

UNU-WIDER(United Nations University, World Institute for Development Economics Research). 2020. *World Income Inequality Database*(May 6), UNU-WIDERUNU-WIDER(https://www.wider.unu.edu/database/wiid).

Veblen, T. 1915. *Imperial Germany and the Industrial Revolution*, New York: Augustus M. Kelley(Reprinted in 1964).

Whalley, J. and X. Xin. 2010. "China's FDI and Non-FDI Economics and the Sustainability of Future High Chinese Growth", *China Economic Review*, Vol.21, No.1.

World Bank Group/Development Research Center of the State Council. 2012. *China 2030: Building a Modern, Harmonious, and Creative Society*, Washington DC: World Bank.

World Bank Group and the Development Research Center of the State Council, P.R. China. 2019. *Innovative China: New Drivers of Growth*, Washington DC: World Bank.

Wübbeke, J., M. Meissner, M.J. Zenglein, J. Ives and B. Conrad. 2016. *Made in China 2025: The Making of a High-Tech Superpower and Consequences for Industrial Countries*, Berlin: Mercator Institute for China Studies.

Young, A. 2003. "Gold into Base Metals: Productivity Growth in the People's Republic of China during the Reform Period", *Journal of Political Economy*, Vol.111, No.6.

Zhang, K.H. and S. Song. 2001. "Promoting Exports: The Role of Inward FDI in China", *China Economic Review*, Vol.11, No.4.

년도	사건
1840~1842	아편전쟁
1851~1864	태평천국의 난
1856	애로우 전쟁
1878	상하이 기기기직포국(上海機器織布局) 설립
1890	국영 한양철창(國營漢陽鐵廠) 설립
1894~1895	청일전쟁
1911	신해혁명(1912년 청나라 멸망)
1912.1.	중화민국 성립
1924~1928	국민혁명
1928.12.	난징국민정부(南京國民政府)에 의해 전국 통일
1931	만주사변
1932.3.	일본에 의한 만주국(滿洲國) 건국
1937.7.	루거우차오(盧溝橋) 사건(중일전쟁 발발)
1945.9.	중일전쟁 종결
1945~1949.	국공내전
1949.10.	중화인민공화국 성립
1953.8.	'과도기에서의 당의 총노선'(사회주의로의 이행을 결정)
1953~1957	제1차 5개년계획
1955~1956	농업의 집단화를 실시
1956.4.	마오쩌둥이 중국공산당 정치국 확대회의에서 '10대 관계를 논함'을 연설 (소련형 계획경제에 대한 위화감을 표명)
1958.8.	인민공사의 설립, 철강의 대폭 증산을 결정('대약진')

1963~1966	일본 및 호주 등으로부터 화학섬유, 철강 등의 공장설비를 수입
1964.8.	'삼선 건설(三線建設)'의 개시를 결정
1965.11.	야오원위안, "신편 역사극 〈해서 파관〉을 평한다"를 발표(문화대혁명의 발단)
1966~1968	홍위병이 간부를 규탄함, 무장투쟁의 격화
1969.3.	중국과 소련이 국경의 전바오다오(다만스키섬)에서 무력충돌
1971.9.	린뱌오 부주석이 소련으로 도망치는 도중에 사망
1972.2.	미국의 닉슨 대통령이 방중
1972.9.	일본의 다나카 가쿠에이 총리가 방중하여 중일 국교 정상화가 실현됨
1972.	일본 및 서독 등으로부터 철강, 석유화학, 화학섬유 등의 공장설비 수입을 개시
1976.1.	저우언라이 사망
1976.9.	마오쩌둥 사망
1976.10.	'4인방' 체포, 화궈펑이 중국공산당 주석에 취임
1978.12.	중국공산당 11기 3중전회(개혁개방의 개시, 덩샤오핑이 실권을 장악함)
1980.9.	한 자녀 정책의 개시
1981.6.	후야오방이 중국공산당 주석에 취임
1983~1984	농촌에서 농가경영청부제(農家經營請負制)가 확대됨
1984.10.	중국공산당 중앙이 '경제체제 개혁에 관한 결정'을 공표
1986~1987	대부분의 국유기업에서 청부제가 실시됨
1987.1.	후야오방이 중국공산당 서기를 사임
1987.11.	자오쯔양이 중국공산당 서기에 취임
1989.6.	6.4 톈안먼 사건, 자오쯔양이 총서기에서 해임되고 장쩌민이 총서기에 취임
1992.1.~2.	덩샤오핑의 '남순강화(南巡講話)'
1992.10.	중국공산당 제14차 당대회('사회주의시장경제'를 개혁의 목표로 정함)
1993.3.	장쩌민이 국가주석에 취임
1993.11.	중국공산당 14기 3중전회가 '사회주의시장경제체제 확립에 대한 약간의 문제에 관한 결정'을 공표함
1993.12.	회사법[公司法]을 제정

1994.1.	외국환율시장의 통일(인민폐 공식 환율의 인하), 분세제(分稅制)의 도입
1993.3.	자동차공업 산업정책을 제정
1997.9.	중국공산당 제15차 당대회['국유경제의 전략적 조정'을 제기하고 '비공유경제(非公有經濟)'를 '사회주의시장경제의 중요한 구성요소'로 격상시킴]
2000.2.	장쩌민이 '3개 대표(三個代表)'를 제기
2001.12.	중국의 세계무역기구(WTO) 가입이 실현됨
2002.11.	중국공산당 제16차 당대회, 후진타오가 총서기에 취임
2003.3.	후진타오가 국가주석에, 원자바오가 국무원 총리에 취임
2004.9.	'조화로운 사회[和諧社會]의 건설'을 제기
2008.8.	베이징 올림픽 개최
2010.5.	상하이 엑스포(Expo) 개막
2010.9.	센카쿠열도 앞바다에서 중국 어선과 일본의 해안보안청 소속 선박이 충돌
2012.9.	일본 정부가 센카쿠열도를 국유화, 중국에서 반일 시위가 격화됨
2012.11.	중국공산당 제18차 당대회, 시진핑이 총서기에 취임
2013.3.	시진핑이 국가주석에, 리커창이 국무원 총리에 취임
2013.9.~10.	시진핑이 '새로운 실크로드 경제벨트'와 '21세기 해상 실크로드'의 건설을 제기[일대일로(一帶一路) 구상]
2013.11.	중국공산당 18기 3중전회가 '개혁의 전면적 심화에 관한 결의'를 공표
2015.5.	'중국 제조 2025'가 공표됨
2018.7.	미국이 통상법 301조에 기초해 광범위한 중국으로부터의 수입품에 25%의 관세를 적용하였고, 중국도 이에 대해 보복조치를 취함(미중 무역전쟁의 개시)
2019.12.	우한(武漢)에서 원인 불명의 폐렴에 걸린 환자가 다수 발생, 그다음 달에 코로나19(COVID-19) 바이러스에 의한 감염증인 것으로 판명됨
2022.10.	중국공산당 제20차 당대회, 시진핑이 총서기에 취임
2023.3.	시진핑이 국가주석에, 리창이 국무원 총리에 취임
2024.7.	중국공산당 제20기 3중전회, '더욱 전면적으로 개혁을 심화하며 중국식 현대화를 추진하는 것에 관한 중국공산당중앙의 결정'을 채택

*2022년 10월부터 2024년 7월까지의 항목은 옮긴이가 추가하여 작성함.

지은이

마루카와 도모 (丸川知雄)

도쿄대학(東京大學) 경제학부 졸업(경제학 박사)

아시아경제연구소(アジア経済研究所) 연구원(1987~2001)

도쿄대학 사회과학연구소 조교수(2001.4.~2007.3.)

프랑스 동아시아연구소 객원연구원(2005.11.~12.)

독일 베를린자유대학 객원교수(2016.4.~8.)

일본 중국경제경영학회(中國經濟經營學會) 회장(2016~2018)

도쿄대학 사회과학연구소 교수(2007.4.~)

저서: 『시장 발생의 역학: 이행기의 중국경제(市場發生のダイナミクス: 移行期の中國經濟)』
(1999), 『이행기 중국의 산업정책(移行期中國の産業政策)』(편저, 2000), 『중국 기업의 소유
와 경영(中國企業の所有と經營)』(편저, 2002), 『현대 중국의 산업(現代中國の産業)』(2007),
『중일 관계사 1972-2012, II경제(日中關係史 1972-2012 II經濟)』(공편저, 2012), 『중국
의 꿈: 대중자본주의가 세계를 바꾼다(チャイニーズ·ドリーム: 大衆資本主義が世界を變え
る)』(2013), 『현대 중국경제(現代中國經濟)』(2013), 『중국·신흥국 넥서스: 새로운 세계경제
순환(中國·新興國ネクサス: 新たな世界經濟循環)』(공저, 2018), *Chinese Politics and
Foreign Policy under Xi Jinping: The Future of Political Trajectory*(공저, 2020),
『고소득 시대의 중국경제를 독해한다(高所得時代の中國經濟を讀み解く)』(공편저, 2022),
『중일 양국의 혁신전략과 그 전개(日中両國のイノベーション戦略とその展開)』(공저,
2022), *International Economic Governance in a Multipolar World*(공저, 2022),
Studies on the Chinese Economy During the Mao Era(공저, 2023) 외

옮긴이

이용빈

인도 국방연구원(IDSA) 객원연구원 역임
미국 하버드대학 HPAIR 연례학술회의 참석(안보 분과)
이스라엘 크네세트(국회), 미국 국무부, 미국 해군사관학교 초청 방문
이스라엘 히브리대학, 러시아 모스크바 국립 국제관계대학(МГИМО),
중국외교대학, 타이완 국립정치대학, 홍콩중문대학 학술 방문
홍콩국제문제연구소 연구원

저서: *China's Quiet Rise: Peace through Integration*(공저, 2011) 외
역서: 『시진핑』(2011, 2012년도 아시아·태평양출판협회APPA 출판상 수상), 『중화민족의 탄생:
중국의 이민족 지배논리』(2012), 『중국의 당과 국가: 정치체제의 궤적』(2012), 『중국외교
150년사』(2012), 『현대 중국정치: 글로벌 강대국의 초상』(제3판, 2013), 『중국법의 역사와
현재』(2013), 『북한과 중국』(공역, 2014), 『마오쩌둥과 덩샤오핑의 백년대계』(편역, 2014),
『중국의 사회보장과 의료: 변화하는 사회와 증가하는 리스크』(2014), 『중국인민해방군의
실력』(2015), 『중국 문제: 핵심어로 독해하기』(공역, 2016), 『중난하이: 중국 정치와 권력의
심장부』(2016), 『현대 중국의 정치와 관료제』(2016), 『중국 국경, 격전의 흔적을 걷다』
(2016), 『시진핑의 중국: 100년의 꿈과 현실』(2019), 『강경한 외교를 반성하는 중국』
(2019), 『홍콩의 정치와 민주주의』(2019), 『美中 신냉전?: 코로나19 이후의 국제관계』
(2021), 『현대 중국의 정치와 외교』(2023), 『벼랑 끝에 선 타이완: 미중 경쟁과 양안관계의
국제정치』(공역, 2023) 외

한울아카데미 2545

현대 중국경제

| **지은이** _마루카와 도모 | **옮긴이** _이용빈 | **편집** _김재원
| **펴낸이** _김종수 | **펴낸곳** _한울엠플러스(주)

| **초판1쇄 인쇄** _2024년 10월 30일 | **초판1쇄 발행** _2024년 11월 10일

| **주소** _10881 경기도 파주시 광인사길 153 한울시소빌딩 3층
| **전화** _031-955-0655 | **팩스** _031-955-0656

| **홈페이지** _www.hanulmplus.kr | **등록번호** _제406-2015-000143호

Printed in Korea.

| **ISBN** 978-89-460-7545-0 93320 (양장)
         978-89-460-8334-9 93320 (무선)

※ 책값은 겉표지에 있습니다.
※ 무선제본 책을 교재로 사용하시려면 본사로 연락해 주시기 바랍니다.
※ 이 책에는 Kopub돋움체, Kopub바탕체, 나눔고딕체, 서울남산체, 배달의민족한나체가 사용되었습니다.